외교의 세계

평민사

외교의 세계

최병구 지음

[차례]

책머리에

　대한민국은 외교를 잘 해야 살아갈 수 있는 나라다. 이는 역사가 입증한 사실이다. 지금 동아시아 정세는 엄중하다. 북한의 핵무장, 중국의 부상, 미국의 아시아 중시정책, 일본의 재무장 등이 배경이다. 과연 대한민국은 동아시아에서 일고 있는 격랑을 잘 헤쳐 나갈 수 있을 것인가?

　이에 대한 답은 한국이 얼마나 외교를 잘하느냐에 달려 있다. 그런데 현실은 우리를 불안하게 만든다. 우리가 충분한 외교력을 갖추고 있다고 자신 있게 말할 수 없기 때문이다.

　필자는 이런 고민에서 이 책을 썼다. 이 책은 외교가 왜 중요한지, 그리고 얼마나 중요한지, 외교의 가능성과 한계는 무엇인지 등의 질문에 대해 실제 사례를 통해 답을 구하고 있다. 이론이 아닌 케이스를 통해 접근하고 있다.

　이 책에서는 한국 사례 다섯 개와 외국 사례 다섯 개가 사용되었다. 이들 사례는 대부분 잘 알려진 사건들이기 때문에 독자들이 비교적 쉽게 이해할 수 있을 것이다.

　한·미 상호방위조약은 이승만 대통령이 무에서 유를 창조한 것으로, 대한민국의 안전을 지켜주는 초석이 되었다. 한국군의 베트남 파병은 박정희 대통령의 통찰과 예지로 한국의 안보와 경제 이익을 동시에 증진시킨 성공적인 정책이었다.

　노태우 대통령의 북방외교는 세계정세가 대변혁의 조짐을 보이고 있을 때 대담한 이니셔티브를 취함으로써 크게 성공한 정책으로 한국 외교가 전세계로 도약할 수 있게 해주었다.

이런 성공 사례들과 달리, 햇볕정책과 북핵 외교는 실패한 정책에 속한다. 햇볕정책은 득보다 실이 훨씬 컸으며, 북핵 외교는 한국 외교의 분명한 한계를 드러냈다.

쿠바 미사일 위기, 독일 통일, 냉전 종식, 미·중 화해, 미국의 이라크 침공 사례는 외교의 실상을 이해하는 데 유용한 사례들이다.

쿠바 미사일 위기를 해결한 케네디 대통령의 외교는 외교의 중요성과 그 가능성을 동시에 보여준다. 또한 위기에 처했을 때 국가지도자가 발휘하는 외교 리더십이 얼마나 중요한가를 실증적으로 보여준다. 케네디 대통령의 외교 리더십은 핵전쟁으로 인한 대재앙을 피할 수 있게 해주었다.

레이건 대통령의 경우도 마찬가지다. 그는 40여 년 동안 지속된 소련과의 첨예한 대립이 총성 한 번 울리지 않고 종결되도록 하는 데 가장 큰 기여를 했다. 레이건은 고르바초프와 함께 냉전 종식의 역사를 창조했다. 외교를 통해서다.

콜 총리의 독일 통일 외교도 마찬가지다. 그는 천재일우의 기회를 놓치지 않고 통일의 위업을 달성했다. 역시 외교를 통해서다. 콜 총리 사례는 분단을 극복해야 하는 우리 한국인들에게 귀중한 교훈을 준다.

닉슨 대통령의 중국과의 화해 외교는 국제정치의 흐름을 바꾸어 놓은 대사건이었다. 지금 진행 중인 중국의 부상도 따지고 보면 이때 시작되었다. 닉슨·키신저가 마오쩌둥·저우언라이와 연출한 화해 프로세스는 외교의 진수를 보여준다.

부시(아들 부시) 대통령의 이라크 침공은 재앙에 가까운 실패였다. 베트남전쟁에 이은 미국 대외정책의 뼈아픈 실수였다. 외교를 잘못한 것이 가장 큰 원인이었다. 반면교사로 삼아야 할 사례가 아닐 수 없다.

미국의 트루먼 대통령은 중요한 결정을 할 때마다 역사적 맥락을 놓치지 않기 위해 애썼다고 한다. 그는 역사 공부를 많이 했다. 이 점에서는 레이건 대통령이나 콜 총리도 마찬가지였다. 이들은 역사에서 진정한 교훈을 얻은 사람들이다.

키신저는 정치지도자들에게 역사가 중요하다고 강조한다. "국제사회에서 살아남기 위해서는 한 나라의 지도자가 역사적인 맥락을 깊이 이해하는 것이 필수불가결하다"고 했다. 국가지도자들이 역사적 맥락을 놓치지 말아야 한다는 충고다.

대한민국의 미래는 외교에 의해서 결정될 것이다. 이 책에 잘 나타나있듯이, 국가지도자들의 외교 리더십은 국가의 운명을 결정한다. 외교가 성공할 수 있기 위해서는 성숙한 국민의식이 뒷받침되어야 한다. 내치의 연장이 곧 외교이기 때문이다. 이 과정에서 언론과 여론 형성층 인사들의 역할이 중요하다.

이런 맥락에서, 한국의 정치인, 언론인, 전문가, 외교관, 대학생들이 이 책을 통해 외교에 대한 인식을 새롭게 할 수 있기를 기대한다.

필자는 무엇보다도 사실 관계에 충실하고자 애썼다. 그럼에도 어떤 오류가 있다면 그것은 필자의 책임이다. 이 책에 표명된 견해는 온전히 필자 개인의 것이다.

이 책을 쓰는데 유익한 코멘트를 해준 외교부의 우성규 국장과 상업성이 없는 책을 출판해 주신 평민사에 감사를 표한다.

2016년 1월 최병구

- 일러두기-
  각주에서 * 표시가 있는 부분은 저자의 부가설명입니다.

제1장 이승만 대통령의
한·미 상호방위조약 체결

이승만(1875~1965)은 대내외적으로 대단히 어려운 상황 가운데 대한민국을 탄생시켰고, 갓 태어난 나라의 생존을 확보하는 데 혼신의 노력을 다한 지도자였다. 그는 대한민국이 자유민주주의를 추구하는 나라로서 발전할 수 있도록 기초를 닦은 지도자였다. 미국과 상호방위조약을 체결해 신생국의 안전을 확보한 것은 이승만 대통령(1948~1960 재임)이 성취한 최대의 업적이었다.

1. '반쪽의 빵이라도 취하자'

미국·영국·중국 지도자들은 1943년 11월 하순 2차 세계대전 수행과 전후戰後 처리 문제를 논의하기 위해 이집트 카이로에서 회동했다. 이들은 이때 "현재 한국민이 노예상태 아래 놓여 있음에 유의하여 코리아는 적절한 시기에in due course[1] 해방되고 독립될 것이다"라고 발표했다. 이승만은 '적절한 시기에'가 무엇을 의미하는지 간파했다. 2차 대전 전승국들이 코리아의 독립을 무한정 지연시키거나 또는 소련의 개입으로 한반도에서 친소親蘇 정부가 수립될 가능성이 크다고 본 것이다.

1945년 2월 이번에는 미국·영국·소련 정상들이 흑해 연안 얄타에서 회동했다. 이 회동에서 한반도 문제와 관련하여서는 '신탁통치안'이 확인되었다. 신탁통치안은 이미 1943년 12월 루스벨트와 스탈린이 테헤란에서 회담했을 때 거론된 바 있다. 이 안은 1945년 12월 모스크바 3상회의에서 구체화되었다. 미·영·소 3국 외무장관들은 미국·영국·중국·소련 등 네 나라에 의한 5년 기간의 신탁통치를 상정하고 이를 추진하기 위해 미·소美·蘇공동위원회를 설치한다는 데 합의했다. 이승만은 진작 한반도에 대한 신탁통치 움직임을 포착하고 이를 반대하는 입장을 강력하게 개진하고 있었다.2)

이승만은 소련 스탈린3)이 한반도에 소련 위성국을 만들려는 저의를 갖고 있음을 알아차리고 이를 저지하기 위해 1946년 12월 급히 워싱턴을 방문한다. 국무부 인사들을 만나 한반도가 통일될 때까지 남한에 과도정부가 수립되어야 한다고 설득했다. 이승만이 남한에서의 단독 정부수립을 주장한 것은 1946년 5월 제1차 미·소 공동위

---

1) * '적절한 시기in due course'라는 문구는 모호한 표현이었다. 당시 많은 한국인들은 '적절한 시기'가 '조만간'을 의미하는 것으로 오해했다. 원래 루스벨트 대통령 특별보좌관 해리 홉킨스가 작성한 초안에는 'at the earliest possible moment'로 되어 있었는데, 루스벨트가 'at the proper moment'로 수정했고, 처칠이 이를 'in due course'가 더 나은 표현이라고 하면서 교정했다 한다(김창훈, 2002).

2) * 미국 정부 주요 인사들은 코리언들은 자치 능력이 없는 사람들이라는 생각을 갖고 있었다. 게다가 코리아는 미국에게 전략적 가치가 별로 없는 나라였다. '코리아는 희망이 없고 자립하지 못하는 나라'라는 관찰은 이미 19세기 말 코리아를 방문한 서양인들의 공통적인 관찰이었다.

3) * 스탈린은 1946년 2월 "자본주의와의 전쟁은 불가피하다"고 말했고, 같은 달미국 외교관 조지 케난은 소련에 대한 봉쇄정책을 제시했다. 3월에는 처칠이 "소련이 유럽에 '철의 장막'을 쳤다"고 주장했다.

원회가 교착상태에 빠졌고 이즈음 미국과 소련 사이에 적대적 대치의 기운이 싹트고 있었기 때문이었다. 이승만은 미-소 냉전의 기운이 싹트고 있음을 정확히 읽었다.

미·소 간 대립이 시작되고 있어 소련 관할하의 38선 이북 지역이 공산화될 가능성이 높아졌다. 이 지역에서는 1946.2.8 '북조선임시인민위원회'라는 사실상의 단독정권이 세워졌다. 이런 상황에서 남북한 통일정부 수립을 계속 추구한다는 것은 비현실적인 일이었다. 이승만은 남한에서만이라도 민주주의 정부가 수립되어야 공산주의 침투로 인한 한반도 전체의 공산화를 막을 수 있다고 판단했다. '반쪽의 빵이라도 취하는 것이 낫다'는 생각을 한 것이다. 대단히 현실주의적이고 실용주의적인 판단이었다. 1946.6.3 전라북도 정읍井邑에서 "남한에서만이라도 임시정부 또는 위원회 같은 것을 조직하여 38선 이북에서 소련이 철퇴하도록 세계여론에 호소해야 한다"고 선언했다.

이승만은 분단을 원치 않았다. 남한지역에서 빠른 시일 안에 임시로라도 정부를 세워 치안을 유지하고 파탄에 빠져 있는 경제를 추스른 다음 통일된 정부 수립을 시도할 수밖에 없다는 생각이었다. 통일 민족국가 건설을 주장하는 사람들은 이승만이 민족 분단의 장본인이라고 생각했으나 이승만은 결코 분단을 원치 않았다.4)

남한 내의 모든 정당과 사회단체는 이러한 이승만의 주장을 맹렬히 비난했다. 김구 선생과 김규식 박사 등은 어떤 경우에도 남한만

---

4) * 1944년 10월 처칠 영국 수상은 발칸반도 문제를 놓고 모스크바에서 스탈린과 회담했다. 이때 이들은 소련이 루마니아의 90%, 불가리아의 75%, 헝가리·유고슬라비아의 50%를 통제(지배)하고, 영국은 미국과 함께 그리스의 90%를 통제하기로 합의했다. 당시 처칠은 이렇게라도 하지 않으면 스탈린의 발칸반도에 대한 영토적 야욕을 도저히 막을 수 없다고 판단했다. 스탈린은 이미 1939년 9~10월 발틱 3국(에스토니아·라트비아·리투아니아)을 소련의 위성국으로 만든 상태였다(Dallek, 2010). 미국과 소련이 한반도를 절반으로 나누어 점령한 것도 같은 맥락에서 이해될 수 있다.

의 단독 정부는 피해야 한다고 주장했다. 이것은 곧 한반도를 분단시키는 일이라는 것. 이승만이 남한에서 과도정부를 수립하자고 한 것은 한반도 전체가 공산화되는 것을 우려한 차선책이었다. 고육지책이었다. 이승만의 이러한 통찰력 덕분에 한반도 전체가 공산화되는 것을 막을 수 있었음은 역사가 증명한다.[5]

2. 국제적 승인을 얻어 내기 위한 고군분투

수많은 반대와 어려움에도 불구하고 이승만은 1948.8.15 마침내 대한민국 정부를 탄생시켰다. 새로운 정부가 만들어졌으니 이제 국제사회로부터 승인을 받는 것이 시급하고 중요했다. 유엔으로부터 합법 정부라는 사실을 인정받아야 했다.

이승만이 유엔의 승인이 중요하다고 본 것은 긴 안목에서 나왔다. 대한민국이 미국의 권위를 빌면 미국의 종속국가 같은 모양새가 되지만 유엔의 권위에 의존하면 정당성을 지니는 나라가 될 수 있다고 판단했다. 더 나아가 신생 대한민국이 유엔에 가입하면 유엔의 권위를 동원해 남·북을 아우르는 통일 정부 수립을 추진할 수 있다는 계산을 했다.[6]

이승만 대통령은 1948.9.21 프랑스 파리에서 개최되는 제3차유엔총회에 조병옥 박사를 단장으로 하는 대표단을 파견했다. 한국대표

---

5) * 많은 사람들이 이승만을 '남북 분단의 원흉'이라고 했다. 그러나 1990년대 소련 비밀문서들이 공개되면서 남북 분단을 이승만의 탓으로만 돌릴 수 없음이 입증되었다. 스탈린은 1945.9.20 북한에 진주한 소련군 최고사령관에게 38선 이북에 '친소정권'을 수립하라는 지시를 내렸다. 이승만은 소련에 의한 한반도(적어도 38선 이북지역) 지배를 막지 않으면 한반도에서 자유민주주의 국가를 수립하는 일은 물 건너 간 일이라고 확신했다(Lee Sang-Hoon, 2011).
6) 유영익, 성신여대출판부, 2006.

18

단은 유엔 총회 58개국 대표들을 일일이 접촉하면서 대한민국 승인을 호소한다.[7] 외교 경험이 전혀 없는 한국대표단에게 이 같은 일은 여간 힘든 일이 아니었다. 이들의 고군분투에 힘입어 대한민국은 찬성 48, 반대 6, 기권 1로 '한반도에서in Korea 유일한 합법적 정부'로 승인을 받는다(1948.12.12).

당시 유엔에 의한 승인이 '한반도 유일의 합법 정부'가 아니라 '남한 유일의 합법 정부'로 승인받은 것이라는 주장이 있으나, 이는 사실 관계에 있어서 맞지 않다. 유엔 결의문 원문은 당시 5·10 총선으로 수립된 남한 정부에 대해 "이 정부가 한반도에서(in Korea) 유일한 그러한 정부라는 것임을 선언한다"고 되어 있다. 한반도의 이남south Korea이나 한반도의 그 지역that part of Korea이 아니라 in Korea(한반도에서)로 되어 있다.

파리 유엔 총회 한국대표단에는 김활란·장기영·모윤숙·정일형 이외에도 미국인 로버트 올리버가 포함되어 있었다. 이 대통령이 올리버 박사를 대표단에 포함시킨 데에는 그만한 이유가 있었다.

이 대통령은 올리버 박사에게 "조병옥 박사가 예절에 관한 책을 한 권 사보도록 해주기 바랍니다. 외교관이 지켜야 할 일들이 반드시 있지요. 그렇지 못하면 그 사람뿐만 아니라 나머지 사람들도 어렵게 됩니다. 중국 사람들은 상해에 외교관학교를 갖고 있지만, 우리는 아직도 포크와 나이프를 제대로 쓰는 방법을 배운 적이 없어요. 옷을 제대로 입는 일도 그들 대부분이 아직 익숙하지 못한 형편입니다. 지난 40년 간 한국에서는 이런 문제로 고민할 필요가 없었지요"라고 말했다. 갓 태어난 대한민국이라는 나라의 외교가 어떤 상태에서 출발했는지 실감나게 보여준다.

---

7) * 유엔으로부터 유일 합법 정부 승인을 받은 것은 실제적인 중요성이 있었다. 이 승인이 없었더라면 1950.6.25 북한이 남침했을 때 유엔이 신속하게 개입하기 어려웠을 것이다.

3. 이승만의 '북진 통일' 카드

신생 대한민국에는 이렇다 할 군대가 없이, 병력이라고는 경비대 수준의 5만여 명이 전부였다. 반면 북한에는 20만의 병력이 있었다. 이 대통령은 1948년 11월 국군조직법을 만들고 미국에 군사원조를 확대해 줄 것을 요청하면서 미군 주둔 연장도 요구했다.

이 대통령은 1949년 1월 미국이 대한민국을 승인하자 워싱턴에 특사를 파견해 군사원조를 요청하고 상호방위조약 체결 가능성을 타진했다. 5월에는 트루먼 대통령에게 서한을 보내 남한의 방위가 위험한 상황이라고 강조하고 상호방위조약 필요성을 제기했다.

그러나 미 행정부는 이런 요청에 전혀 귀를 기울이지 않았다. 한 마디로 말도 안 되는 얘기라고 보았다. 초대 주한대사였던 무초는 1949.5.7 기자회견에서 "내가 아는 한 미국은 토머스 제퍼슨 대통령 이래 어느 국가와도 상호방위조약을 체결한 일이 없다"라고 말했다.[8]

이 대통령은 미국의 지원이 없으면 북한의 남침 가능성이 점점 더 현실화될 것이라고 목소리를 높이면서, 해군 함정·전투기·야포와 같은 강력한 무기 지원을 집요하게 요청했으나 미국은 번번이 거부했고, 오히려 1949년 6월 군사고문단 500명만 남겨놓고 45,000명의 미군을 한꺼번에 철수했다. 한국에 대한 군사원조도 연간 1,000만 달러로 낮추고 무기도 소화기小火器만 주었다.

이 대통령은 미국이 한국 정부의 요청을 무시하고 일방적으로 주한미군을 철수시킨 것을 몹시 불만스럽게 생각했다. 신탁통치의 경우와 마찬가지로 미국이 한 나라의 운명을 좌우하는 조치를 한국 정부와 상의 없이 일방적으로 취했기 때문이었다. 이승만은 약소국 지도자로서의 비애를 느꼈다.[9]

---

8) 유영익, 2005.

당시 미국은 한국을 방위하는 문제에 조금도 관심이 없었다. 미국에게 코리아는 그저 잘 알려지지 않은 나라에 불과했다. 공산주의자들의 손에 들어가지만 않으면 되는 정도의 나라였다. 비싼 대가를 지불하면서 지켜야 할 그런 나라가 아니었다.10)

트루먼 행정부가 이런 조치를 취한 배경에는 다른 요인들도 있었다. 무엇보다도 예산이 부족했다. 여기에 이승만이 무력으로 통일을 시도할 가능성이 있다고 보았다.11)

1951년 5월 트루먼 행정부는 6·25전쟁에 대한 정치적 해결을 도모하는 종전終戰 정책을 수립했다. 한국의 생존이 걸려 있는 문제임에도 한국의 입장은 철저히 무시되었다. 이승만은 휴전에 결사적으로 반대하면서 북진통일을 주장했다. 휴전은 한반도 분단 고착화를 가중시킨다는 이유를 내세웠다. 그러면서 자신의 이런 의지가 관철되지 않을 경우에는 무력을 사용해서라도 한반도를 통일시키겠다는 발언을 계속했다.

미국은 한국전 개입 이래 1951년 6월까지 78,800명의 인명 손실을 입었고, 전쟁비용도 100억 달러 넘게 지출했다. 이는 2차 세계대전 첫 해 미국이 입은 손실의 두 배가 넘는 것이었다. 전쟁에서 이길 수 있는 가능성도 희박했다. 여론도 전쟁을 계속하는 데 대해 부

---

9) * 이승만은 1905년 태프트-카쓰라 양해, 1945년 한반도 분단 등 미국이 한국인들의 의사와 관계없이 한반도 운명을 결정한 사례들을 통해 언제 또 이런 행위를 할지 모른다고 판단했다. 미국이 일본을 위해 한국을 희생시키는 일도 가능하다고 보았다(차상철, 2008).

10) * 당시 남북한의 국력은 비교할 수도 없을 정도로 북한이 우위였다. 발전소·비료공장·광산 등 산업시설이 모두 북한에 몰려 있었기 때문이다. 게다가 북한은 소련·중공과 국경을 맞대고 있어 남한과는 달랐다. 1950년 6월 북한의 남침으로 이승만 대통령의 주장이 맞았던 것으로 판명되었을 때 미국 정부는 1년 전 단행한 미군 철수를 후회했다.

11) * 소련은 미국보다 6개월여 빠른 1948년 12월 북한주둔 소련군을 철수시켰다. 그러나 소련군 철수와 미군 철수의 의미는 달랐다. 북한과 국경을 맞댄 소련은 유사 시 언제든지 병력을 재투입할 수 있으나 미국은 그렇게 할 수 없었다. 이런 관점에서 미군 철수는 한반도에서의 군사력 균형이 깨졌음을 의미했다.

정적이었다. 미국이 휴전을 서두르게 된 배경이다.12)

1952년 3월 초 트루먼은 이승만에게 서한을 보내 휴전을 위한 유엔군 측 노력에 협력해 줄 것을 요구하면서 그렇지 않을 경우 가장 심각한 결과가 초래될 수 있다고 압박했다. 하지만 이 대통령은 상호방위조약을 체결하는 것만이 한국 국민들에게 휴전을 납득할 수 있는 유일한 길이라고 역설하면서, 만약 미국이 이 요구를 들어주지 않으면 한국군은 단독으로 북진통일을 하겠다고 위협했다.

북진통일은 현실적으로 가능성이 없는 주장이었다. 이 주장은 미국이 방위조약 체결에 관심을 갖도록 유도하려는 의도에서 나왔다. 미국도 이승만의 북진통일 주장이 협상전술적인 측면이 있다는 사실을 모르진 않았다. 그렇다고 이승만이 실제 군사행동을 취할 가능성을 완전히 배제할 수도 없었다. 이승만은 이런 '예측 불가성'과 '저低신뢰도' 전략을 대미對美 외교에서 절묘하게 사용했다.13)

이 대통령이 상호방위조약 체결에 집착한 것은 무엇보다도 6·25전쟁이 끝난 다음 미국이 한국에서 손을 떼지 못하도록 하려는 것이었다. 미국이 한국을 포기하지 않을 것이라는 것을 문서로 보장받는 일은 한국 국민들에게는 사활이 걸린 문제였다. 또한 도탄에 빠진 경제를 일으키는 일에 집중할 수 있기 위해서는 우선적으로 안보 불안이 해소되어야 했다.

1952년 11월 대선에서 한국전 조기 종결을 선거공약으로 내세웠던 아이젠하워가 압승해 1953년 1월 대통령직에 취임했다. 아이젠하워는 무엇보다도 미국 경제를 건실하게 만드는 일에 주력하기를

---

12) * 트루먼 정부는 처음부터 '제한전'을 염두에 두었다. 1950년 10월 중공군이 개입했을 때 이런 생각은 더욱 굳어졌다. 북진통일을 해야 한다는 이승만의 주장은 워싱턴의 생각과 너무나 동떨어진 것이었다.

13) * 이 대통령은 '전략적 모호성'으로 미국에 대해 레버리지를 확보하려 했다. 그러나 그가 아이젠하워 대통령에게 "한국에는 전쟁 수행을 위한 기름이 이틀 분량 밖에 없다"고 언급한 데서도 알 수 있듯이 한국이 미국의 지원 없이 북한과 전쟁을 한다는 것은 현실적으로 불가능한 일이었다.

원했다. 'New Look'으로 불린 정책을 추진하면서 재정적자를 축소해 균형예산을 달성하고자 했다. 이 정책 추진을 위해서 한국전 참전 등으로 늘어난 군사비와 대외원조 예산을 우선 줄여야 했다.14)

아이젠하워 행정부가 휴전을 서둘렀기 때문에 이 대통령은 시간이 없었다. 1953.4.14 아이젠하워에게 상호방위조약 체결을 제의하는 서한을 보냈다. 이 대통령의 거듭된 제의에도 불구하고 미 측은 시종 조약 체결에 반대했다. 한국전으로 상상을 초월하는 대가를 치르고 있는 마당에 더 이상 한반도 문제에 묶이고 싶지 않았다. 휴전을 조속히 성립시키고 손을 털려는 생각밖에 없었다. 아이젠하워 정부는 1953년 7월 더 이상 해외에서 군사적으로 개입하지 않는다는 방침을 확정했다.

4. '일본을 경계해야 한다'

이 대통령이 미국과의 상호방위조약이 필요하다고 생각한 배경에는 일본 요인도 있었다. 동북아 지역에서는 공산주의 세력의 위험뿐만 아니라 일본 군국주의 부활 위험이 있기 때문에 한국으로서는 미국과 방위조약에 의한 동맹을 맺어야 한다는 판단이었던 것이다.

이 대통령은 1949년 12월 장면 주미대사에게 보낸 편지에서 미국의 편향적인 친일정책을 지적하면서 태프트-카쓰라 양해(1905)와 일본의 한국합병(1910)에서 보듯이 미국은 또다시 일본을 위해 한국을 포기할 가능성이 있다고 했다. 1952년 10월 양유찬 주미대사에게 보낸 편지에서 "트루먼 행정부 내 친일 인사들은 일본이 군사적으로 충분히 재무장되면 한국이 또다시 일본에게 넘겨지게 될 것이라는 생각을 갖고 있다"고 썼다. 이 대통령은 이 조약이 체결된 후

---

14) 박태균, 역사비평사 2010.

인 1954년 3월 양 대사에게 보낸 편지에서도 '미국이 언젠가는 일본을 위해 한국을 희생시킬 가능성이 많다는 점을 항상 유념해야 한다'고 강조했다.

이 대통령이 미국의 편파적인 친일정책이 일본의 팽창주의를 부활시키고 이는 나아가 아시아의 안정과 평화에도 위협이 된다고 주장한 것은 근거가 있었다. 미국은 일본에 대한 대규모 경제 원조를 통해 이 나라를 동아시아에서 공산주의에 대항하는 세력으로 만들고자 했다. 덜레스 국무장관은 "강한 일본은 미국의 아시아 반공정책의 린치핀으로서 한국의 생존에도 긴요하다"는 인식을 갖고 있었다.[15]

그러나 미국의 이런 인식과 전략은 한국의 이익에는 정면으로 반했다. 무엇보다도 한국을 종속변수로 만들었다. 한국은 전략적 가치가 없었다. 뿐만 아니라 일본이 미국의 도움을 받아 부강해지면 언제 한반도에 팽창주의적 야욕을 드러낼지 모르는 일이었고, 미국은 또다시 한국을 희생시킬 수 있었다. 이승만은 이런 사실을 간파했던 것이다.[16]

당시 미국 정부 고위인사나 전문가들은 한국과 관련된 이슈를 으레 일본과 연관시켜 생각했다. 한국은 독립변수가 아니었다. 부차적인 고려 대상이었다. 예컨대, 극동지역 미군총사령관이었던 존 헐 장군은 1954년 7월 "미국에 대한 한국의 가치는 오직 한국이 일본을 어느 정도 군사적으로 보호하고, 경제적으로 지원할 수 있는지에 따라 결정된다. 우리는 한국이 일본의 보호를 기대하게끔 만드는 방안을 반드시 찾아야만 한다"고 말한 바 있다.

이승만 대통령은 1953.6.17 브릭스 주한미국대사에게 이렇게 말

---

15) Bernstein, 1978.
16) * 미국이 한국의 전략적 가치를 낮게 본 것은 현실적인 판단이었다. 한국은 미국에 힘을 보태줄 수 있는 능력이 전혀 없었다. 이렇다 할 공장이나 산업시설이 없는 농업국가였기 때문이다. 한마디로 한국은 미국에게 부담만 되는 나라였다.

했다. 반공포로 석방이라는 특단의 조치를 취하기 하루 전 한 말이다. "한국은 오늘 공산주의자들로부터 보호받기 위해 방위조약이 필요하지만 내일은 일본의 위협으로부터 보호받기 위해 그것이 필요할지 모른다." 이 대통령은 1953년 11월 방한한 닉슨 부통령에게 아시아인들은 소련과 일본의 결탁을 우려하고 있다고 하고, 미국은 일본을 너무 강하게 만들지 말라고 주문했다. 이 대통령은 1954년 초 아이젠하워 대통령에게도 "미국이 일본을 너무 신뢰하지 말라는 충고를 무시하면서 일본 편만 들어 왔다"고 지적하면서, "미국의 일본 재건 정책은 한국인들의 마음을 불안하게 만들고 있다"고 했다.17)

이승만은 미국이 이런 일본 편향적인 정책과 전략을 계속하면 한국의 미래는 없다고 판단했다. 따라서 미국이 한국을 부차적으로 취급하는 태도를 그만두게 만들어야 했는데, 바로 이 배경 하에서 이 대통령은 미국의 일본 재건 정책을 지속적으로 비판하면서 한국과의 상호방위조약 체결을 촉구했던 것이다.

5. 반공포로 석방이라는 극약 처방을 하다

유엔군 측과 공산군 측 간 휴전회담이 시작되자(1951.7.10) 이승만 대통령은 38선을 경계로 한 휴전을 강력히 반대하면서 단독으로라도 전쟁을 계속하겠다고 선언했다. 그러자 미국은 한국에 대한 향후 지원을 재고하겠다고 압박했다. 이 대통령은 이에 굴하지 않고 휴전은 한국인들에게는 '모욕과 절망'만을 의미한다고 하면서 거세게 반발했다.18)

---

17) 차상철, 2004.
18) * 이 대통령은 1951.6.27 휴전반대 성명을 발표했다. 이 성명에서 "한국의 어

휴전협상에서 최대 난제는 포로문제였다. 공산군 측은 1949년 제네바협정에 의거 모든 포로가 '강제송환'되어야 한다고 주장한 반면, 유엔군 측은 인도주의적 견지에서 포로 개인의 의사에 맡겨야 한다는 '자유의사 송환' 원칙을 주장했다. 휴전협상은 2년 간 답보상태였고, 그 사이 전선에서는 엄청난 희생이 계속되었다.

지지부진하던 휴전회담은 1953.3.5 스탈린 사망을 계기로 재개될 조짐을 보였다. 이승만 정부는 더욱 거세게 휴전에 반대하는 캠페인을 전개했다. 미국은 이런 이승만 정부가 휴전협상의 공산군 측 대표들보다 더 다루기 힘들다고 생각했다.[19]

이 대통령은 1953.4.22 유엔이 중공군을 압록강 남쪽에 주둔하게 허용하는 협정을 맺을 경우 한국군을 유엔 지휘권에서 철수시켜 단독으로 전쟁을 계속하겠다고 선언했다. 미국 측은 이를 심각하게 받아들였다. 클라크 주한유엔군 사령관은 이승만을 보호감금 시키되 임시정부를 세우는 비상수단을 취할 것을 본국 정부에 건의하기도 했다. 이런 배경에서 미 국무부와 군부는 1953년 5월 들어 이승만을 제거하고 좀 더 다루기 쉬운 사람을 앉히는 방안을 심각하게 고려했다. 클라크 사령관은 이와 관련하여 5월 초 유엔군사령부가 주도하는 이승만 정권 붕괴작전(작전명: Ever- ready)을 세워 놓았다.[20]

유엔군 측은 1953.5.25 새로운 제안을 공산군 측에 제시하면서 회담시작 불과 한 시간 전에 한국 측에 관련 내용을 통보했다. 이 대통령은 한국의 운명을 좌우할 중대한 제안을 제시하면서 정작 한

느 부분이든지 침략자의 수중에 남겨두는 제안은 이 나라에 대한 모독이다"라고 했다.

19) * 스탈린은 휴전협상이 조속 종료되는 것을 원치 않았다. 미군과 중공군의 충돌이 계속되어 손실이 늘어나는 것을 원했기 때문이다.

20) * 미국이 이승만 제거 계획을 실행에 옮기지 못한 이유는 이승만이 국민들의 절대적 지지를 받고 있었고, 여기에 그를 대체할만한 인물을 찾을 수 없었던 것과, 이 계획을 실행했을 경우 미국인뿐만 아니라 자유우방들의 반발을 불러 한국에서 공산주의를 이기기 위해 싸우고 있다는 대의명분이 위협받을 수 있다는 판단에 따른 것이었다.

국 측을 제외시킨 사실에 격분했다. 그는 한국군을 유엔군으로부터 떼어내 끝까지 싸우겠다고 선언했다.

한국 입장과 무관하게 휴전협상이 계속되자 이승만은 초조해졌다. 미국에 대한 공격 강도를 높일 수밖에 없었다. 한국군 단독으로라도 전쟁을 계속하겠다는 의지를 공식 발표하겠다고 나섰다.

이승만의 이런 움직임을 주의 깊게 관찰하던 클라크 사령관은 합참본부에 이승만이 앞으로 반공포로(공산주의에 반대하는 공산군 포로)를 일방적으로 석방하거나, 한국군을 유엔군에서 철수하는 등의 돌발 조치를 취할 가능성이 있다고 보고했다.

이러한 보고에 접한 워싱턴은 1953.5.29 국무부·국방부·합참 관계자들이 참석한 가운데 대책을 숙의했다. 상호방위조약 체결은 적절치 않다는 의견이 다수였다. 이승만을 감금시킬 것인가 아니면 유엔군이 한국에서 철수할 것인가에 대해서는 의견이 나뉘었다. 이들은 다음날도 이 문제를 토의했다. 격론을 벌인 끝에 전날과 달리 상호방위조약 체결 쪽으로 의견이 모아져 이를 아이젠하워 대통령에게 건의했다.

이 대통령은 1953.5.30 아이젠하워에게 친서를 보내 한국과 아무런 협의 없이 휴전안을 수락하라고 강요하는 데 대해 강한 불만을 토로하면서도 한국과 상호방위조약을 체결해 한국의 안보를 보장해 준다면 미국이 생각하는 휴전안을 받아들일 수 있다는 입장을 전달했다. 이 대통령은 6월 6일에는 이러한 입장을 강조하는 성명도 발표했다.

아이젠하워 대통령은 6월 8일 이 대통령에게 답신을 보내 휴전의 불가피성을 강조하면서, 미-필리핀 방위조약(1951. 8)이나 호주-뉴질랜드-미국 방위조약(1951. 9)에 준하는 조약을 체결하기 위해 한국과 협상을 개시할 용의가 있다고 통보했다.[21]

---

21) * 아이젠하워 대통령은 이 대통령이 북진통일과 같은 무모한 행동을 하거나 휴

그러나 이 대통령은 이 정도의 입장에 만족하지 않았다. 한국이 휴전협정을 받아들이는 조건의 하나로 방위조약 체결을 보장해 줄 것을 요구하면서, 이 방위조약은 미-일 상호협력 안보조약(1951.9)에 준하는 것이 되어야 한다고 했다. 그러나 아이젠하워는 방위조약 대신 '한국을 포기하지 않는다'는 내용의 성명을 발표하고 군사지원 조항을 포함하는 행정협정을 체결하는 방안을 제시했다.

아이젠하워 대통령은 한국이 휴전을 수용하고 한국군을 계속 유엔군 지휘 하에 두는 조건으로 한국군을 20개 사단으로 증강시키고 한국 경제 부흥을 위해 10억 달러의 원조를 제공할 용의가 있음을 내비쳤다. 이승만은 이를 일언지하에 거절했다. 이승만의 통찰력을 엿볼 수 있는 대목이다. 이승만은 '조약' 형식이 아니면 미국을 붙잡아 둘 수 없다고 판단했다. 행정부가 바뀌면 전임 행정부의 정책이 언제든지 중단될 수 있다는 사실을 염두에 두었던 것이다.

앞서 언급한 대로, 아이젠하워 정부가 조약 체결을 반대한 데는 분명히 이유가 있었다. 미국은 미국의 행동을 구속하는 행위를 하지 않는다는 전통이 있었다. 일종의 고립주의였다. 미국의 이익에 직접적인 영향이 없으면 관여를 하지 않는다는 것이 미국 외교의 전통이었다.

또 다른 이유도 있었다. 미국 정부는 1949년 이래 국방비를 대폭 줄이고 있었다. 이런 분위기에서 어떤 나라와 동맹을 맺는다는 것은 이런 방침에 맞지 않았다. 1951년 일본·필리핀·호주 등과 상호방위조약을 체결하는 선에서 공산주의 위협에 대응하려 했다. 이러한 사실은 애치슨 국무장관이 1950.1.12 "태평양에서 미국의 군사방위선은 알류산열도에서 일본을 거쳐 오키나와에 이르고 다시 필리핀 군도에 이어져있다"고 밝힌 데서도 잘 나타났다. 한국은 분명히 방

전을 방해하는 행위를 해서는 안 된다는 입장을 분명히 하면서도 한국과의 협력을 계속하는 데 대해 유연한 자세를 취했다.

위선 밖에 있었다.

　미국은 강대국으로서 언제 어디서든 자신이 원하는 대로 행동할 수 있기를 원한다. 한반도 전쟁에 또다시 개입해야만 하는 상황을 피하려는 것은 당연했다. 이런 맥락에서 이 대통령이 집요하게 방위 조약체결을 요구하는 것은 참으로 짜증나는 일이었다. 이승만은 미국이 그토록 싫어하는 일을 끊임없이 추구했다.22) 약자가 강자를 강요하는 형국이었다.

　이러는 가운데 휴전협상이 타결 기미를 보였다. 6월 8일 포로 송환에 대한 문제가 해결됨으로써 이제 서명은 시간문제가 되었다. 10만 명 이상의 서울 시민이 북진 통일을 요구하는 대대적인 데모를 벌였고, 한국 국회는 129대 0으로 휴전협정 반대 결의안을 통과시켰다.

　이 대통령은 1953. 6. 18 전국 7개 수용소에 분산 수용되어 있던 반공포로(총 35,000여 명)를 석방시키는 극약처방을 내렸다. 무모한 모험이었다. 관계당국의 방조로 27,388명이 탈출했다. 당시 합의된 휴전협정안은 본국으로 돌아가기를 원치 않는 포로들은 '중립국송환위원회'가 처리하도록 되어 있었기 때문에 이승만의 이러한 조치는 휴전협정의 근간을 무너트리는 심각한 도전이었다. 덜레스 국무장관은 취침 중이던 아이젠하워 대통령을 깨워 이 사실을 보고했다. 아이젠하워 대통령은 경악과 분노를 금치 못했다.23)

　이 대통령은 포로 석방 다음날 브릭스 주한대사에게 "내 행동이 옳은지 그른지는 후일의 역사가 판단해 줄 것이다. 설령 그것이 자살 행위라 할지라도 그것은 우리(한국인)의 특권이다"라고 말했다.

---

22) * 조셉 나이 교수는 이런 역설적인 현상을 '약자의 파워'power of weakness라고 불렀다.

23) * 놀란 것은 미국만이 아니었다. 처칠 영국 수상은 아침에 면도를 하던 중 이 소식을 듣고 놀라 면도날에 얼굴을 베었다고 한다. 덜레스 국무장관은 당시 워싱턴을 방문하고 있던 백두진 국무총리에게 "이 대통령의 처사는 등 뒤에서 칼로 찌르는 격"이라고 격분했다 한다.

아이젠하워 대통령은 이승만의 이러한 행동을 '정신착란자의 행동'이라고 비난했다. 유엔군사령부의 권위에 도전하는 '공개된 무력 행사'라고 하면서, "만약 이승만이 이런 행동을 계속한다면 이제까지 피 흘리며 싸워 획득한 모든 것을 희생시키는 결과가 될 것"이라고 경고했다. 그러면서 '모종의 조치'가 취해질 수 있음을 시사했다. 덜레스 국무장관도 6월 22일 이승만 대통령에게 보낸 서한에서 "그와 같은 행동을 취할 권한이 당신에게 있는가"라고 힐난하면서 한국의 독자적인 행동은 끔찍한 재앙만을 초래할 것이라고 경고했다. 그러면서 "전쟁을 종식시키려는 유엔군 사령관의 권위를 받아들이지 않는다면 모종의 조치를 취하겠다"고 선언했다.24)

아이젠하워와 덜레스의 이러한 협박에도 불구하고 이승만은 흔들리지 않았다. 아이젠하워에게 친서를 보내 한국에 대한 안전보장 없이 휴전협정이 성립되는 것은 한국에 대해 '사형 집행장'을 발부하는 것과 마찬가지라고 하면서 상호방위조약 체결을 요구했다.

이승만은 이러한 극단적이고 돌발적인 행동을 통해 유엔군과 공산군 측이 어떤 합의를 해도 자신이 이런 합의를 무산시킬 수 있는 사람임을 보여주었다. 이를 바탕으로 이 대통령은 1953.7.9 휴전협정에 반대하지 않겠다는 약속과 함께 방위조약 초안을 미 측에 제시했다. 휴전을 방해하지 않겠다는 약속은 미국에게 중요했다. 그래서 미 측은 휴전협정이 발효되면 한·미 상호방위조약을 체결하겠다는 약속을 한다.25)

아이젠하워와 이승만은 험악하게 갈등했지만 서로가 서로를 필요

---

24) * 아이젠하워는 1953.6.19 참모들과의 회의에서 "이승만은 우리가 (한국에서) 나가도 좋다고 하나 우리는 그럴 수 없다. 우리가 그렇게 한다면 중공에 항복하는 것이 될 것이다. 우리가 지난 3년 동안 쟁취하려 했던 모든 것을 일거에 중국에게 넘겨주는 일이 된다"라고 말했다. 이승만 대통령이 아이젠하워가 이렇게 생각할 것으로 예상하고 포로석방이라는 극단의 조치를 취했을 가능성이 있다.

25) * 휴전협정은 1953.7.27 서명되었다. 한국은 이 협정에 서명하지 않았는데, 이는 북한의 침략 전쟁을 무승부로 끝낼 수 없다는 이승만의 소신 때문이었다.

로 했다. 아이젠하워는 6·25전쟁의 정치적 해결을 위해 이승만의 협조가 필요했고, 이승만은 한국의 안보를 보장받기 위해 아이젠하워의 협조가 필요했다.26)

6. 상호방위조약 체결 논의

아이젠하워 대통령은 1953.6.25~7.12 로버트슨 국무부 차관보를 대통령 특사로 파견했다. 로버트슨 특사는 이 대통령에게 "한·미 두 나라가 서로 협력하는 방향으로 나갈 것인가 아니면 각자 자기 갈 길을 갈 것인가는 한국 측(이 대통령)에 달려있다"고 하면서, "만약 한국이 미국의 개입을 원하지 않는다면 미국은 한국 문제에 손을 떼겠다"고 했다. 최후통첩이나 다름없었다. 이승만은 끝까지 버텼다. 한국인의 미래가 전적으로 이 조약에 달려있다고 믿고, 단호한 결의와 치밀한 전략으로 미국과의 협상에 임했다.27)

이 대통령은 미국 측 초안에 "조약 체결 당사국 중 어느 한쪽이 무력공격을 받을 경우 다른 한쪽이 즉각적이고 자동적으로 지원한다"는 조항이 없음을 확인했다. 사실 이 부분이 가장 중요했다. 이 조항을 넣는 것은 이 조약 체결에 그토록 심혈을 기울여온 목적과 직결되어 있다. 이 대통령은 "한국의 경우는 필리핀이나 호주 등과 달리 한순간에 치명적인 공격을 받을 수 있는 나라다. 그러니 미·일 안보조약(1951.9.8)과 같은 수준의 조약이 체결되어야 한다"는 논리를 내세웠다. 이는 한국에 미군 주둔을 허용하는 수준의 조약을 의미했다.

이 대통령은 로버트슨 특사와 회담하면서 '미국 책임론'을 들어

---

26) * 아이젠하워 행정부는 중공의 팽창주의를 억제한다는 측면에서 미군을 한국에서 모두 철수시켜서는 안 된다고 판단했다.
27) 차상철, 2001.

미 측을 강하게 압박했다. 미국이 1910년 한·일 합병, 1945년 분단 등에 책임이 있으므로 상호방위조약 체결로 한국에 진 빚을 갚아야 한다는 논리였다. 로버트슨은 당초 1주일 정도면 협상을 끝내고 돌아갈 수 있을 것으로 예상했으나 18일을 체류했다.

양측은 어려운 협상을 타결하고 7월 11일 공동성명 형식으로 협상 결과를 발표했다. 주요 내용은 ▶공산치하로 돌아가기를 희망하지 않는 포로는 남한에서 석방하고 ▶양국 정부는 현재 협상이 진행 중인 상호방위조약을 체결하며 ▶한·미 양국은 최단 시일에 한국의 자유와 독립 그리고 통일을 실현하기 위해 함께 노력한다는 것이었다.

획기적인 진전이었다. 한국의 입장이 상당히 반영되었다. 양측은 휴전협정 이전에라도 조약 체결을 위한 협상을 하기로 하고 조약 초안을 교환했으며, 미 측은 미 상원이 이 조약을 인준해줄 것이라는 확약까지 받아 주었다. 물론 이 대통령은 미 측에 '휴전을 방해하지 않는다'는 약속을 했다.

8월 4일에는 덜레스 국무장관이 한국을 방문한다. 상호방위조약 체결을 마무리 짓기 위해서였다. 이 대통령은 덜레스 장관 등 미국 대표단에게 "한국민들의 모든 삶과 희망이 이 조약에 달려있다"고 했다. 그러면서 유사 시 미군의 '자동개입' 조항을 포함시킬 것을 요구했다. 무리한 요구였다. 덜레스 장관이 결정할 수 있는 사항이 아니었다. 전쟁 참여 문제는 상원의 권한에 속한다. 또한 상원이 이 조약을 비준하지 않으면 발효가 될 수 없다. 이 대통령은 조약의 유효기간과 관련하여서는 미 측 초안에 "무기한 유효하나, 한 당사국이 타 당사국에 통고한 1년 후 조약이 종결될 수 있다"는 조항을 수정할 것을 요구했다. 그러나 덜레스 장관은 이에 대해서도 다른 나라와 체결된 유사 조약과의 형평성 등을 들어 거절했다.

이 대통령은 조약 문안에 자동 개입 조항을 명시적으로 넣고자 했으나 불가능했다. 실용주의자인 이 대통령은 이 문제를 다음과 같이 해결했다.

우선 조약 3조에 "타 당사국에 대한 태평양 지역에 있어서의 무력공격을 자국의 평화와 안전을 위태롭게 하는 것이라 인정하고 공통한 위험에 대처하기 위하여 각자의 헌법상의 수속에 따라 행동할 것을 선언한다"고 규정하고, 이어 4조에 "상호적 합의에 의하여 미합중국의 육군, 해군, 공군을 대한민국의 영토 내와 그 부근에 배치하는 권리를 대한민국은 이를 허여하고 미합중국은 이를 수락한다"라고 기술했다.

미군의 한국 주둔이 가능하도록 함으로써 유사 시 미국이 개입하지 않으면 안 되도록 만들었던 것이다. 실제 미국은 서울과 휴전선 사이에 미군을 주둔시켰다. 미국의 자동개입을 유도한 이 대통령의 이러한 발상은 '외교의 귀재'만이 할 수 있는 일이었다.

천신만고 끝에 합의에 도달한 조약안은 1953.8.8 서울에서 변영태 외무장관과 덜레스 국무장관이 가서명했고, 10월 1일 워싱턴에서 역시 변영태 장관과 덜레스 장관이 공식 서명했다.28)

7. 합의의사록 협상 타결

서명된 조약의 제5조는 이 조약의 효력이 "비준서가 양국에 의하여 워싱턴에서 교환되었을 때 효력을 발생한다"라고 되어 있었다. 그런데 이 비준서 교환이 지연되었다. 왜 그랬을까?

미국·소련·영국·프랑스는 1954.2.18 인도차이나에서의 전쟁을 종식시키고 한반도의 평화통일을 이룩하는 문제를 협의하기 위한

---

28) * 공식 서명된 조약은 1954.1.15 한국 국회에서 그리고 1월 26일 미 상원에서 비준되었다.

외무장관 회담(제네바 정치회담)을 개최하기로 했다고 발표했다.

이에 대해 이 대통령은 강대국들이 한국의 통일을 지원하지 않고 소모적인 정치회담만 하려 한다고 하면서 이런 회담안을 발의한 미국을 비난했다. 이 대통령은 한국의 주권과 관련되는 문제를 논의하는 회담을 하면서 한국이 배제된 것을 용인할 수 없었다. 그는 또다시 강경 전략을 구사했다. 미국에게 전쟁을 재개하든지 한국군의 능력을 대폭 강화하든지 택일하라는 식으로 나왔다. 그러자 미국은 1954.3.18로 예정되었던 비준서 교환을 무기한 연기했다.

연기하는 것만이 능사는 아니었다. 미국은 이승만이 또 어떤 짓을 할지 걱정해야 했다. 차라리 그의 요구를 일부 들어주면서 제네바회담을 예정대로 추진하고자 했다. 이승만의 전략이 통했다. 상호방위조약 비준에 대한 확약을 받아내면서 동시에 한국군 증강에 대해서도 워싱턴을 움직였다.

이 대통령은 처음부터 비준서 교환을 서두를 생각이 없었다. 여기에는 속셈이 있었다. 이 협정이 발효된다 해도 한국의 안보가 저절로 보장되는 것이 아니다. 한국의 군사력이 보잘 것 없는데다 미국이 조약을 충실히 이행하지 않는다 해도 강제할 수는 없다. 이런 사실을 꿰뚫었던 이 대통령은 조약을 일단 서명해 놓고 이를 토대로 실제적인 군사원조를 얻어내고자 했던 것이다. 한국이 군사력을 갖추는 일은 스스로 할 수 없는 일이었다. 이 대통령은 두 가지 목적을 한꺼번에 달성할 수 없자 우선 하나를 얻고 다른 하나는 그 다음에 추구하고자 했다.

1954년 6월 제네바회담이 실패로 끝나자 이 대통령은 휴전협정의 무효화와 전쟁 재개를 통한 북진통일을 또 들고 나왔다. 그러자 미국은 미국대로 맞받았다. 이런 상황을 타개하기 위해 워싱턴을 방문해 아이젠하워 대통령과 회담하게 되었을 때 이 대통령은 '지금 상태에서는 휴전협정을 인정할 수 없다'는 입장을 굽히지 않으면서 팽팽히 맞섰다.

미국 측은 한국이 북진통일과 같은 단독행동을 하지 못하도록 제도적으로 막아야 한다는 생각에서 7월 30일 합의의사록 초안을 내놓았다. 한·미 간 쟁점들을 망라하여 휴전 이후 한·미 관계의 기본 구도를 만드는 내용이었다. 여기에는 유엔군 사령관에게 한국군의 작전 지휘권을 넘긴다는 내용도 들어 있었다. 무력 북진통일을 원천적으로 불가능하게 만들기 위한 조치였다.

이 대통령은 이를 받아들이지 않았다. 워싱턴에서 귀국한 후 8·15 광복절 기념사를 통해 '예방전쟁론'을 피력했고, 국회도 이에 호응해 '중립국 감시단 즉시 해체에 관한 결의안'을 만장일치로 채택했다. 10월 22일에는 논의 중이던 합의의사록을 제쳐놓고 새로운 초안을 만들어 미국 측에 건넸다. 이 초안은 10~15개 사단의 한국군을 추가로 증강한다는 조건으로 작전 지휘권을 유엔군 사령관 휘하에 두는 것에 동의할 것이라고 했다. 10월 28일 브릭스 주한대사는 한국 측이 합의의사록에 서명하지 않으면 미국은 경제·군사원조를 중단할 것이라는 입장을 전달했다.

이쯤 이르자 이 대통령은 입장을 바꿔 합의의사록 제4항에 '휴전협정을 위반하여'라는 부분과 제5항 전체를 삭제한다면 의사록에 서명하겠다고 통보했다. 한국이 공개적으로 북진통일을 주장할 수 있는 여지를 남겨놓기 위한 전략이었다. 미국이 이런 요청을 수락해 한·미 양국은 1954.11.17 '한국에 대한 군사 및 경제 원조에 관한 합의의사록'에 서명했다. 동시에 비준서가 교환되어 이 날짜로 한·미 상호방위조약이 공식 발효되었다.

미국은 1955 회계연도에 7억 달러에 달하는 군사(4억2000만 달러)·경제(2억8천만 달러) 원조를 제공하고 10개 예비사단 추가신설 장비를 포함한 해군(군함 79척)과 공군력(제트전투기 100대) 증강을 약속했다.

한국은 미국으로부터 이러한 지원을 받아 육군 661,000명, 해군 15,000명, 해병대 27,500명, 공군 16,500명 등 총 72만 명의 상비군을 보유하게 된다. 6·25전쟁 이전 10만여 명에 불과했던 한국군의 규모를 이 정도로 키웠다는 것은 놀라운 일이었다. 한국은 군사경제원조 합의의사록에 따라 1961년까지 27억 달러를 지원받았다.

합의의사록 서명에 의한 상호방위조약 발효는 북진통일론의 포기를 의미했다. 이 대통령으로서는 차선책으로서 거둘 수 있는 최상의 목표를 달성했다. 미국은 합의의사록 제2항에 의거 작전통제권을 갖게 됨으로써 이 대통령의 '북진통일'을 제도적으로 방지할 수 있게 되었다.

8. 한·미 상호방위조약의 역사적 의의

한·미 상호방위조약 체결은 한반도에서 '힘의 균형'이 회복되었음을 의미했다. 자동개입 조항을 명시하지는 못했지만 이 역시 '반쪽의 빵이라도 취하는 것이 낫다'는 차원에서 이해할 수 있다. 이 조약을 근거로 미군이 한국에 주둔할 수 있게 되었고 5만 명 이상의 미군이 서울 이북의 민감 지역에 집중 배치됨으로써 유사 시 미군이 자동으로 개입하게 되는 장치('인계철선'trip-wire)를 확보했던 것이다. 최상만 고집하다 모두를 잃지 않고 차선이라도 확보한 다음 원래 의도했던 목표를 계속 추구했다.

이승만 대통령은 상호방위조약을 국방·군사적인 측면에서만 생각하지 않았다. 군사동맹 이상의 목적과 가치를 지닌 조약으로 생각했다[29]. 이 대통령은 1953.8.8 한·미 상호방위조약 가서명 후 발표한 성명에서 이 조약으로 말미암아 "우리의 후손들이 여러 대에

---

29) 유영익, 2005.

걸쳐 갖가지 혜택을 누릴 것이다"라고 했다. 이 대통령의 통찰력에 놀라게 된다. 한·미 상호방위조약은 단순한 군사동맹이 아니었다.[30) 대한민국의 미래를 내다본 다목적 조약이었다.

물론, 이 조약이 남한 땅에 미군 주둔을 허용하고 한국군의 작전권을 미국에 넘김으로써 국가주권이 훼손된 것은 사실이다. 그러나 이 문제는 현실적·실제적인 측면에서도 보아야 한다. 국제정치·국가 관계에서 일방이 모든 것을 다 얻을 수는 없다. 이 대통령은 일단 안보를 택했다.

유영익 교수는 역사적 관점에서도 한·미 상호방위조약을 분석했다. 유 교수는 이 조약으로 성립된 한미동맹을 "1880년대 이래 한국의 위정자들이 추구했던 숙망宿望을 달성한 것"이라고 하면서, "19세기 말~20세기 초 열강이 조선에 강요했던 불평등 조약과 달리 한국이 미국을 움직여 만들어낸 동맹이라는 점에서도 큰 의의가 있다"고 했다.

차상철 교수는 "이승만 외교의 백미白眉는 한·미 상호방위조약 체결이었다"고 하면서, "아직까지 우리나라에서 이승만의 한·미 상호방위조약에 필적할 만한 외교적 업적은 없었다"고 했다. 김영주 대사도 "이 대통령이 천신만고의 노력 끝에 쟁취한 외교성과로써, 이 대통령 재임 12년 간 최대 외교업적이었다"고 평가했다. 김영호 교수는 "이승만 대미對美 자주외교의 금자탑"이라고 했고, 이춘근 교수는 "한미동맹은 국제정치 역사상 가장 모범적인 동맹으로 인정받고 있다"고 평가했다.[31)

---

30) * 조갑제닷컴 대표는 한미동맹은 "한강의 기적을 만든 한국의 생명줄이 되었다"고 평가했고(조갑제, 2009). 이기동 교수는 "진실로 오늘날 남한이 누리고 있는 경제적 번영을 이야기 할 때 이 조약을 빼놓고서는 논할 수 없다"고 했다(한국사시민강좌, 2005). 박정희 대통령이 북한 대비 군사력 열세의 상황에서 경제개발 정책에 매진할 수 있었던 것도 한·미 상호방위조약에 의한 한미동맹이 있어서 가능한 일이었다.

31) * 한국과 미국은 2012.3.15 자유무역협정을 발효시켰다. 한·미 상호방위조약

박명림 교수는 "반세기 동안 이어진 미국의 대한對韓 정책의 방향을 역전시킨 전환적 업적이었다"고 하면서, 다음과 같은 관점에서 중요한 의의가 있었다고 평가했다.

▶ 한국의 국제적·지역적 위상이 처음으로 인정되었다.
▶ 한반도를 둘러싼 국제정치적 불확실성을 줄여주는 결정적인 계기가 되었다.
▶ 북한의 재침 방지를 통해 남한의 안보를 확보하는 동시에 남한의 대북 선제공격 의지를 철회시킨 계기가 되었다. 남한 입장에서는 북한의 재침 의지를 단념시켜 국가안보를 공고히 했고, 이를 바탕으로 향후 경제발전에 전념할 수 있었다.
▶ 한미동맹을 계기로 남한은 전통적인 중화질서에서 벗어나 해양을 통해 세계로 나아갈 수 있는 통로를 확보했다. 이는 동아시아 국가의 범주를 처음으로 탈피하여 세계 중심국가와 동맹관계를 형성한 것을 의미했다.
▶ 한미동맹 구축으로 한반도에 대한 일본의 영향력을 결정적으로 차단할 수 있었다. 한국문제에 대한 일본의 영향력이 축소되는 계기가 되었다. 이런 면에서는 중국도 마찬가지였다.
▶ 한미동맹 체결로 한반도문제가 지역문제이자 동시에 국제문제로 격상되었다.

9. 이승만 외교가 성공할 수 있었던 배경

이승만의 대미對美 외교는 사례연구 감이다. 외교 경험이 없는 신생 약소국이 2차 대전을 승리로 이끈 강대국을 상대해 원하는 바를

이 안보동맹이라면 한·미 FTA는 경제동맹이라고 할 수 있다.

얻어낸 외교였기 때문이다.

6·25전쟁 직후 미 행정부에서 회람된 문서가 하나 있었다. <극동 지도자들의 이승만의 대미 양보 획득에 대한 반응>이란 제목의 대외비 문서였다. 여기에는 "아시아의 여타 지도자들이 이승만 외교의 성공 사례에 고무되어 미국으로부터 보다 많은 양보를 얻어내려고 할 가능성이 있으니 조심해야 한다"는 내용이 들어있었다. 이승만 외교가 국제적으로도 평가를 받았다는 사실을 알 수 있다.

1) 이승만은 외교의 중요성을 잘 알았다

이승만은 그가 29세 때 저술한 『독립정신』에서 "외교를 친밀히 하는 것이 지금 세상에 나라를 부지하는 법으로 알아야 할지니 만일 외교가 아니면 형세가 외로워서 남의 침탈을 면할 수 없다"고 썼다. 이승만은 일찍이 외교의 중요성을 인식한 '외교주의자'였다. 군사력과 경제력이 제로인 상황에서 독립을 찾는 길은 외교밖에 없다고 믿었다.

이승만이 19세기 말~20세기 초 조선인으로서 외교의 본질을 간파했다는 것은 놀라운 일이다. 이때까지만 해도 이승만은 나라밖 세상을 경험한 적이 없었다. 배재학당에서 서양인 선교사들을 만나 영어로 된 책과 신문을 빌려 읽은 것이 전부였다. 『독립정신』을 쓸 당시 그는 한성감옥에서 수감생활을 5년 넘게 하고 있었다. 이승만은 감옥에 있는 동안 영어로 된 역사책과 잡지 등을 읽어 서양에 관한 지식과 영어 실력을 쌓았다.

이승만은 '강압'과 '외교(설득)'는 어느 하나를 버리고 다른 하나를 택할 수 있는 그런 것이 아니라는 사실을 잘 알고 있었다. 하드파워가 없었기 때문에 외교로 풀어나가는 수밖에 없었기 때문에 외교를 하는 데 필요한 지렛대를 어떻게든 만들어냈다. 이승만은 국가의 생존을 도모하는 데 외교가 차지하는 역할의 중요성을 간파한 선각자였다.

2) 이승만은 미국을 제대로 알고 상대했다

이승만은 미국을 제대로 안 지도자였다. 미국의 약점을 알아 때로는 회유하고 때로는 협박도 해가며 원하는 것을 얻어냈다. 덜레스 국무장관이 이승만에게 "미국 역사에서 한국에게 양보한 것처럼 많은 것을 양보한 나라가 없다"고 말했을 정도였다. 과장이 아니었다. 당시 한국으로서는 미국의 힘을 빌리지 않고서는 아무것도 할 수 없었다. 1950년대 한국 정부의 전체 예산에서 미국 원조가 차지한 비율은 평균해서 60%가 넘었다. 한국은 미국 원조로 연명하던 나라였다.

이승만은 미국의 국제정치적 지위를 이용해야 러시아 등 다른 열강의 침탈을 막을 수 있다고 믿었다. 한국의 독립은 한국 스스로 유지하기에는 한계가 있으므로 미국의 힘을 빌려야 한다고 생각했다. 이승만의 대미對美 외교는 곡예와 같았다. 미국은 이승만이 지독히 말을 안 듣자 1952년 6월 그를 제거할 계획까지 세웠다. 'Operation Ever-Ready'라는 작전명이 말해주듯 '언제든지' 행동에 옮길 수 있도록 준비된 계획이었다.

트루먼·아이젠하워 대통령에게 이승만은 참으로 '골치 아픈 늙은이'였다. 국무부 등 실무부서 인사들도 이승만을 '눈엣가시' 같은 존재로 봤다. '한국에서 가장 위험한 인물'이라고 말하는 것을 주저하지 않았다. '사기꾼'이라는 단어까지 동원되었다. 이승만을 냉대하고 그가 하는 일을 방해했다. 이승만은 미국이 원하는 대로 움직여주기는커녕 사사건건 미국을 걸고 넘어졌다. 오죽 했으면 제거 계획까지 세웠을까. 이승만이 계속 미국 정책에 반대하고 훼방을 놓아 공산진영과의 협상에 걸림돌이 되면 그를 제거하는 수밖에 없다고 판단했다.

이승만은 이런 미국인들을 상대해 외교목표를 달성해냈다. 미국으로부터 한국이 얻어낼 수 있는 이익의 최대치를 얻어냈다. 일부에서는 이승만이 한국을 또다시 미국의 식민지 국가로 전락시켰다고 주장한다. 이승만의 대미對美 의존 정책 때문에 한국이 미국의 식민지가 되었다는 것이다. 그러나 이승만은 한국이 역사적으로 중국에 대해 가졌던 사대事大정신이 한국 역사에서 가장 결정적인 잘못이었다고 규정했다. 한국은 그 어느 나라에도 의존하지 말아야 한다고 확신했다. 여기에는 미국도 포함되었다.

3) 이승만은 국제정치적 식견과 통찰력이 있었다

이승만의 국제정치적 안목과 식견·통찰력은 타의 추종을 불허했다. 그의 국제정치 그리고 미국에 대한 지식은 젊은 시절부터 책을 많이 읽고 현장에서 실전 경험을 쌓았기 때문에 가능한 일이었다. 한국 역사에서 이승만처럼 폭넓게 국제문제에 대한 식견을 갖고 코리아의 과거와 현재·미래를 꿰뚫어 본 지도자가 없었다.

이승만은 당시 세계 주요 지도자들이 어떤 동기에서 어떤 행동을 하는지 정확하게 예측했다. 초대 주한대사(1949~1952)로 이 대통령을 상대했던 무초는 "이 대통령은 아주 고차원의 시각에서 복잡한 세계정세를 정확하게 이해한 지도자였다"고 평가했다.

【사례】 공산주의의 실패를 확신했다

1917년 소련에 볼셰비키 혁명으로 공산정부가 들어섰다. 이승만은 이때 이미 공산주의가 인간의 본성을 거역해 인민을 지배하려는 사상체계이기 때문에 결국은 실패할 것이라고 장담했다. 놀라운 선견이었다. 1990년대 초 공산주의가 지구상에서 사라지기 70여 년 전에 공산주의의 소멸을 예상했던 것이다.

【사례】 스탈린의 흉계를 간파했다

미국은 소련이 한반도에 대해 가졌던 적화赤化 전략을 간파하지 못했다. 그러나 이승만은 일찍이 이런 소련의 의도를 읽어냈다. 그는 1904년 발간한 『독립정신』에서 소련은 함흥·원산 같은 곳에서 태평양으로 통하는 관문을 확보하려는 의도가 있다고 썼다.

1942년 1월 이승만은 앨저 히스 미 국무장관 특별보좌관에게 "소련은 무역을 위해 한반도의 부동항不凍港을 차지하려고 애써 왔다. 미국이 소련의 이런 움직임에 제동을 걸지 않으면 일본 패망 후 반드시 한반도로 진출해 코리아를 장악하려 할 것이다"라고 말했다.

이승만은 같은 해 12월에는 미 국무장관에게 서한을 보내 소련이 한반도로 팽창하려는 야욕을 갖고 있어 미국이 한국임시정부를 승인하지 않을 경우 한반도에는 공산국가가 수립될 수밖에 없을 것이라고 경고했다.

이승만의 이런 예측이나 주장은 모두 들어맞았다. 그는 스탈린의 야욕을 미국의 어느 지도자보다 더 정확히 그리고 더 일찍 간파하고 있었다.

【사례】 일본이 미국과 충돌할 것이라고 예견했다

이승만은 1941년 초 일본 위협의 심각성을 알리기 위해 『일본 내막기』라는 책을 출간했다. 그는 이 책에서 일본은 아시아에서 패권을 장악한 후 궁극적으로는 세계를 지배하려는 야욕을 갖고 있으며, 따라서 일본은 결국 미국과 충돌하게 될 것이라고 예견했다.

이승만이 『일본 내막기』에서 예고한 미·일 간 충돌이 몇 달 후 사실로 나타났다. 일본이 1941.12.7 진주만을 공격했던 것이다. 이승만은 일본이 알래스카나 하와이 둘 중 하나를 공격하게 될 것이라고 예측했는데 정확하게 들어맞았다. 미국인들은 이승만의 통찰력에 감탄했다.

【사례】 공산주의자들의 속셈을 훤히 꿰뚫었다.32)

1953년 10월 닉슨 부통령이 아이젠하워 대통령 특사 자격으로 이승만을 면담했다. 이때 닉슨이 전달한 아이젠하워의 친서에는 "한국이 또 다른 전쟁을 시작하는 것을 용납하지 않을 것입니다. 대통령께서 그렇게 하지 않겠다고 약속해주기 바랍니다"라는 문구가 들어 있었다.

이 대통령은 편지를 무릎 위에 놓고 한참 내려다봤다. 그가 얼굴을 들었을 때 눈가에 눈물이 맺혀 있었다. 이승만과 닉슨 사이에 이런 대화가 오갔다.

이승만: 아주 좋은 편지입니다. (이렇게 말하면서 친서 내용과 다른 사안으로 화제를 돌렸다)

닉 슨: (화제를 다시 친서로 돌려) 아이젠하워 대통령의 요청을 들어주는 것이 가장 시급한 일이라는 것을 솔직하게 말씀드립니다.

이승만: 나도 귀하에게 솔직하게 말씀 드리겠습니다. 미국으로부터 받은 도움에 대해서, 그리고 아이젠하워 대통령과의 개인적 관계에 대해서 나는 심심한 감사를 드립니다. 이런 관계를 소중히 여기는 나로선 미국의 정책과 맞지 않은 일을 하지 않을 것입니다. 그러나 한편 나는 노예 상태의 북한 동포들을 해방하기 위하여 평화적 방법으로, 그러나 필요하다면 무력을 동원해서라도 통일을 성취하는 것이 한국인의 지도자로서 나의 의무라고 생각합니다.(이 대통령은 잠시 멈추더니 다시 이렇게 말을 이었다) 나는 미국이 평화를 유지하기 위하여 노심초사하는 것을 잘 이해합니다. 그러나 한반도를 분단된 채로 남겨놓은 상태의 평화는 불가피하게 전쟁으로 이어질 것이고, 이 전쟁은 한국과 미국을 동시에 파괴할 것이기 때문에 나는 그런 평화에 동의할 수 없는 것입니다.

(이 대목에서 이 대통령은 닉슨을 향해 몸을 낮추면서 이렇게 말했다) 내가 일방적인 행동을 취하게 될 경우 아이젠하워 대통령에게 미리 알려드

---

32) 조갑제, 2008.

릴 것임을 약속합니다.

닉슨은 이 정도의 약속으로는 안 된다고 생각했다. 그는 미국과 합의 없이는 어떤 행동도 단독으로 하지 않을 것이라는 약속을 해달라고 요구했다. 이 대통령과 닉슨은 합의를 이루지 못하고 면담을 끝냈다. 이 대통령은 닉슨을 만난 뒤 기자들에게 "닉슨을 통해 아이젠하워 대통령을 설득, 한반도의 통일문제를 끝장낼 수 있을 것이다"라고 말했다. 이와 같은 발언은 닉슨의 마음을 불편하게 만들었다.

닉슨은 자신의 침묵이나 무능으로 인해 이 대통령이 오해를 해서는 안 된다고 생각했다. 어떤 경우에도 이 대통령이 한국을 통일하기 위해 일방적으로 군사적인 행동을 해서는 안 된다는 약속을 확실히 받아내고자 했다. 그래서 닉슨은 다음 날 다시 이 대통령을 단독으로 면담했다.

> 이승만: (면담이 시작되자 두 페이지 문건을 펼치면서) 보안을 위해 내가 직접 타이핑을 했습니다. 공산주의자들이 미국이 나를 통제할 수 있다고 생각하는 순간, 미국은 가장 중요한 협상력 하나를 잃는 것입니다. 뿐만 아니라 우리는 모든 희망을 잃는 것이 됩니다. 내가 모종의 행동을 취할 것이라는 두려움이 늘 공산주의자들을 견제하고 있습니다. 우리 솔직히 생각해 봅시다. 공산주의자들은 미국이 평화를 갈망하므로 그 평화를 얻기 위해서는 어떤 양보도 할 것이라고 생각하고 있습니다. 나는 그들의 생각이 맞는 것 같아 걱정입니다. 그러나 그들 공산주의자들은 나 이승만은 미국과는 다르다는 것을 잘 알고 있습니다. 나에 대한 공산주의자들의 그런 불안감을 없애 줄 필요가 없습니다. 귀하가 도쿄에 도착했을 때인 내일 나는 아이젠하워 대통령에게 이번에 전달한 친서에 대한 답신을 보낼 것입니다. 나는 아이젠하워 대통령이 그 편지를 읽고 파기해주었으면 합니다.
> (문건을 닉슨에게 건네면서) 보고용으로 이를 이용해도 좋습니다. (그 메

모엔 이 대통령이 손으로 쓴 한 구절이 첨가되어 있었다. "너무 많은 신문들이 이승만이 단독으로 행동하지 않기로 했다고 보도한다. 그런 인상을 주는 것은 우리의 홍보방침과는 부합되지 않는다")

이승만: (면담을 마치고 헤어지면서) 내가 한국이 독자적으로 행동할 것이라고 말하는 것은 미국을 도와주는 일입니다. 우리는 혼자서 행동할 수 없다는 것을 잘 알고 있지요. 우리는 미국과 함께 움직여야 합니다. 우리가 함께 가면 모든 것을 얻을 것이요, 그렇게 하지 않으면 모든 것을 잃게 될 것입니다.

닉슨은 1978년 펴낸 회고록에 당시 상황에 관해 이렇게 썼다.

나는 한국인의 용기와 인내심, 그리고 이승만의 힘과 지혜에 깊은 감동을 받고 떠났다. 나는 이 대통령이 공산주의자를 상대할 때는 '예측불가성'을 유지하는 것이 중요하다는 통찰력 있는 충고를 한 데 대해 많은 생각을 해보았다. 내가 그 후 더 많이 여행하고 더 많이 배웠을 때 나는 그 노인의 현명함을 더욱 더 잘 이해할 수 있었다.

4) 전략적이었다

이승만 외교는 목표와 우선순위가 분명했다. 신생 독립국의 생존과 안전을 확보하는 것이 목표였다. 이를 위해 미국으로부터 군사적 지원을 확보하는 것을 최우선 과제로 삼았다. 문제는 이러한 목표를 달성하는데 필요한 수단이 없는 것이었다.

한·미 상호방위조약 체결에 6년이 걸렸다. 대통령 재임 기간의 절반이다. 미국 측의 반대로 번번이 벽에 부딪쳤음에도 이 대통령은 포기하지 않았다. 포기했어도 여러 번 포기했어야 했다. 그러나 멀리 내다볼 줄 안 이 대통령은 끈질기게 이 목표를 추구했다.

대미對美 협상에서 사용할 수 있는 카드가 없었음에도 목표를 달성할 수 있었던 것은 전략적으로 움직였기 때문이었다. 전략적 모호성과 예측불가성 유지, 벼랑 끝까지 가기, 엄포 놓기, 떼쓰며 버티기 등의 다양한 전술을 구사했다. 이승만을 상대했던 클라크 유엔군사령관은 "이승만은 자신의 요구가 얼마나 현실과 동떨어진 것인지 잘 알고 있었다. 그러나 그는 이렇게 동떨어진 요구를 훌륭한 협상카드로 만들어 낼 줄 아는 사람이었다"고 말했다.

5) 반공·자유민주주의를 무기로 삼았다

이승만은 철저한 반공反共·반소反蘇주의자였다. 그는 청년시절부터 러시아에 대해 반감을 갖고 공산주의를 배격했다. 1898년 독립협회가 벌인 반反 러시아운동에 가담하기도 했다. 그는 "공산주의는 콜레라와 같은 것이기 때문에 자유민주주의는 절대로 공산주의와 공존할 수 없다"고 확신했다. 자유민주주의를 원한다면 공산주의(콜레라)와 타협해서는 안 된다고 했다.33)

미국 지도자들이 이승만을 싫어하면서도 그를 계속 상대한 이유 중의 하나는 이승만의 자유민주주의에 대한 열정과 신념을 높이 샀기 때문이다. 이승만은 아시아에서 공산주의에 대항해 싸우는 가장 모범적인 지도자였다. 미국 정치지도자들은 이승만의 이러한 반공정신에 존경심을 갖고 있었다.34)

이 대통령은 1951년 8월 부산 피난 시절 광복절 경축사에서 "자유는 우리의 목숨을 바쳐서도 보존할 가치가 있다. 우리는 민주주의를 수호하기 위해 함께 일어서야 한다. 그렇지 않으면 우리는 공산주의의 희생자가 될 뿐이다. 민주주의와 공산주의 이념이 공존한다는 것은 불가능하다. 둘 중의 하나는 사라져야 한다"고 하면서 자유

---

33) * 미국의 40대 대통령 로널드 레이건(1981.1~1989.1 재임)도 공산주의에 관한한 이승만 대통령과 똑같은 신념을 갖고 있었다. 레이건은 일생을 공산주의와 싸웠다. 그는 1983년 소련을 '악의 제국'이라고 몰아붙였다. 그만큼 공산주의를 증오했다. 공산주의는 지구상에서 반드시 소멸되어야 한다고 믿었다.

34) * 다른 한편으로 이승만의 반소·반공 노선은 그가 미 국무부와 갈등을 빚게 되는 주요 원인이 되기도 했다. 당시 국무부에는 좌파가 많았는데, 나중에 소련 간첩으로 드러난 알저 히스 같은 사람이 대표적이다.

민주주의에 대한 불굴의 신념을 나타냈다.

1953년 7월 아이젠하워 대통령 특사로 한국을 방문하고 돌아간 로버트슨 국무부 차관보는 귀국 후 의회에서 다음과 같이 증언했다.

"여러분은 이승만에 관해 이러저런 얘기들을 많이 들었을 것입니다. 그러나 다만 한 가지 분명한 것은 그는 공산주의와 끝까지 싸우려는 지도자라는 것이며, 만약 우리의 동맹국 지도자들이 모두 이승만과 같은 정신을 갖고 있다면 미국에게는 골치 아픈 일들이 덜 생길 것이라는 것입니다."

1954년 7월 이 대통령은 미국을 방문해 상·하 양원 합동회의장에서 40분간 연설하면서 많은 박수갈채를 받았다. 연설에서 그가 강조한 것도 "공산주의자들이 자유세계에 대해 감히 무기를 들지 못하도록 지금 당장 행동해야 한다"는 것이었다.[35]

이승만 대통령이 자신의 정치 생명이나 대미관계 자체를 거는 '벼랑 끝 전술'을 사용할 수 있었던 것은 그가 자유와 민주주의를 위해 싸우고 있다는 사실과 미국이 추구하는 가치가 맞아 떨어진 결과였다. 북한으로부터의 도전과 위협이 없었더라면 이승만의 대미 '벼랑 끝 전술'은 통하지 않았을 것이다.[36]

6) 필사적이었다

이승만 외교는 '죽기 아니면 살기 식'이었다. 아이젠하워 대통령이나 미 측 고위인사들은 이 대통령의 무모함, 필사적인 태도를 싫어했다. 이승만의 이런 행동들이 마치 '칼을 물고 뜀뛰기'하는 것과 같다고 했다. 이승만은 벼랑 끝까지 달려가면서도 벼랑 아래로 떨어지

---

[35] * 레이건 대통령도 1982년 6월 영국 의회에서 행한 연설에서 "자유와 민주주의를 향한 행진이 마르크스·레닌주의를 역사의 잿더미로 남겨놓을 것"이라고 하면서 자유민주주의 국가들이 공산주의와 대항해 굳세게 싸울 것을 호소했다.
[36] 박명림, 역사비평사, 2010.

지는 않았다.

이승만은 국익에 관계되는 일에 대해서는 결코 양보하지 않았다. 상대가 누구든 한 치의 망설임 없이 주장했고, 집요하게 목표를 밀어붙였다. 이승만의 이러한 외교는 마치 뱀의 꼬리가 머리를 움직이는 것과 같았다. 강자가 약자를 움직이는 것이 아니라 약자가 강자를 움직이는 식이었다. 외교에서 보기 드문 현상이었다.[37]

7) 실용주의적이었다

미국에서 40여 년 살아 미국에 대해 잘 알았던 이승만은 미국인들 못지않게 실용주의자였다.[38] 실용주의는 일의 결과를 중요하게 생각하므로 이 대통령은 실리를 위해서는 명분에 매달릴 필요가 없다고 생각했다.[39]

1948년 6월 제헌국회에서 국회의원들이 국호 문제를 놓고 갑론을박하며 시간을 낭비하자 이 박사는 "국호가 좋은 것으로 정해진다고 해서 나라가 발전하는 것이 아니다. 건국을 서둘러야 하는데 국호 문제로 시간을 허비해서는 안 된다. 우선 대한민국으로 국호를 정하고 후일 더 좋은 국호가 있으면 고치도록 하자"고 설득해 이 논쟁을 끝내고 '대한민국'을 국호로 정하도록 유도했다.

앞서 언급되었듯이, 1954.11.17 타결된 한·미 합의의사록 협상 과정에서도 이 대통령의 실용주의적인 면모가 드러났다. 이 대통령은 미국으로부터 막대한 군사·경제 원조를 얻어 내면서 한국군을 유엔군 사령부 작전지휘권 하에 두는 것에 동의했다. 그런 다음 북진통일 카드를 내려놓았다.

---

37) 양대현, 1992.
38) * 앞서 설명한 '반쪽의 빵이라도 취하자'는 것도 이승만의 실용주의적 사고방식을 말해준다.
39) 김영주, 2004.

10. 이승만 외교의 특징

1) 세계 최강국을 상대한 외교였다

이승만 외교가 행해졌던 시기에 한국이라는 나라가 갖고 있던 힘은 너무나 보잘 것 없었다. 국력이라고 할 만한 것이 없었다. 군사력·경제력이 세계 최하위권이었다. 물론 인적자원도 없었다. 36년간 계속된 일제의 식민지배에다 건국 2년도 안된 시점에 괴멸적인 전쟁을 치룬 나라에 자원이 있을 리가 없었다.

한국이 생존을 위해 도움을 청할 수 있는 나라는 미국밖에 없었다. 그런데 한국은 미국에게 그리 쓸모 있는 나라가 아니었다. 하시라도 손을 떼면 그만인 나라였다.

이승만 외교는 이런 환경 가운데 행해졌다. 신생 독립국가로서 국제사회의 승인을 받아야 하는데 이런 일들이 그냥 되는 일이 아니었다. 먹고 사는 문제 또한 자력으로 해결할 수 없었다. 이승만 외교를 논할 때 이런 여건을 감안해야 한다. 이승만 외교는 최악의 조건에서 행해진 것이었다.

휴전협상 등과 관련된 문제는 대한민국의 운명과 직결되는 문제였다. 그럼에도 불구하고 미국은 이런 문제를 처리하는 과정에서 한국의 참여를 배제했다. 사전 협의가 없었다. 이에 반발하는 이승만을 제거할 생각까지 했다. 이 대통령은 이런 나라와 싸웠다.

정말 힘이 없는 약소국이 가장 힘 센 나라를 상대해 원하는 바를 얻어낸 것이 이승만 외교였다.

2) 현실주의 세계관에 기초한 외교였다

이승만은 한국에게 가장 중요한 나라는 미국이라고 생각했다. 그는 중국·일본·러시아와의 관계로는 한국의 미래가 없다고 보았다. 미국에서 한국의 미래를 찾아야 한다는 생각이 확고했다. 이승만이 미국을 선택한 것은 현명한 선택이었다.

그는 미국 선교사들을 만나 기독교 신앙을 갖게 되었고, 미국 민주주의 이념과 가치·제도 등을 배웠다. 이런 과정을 통해 국제정치와 미국을 깊이 있게 이해할 수 있었다.[40]

이승만은 철저한 국제정치 현실주의자였다. 한반도의 운명은 결국 강대국 간의 권력 투쟁과 이해관계에 따라 결정될 수밖에 없다고 보았고, 힘 있는 나라인 미국의 힘을 빌려야 한다고 생각했다. 이승만은 식민 통치를 받고 있었을 때의 한국은 자력으로 독립을 쟁취할 가능성이 거의 없다고 보았다. 미국의 힘을 빌려야 한다는 것은 그런 맥락에서였다.

이승만의 현실주의적 사고방식이 적나라하게 드러난 대표적인 사례는 남한만의 단독정부 수립 주장이다. 한반도 이북에서 소련 통치하에 공산화가 굳어가고 있는데도 한반도 전체의 통일 국가가 수립되어야 한다고 주장하는 것은 비현실적이었다. 그렇게 될 일이 아니었다. 남한에서만이라도 자유민주주의를 지키는 것이 현실적이었다. 이승만 외교의 승리는 현실주의 외교의 승리라 해도 과언이 아니다.

이러한 현실주의 세계관으로 만들어낸 작품이 한·미 상호방위조약이었다. 이 조약으로 한국은 자율성(자주성)을 양보하는 대신 생존과 안보를 확보했다. 이승만 같이 자존심·자주정신이 강한 지도자가 이런 결단을 한다는 것은 그가 현실주의자·실용주의자가 아니었다면 불가능한 일이었다.

이승만의 현실주의적이며 실용주의적인 대미對美 외교 자세는 그가 구사한 '벼랑 끝 전술'에서도 잘 나타났다. 그는 필요에 따라 엄포나 협박·최후통첩 등을 마다하지 않았다. 무모하고 터무니없는 요구를 하기도 했다. 다만 그렇게 하지 않을 수 없는 상황에서만 그렇게 했다. 더 이상의 양보를 얻어내는 것이 불가능한 상황에서는

---

40) * 이승만은 한국인들이 국제정치에 너무나 무지하고 무관심하다고 한탄했다.

멈췄다.

3) 최고지도자 혼자 하는 외교였다

신생 대한민국 외교는 이승만 대통령의 전유물이었다. 모든 외교문제를 이 대통령이 직접 관장하고 일일이 챙겼다. 그럴 수밖에 없었다. 외교를 제대로 할 수 있는 경험과 지식이 있는 인물이 거의 없었다. 이승만 정부에서 외무장관직을 수행한 조정환은 이승만을 '외교의 신神'이라고 했다. 외교의 달인이었다는 말이다.

이승만은 1919년부터 한국 외교의 중심에 서 있었다. 그가 1904년부터 코리아의 대외관계에 관여한 것으로 하면 무려 56년 동안 한국 외교를 움직였다. 독립·건국·6·25전쟁·한미동맹까지 그는 외교의 현장에 있었다.

1948년 대한민국 탄생 당시 학식과 경험이 풍부한 훈련된 외교관이 없었다. 국제사회에 갓 등장했기 때문에 외교를 잘 해야 하는데 그럴만한 인적자원이 없었다. 외교를 아는 사람이라고는 이 대통령뿐이었다. 그러니 이 대통령이 하나에서 열까지 다 관장하지 않을 수 없었다. 훈련된 외교관들의 뒷받침 없이 외교를 한다는 것은 장군이 병사 없이 전쟁하는 것이나 마찬가지이다.

이승만 외교가 지도자 1인 외교였다는 것의 또 다른 의미는 이 대통령이 외교를 하면서 언론이나 여론의 견제를 받지 않았다는 점이다. 이 대통령이 개인적 동기와 의사에 따라 결정하고 실행에 옮기는 외교였다.

박명림 교수는 한국이 1876년 국제체제에 편입된 이래 한국문제 전개과정에서 이승만처럼 커다란 영향을 끼친 사례는 전무후무하다고 하면서, "한국 역사 전체를 통틀어 이승만처럼 주변 국제관계를 포함해 국가/민족의 운명을 홀로 좌우한 경우는 없었다"고 했다.[41]

---

41) 박명림, 2008,

한국 역사에서 이 기록은 깨지기 힘들 것이다.

4) 자주적인 외교였다

이승만은 자부심이 대단히 강한 민족주의자였다. 그에 관한한 대한민국이 대미對美 종속적인 위치에 놓이는 것은 참을 수 없는 일이었다. 하지만 국제정치 현실에서 스스로의 생존 능력이 거의 없는 나라가 그런 나라의 생명줄을 쥐고 있는 나라로부터 자주성을 확보하는 일은 불가능에 가깝다. 한국은 1950년대 정부예산의 40~60% 규모를 미국에 의존하고 있었다.

상황이 그러함에도 이 대통령은 미국으로부터의 경제·군사적 원조는 더 많이 받되 간섭은 거부하는 태도를 견지했다. 미국에 대해 요구할 것은 당당히 요구하고 따질 것은 당당히 따졌다. 한 번도 비굴하지 않았다. 도움을 청하는 쪽이 이런 태도를 보이는 것은 쉬운 일이 아니다.

1954년 여름 미국을 방문해 아이젠하워 대통령과 회담한 적이 있다. 이때 미 측은 이 대통령에게 한·일 관계를 정상화하라는 압력을 넣었다. 이 대통령은 반발하자, 아이젠하워 대통령이 화가 나서 회의장을 박차고 나갔다. 이런 험악한 상황에서도 이 대통령은 자기 주장을 굽히지 않았다. 한 치도 물러서지 않았다.

당시 주한 유엔군사령관이었던 클라크 장군은 후에 "이 대통령은 한국이 결코 미국의 허수아비 국가가 아닌 자주독립 국가임을 전 세계에 보여준 지도자였다"라고 평가했다. 이 대통령은 약소국이 어떻게 하면 자주외교를 할 수 있는지를 보여준 지도자였다.[42]

---

42) 이주영 교수는 이런 현상을 "나라는 약했지만, 그 지도자는 강했다"고 표현했고, 유영익 교수는 "세계적으로 자랑할 만한 작은 나라의 거인"이었다고 묘사했다.

5) 전략적 비전이 있었다

이승만은 전략적 비전과 역사를 꿰뚫어 보는 통찰력이 있었다. 숲을 보면서도 동시에 나무를 볼 줄 알았다. 신생 독립국의 안전을 확보한다는 비전을 끝내 현실로 만들었다. 우선은 생존이 확보되어야 정치적 민주주의나 경제적 발전이 가능하다는 판단에서 국가안보의 초석을 놓는 데 진력했다.

이 대통령이 상호방위협정 체결을 제의했을 때 아이젠하워 정부는 조약 형식이 아닌 성명 정도의 문서 형식을 내놓았다. 이 대통령에게는 말이 되지 않은 처사였다. 4년마다 실시되는 선거에 의해 행정부가 바뀌더라도 영속적으로 법적 구속 의무가 있는 형식을 요구했다.

이 대통령은 미국 측이 협정Agreement 형식을 제시했지만 이 또한 거절했다. 조약Treaty 형식이어야 한다는 입장을 굽히지 않았다. 그런데 놀라운 사실은 자신이 그토록 주장했던 조약 형식을 달성했음에도 여기서 그치지 않았다는 것이다.

조약이 체결되어 있다 하더라도 한 당사자가 이를 지키지 않을 경우 그것은 종이쪽지에 불과하다. 한·미와 같은 힘의 비대칭 관계에서 강한 쪽이 조약 의무를 이행하지 않을 경우 약한 쪽은 어쩔 수 없다. 세계사에서 이런 사례는 수없이 많다. 그러면 어떻게 해야 하나. 조약 이행을 담보하는 실제적인 조치가 있어야 한다. 이 대통령은 한·미 합의의사록으로 이런 장치를 마련했다. 미국을 묶어 놓았다. 전략적 비전 없이는 불가능한 일이었다.

제2장 박정희 대통령의 베트남 파병

한국군 베트남 파병은 최초의 해외 파병이었다는 점에서 한국의 대외관계에서 의미 있는 사건이었다. 박정희 정부는 베트남 파병을 통해 안보와 경제에서 최대한의 실리를 얻어냈다. 박 대통령이 베트남 파병 문제를 어떤 생각을 갖고 어떻게 다뤘는지 살펴본다.[1]

1. 베트남전쟁의 성격

베트남전쟁은 1964년부터 1975년까지 남베트남 지역을 중심으로 벌어진 전쟁을 의미한다. 이 기간 동안 북베트남은 남베트남에 있는 공산주의자들을 지원하여 베트남 전체를 공산화하려 하였다. 때문에 미국은 이 전쟁을 북베트남이 남베트남을 침략해 일어난 전쟁으로 규정했다.[2]

---

1) * 南베트남 패망(1975.4.30) 전까지 한국에서는 北베트남을 월맹越盟으로, 南베트남을 월남越南으로 불렀다. 마찬가지로 '베트남전쟁'은 '越南戰', 베트남 파병은 '월남파병' '派越'이라고 했다.

이런 입장에서 보면 베트남전쟁은 공산주의 북베트남이 자유주의 남베트남을 무력으로 침공해 일어난 전쟁으로 합법적으로 수립된 남베트남 정부에 대한 침략전쟁이었다. 소련과 중공의 지원을 받은 북베트남이 베트남 전체를 공산화하려는 국제공산주의 전략의 일환으로 일으킨 전쟁이었다는 것이다. 공산주의와 자유주의 간 대립으로 보는 시각이다.

그러나 이 전쟁은 '민족해방 전쟁'으로 규정되기도 한다. 남베트남이 북위 17도선을 경계로 분단을 영구화하려 했고 미국이 이를 지원하는 상황이 되어 북베트남이 분단과 식민을 극복하기 위해 벌인 독립·해방 전쟁이었다는 것이다.

2. 한국군 베트남 파병 경과

최초의 파병은 1964년 9월 이뤄졌다. 이동외과 병원단(130명)과 태권도 교관단(10명)이 남베트남 수도 사이공(호찌민)에 파견되었다. 이어 1965년 3월에는 비전투부대인 공병 및 건설지원단(비둘기부대) 약 2천 명이 파견되었다.3)

1965년 8월 전투부대 파병 동의안이 국회를 통과해 해병 제2여단(청룡부대)이 10월부터 깜라인에 주둔하기 시작했다. 11월에는 수

---

2) * 10년 넘게 계속된 치열한 전쟁이 남긴 피해는 실로 컸다. 북베트남인 60만, 남베트남인 23만 명이 목숨을 잃은 사실만 보더라도 얼마나 참혹한 전쟁이었는지 알 수 있다. 미국은 1,500억 달러에 달하는 전비戰費에다 58,000명이 목숨을 잃었다. 참화는 여기서 그치지 않았다. 남베트남이 패망한 후 남베트남의 반공反共 성향 주민 26만 명이 학살됐다. 바다를 통해 탈출을 시도한 보트피플이 116만 명에 달했고, 그 중 11만 명이 익사했다.

3) * 박정희 정부가 의료단을 먼저 파견한 것은 베트남 파병이 신중하게 결정되었음을 반증해준다. 박 대통령은 남베트남 고 딘 디엠 대통령이 지원을 요청해왔을 때 파병 타당성을 검증하기 위해 현지 조사단을 파견했다. 이 조사단은 귀국 후 의료지원은 가능하지만 병력 파견은 부적절하다는 의견을 제시했다

도사단(맹호부대) 본대가 꿘년에 파견되었다. 청룡부대와 맹호부대 병력은 2만 명 규모였다. 1966년 4월에는 수도사단 제26연대 본대가 꿘년에 증파되었다. 또한 10월에는 제9사단(백마부대) 병력이 닌호아와 깜리인에 주둔하기 시작했다. 베트남전에 파견된 한국군은 8년 6개월 동안 총 325,517명이었고, 주둔 전투 병력은 1968년에 5만 명에 이르렀다. 베트남전에 파견된 8개 외국군으로서는 미국 다음으로 큰 규모였다.

한국군은 1973년 6월 완전히 철수했다. 한국군 베트남 파병은 한국 최초의 대규모·장기간의 해외 파병 사례였다.[4]

한국 정부가 인도차이나 사태를 주목하기 시작한 것은 6·25전쟁이 끝나면서부터였다. 미국의 도움으로 패망의 위기를 넘긴 것이 베트남 사태에 관심을 갖게 된 배경이었다. 이승만 대통령은 1954년 2월과 5월 두 차례에 걸쳐 미국 측에 최대 6만 명의 한국군을 파견할 수 있을 것이라고 했다. 단 조건이 있었다. 한국군 5개 보병 사단을 창설해 무장을 시켜달라는 것이었다. 당시 미국은 1950년 이래 막대한 원조를 제공했음에도 불구하고 프랑스군이 디엔 비엔 푸 전투에서 대패하자 이런 상황에 어떻게 대처할지 고민하고 있었다. 재정적으로 어려운 상황이었다.

아이젠하워 대통령은 이 대통령의 제의를 거부했다. 명분은 만약 한국군이 외국에 나가 작전을 벌인다면 주한미군 병사 어머니들에게 미군이 한국에 주둔해야 할 필요성을 어떻게 설명할 수 있느냐는 것이었다. 상식적인 논리였다. 보다 더 실제적인 이유는 이승만의 이러한 제안이 한반도에서 전쟁이 재개될 때 미국의 원조를 자동적으로 보장받으려는 저의에서 나왔다고 본 데 있었다.[5]

1961년 5월 군사쿠데타로 정권을 잡은 박정희 국가재건최고회의

---

4) * 베트남전쟁에서 한국군은 5,099명이 전사하고 11,232명이 부상을 당했으며, 89,708명의 고엽제 피해자를 낳았다.
5) 곽태양, 2014.

의장은 그해 11월 워싱턴을 방문해 케네디 대통령을 만났다. 이때 박 의장은 한국군 베트남 파병 의사가 있음을 피력했다. 자신에 대한 미국의 지지를 얻기 위한 제스처 성격이 강했다. 박 의장으로서는 국내 정치적 취약성을 타개해 나가는 데 미국의 협조가 필요했다. 이에 더하여 시급한 경제건설에서도 미국의 지원이 절실했다. 박 의장은 이미 이때부터 한국의 군사·산업능력을 획기적으로 높이기 위해서는 중화학공업을 육성해야 한다는 생각을 갖고 있었던 것이다.

그러나 케네디 대통령은 "아직은 시기가 아니다"라고 했다. 당시 케네디 정부는 한국이 중공업을 발전시키는 것을 원치 않았다. 일본의 산업부흥을 원했기 때문이다. 다시 말하면, "한국의 농업과 경공업이 일본의 중공업 부흥을 보완하고 이를 바탕으로 일본이 동아시아에서 자본주의와 반공의 귀감이 되도록 하고자 했다."6) 이처럼 미국의 대아시아 전략에서 한국은 별로 중요하지 않았다.

케네디 대통령은 베트남에 정규 전투부대를 파견할 의향이 없었다. 그는 베트남에 대한 군사적 개입 필요성을 매우 부정적으로 보고 있었다. 박 대통령 제의에 관심이 없을 수밖에 없었다. 박 의장은 미국의 원조를 받아 내는 데는 실패했으나, 미 측으로부터 그의 강력한 리더십을 인정받는 데에는 성공했다.

3. 한·미 정부 간 교섭

1963.10.15 실시된 민정이양을 위한 대통령 선거에서 박정희 후보는 약 15만 표라는 근소한 표차로 윤보선 후보를 누르고 당선되었다. 이러한 선거 결과는 박 당선자에 대한 국민적 지지 기반이 약

---

6) 곽태양, 2014.

하다는 사실을 말해 주었다. 박 대통령은 1963년 11월 케네디 대통령 장례식 참석차 워싱턴을 방문한 기회에 존슨 대통령과 회담했다. 케네디는 미국이 베트남전에 개입하는 것을 극구 꺼렸으나 그를 승계한 존슨의 경우는 달랐다. 그는 베트남에 대한 보다 적극적인 군사 개입을 고려하고 있었다.[7]

존슨 행정부가 베트남전에 대해 적극적으로 개입하기 시작한 것은 ▶공산세력의 팽창을 막아야 한다고 생각했고 ▶남베트남이 공산화되면 인도네시아 등도 공산화되는 상황(소위 도미노이론)을 우려했으며 ▶베트남 상황에 무관심하면 동맹국들의 미국에 대한 신뢰가 떨어질 것으로 보았기 때문이었다.

존슨 대통령은 1964년 5월, 25개 자유진영 국가들에게 남베트남 지원을 공식 요청했다. '보다 많은 동맹국들을 참전시키기 위한 캠페인'More Flags Campaign을 전개했던 것이다. 그러나 이 캠페인은 별로 성과를 거두지 못했다.[8]

이런 가운데 1964년 10월 번디 국무부 차관보가 서울에 와 박 대통령을 면담했다. 이 자리에서 박 대통령은 "존슨 대통령이 먼저 요청하면 파병할 의사가 있다"고 말했다. 번디는 파병이라는 말을 꺼내지도 않았는데 박 대통령이 파병 가능성을 밝힌 데 대해 한국 외무부 관리들은 불만스럽게 생각했다. 대미對美 협상에서 쓸 카드를 너무 쉽게 내보인 것으로 생각했기 때문이다.

이 일이 있은 두 달 후 브라운 주한대사는 박 대통령을 면담하고 비전투병력을 남베트남에 파견해 줄 것을 요청하는 존슨 대통령의 메시지를 전달했다. 박 대통령은 이번에도 앞서 나갔다. "필요하다면 한국은 두 개의 전투사단을 보낼 용의가 있다"고 밝혔다. 박 대

---

7) * 박 대통령은 이 무렵부터 베트남 파병을 위한 내부 의견 수렴과 준비 작업을 진행했다.
8) * 호주, 뉴질랜드, 태국, 필리핀, 대만, 스페인 등도 파병을 했는데, 1만 명 규모를 보낸 태국을 제외하고는 수천·수백 명 정도의 상징적 규모였다.

통령이 그만큼 파병을 원하고 있다는 반증이었다. 이 시점까지만 해도 미국은 한국이 전투병을 파견하는 데 대해서는 신중한 입장을 견지하고 있었다. 미국도 아직 전투 병력을 투입하지 않은 상황이었다.

박 대통령의 이런 태도는 주도면밀한 계산에서 나왔다. 예컨대, 미국이 베트남전에 대규모로 개입하는 상황이 되면 주한미군 중 일부를 베트남으로 빼내 갈 가능성이 크다고 본 것이다. 박 대통령은 이런 상황은 어떤 일이 있어도 막아야 한다고 생각했다.

1964.8.2 '통킹만 사건'이 발생했다. 미 해군의 선제공격에 따라 북베트남 해군이 미 해군 구축함에 공격을 가한 사건이다. 이 사건을 계기로 미국은 베트남전쟁에 대한 군사개입을 본격화하게 된다. 북베트남도 정규군을 남베트남에 침투시키기 시작했다. 전쟁이 남베트남에 국한되지 않고 베트남 전역으로 확대된 것이다. 이제 존슨 행정부는 베트남전에서 보다 많은 전투 병력이 필요하게 되었다.

이런 배경에서 미국은 1964.10.2 번디 국무부 차관보를 한국에 보내 박 대통령을 면담하도록 했다. 이 면담에서 번디 차관보는 "존슨 대통령이 중대 결심을 하려고 하는데 여기에는 북베트남 폭격과 해안봉쇄도 포함된다"고 말했다. 박 대통령은 이에 "존슨 대통령이 그런 결심으로 협조를 요청한다면 언제든지 도울 용의가 있다"는 식의 반응을 보였다.

이즈음 한국 정부는 미국으로부터 하나라도 더 유리한 전투병력 파병 조건을 받아내려 했지만, 이동원 외무장관과 브라운 주한대사 간 협상에 이렇다 할 진전이 없었다. 이 장관은 미 측과의 교섭에서 '선 교섭, 후 파병' 입장을 견지했다. 한국이 원하는 전투병력 파병 조건이 최종적으로 합의된 다음에야 병력을 파견할 수 있다는 입장이었다. 미 측은 시간이 급하니 협상 타결전이라도 우선 병력을 파견해 달라는 입장이었다. 이 장관은 국민여론 설득을 위해 '한국군

현대화'와 '경제원조'를 미국이 분명히 약속해야 그 다음 단계로 나갈 수 있다는 입장을 고수했다.

그러는 사이 베트남 전황은 급속히 악화되었다. 존슨 행정부는 1965년 4월 향후 6개월 내 미군 15만 명과 한국군 21,000명을 남베트남에 파견하는 계획을 세웠다. 5월에는 박 대통령이 존슨 대통령 초청으로 미국을 방문했다. 박 대통령은 파격적인 환대를 받았다. 뉴욕 맨해튼에서는 오색 꽃가루가 휘날리는 가운데 10만여 시민들의 환영을 받았다.

정상회담에서 존슨 대통령과 박 대통령은 전투사단 파병을 전제로 ▶북한 남침 시 미국의 즉각 개입 ▶주한미군 계속 주둔 ▶한국군 장비 현대화 지원 ▶한·미 행정협정SOFA 체결 등에 의견 접근을 봤다. 특히 존슨 대통령은 의회의 동의 없이 1억5,000만 달러 장기 차관 제공을 약속했다.9)

정상회담 후 발표된 공동성명에는 한국군 파병에 관한 내용은 들어 있지 않았다. 파병이 공식적으로는 베트남 정부의 요청에 의한 것이라는 형식을 갖추기 위해서였다. 이런 형식에 따라 남베트남 정부의 파병 요청 서한이 1965.6.21 한국 정부에 전달되었다.

미 측이 박 대통령을 초청해 전례 없는 환대를 베푼 데에는 또 다른 중요한 요인이 있었다. 한·일 국교정상화였다. 미국은 한국이 일본과의 관계를 조속 정상화하도록 많은 압력을 넣었다. 한·일 국교정상화는 한국군 베트남 파병과도 관련되어 있었다. 베트남전에 집중해야 하는 미국으로서는 한국에 대한 원조 부담을 일본에 떠넘기고자 했다. 이를 위해서는 한·일 간에 관계정상화가 속히 이루어져 한국이 필요로 하는 자금이 일본으로부터 한국에 유입될 수 있도록 해야 했다. 미국은 이 두 가지 문제를 연계해 해결하려 했던

---

9) * 1965년 3월부터 불과 4달 사이 베트남 주둔 미군이 3,500명에서 175,000명으로 늘었다.

것이다.

박 대통령은 정권기반을 다지고 당면한 경제발전을 추진하기 위해 가시적인 성과가 필요했다. 일본과의 국교정상화는 8억 달러 규모의 자금이 들어올 수 있는 생명선이었다. 한·일 국교정상화를 미룰 수 없었던 배경이다. 엄청난 반대를 무릅쓰고 1965.6.22 국교정상화가 이뤄졌다.[10]

4. 베트남 파병 반대

파병에 대한 반대 여론도 만만치 않았다. 야당은 물론이고 여당 의원들 중에도 반대하는 사람들이 있었다. 예를 들어, 공화당 국회의원이었던 차지철은 『자유공론』 1965년 4월호에 다음과 같이 파병반대 기고를 했다.[11]

> 첫째, 미국은 한국에 파병을 요청하면서 일관성 있는 정책이 없다. 전쟁이란 이겨야 하는데 미국은 월맹을 제압하려는 의지가 없다. 이런 상태라면 월맹을 협상 테이블로 끌어내야 하는데 그들은 나올 리 없고 나와야 협상이 되지도 않는다.
> 둘째, 월남 정부의 부패와 무능이 문제다. 월맹과의 싸움 이전에 장악 지역의 치안은 유지돼야 하지 않는가.
> 셋째, 미국과 한국군의 목숨 값(월급)이 다른데 한국군이 무슨 사기土氣로 적과 싸우겠는가. 이런 인종차별적 태도는 '월남전이 백인의 또

10) * 1960년대 초 한국은 국가예산의 절반 이상을 미국 원조로 충당했다. 1962년 경제개발5개년계획을 시작했으나 이에 소요되는 외자를 조달하지 못하면 이 계획의 정상적인 추진이 불가능한 상황이었다.
11) * 박 대통령이 차지철에게 파병에 반대하는 제스처를 써 주면 미국과의 협상 과정에서 좀 도움이 되지 않겠느냐고 말했는데, 차지철은 개인적인 소신으로 파병에 반대하게 되었다 한다.

다른 식민지 정책'이란 월맹의 선전을 그대로 확인시켜 주는 것이다. 정구영 공화당 의장도 자신의 소신에 따라 파병 반대 입장을 고수했다. 그는 이동원 외무장관에게 파병에 극구 반대하는 이유를 다음과 같이 밝혔다.[12]

> 엄밀히 따지면 호지명胡志明의 월맹은 민족주의 운동을 하는 거요. 그런데 그들을 도와주진 못할망정 왜 우리가 그들과 총칼을 맞대야 하오. 내가 보기엔 그간 프랑스는 자신의 식민지 정책의 일환으로 싸웠고, 지금 미국은 제국주의의 위세를 떨치려 월남서 군사적 시위를 하고 있다고 생각하오. 그러니 도와줘야 할 이유가 없잖소. 물론 이 장관 말대로 우리는 가난하고 월남전 파병으로 우리 경제를 일으킬 수 있을지도 모르지요. 그러나 난 더러운 전쟁에 나가 피를 팔아가며 돈을 벌기 보단 차라리 궁핍하지만 깨끗하게 사는 게 옳다는 생각이오.

윤보선 전 대통령도 파병에 반대했다. 그는 "월남 파병으로 휴전선에 긴장상태가 조성되고 국내의 오열(적에 내응하는 자)이 준동한다면 자유 아시아에 두 군데 전선이 생길 염려가 있어 이렇게 될 경우 미국 측에는 오히려 이중 부담이 된다. 6·3사태 등 박 정권의 행적으로 보아 새로운 계엄 선포와 헌정 중단의 구실을 찾자는 것이 아닌가 의심스럽다"고 말했다.[13]

'국군 전투부대 월남 파병안'이 국회에 상정되었을 때 야당은 이에 반대했다. 반대 논거는 이럴 경우 한국의 국제적 고립을 초래하게 되고 휴전선에서 한국군의 방위력이 약화된다는 것이었다. 이런 주장은 일리가 있었다. 실제로 북한은 이후 남한에 대한 도발을 횟수나 강도 면에서 획기적으로 증가시켰다. 1968.1.21 북한 특수부대 요원들에 의한 청와대 습격 사건, 바로 이틀 뒤 발생한 미 정보

---

12) 이동원, 1992.
13) 동아일보, 1965.1.22.

수집함 푸에블로호 나포 사건 등이 대표적인 사례다.14)

  군부의 의견도 부정적이었다. 채명신 장군(초대 주월 한국군 사령관)
은 베트남전은 기본적으로 어디에 적이 있는지 알 수 없는 게릴라
전이기 때문에 6·25전쟁 당시 전면전 경험밖에 없는 한국군으로서
는 당해내기 어렵다는 생각을 갖고 있었다.15)

  이즈음 국내외 상황은 매우 복잡하게 돌아가고 있었다. 한·일 국
교정상화 반대 시위가 극심한 혼란을 야기하고 있었다. 주한 미 대
사관이 워싱턴에 박정희 정부가 붕괴될 가능성이 있다고 보고했을
정도였다. 미국이 베트남에 본격적으로 개입하면서 한반도에서도 긴
급한 상황이 발생할 수 있다는 우려가 고조되고 있었다.

5. 베트남 파병 배경

  박정희 정부가 베트남 파병을 결정한 요인으로 ▶정권 기반 강화
▶국가안보 ▶미국과의 동맹관계 ▶경제적 이득 등의 견해가 있었
다.16)

  장준갑 교수는 베트남 파병이 "미국의 요청과 박정희 정부의 자
원自願에 의한 결과"였다고 하면서, 다음과 같이 그 배경을 분석했
다. 정권안정과 경제발전을 위한 것이었다는 주장이다.

  박정희 정부의 파병 목적은 분명하였다. 1961년 군사쿠데타로 출범
  하여 1963년 군복을 벗고 민간 정부로 전환하였으나 박정희 정부는
  여전히 정통성이 없는 정권이었고 따라서 지지기반이 불안정하였고

---

14) * 베트남 파병안은 1965.8.13 여당과 무소속 의원만 출석한 가운데 전격적으로
    통과되었다.
15) 월간중앙, 2015. 2월호.
16) 박홍영, 2000.

의욕이 앞설 뿐 국민들에게 아직 특별히 보여 줄 것이 없는 정권이었다. 따라서 박정희 정부는 경제발전의 성과에 정권의 사활을 걸 수밖에 없었다. 당시 미국의 군사원조와 경제원조로 근근이 버티고 있는 상황에서 박정희 정부가 찾아 낸 경제발전 수단은 한·일 국교정상화와 베트남 파병이었다.

구영록 교수는 "한국의 월남전 파병은 복잡한 동기에 의하여 행해진 것이 아니었다. 한·미 관계의 의리와 보은의 측면이 강하게 작용했다"고 주장하면서, 파병 요인을 다음과 같이 요약했다. 첫째, 우방국 미국에 대한 '의리'였다. 미국이 6·25전쟁 당시 막대한 희생을 무릅쓰고 도와준 데 대한 보은의 뜻이 있었다. 둘째, 자유진영인 남베트남이 패할 경우 한국의 안보에 해가 될 뿐 아니라 세계평화에도 영향을 줄 것으로 보았다. '도미노이론'을 믿었다는 것이다. 셋째, 참전을 통해 대한민국의 국위를 선양하고자 했다.[17]

1) 주한미군 감축 방지

케네디 행정부는 재정 부담을 줄이기 위해 주한미군과 한국군 규모를 축소하려 했다. 1961년 7월 한국군 축소 계획을 마련하기 위해 국무부·국방부를 비롯한 관계 부서들이 참여하는 위원회가 설치되었다. 국방부는 주한미군과 한국군의 대폭 축소에 적극적인 입장이었다.[18] 이로 인해 1963년 한국에서의 민정이양을 전후한 시기에 한국군 대규모 감축 방안이 제시되었고, 1965년에는 한국군 10만 명 감축 계획이 제시되었다. 감군은 박정희 정부에게는 안보적

---

17) * 구 교수는 한국인의 의식에는 '義理'(情·報恩)라는 것이 있어 대외정책 결정 과정에서도 이 의리의 의식구조가 "지대한 영향을 준다"고 보았다. 그는 한국이 경제적 이익을 크게 예상하고 파병 결정을 했던 것은 아니라고 하면서, "한국이 얻게 되었던 경제적 이익은 파병의 결과이지 동기는 아니었다"고 주장했다(구영록, 1995).

18) * 당시 미국은 1954년 서명한 한·미 합의의사록에 의해 한국군 유지비용을 지원해야 했다.

측면에서 뿐만 아니라 국내정치적으로 매우 예민한 문제였다. 기득권 집단인 군부의 불만이 커지면 그렇지 않아도 취약한 정권 기반이 흔들릴 가능성이 있었다.19)

한국에 2개 사단 규모의 미군이 주둔하고 있는 상황에 비슷한 규모의 한국군을 베트남에 파견하지 않을 경우 주한미군 일부가 베트남으로 이동할 가능성을 배제할 수 없었다. 브라운 대사는 1964년 12월 이동원 외무장관에게 "정 그렇다면 미국 입장에서는 주한미군을 빼가는 방법밖에 다른 대안이 없다"고 말하기도 했다. 맥나마라 국방장관 보좌관에 의하면, 미국은 1963년과 1966년 두 차례에 걸쳐 주한미군 감축을 검토했으나 우방국의 베트남 참전 유도라는 보다 큰 목적 때문에 실행되지 않았다고 증언했다.20)

한국 정부는 1970년 주한미군 규모가 그대로 유지될 수 있도록 하기 위해 모든 노력을 다했다.21) 미국이 주한미군 규모를 계속 유지한다는 조건으로 25,000명의 한국군을 베트남에 추가 파병할 용의가 있음을 밝혔다. 추가 파병에 따른 비용을 청구하지 않을 것이라는 입장을 전달하기도 했다. 행정부가 별 관심을 보이지 않자 의회에 이런 의사를 전달하기도 했다. 주한미군 감축을 막으려는 의지가 얼마나 강했는지 알 수 있다.22)

2) 도미노이론

박 대통령은 베트남 공산화를 막는 것은 곧 한반도 공산화를 막

---

19) 박태균, 한겨레 2014.1.11.
20) 김충남, 2006.
21) * 당시 미군이 남한에 주둔하는 것은 한국에게는 '생존의 이익'에 속했다. 북한의 군사적 공격으로부터 나라를 지키는 것이 1차적인 목적이었지만 주한미군은 경제건설에 필수적인 외자 도입 환경을 조성하는데도 핵심적으로 중요했다. 닉슨 행정부는 1970.3.20 주한미군 20,000명을 감축하기로 방향을 정했고, 이에 따라 1971년 3월 말까지 22,000명 철수를 완료했다. 미국의 이러한 일방적인 조치는 박정희 정부에 큰 타격을 주었다.
22) Glen Baek, 2013.

는 것이라고 보았다. 베트남이 공산화되면 도미노 식으로 인도차이나반도와 한반도가 공산화될 가능성이 높아진다. 베트남은 '한국을 방위하는 제2전선'으로 생각되었다. 베트남 전선과 한반도 전선은 서로 연결되어 있다고 본 것이다.[23]

존슨 대통령도 1965.4.17 존스홉킨스대학 연설에서 "공산세력이 베트남에서 승리를 거두게 되면 이는 인근 지역에서의 공산세력의 승리로 이어지게 되고 궁극적으로는 아시아 전체가 공산주의의 지배하에 들어갈 것"이라고 말했다. 도미노이론을 내세워 베트남 참전을 지지해 줄 것을 호소했던 것이다.[24]

3) 6 · 25전쟁 참전 우방에 대한 보은

6 · 25전쟁 때 미국을 비롯한 자유 우방 16개 국가의 지원으로 공산화를 모면할 수 있었으니 한국이 남베트남을 돕기 위해 군대를 보내는 것은 은혜에 보답하는 일이다. 한국이 자유세계에 빚을 갚을 수 있는 기회가 된다. 박 대통령은 과거 남의 도움만 받아왔던 역사가 이제 남에게 도움을 주는 새 시대로 전환하고 있다고 말했다. 고마워할 줄 아는 국민임을 보여주는 것은 분명히 한국인의 의식구조에 맞는 일이었다.

4) 반공의식 강화

박 대통령은 베트남 참전은 국민들의 반공의식을 높일 수 있는 기회가 될 수 있다고 생각했다. 이런 사실은 1965.1.26 '월남 파병에 즈음한 담화문'에 잘 나타나있다.[25]

---

23) * 브라운 대사는 1964년 12월 이동원 외무장관에게 "월남이 적화된다면 다음 차례는 바로 한국이다"라고 말했다(이동원, 2001).
24) * 1973년 미 CIA 한국지부 총책임자로 있었고 1989~1993 주한대사를 역임한 도널드 그레그는 2011년 5월 한 언론과의 인터뷰에서 한국의 베트남전 파병은 경제 발전에 필요한 외화를 얻기 위한 목적과 베트남이 무너지면 한국도 위험하다는 인식 때문이었다고 말했다(한겨레, 2011.5.13).

우리가 월남에서 자유 수호 전쟁에 참여하는 것은 작게는 우리의 안전을 수호하고 우리의 국가안전과 적극적인 반공 투쟁을 강화하는 길이며, 크게는 자유세계의 대공 방위전선을 정비·강화하고 자유에 봉사하며 평화에 기여하는 영예로운 일이다.

박 대통령은 "자유세계의 대공 방위전선을 정비·강화"하는 것뿐 아니라 한국 국민들의 반공의식을 강화하는 일도 염두에 두었다. 1965.1.6 대통령 비서실이 작성한 '월남 파병 문제에서 고려되어야 할 문제점'이란 문건에 다음과 같은 내용이 들어 있었다.

국내적으로 반공의식이 약화되고 반공구호가 실감을 잃고 있는 현재 월남에 파병한다는 것은 공산주의를 구체적인 적으로 설정하는 데 도움… 국내적 단결과 반공의식 강화에 도움이 될 것이다.

5) 국위 선양

한국정부는 국제적으로 관심을 끄는 문제에 선제적·적극적인 자세를 취하면 한국의 국제적 위상이 높아질 것으로 생각했다. 식민지배에서 독립한 지 20여 년 만에 자유를 지키는 역할을 했다는 자긍심을 느낄 수 있다. 이런 점에서 베트남 참전은 명예로운 일이었다.[26]

이와 같은 대국민 설득 논리 외에 한국 정부는 또 다른 계산을 했다. 그것은 대미對美 관계에서 사용할 수 있는 레버리지(협상지렛대)를 얻으려는 것이었다. 박 대통령은 미국이 주도하는 베트남전에 적극 편승해 안보·경제적 이득을 얻을 뿐만 아니라, 미국으로부터 협

25) 윤충로, 2013.
26) * 박 대통령은 "(파병을 통해) 한국은 자신과 자유세계의 안전을 보장하는 실로 역사적인 사명을 다하고 있다"고 말했다.

상력을 확보해 한·일 관계 정상화 이후 예상되는 미국의 대한對韓 지원이 줄어드는 것을 막고자 했다. 1965년 한·일 관계 정상화는 곧 미국의 대한 원조 감소를 의미했기 때문에 이런 새로운 상황에 대처하기 위한 방편의 하나로도 베트남 파병이 고려되었다는 것이다.27)

6. 실익을 더욱 챙긴 추가 파병 협상

미국은 한국이 2개 사단을 추가 파병해 주기를 원했다. 존슨 대통령은 험프리 부통령을 대통령 특사로 한국에 급파했다. 1966.1.1 존슨 대통령의 친서를 전달받은 박 대통령은 미 측의 요청을 긍정적으로 검토해 보겠다고 했다. 그러나 박 대통령의 이런 언질에도 불구하고 추가 파병 결정은 내려지지 않았다.

미 측은 몸이 달았다. 1966.2.23 험프리 부통령을 또 서울에 파견했다. 이번에는 해리먼 전 주소련대사를 동행시켰다. 해리먼 대사는 '외교 해결사'라는 별명을 가진 협상의 명수였다. 미 측은 이번에는 한국군 전투수당을 인상하고 한국의 대 베트남 수출품목을 200여 종으로 늘리는 데 동의하고, 1966.3.7 브라운 대사 명의 각서 형식을 통해 한국군 현대화 지원, 참전에 따른 보상 등을 약속했다. 이 협상을 이끈 이동원 외무장관은 베트남 참전 결정은 "얻을 것을 모두 챙긴 성공작이었다"고 회고했다.28)

---

27) 홍석률, 역사비평사, 2010.
28) * 1966.3.19 국회에서 논란 끝에 전투사단 추가 파병 동의안이 통과되었고, 곧바로 4월부터 수도사단 26연대와 제9사단(백마부대)이 증파되었다.

1) 지구상에서 가장 가난한 나라

1960년대 한국 경제는 미국의 지원으로 유지되었다. 미국이 생명선이었다. 예를 들어, 1961년의 경우 정부 예산의 절반 이상을 미국 원조로 충당했다. 정부는 1962년부터 경제개발5개년계획을 시작했으나 이를 위해 소요되는 7억 달러 중 62%를 미국으로부터 빌려와야 했다. 1964년 말까지 외자도입은 목표의 30%도 달성하지 못했다.[29]

1961년 하반기 미 정보기관의 한국정세 분석보고서는 "한국은 미국의 대규모 원조 없이는 국가로 존속되기 어려울 것이며, 한국민들의 삶이 획기적으로 나아지지 않는 한 남한은 북한에 통합되어야 한다는 여론이 대두될 가능성이 있다"고 했다.[30]

이런 상황에서 일본은 가장 유력한 자금원이었다. 박정희 정부는 극심한 반대에도 불구하고 일본과의 국교정상화를 추진했다. 노동력을 해외로 진출시키는 정책도 썼다. 서독에 광부와 간호사 7,000명을 보냈다. 그들의 월급을 담보로 1억4000만 마르크(약 3000만 달러)를 빌리기도 했다. 박 대통령은 1964.12.8 서독을 방문, 에르하르트 총리에게 차관을 요청하면서 눈물까지 보였다. 외자도입이 얼마나 절실했는지 알 수 있다.

2) '정글 속 금광 캐기'

이동원 전 외무장관은 그의 회고록(1992)에서 베트남 파병을 '정글 속 금광 캐기'로 표현했다. 그는 이 회고록에서 미국과 파병 교섭을 할 때 "첫째도 실리, 둘째도 실리를 생각하며 임했다"고 썼다. 이 장관이 하도 실리를 앞세우니 한 번은 박 대통령이 "이 장관, 너무

---

29) * 한국은 1963년 1인당 GDP 65달러로 세계 최빈국의 하나였다. 1963~65년 기간 중 평균 실업율은 30%에 이르렀다. 9백만 경제인구 중 30%가 실업 상태였다.

30) Baek, 2013.

이해타산적으로 따지면 우리가 야박한 게 아닌가. 먼저 군대를 보낸 다음 미국과 얘기할 수도 있지 않을까?"라는 반응을 보였다 한다. 이 장관은 "베트남전에 젊은이들을 보내 피 흘리게 한다면 그래서 매를 맞아야 한다면 뽑을 수 있는 실리만큼은 최대한 챙겨야 한다는 생각으로 교섭에 임했다"고 회고했다.

이 장관만 그렇게 생각했을까? 아마도 박 대통령은 겉으로는 대의명분을 내세웠지만 속으로는 한국 경제를 일으키는데 베트남전은 하나의 기회가 될 수 있다고 생각했을 것이다.

박 대통령은 이 문제를 전략적으로 접근했다. 경제적 이익을 내세우는 것은 국내정치적으로도 바람직하지 않았다. 미국에 대해서도 마찬가지였다. 그가 파병 초기에 경제적 이익보다 대의를 내세운 것은 현명했다. 한국 정부는 전투부대가 파견되기 시작한 3차 파병부터는 본격적으로 경제적인 실리를 챙기기 시작했다. 파병과 관련된 문제들을 결정할 때 예상되는 경제적 효과도 염두에 두었던 것이다.[31]

3) 미국의 지속적인 군사지원을 확보하다

한국은 1956~63년 기간 중 미국으로부터 연평균 2억1400만 달러의 군사원조를 받았다. 그런데 1964년의 경우에는 1억2400만 달러에 그쳤다. 심각한 문제였다. 국방비의 60%를 미국 원조에 의존하고 있었기 때문이다. 한국군 장비 현대화도 중단될 상황에 놓였다. 미국의 한국에 대한 군사원조가 급격히 감소된 것은 베트남 사태와 관련이 있었다. 베트남 개입이 확대됨에 따라 참전 예산이 눈덩이처럼 불어나 한국에 대한 방위공약에 만전을 기하기가 어려웠던 것이다.

---

31) * 풀브라이트 미 상원의원은 한국군을 '용병'에 비유하면서, "한국인들은 단지 이익을 취할 목적으로 베트남에서 활동하고 있다"고 불만을 토로하기도 했다.

박정희 정부의 고민이 깊어질 수밖에 없었다. 베트남 파병을 거절하면 미국이 어떻게 나올까? 김일성이 또다시 남침을 해올 경우 미국이 과연 또 도와줄까? 주한미군 1~2개 사단을 베트남으로 이동시키면 어떻게 할까? 등등의 우려였다.

박 대통령은 1967.1.17 대통령 선거 유세에서 "만약 월남 정부나 미국 정부가 우리 한국군을 보내달라고 그랬을 때에 물론 우리가 보내기 싫으면 안 보낼 수도 있었다. 그러나 우리 군을 보내지 않았을 때에는 여기에 있는 미군 2개 사단이 갔을 것이다. 갈 때에 우리가 병력을 보내지 않으면서 미군을 붙잡을 수 있었겠는가?"라고 했다.[32]

미국의 파병 요청에 응하는 것이 여러 면에서 현명했다. 파병하면 한국 안보에 대한 확고한 보장을 요구할 수 있다. 그리고 그동안 계속 감소되어온 군사원조를 증가시켜 줄 것을 요구할 수 있다.

미국은 한·일 국교정상화로 일본이 미국의 부담을 덜어주어 한국에 대한 원조부담을 덜고자 했다. 그러나 결과는 그렇게 되지 않았다. 박정희 정부가 베트남 파병을 통해 미국이 한국에 대한 지원을 늘리도록 유도했기 때문이다. 1966~73년 기간 중 미국의 한국에 대한 군사원조는 연평균 3억8200만 달러였다. 1961~1965년 기간 중에는 연평균 1억6300만 달러였다. 베트남 참전이 없었더라면 이런 규모의 군사원조를 얻어내는 것은 불가능했다.[33]

---

32) * 필자는 박 대통령이 파병을 결심한 가장 직접적인 동기는 여기에 있었다고 본다. 그 이외의 요인들은 부차적인 것이었다.

33) * 존슨 대통령이 집권했던 시기, 즉 1964~68년 기간 중 한·미 관계는 '밀월'로 불릴 만큼 달콤했다(홍석률, 역사비평사 2010). 양국 지도자의 이해관계가 맞아 떨어졌고, 베트남 정글 속에서 함께 피를 흘림으로써 혈맹의 정신이 함양되었다. 그러나 이렇게 좋았던 양국 관계는 1969년 1월 닉슨이 대통령으로 취임하면서 갈등기로 바뀌게 된다.

7. 손익계산서를 작성해보면…

1) 국방력 강화

베트남 참전을 통해 한국의 국방력은 전반적으로 강화되었다. 실전 경험을 통해 전투 능력이 향상되었다. 국군현대화계획에 대한 미국의 협조도 확보할 수 있었다. 1966.7.9에는 한·미 주둔군지위협정SOFA이 체결되었다. 1968.4.17 호놀룰루에서 개최된 한·미 정상회담을 계기로 두 나라 국방장관을 수석대표로 하는 연례 한·미 안보협의회의SCM도 발족되었다. 이후 이 SCM은 한·미 국방협력의 제도적 장치가 되었다. 베트남 참전이 한미동맹을 실질적으로 강화하는 계기가 되었던 것이다.

2) 경제적 이익

박정희 정부가 처음부터 경제적 이익을 앞세우지 않았으나 한국이 파병을 통해 얻은 경제적 실익은 실로 컸다. 참전 8년여 기간 동안 전투수당·군 용역·근로자 송금·군수물자 등으로 10억5600만 달러의 외화를 획득했다. 이 돈은 제2차 경제개발5개년계획(1967~1971)을 시행하는 데 긴요하게 사용되었다. 한국은 1966~71년 기간 중 연 평균 11.7%의 경제성장을 달성했다.

한국군이 베트남에서 철수를 완료했던 1973년 한국의 국민총생산GNP은 39억6000만 달러였다. 남한은 이때 비로소 북한의 GNP를 10% 정도 앞서게 되었다.[34]1973년 국내총생산GDP은 1964년 대비 거의 3배 증가했다.

1961년부터 6년 간 80여 개 회사에서 16,000명의 기술자들이 남베트남에서 일했다. 이들이 벌어들인 외화도 5억7000만 달러에 달했다. 이러한 건설 진출은 금액으로 계산이 되지 않는 이득도 있었

---

34) 이춘근, 2012.

다. 우리 업체들이 세계로 뻗어나갈 수 있는 기술과 노하우를 습득할 수 있었던 것이다. 당장 1970년대 초 오일쇼크로 중동中東 건설 붐이 일자 이들 한국 건설 회사들이 대거 중동으로 진출할 수 있었다.[35]

3) 외교 경험 축적

박정희 정부는 참전 협상 과정에서 미국의 요구에 끌려 다니지 않았다. 박 대통령과 이동원 외무장관의 외교 역량이 십분 발휘되었다. 한국은 복잡한 변수들을 포괄적이고 종합적인 차원에서 잘 조화시켜 협상을 통해 얻어 낼 수 있는 이득은 다 얻어냈다. 장준갑 교수는 "미국과의 베트남 파병 협상은 한·미 관계에서 하나의 획기적인 사건으로 한국인들에게 열등감과 피해의식을 극복하는 데 상당한 도움을 준 사건이었다"고 평가했다.

당시 한국의 국력과 국제적 위상은 초라하기 짝이 없었다. 그런 나라가 국제적으로 주목을 받는 문제에 과감히 뛰어들었다. 대한민국이라는 나라가 등장한 이래 처음으로 국제사회에 명함을 내밀었던 것이다.

4) 북한 도발 증가

베트남전 참전으로 지불한 대가도 만만치 않았다. 북한의 대남 도발이 확연히 증가했다. 북한은 1966년 하반기부터 대남침투와 무력 공세를 유례없이 강화했다. 1968.1.21 특수부대를 남파해 박 대통령의 목숨을 노렸는가 하면 바로 이틀 뒤에는 원산 앞바다에서 미군 정보수집함 푸에블로호를 나포하기도 했다. 이해 11월에는 울진·삼척 지역에 대규모 무장 공비를 침투시켰다.[36]

---

35) * 1964년 1억 달러 규모였던 수출액이 1977년 100억 달러로 늘어났다.
36) * 청와대 습격 사건과 푸에블로호 나포사건은 한·미 관계를 결정적으로 이간시킨 사건이었다.

5) 국제사회에서 불이익을 받다

베트남 파병의 또 다른 부정적 영향은 대對 비동맹외교에서 나타났다. 한국의 파병외교와 대미對美 일변도 외교는 비동맹국가들과의 관계를 어렵게 만들었다. 1965.6.2 박 대통령이 비동맹회의 참가를 발표했으나 이 회의 주최측으로부터 초청조차 받지 못하는 일도 일어났다. 이로부터 10년 후인 1975년 페루 리마에서 개최된 비동맹 외상회의에서는 북한은 가입이 허용되었는데 한국은 유보되는 수모를 당하기도 했다.

홍규덕 교수는 베트남 파병으로 한국의 대미 일변도 외교자세가 심화되어 한국의 대외관계에 부정적인 영향을 주었다고 주장했다. 한국 정부가 안보상의 절박한 필요성과 경제적 이득을 위해 파병정책을 효과적으로 추진했지만 다른 한편으로는 미국에 대한 의존도가 심화되었다는 것이다.

6) '국가이익'이 아닌 '정권이익'을 추구했다?

박태균 교수는 박정희 정부가 파병을 국내 정치적으로 이용했다고 주장했다. '국가이익'이 아닌 '정권이익'을 추구했다는 것이다. 한·일 국교정상화를 둘러싼 국내의 논란과 군사정부의 위기를 돌파하는 수단으로 삼았다고 보았다. 박 교수는 "베트남 참전이 이루어지지 않았더라면 박정희 정권이 그렇게 오랫동안 집권하지 못했을 가능성도 배제할 수 없다"고 주장했다. 그는 "한국군의 해외파병은 '민족'의 젊은이들을 죽음으로 몰아넣음으로써 '정권' 위기에서 탈출하기 위한 수단에 불과했다"고도 했다.[37]

---

37) 박태균, 2006.

8. 명분과 실리를 조화시킨 파병 정책

한국군 베트남 파병은 정부 차원의 의지로 추진된 것이었다. 파병 목적은 파병 단계별로 설정되고 추구되었다. 초기 단계에서는 미국에 대한 의리·보은, 즉 명분이 강조되었다. 이후 실리 부분이 추가되었다. 박 대통령은 절묘하다고 할 만큼 명분과 실리를 조화시켰다. 국제정치·외교에서는 이처럼 실리와 명분, 현실과 이상을 잘 조화시킬 수 있는 능력이 있어야 한다.

박홍영 교수는 "베트남에 군대를 파견한 것은 명분상으로는 안전보장을 강조하면서 실제로는 경제적 실리를 추구하는 것이었다"라고 했다. 베트남 전쟁사를 연구한 최용호 박사는 "한국군의 월남 파병은 미국의 적극적인 지원으로 국가의 안보와 경제문제를 해결해야 할 박정희 정부가 미국의 지원을 유도하기 위해 반대급부로 활용한 국가전략이었다"고 평가했다.

홍성걸 교수는 베트남 참전을 "절대적 안보불균형의 상황에서 주한미군을 이 땅에 붙들어 안보를 공고히 하고, 이러한 국가안보의 발판 위에 경제개발을 위해 필수적인 종자돈을 마련한 정책이었다"고 평가했다.[38]

1) 박정희 대통령의 외교자세

김영주 대사(당시 외교차관)에 의하면, 박 대통령은 "외교의 종은 언제나 우리나라를 위하여 울려야 한다"는 생각을 갖고 있었다. 박 대통령의 외교관觀은 '외교는 실리에 입각해서 추진해야 한다'는 것이었다. 실제로 그는 외교에서 철두철미 실리를 추구했다. 박 대통령은 국가 관계에서 '우호관계를 증진한다'는 등의 추상적인 말을 하는 것을 몹시 싫어했다 한다. 그에게 외교는 안보와 경제에 얼마나

---

38) 홍성걸, 성신여대 출판부, 2006.

도움이 되느냐가 기준이 되었다. 안보와 경제는 박정희 외교의 알파요 오메가였던 것이다.

박정희 군사정부가 들어선 1961년 한국이 수교한 나라는 23개국에 불과했다. 그런데 군사정부 2년 7개월 만에 수교국 수가 76개국으로 늘었다. 해외에 설치한 상주공관도 48개나 증가했다. 왜 그랬을까. 가장 큰 이유는 경제개발에 필요한 외자를 도입하기 위해서였다. 정부예산의 40~60%를 미국 원조에 의존하고 있는 상황이었기 때문에 다른 나라들로부터 돈을 빌려오지 않고는 방법이 없었다. 박정희 정부는 1971년까지 약 27억 달러에 달하는 차관을 유치했다.

홍성걸 교수는 "박정희 시대의 외교정책의 특징을 한마디로 정의한다면 경제발전의 전제조건으로서의 국가안보를 유지하기 위한 극도의 실용적 외교정책이었다"고 평가했다.

박정희 외교자세의 또 다른 특징은 다른 나라에 의존하는 태도나 습관을 배격했다는 것이다. 독자적이고 자주적인 자세를 원했다. 대미 일변도는 그가 바라는 바가 아니었다. 미국에 대한 의존에서 어떻게든 탈피하고자 했다. 자립정신이었다. 한국군 베트남 파병도 이런 자세에서 벗어나지 않았다. 포터 주한대사는 1970년 미 의회 증언에서 "자유세계를 위한 한국의 베트남 파병과 같은 기여는 눈에 보이지 않지만 아주 중요한 의미의 자신감을 불러일으켰고, 한국은 이제 더 이상 단순히 외부 원조에 의존하는 나라가 아니라 공동의 노력에 상당한 기여를 하는 나라가 되었다"라고 평가했다.[39]

박 대통령의 베트남 파병 외교는 전략적이었다. 국가안보와 경제를 종합적으로 그리고 중장기적으로 고려했다. 미국이 원하는 바를 정확히 읽어내 성공한 전략이었다. 한국이 5만 명에 이르는 파월 병력을 지속적으로 유지한 것은 주한미군 감축을 방지해 대북 억지력

---

39) 박경서, 1993.

을 유지하려는 것이었다. 파병으로 생기는 경제적 이득만 보지 않고 안보 이익을 챙겼던 것이다. 전략적 사고가 없었으면 될 일이 아니었다.

2) 대한민국 세계화의 제1단계였다

국군 장병들이 베트남에 주둔하면서 한국인들의 일상생활이 베트남 전선과 연계되었다. 베트남 전선이 '전방'이라고 한다면 한국은 '후방'이었다. 정부는 고국에 있는 가족·친지들은 베트남 전선에 나가있는 장병들에게 다가가도록 만들었고 파월 장병들은 고국에 있는 가족·친지들과 가까워지도록 만들었다. 정부 차원에서 파월 장병 위문사업, 인적 연계망 구축, '월남붐' 조성 사업 등을 활발히 추진했던 것이다.[40]

이런 과정을 통해 한국인들은 종래 한반도에 머물던 시야를 나라 밖으로 넓힐 수 있었다. 해외에서도 기회가 있음을 경험하게 되었다. 베트남전이 종료되자 중동으로 진출했다. 베트남전 참전은 대한민국 세계화의 제1단계였다.[41]

---

40) 윤충로, 2012,
41) * 노태우 정부의 북방정책은 한국인들이 중국·소련·베트남 등으로 진출할 수 있는 길을 열어 놓았다는 점에서 대한민국 세계화의 제2단계였다고 할 수 있다.

제3장 노태우 대통령의 북방정책

1948년 대한민국 정부 수립 이래 한국 외교사에서 빼놓을 수 없는 성공 사례를 들라면 이승만 대통령의 한·미 상호방위조약과 노태우 대통령의 북방정책을 들 수 있을 것이다. 북방정책은 한국 외교를 일대 도약시킨 성공적인 정책이었다.

1. 박정희 대통령의 '6·23선언'

1948년 8월 대한민국 정부 출범 이래 40여 년간 한국은 미국 등 자유민주주의 국가들과만 외교관계가 있었다. 미국과 소련이 첨예하게 대립하는 동서東西 냉전시대에 한국은 미국을 중심으로 하는 서방 진영에 속해 있었다.

소련을 비롯한 공산권 국가들과도 관계를 가질 수 있다는 입장을 처음으로 밝힌 것은 1971년이었다. 당시 박정희 대통령은 연두年頭 기자회견에서 "비非적대적인 공산국가와의 관계를 개선하는 것은 국익에 도움이 될 수 있다"고 말했다.

박 대통령은 1973.6.23 '평화통일 외교정책에 관한 특별선언'을 발표했다. '6·23선언'으로 불린 이 선언은 이념과 체제를 달리하는 어느 국가와도 상호주의의 바탕 위에서 정상적인 국가 간의 외교관계를 추구함으로써 한반도에 평화를 정착시키고 궁극적으로 평화통일의 분위기를 조성한다는 것이었다. 이 선언은 또한 남북한 유엔 동시 가입에 반대하지 않는다고 했다. 과감하고도 획기적인 정책 전환이었다.[1]

한국은 이 선언을 통해 공산권 국가들과 체육·통상 등 비非정치 분야를 중심으로 제한적이나마 교류를 시작할 수 있었다. '6·23선언'은 대對공산권 접근정책을 공식화함으로써 공산권과의 교류를 열어나갈 수 있는 문을 열었다.[2]

박정희 정부의 '6·23선언'은 소련 등 공산권 국가들과의 공식관계를 모색할 수 있는 가능성을 열었다는 점에서 '북방정책'의 씨앗이 이때 뿌려졌다고 할 수 있다.

2. '북방정책'이란 용어의 유래

'북방정책'이라는 용어가 처음 사용된 것은 1983.6.29이었다. 당시 신문들은 이범석 외무부 장관의 국방대학원 특강을 '정부, 북방정책 추진'이란 제목으로 대서특필했다.[3]

---

1) * 이 선언 5항은 "국제연합의 다수 회원국의 뜻이라면 통일에 장애가 되지 않는다는 전제 하에서 우리는 북한과 함께 국제연합에 가입하는 것을 반대하지 않는다"라고 함으로써 종래 견지했던 '하나의 한국one Korea' 입장에서 후퇴했다.
2) * 한국은 종래 북한을 승인한 국가와는 외교관계를 갖지 않는다는 소위 '할슈타인 원칙'을 견지하고 있었다.
3) * 1971년 미 국무부 한국과장이었던 아브라모비츠는 「빙하를 움직이며: 두 개의 코리아와 강대국들 Moving the Glacier: Two Koreas and the Powers」이라는

이 장관의 강연 원고를 준비한 사람은 외무부의 이장춘 국장이었다. 그는 연설문 초안에서 이렇게 썼다. "1980년대 우리 외교의 최대 목표는 한반도 전쟁 재발을 방지하는 데 있으며, 따라서 앞으로 우리 외교가 풀어 나가야 할 최대 과제는 소련 및 중공과의 관계를 정상화하는 북방정책의 실현에 있습니다."4)

이장춘 국장이 연설문 원고를 준비하면서 '북방정책'이라는 용어를 사용한 것은 그해 10월 서울에서 열리는 국제의회연맹IPU총회에 소련과 중공의 참석을 유인해보려는 의도가 있었다고 한다. 이 총회에 소련이 참석한다면 5년 후 열리게 되는 서울올림픽에도 참가할 가능성이 높아진다고 보았다는 것이다.5)

'북방정책'이라는 용어는 한국인들의 상상력을 자극했다. 대한민국 건국 이래 미·일 등 남방 해양세력과의 연대를 통해 국가발전을 도모한 한국인들이 이제 북방의 소련·중국 등과도 관계한다는 것은 꿈과 희망을 주기에 충분했다. 신범식 교수는 "북방정책은 코리언들의 단절되었던 대륙 지향성을 되살렸다는 데 의의가 있었다"고 보았다.6)

제목의 논문을 썼는데, 이 논문에서 그는 "한국이 북한의 존재를 인정하고, 중국·소련 등 공산권 국가들과의 외교적 접촉을 하는 Northern Policy를 선택해야 한다"고 썼다. 노태우 정부가 본격적으로 추진한 북방외교의 개념에 가장 유사한 개념의 용어를 최초로 쓴 사례였다.

4) * 당시 한국에서는 중화인민공화국을 중화민국(대만)과 구별하기 위해 중공中共이라는 국명을 사용했다.
5) 노진환, 1993.
6) * 이런 관점에서, 노태우 정부가 '북방정책'이라는 용어를 사용한 것은 이 정책에 대한 국민적 지지를 이끌어내는 데 크게 기여했다. 어떤 정책이 성공하는 데 있어 그 정책의 명칭이 차지하는 역할은 아무리 강조해도 지나치지 않다.

3. '북방정책'의 개념

노태우 대통령은 1988.2.25 제13대 대통령 취임사에서 "우리와 교류가 없던 저 대륙국가들에게도 국제협력의 통로를 넓게 하여 북방외교를 활발히 전개할 것입니다. 이념과 체제가 다른 이들 국가들과의 관계개선은 동아시아의 안정과 평화, 공동의 번영에 기여하게 될 것입니다. 북방에의 이 외교적 통로는 또한 통일로 가는 길을 열어줄 것입니다"라고 말했다.[7]

여기서 주목할 것은 '우리와 교류가 없던 저 대륙국가들'이라는 표현이다. 대륙국가들은 중국·소련 등을 의미했다. 한국 역사에서 이들 북방국가들과의 관계사는 대단히 길다. 이런 대륙과의 관계가 오랫동안 단절되어 있었는데 노태우 정부는 이러한 관계의 회복을 도모하겠다는 발상을 정책으로 만들어 대외정책의 최우선 순위에 올려놓았던 것이다.

노태우 정부(1988.2~1993.2)는 당초 '북방외교'와 '북방정책'이란 용어를 구분해서 사용하지 않았다. 그러나 이 두 용어는 정확히 같은 것을 의미하지 않았다. 북방정책 추진 과정에서 이들 용어가 명확하게 구분되지 않은 원인 중의 하나는 북방정책 자체가 진화했기 때문이다. 북방정책 초기였던 1989년까지만 해도 북방외교와 북방정책이라는 용어는 개념 구분 없이 사용되었다.

노 전 대통령은 1999년 육성 증언에서 "북방정책은 동구권·소련·중국과의 수교까지가 제1단계라고 할 수 있다. 그러니까 북한을

---

7) * '북방외교'라는 용어는 허만 교수가 1986년에 쓴 논문 「북방외교에 관한 연구」에서 발견된다. 허 교수는 이 논문에서 "협상과 협력의 시대"에 "한반도에서 뿌리 깊은 긴장의 원천을 제거하고 평화와 안정을 도모할 수 있는 외교"를 의미하는 개념으로 이 용어를 썼다. 그는 "북방외교는 본질적으로 남방3각협력체제(한·미·일)와 북방3각협력체제(북·중·소) 간에 존재하는 차이와 간격을 줄이고 화해와 협력의 가능성을 모색하는 작업을 떠맡는 것"이라고 했다.

완전히 포위하는 것이다. 2단계는 남북한 통일인데 '남북한 기본합의서'가 그것을 위한 하나의 성과였다. 그리고 3단계가 앞에서 얘기한 최종 목표, 즉 우리의 생활 문화권을 북방으로 확대시켜나간다는 것이었다"라고 말했다.

노 대통령은 '모스크바와 북경을 거쳐 평양으로 가는 길'이라는 표현을 자주 썼는데 여기서 알 수 있는 것은 북방정책이 소련·중국·동유럽 국가들과의 외교관계 수립에 그치지 않고 나아가 남북한 관계를 새롭게 정립하는 노력을 포함하고 있었다는 것이다.8)

'북방외교'는 노태우 정부가 소련·중국·동유럽 국가 등 미수교 공산주의국가들과의 외교관계 수립을 위해 전개한 외교활동을 의미했다. 한편, '북방정책'은 이들 공산주의 국가들과의 외교관계 수립을 통해 북한의 변화와 남북한 통일 그리고 한국인들의 활동 무대를 전 세계로 확장시키는 것을 의미했다. 이런 사실에 비추어 '북방정책'은 '북방외교'와 '대북정책'을 연계시킨 개념으로 이해된다.9)

노 대통령은 북방외교를 북방정책의 1단계로 보았다. 즉 소련·중국·동유럽 국가들과의 수교를 북방정책 1단계로 보았던 것이다. 북방정책의 2단계는 북한 개방이었다. 북방외교의 성과로 북한을 개방시키면 그것이 곧 통일이라고 보았다. 그는 "북한 개방=통일이라는 것이 나의 통일에 대한 기본 개념이었다"고 말했다. 3단계는 한국인들의 생활·문화권을 북방으로 확대시켜 나가는 것을 의미했다.10)

---

8) * 노 대통령이 이런 표현을 자주 씀으로써 전략적 의도(정책의 진의)가 적나라하게 노출되었다. 국내적으로나 국제적으로 이 정책의 목적을 드러내어 관심을 끄는 데에는 효과적이었으나, 대북 관계에 있어서는 부정적인 영향을 주었다. 이 정책이 북한을 압박에 의해 개방시키려는 정책이라는 사실이 명백했기 때문이다. '햇볕정책'의 경우도 비슷한 현상이 나타났다.

9) * '북방정책'은 'Nordpolitik'으로도 표기되었는데, 이는 서독의 '동방정책 Ostpolitik'에서 모방한 것이었다. '동방정책'은 1969년 10월 집권한 빌리 브란트 총리가 추진한 것으로 소련 등 공산권 그리고 동독과의 관계를 개선하는 노력이었다. 한국은 북방외교 4년 만에 무려 44개 국가들과 외교관계를 수립했다.

10) * 노태우 대통령은 이런 3단계 구상을 대통령이 되기 전부터 이미 세워 놓고

4. 북방정책의 국내정치적 배경

노태우 정부의 북방정책은 한국의 국내정치적 변화와 맞닿아 있었다. 한국의 민주화 과정은 1987년 6월의 '6·29선언'에서 시작되었다. 노 대통령은 이 선언의 중심에 있었다. 이 선언은 5년 임기의 대통령직선·단임제를 채택해 대통령직에 대한 정통성을 높인다는 것이었다.

노 대통령은 1987년 12월 대선에서 야권 후보의 분열에 힘입어 당선되었다. 직선제를 통해 선출되기는 했으나 그의 과거가 짐이 되었다. 전두환 전 대통령과 함께 '12·12사태'에 깊숙이 관여했고, 그의 정치적 기반도 전두환 집권을 통해 확보되었기 때문이다. 취임 직후 실시된 4·26 국회의원 선거 결과도 노 대통령에게는 큰 부담이었다. 총 299석 중에서 여당인 민정당은 125석을 얻어 과반수 확보에 실패했다. 노 대통령은 여소야대與小野大 상황에서 정국을 이끌어가야 하는 상황이었다.11)

'6·29선언'을 계기로 노동계·학생 운동권·정치권의 민주화 요구는 노 대통령 취임과 더불어 화산처럼 폭발했다. 국내 정치상황이 복잡하게 전개될 수밖에 없었다. 갓 출범한 정부로서는 상당한 부담이었다. 이런 국내적인 어려움을 돌파해야하는 노 대통령에게 대외

있었다고 했다. 박철언 전 장관은 비슷한 맥락에서 '협의의 북방정책'은 북한을 제외한 미수교 공산권 국가와의 외교관계 수립을 위한 정책을 의미했고, '광의의 북방정책'은 남북화해와 협력과 공존을 통해 평화 통일의 길로 나아간다는 대북 포용정책과 새로운 통일정책을 포함하는 것이었다고 했다(이정철, 2012). 필자는 박 전 장관이 말하는 '협의의 북방정책'을 '북방외교'로 칭한다.

11) * '12·12사태'란 1979.10.26 박정희 대통령 암살 직후인 12월 12일 전두환 보안사령관과 노태우 제9사단장 등이 중심이 되어 일으킨 군사반란을 일컫는다. 1987년 대선 득표 현황을 보면 노태우 8,282,738표, 김영삼 6,337,581표, 김대중 6,113,375표, 김종필 1,823,067표였다. 노 대통령은 출범 1년 11개월 지난 1990.1.22 민정당·민주당·공화당 합당을 통해 정국 안정을 위한 거대 여당으로 민자당을 만들어냈다.

정책에서의 성과는 유혹을 느낄 만한 일이었다. 자신의 정통성과 통치력을 강화할 수 있는 기회를 대외정책에서 찾고자 했다.12)

　노태우 대통령이 대통령 직선제를 통해 공정한 선거로 당선되었고 또한 경제발전에 상응하는 민주화를 추구한 것은 북방정책에도 좋은 영향을 주었다. 그때까지 한국은 국제사회에서 억압통치, 미국의 꼭두각시 나라 등의 이미지에서 벗어나지 못하고 있었으나 노태우 정부가 출범하면서 경제발전과 더불어 정치발전의 가능성을 보여주는 나라가 되었다. 서울올림픽이 결정적인 기여를 했다. 대외정책의 핵심인 북방정책과 국내정치의 핵심인 민주화는 서로 좋은 영향을 주고받았다.13)

　노 대통령은 북방정책을 추진하면서 두 사람의 보좌를 받았다. 공식적이고 공개적인 사항은 김종휘 외교안보수석의 보좌를 받았고, 비공식적이고 비공개적인 사항은 박철언 정책보좌관(노태우 대통령 처조카)으로부터 보좌를 받았다. 이런 보좌 시스템이 본격적으로 가동하기 시작한 것은 1988.12.8 청와대 비서실 업무가 일부 조정되면서부터였다. 김종휘 수석은 노 대통령 임기 내내 노 대통령의 전폭적인 신임을 받았다. 노 대통령은 "김종휘 수석이 북방정책의 종합참모로서 나와 함께 북방외교의 큰 그림을 그렸다"고 했다. 박철언의 경우에는 1991년 12월 체육청소년부 장관직을 마지막으로 공직을 떠났다.

---

12) * 노 대통령은 12.12 쿠데타와 1980년 5월 광주사태의 멍에를 지고 있었다. 이런 취약점이 대외정책에서 적극적인 이니셔티브를 취하도록 만든 원인의 하나가 되었다.

13) * 신범식 교수는 당시의 이런 국내 상황과 북방정책과의 연관성을 다음과 같이 설명했다. "민주화 과정 속에서 아래로부터의 거센 체제중압을 이겨내기 위하여 냉전의 논리보다는 경제적 실리를 추구하는 외교정책을 모색하면서 사회주의권 국가들과의 관계정상화를 통하여 국민들의 관심을 외부로 돌리고 정권의 정통성을 마련해 보려는 의도에서 북방외교를 추진하게 되었다."

5. 북방외교 추동력은 서울올림픽에서 나왔다

북방외교의 출발은 서울올림픽이었다. 1988년 서울올림픽이 없었다면 북방외교는 성과를 거두기 어려웠을 것이다. 1981년 9월 서울시가 제24회 하계올림픽 개최 도시로 결정되면서 한국 정부는 이 올림픽을 성공시키기 위해 모든 노력을 집중하게 된다.

노 대통령은 서울올림픽 유치 및 성공에 가장 큰 기여를 한 사람이었다. 그는 올림픽 유치 활동을 지휘했고, 유치에 성공하자 미수교 공산권 국가들의 참가를 확보했으며, 올림픽 개막 7개월을 앞두고 대통령에 취임하여 서울올림픽이 사상史上 가장 성공적인 올림픽이 되도록 만드는 데 필수불가결의 역할을 했다.

서울은 1981.9.30 서독 바덴바덴에서 개최된 국제올림픽위원회 총회에서 일본 나고야를 누르고 1988년 하계올림픽 개최지로 선정됐다. 노태우는 당시 두 달 전 전역해 정무장관직을 맡고 있었다. 그는 IOC 위원들 중 비동맹국가 출신 IOC 위원들을 집중적으로 공략했다. 그 결과 그들의 마음을 움직여 바덴바덴 총회에서 52대 27이라는 압도적인 표차로 나고야를 눌렀다. 그는 이후 체육부장관, 서울올림픽조직위원장(1983.7~1986.5) 등을 맡으며 올림픽과 관련된 일을 계속했다. 북방외교를 본격적으로 전개하기 전 올림픽 관련 활동을 통해 외교 경험과 식견을 쌓을 수 있었다.[14]

올림픽 유치 이후의 과제는 동유럽·소련·중국 등 북한의 전통 우방국들이 서울올림픽에 참가하도록 만드는 일이었다. 북한은 "서울에서 올림픽을 하게 되면 전쟁이 일어난다"는 식으로 맹렬히 서울올림픽 보이콧 운동을 전개했다. 노태우는 이런 상황에 사마란치 IOC 위원장, 다슬러 아디다스Adidas 회장 등을 사귀어 이들의 도움

---

14) * 비동맹국 대다수가 북한과 가깝고 한국과는 미수교 상태여서 이들의 지지를 획득하는 것이 대단히 중요했다.

을 많이 받았다.

김일성은 1986년 10월 소련을 방문해 고르바초프를 만났다. 이때 김일성의 주된 관심사는 서울올림픽이었다고 한다. 김일성은 고르바 초프에게 "소련은 서울올림픽에 가지 말아 달라. 소련이 가지 않으 면 동유럽 국가들도 가지 않을 것 아닌가. 서울올림픽은 한반도 분 단을 고착화하려는 제국주의의 음모다. 소련이 이 음모를 깨트려 달 라"고 요청했다. 이에 앞서 그해 1월 셰바르드나제 외무장관이 평양 에 갔을 때 소련 측은 이미 두 번의 올림픽에 소련 선수들이 참가 할 수 없었는데 또 서울올림픽에도 못 가게 되는 상황은 소련 당국 으로서는 감당하기 어려운 일이라고 설명했다 한다.15)

한국이 1988하계올림픽을 개최하면서 우려한 또 다른 문제는 북 한에 의한 테러 가능성이었다. 실제 북한은 1987.11.29 대한항공 858기(아부다비↔서울)를 폭파해 탑승자 115명 전원을 숨지게 하는 만행을 저질렀다. 한국 정부는 소련을 움직여 북한의 행동을 제어하 는 전략을 썼다. 소련의 올림픽 관련 인사들에게 직접 부탁하기도 했으나 미국을 통해 소련을 움직이는 전략을 썼다. 이 과정에서 레 이건 대통령과 슐츠 국무장관의 도움이 효과적이었다.

서울올림픽을 앞두고 한국 정부는 공산권 국가들과 자연스럽게 접촉할 수 있게 된다. 올림픽 관련 업무를 맡은 한국 정부 인사들은 공산권 국가들의 체육담당 관리들을 빈번히 만날 수 있었다. 한국 외교관들도 해외에서 공산권 외교관들과 자연스럽게 만날 수 있었 다. 그 전까지 공산권 외교관들은 한국 외교관이 만나자고 해도 응 하지 않았다. 그러나 서울올림픽이 다가오면서 자신들의 필요에 의 해 한국 외교관들과의 만남이 쉽게 이뤄졌다.16)

---

15) * 김일성은 소련이 서울올림픽 참가를 결정하자 충격을 받았다. 이제 소련과의 관계가 예전과 같을 수 없음을 예감했다.
16) * 서울올림픽은 스포츠외교를 전개할 수 있는 절호의 기회였고 한국은 이런 기 회를 놓치지 않았다. 올림픽대회는 기본정신이 비정치적이라고 하나 실제에 있

1988.9.17~10.2 개최된 서울올림픽은 대단한 성공이었다. 1980
년 모스크바올림픽, 1984년 LA올림픽이 소련과 미국이 서로 보이
콧해 반쪽 올림픽이었는데 서울올림픽은 전 세계 159개국에서
13,304명이 참가한 지구촌의 대축제가 되었다.17)

서울올림픽 주제가主題歌 '손에 손잡고Hand in Hand' 가사에는 "벽
을 넘어서breaking down the wall"라는 구절이 있었다. 이 구절의 상징
적 의미는 대단했다. 냉전시대 동·서 간 긴장과 대결이 화해로 전
환될 수 있는 가능성을 암시했다. 베를린장벽으로 상징되는 이데올
로기의 벽이 허물어질 수 있다는 기대를 갖게 만들었다.18)

"breaking down the wall"이라는 구절이 들어간 주제가 서울
올림픽 기간 내내 지구촌 구석구석에 울려 퍼졌다. 가장 큰 파장은
동유럽에서 발생했다. 개방과 개혁을 희구하는 동유럽 대중들의 심
금을 울렸다. 서울올림픽 주제가는 동유럽 민주화운동의 현장에서
로고송이 되었다.19)

서울올림픽에는 전 세계에서 15,000여 명의 보도진이 몰려들었
다. TV 중계시간이 9,000여 시간에 달했다. 공산권 국가 국민들이

어서는 정치적인 이벤트였다. 북방외교는 공산권 국가들의 서울올림픽 참가 설
득 노력에서 시작되었다.

17) * 1980년 모스크바 올림픽은 서방국가들이 1979년 소련의 아프가니스탄 침공
에 반발·불참했고, 1984년 LA올림픽은 소련과 동구권 국가들이 반발·불참했
다. 서울올림픽에 참가하지 않은 나라는 북한과 쿠바뿐이었다.

18) * 서울올림픽 직후인 1988년 12월 고르바초프는 유엔을 방문해 "냉전은 끝났
다. 우리는 더 이상 싸울 필요가 없다"고 선언했다. 서울올림픽은 탈냉전을 유도
해 내는 데 획기적인 역할을 했다. 레이건 미 대통령은 1987.6.12 베를린장벽을
방문, 브란덴부르크 게이트를 배경으로 연설하면서 "고르바초프 서기장, 이 문을
여시오. 이 벽을 허무시오tear down this wall"라고 말했다. 참모들의 강력한
반대에도 불구하고 레이건이 끝까지 고집해서 쓴 이 네 단어는 1989.11.9 베를
린장벽이 극적으로 무너지는 도화선이 되었다.

19) * 북방외교는 한국 스스로도 이념적 장벽을 넘어서는 계기가 되었다. 한국 시
민들은 서울올림픽 때 소련 등과 같이 이념과 체제를 달리하는 국가들을 환영했
다. 이런 의미에서 서울올림픽은 세계사적·문명사적 의의를 지녔다. 한국이 자
유민주주의와 시장경제로 성공한 모습을 전 세계에 보여줌으로써 동유럽 사회주
의 블록의 해체에 결정적인 기여를 했다.

TV를 통해 본 한국·서울의 모습은 놀라움 그 자체였다. 분단과 전쟁으로 가난에 찌든 나라, 화염병과 데모가 일상인 나라, 미국의 꼭두각시 나라가 아니었다. '기적과 번영의 나라'로 세계인들의 머릿속에 각인됐다. "서울 쇼크"라고 불렸다. 한국에 대한 새로운 발견은 한국과 하루속히 관계를 가져야 한다는 충동을 불러일으켰다.20)

슐츠 전 국무장관은 그의 회고록(1993)에서 "한국이 1988년 올림픽을 성공적으로 개최해 국제사회의 정당하고 책임 있는 일원이 되었다"고 썼다. 한국이 그제야 국제사회가 인정해주는 나라가 되었다는 의미였다.21)

6. 전략적 접근: '7·7선언'

동유럽의 미수교 국가들이 한국에 접근하는 데 있어 가장 큰 걸림돌은 북한이었다. 북한이 이들의 한국에 대한 접근을 막았기 때문이다. 1988.7.7 발표된 '민족자존과 통일 번영을 위한 특별선언(7·7선언)'은 이러한 문제를 해소하는 데 기여했다. 노 대통령은 "한반도의 평화를 정착시킬 여건을 조성하기 위하여 북한이 미국·일본 등 우리 우방과의 관계를 개선하는 데 협조할 용의가 있으며, 또한 우리는 소련·중국을 비롯한 사회주의 국가들과의 관계개선을 추구한다"고 선언했던 것이다.22)

---

20) * 서울올림픽을 계기로 소련과 동유럽 국가들이 한국에 대해 특별한 관심을 갖게 된 것은 '한국을 배워야 한다' '한국을 본받아야 한다'는 생각 때문이었다.
21) * 공산권 국가들이 서울올림픽에 참가하면서 북방외교에 호응해 한국을 승인하고 외교관계를 수립한 것은 대한민국이 비로소 국제사회의 당당한 회원이 되었음을 의미했다.
22) * 한국 내에서도 공산권 및 북한에 대한 접근에 반대하는 사람들이 많았다. 집권층 내부에서조차 적지 않은 반발이 일어났다. 예를 들어, 민병돈 육군사관학교 교장은 노태우 대통령이 임석한 1989년 3월 육사 졸업식에서 '주적主敵이 분간

7·7선언은 서울올림픽을 성공적으로 개최하는 데 긴요한 소련·동구권 등의 참가를 유도하는 데 큰 도움이 되었다. 이들 미수교 공산권 국가들의 서울올림픽 참가는 각 분야에서의 관계를 터나갈 수 있는 좋은 기회를 제공해 주었다. 이 선언은 상황에 맞는 효과적인 전략이었다.23)

이 선언은 '6·23선언' 이래 또 하나의 획기적인 대북정책 전환이었다. 적어도 표면적으로는 그랬다. 북한을 더 이상 대결의 상대가 아닌 화해와 교류·협력의 대상으로 삼겠다는 것, 다시 말해 대결과 적대 관계를 청산하고 민족공동체 인식을 바탕으로 공동번영을 추구하겠다는 것이었다.24)

북한은 '7·7선언'에는 관심이 없었다. 남한이 서울올림픽을 열지 못하도록 하는 것이 중요했다. 이런 북한을 어떻게 다루어야 하는가는 노태우 정부가 헝가리·소련·중국 등과의 수교를 추진하는 과정에서 크게 고민했어야 하는 일이었다. 공산권과의 수교 노력 못지않게 북한 변화 유인 전략을 정교하게 개발했어야 한다는 것이다. 그러나 노태우 정부는 한국이 소련·중국과 공식관계를 수립하게 되면 이것이 북한에 대한 압력으로 작용해 개방을 선택할 것으로 예상했다. 오판이었다.25)

이 안 간다'고 하면서 북방정책을 노골적으로 비난했다. 그러나 서울올림픽 성공과 이를 계기로 북방진출 가능성이 열림으로써 이런 반발이 완화되었다.

23) * 한국 정부는 '7·7선언'을 발표하는 과정에서 미국과 사전 협의를 하지 않았다. 발표 이틀 전인 7월 5일 신동원 외무부 차관이 릴리 주한 미국대사에게 설명하고 워싱턴을 통해 모스크바와 베이징에 통보했다. 미 국무부는 이 선언을 '한국 정부의 기존 대북정책으로부터의 획기적이고 역사적인 전환'이라고 평가했다.

24) * 김종휘 외교안보수석의 통일관이나 대북정책관은 7·7선언의 주역인 박철언 정책보좌관의 그것과 차이가 있었다. 김 수석은 북한의 대미·대일 관계수립을 무산시키는 데 주력했다. 7·7선언 정신과 거리가 있었다. 박 보좌관은 대북對北 포용 자세를 내세운 반면 김 수석은 대북 압박·고립화 자세를 취했다. 당시 김 수석은 남북한 간에는 승리 아니면 굴복밖에 없으며 통일은 몇 단계를 거치지 않고 급작스럽게 올 것이라고 믿었다 한다(강원택 편, 2012).

7. 헝가리에서 북방외교의 돌파구를 열다

한국은 북방외교의 돌파구를 헝가리에서 열었다. 헝가리는 1987.12.21 동유럽 국가 중에서 가장 먼저 서울올림픽 참가를 공식 발표함으로써 북한의 반대로 고민하던 다른 공산주의국가들의 부담을 덜어주었다. 헝가리 IOC 위원이었던 슈미트는 이 과정에서 선도적인 역할을 했다.26)

헝가리는 한국과 공식관계를 수립하는 문제에 있어서도 가장 앞서 나갔다. 이 나라는 대내외정책에서 다른 어떤 동유럽 국가보다 현실적이고 실용적인 면모를 보였다. 동유럽 국가 중 최초로 1987.8.25 한국과 무역사무소를 설치하기로 합의한 것도 이런 대내외정책 변화와 맥을 같이 했다.

한국은 헝가리와의 수교에 최우선 순위를 두었다. 한 나라에서 돌파구가 열리면 그 다음부터는 좀 더 수월해질 것으로 판단했다. 일종의 도미노 현상을 기대했다. 당시 헝가리와의 협상을 지휘했던 박철언 정책보좌관은 1988년 9월 "사회주의 국가와의 두텁고도 높은 정치적·외교적 장벽을 무너뜨리고 북방정책을 제대로 추진하기 위해서는 선도적 상징적 의미에서 먼저 어느 한 국가를 선정, 그 국가와의 수교교섭에 상당한 부담이 따르더라도 심혈을 기울여 그 장벽을 뚫어내는 용단과 결단력이 필요하다고 생각된다. 일단 한 곳에서

---

25) * 노태우 정부의 북방정책이나 김대중 정부의 햇볕정책은 북한을 변화시키는 데 실패한 정책이었다는 점에서 공통점이 있다. 노 대통령은 소련·중국과의 관계개선이 남북한 관계개선에 선순환될 것으로 예상했으나 이는 희망사항에 불과했다. 북한은 오히려 체제존속 차원에서 핵개발을 택했다. 북한 정권에게 변화는 체제 붕괴를 의미했기 때문이다. 햇볕정책이 실패한 이유도 비슷했다. 햇볕정책이 실패했다는 것은 북한을 변화로 유도하는 데 실패했다는 의미인데, 북한이 변하지 않은 이유도 북방정책의 경우와 같았다. 북한 정권에게 개방과 개혁은 곧 체제 붕괴를 재촉하는 일이었다.

26) * 노 전 대통령은 "서울올림픽이 헝가리와의 수교에 징검다리 역할을 했고, 헝가리가 동구권으로 가는 문을 열어주었다"고 했다(노태우, 2007).

돌파구가 마련되면 자연히 다른 사회주의 국가에도 급속한 파급효과가 미칠 것이다"라고 말했다. 여기서 '상당한 부담'은 수교와 연계된 경제적 지원을 의미했다.27)

헝가리와의 외교관계는 중간 단계를 거쳤다. 헝가리 측에게 대내외적인 부담이 컸기 때문이다. 전면적인 외교관계에 앞서 바로 전 단계로 상주대표부 관계를 갖기로 합의했다. 이런 관계를 수립하는 교섭은 1988.7.6~7.12까지 헝가리 수도 부다페스트에서 진행됐다. 박철언 정책보좌관이 한국대표단 단장으로 참여했다. 2차 협상은 서울에서 열렸고 최종적으로 3차 협상이 8월 24일부터 사흘간 부다페스트에서 열렸다. 헝가리와의 협상에서 한국은 6억2500만 달러의 경협자금을 제공하기로 합의했다. 박철언 보좌관에 의하면 당시 노태우 대통령은 박 보좌관에게 12억 달러 이내로 협상을 타결하라고 지시했다 한다. 헝가리와 협상 시 한국 측은 '푸른 다뉴브강江'이라는 코드네임을 사용했다. 보안을 위해서였다.28)

---

27) * 박 정책보좌관이 협상을 지휘한 것은 협상과정에서 정치적 결단을 요하는 사항들이 많았기 때문이었다. 대통령의 결심을 즉시 받아낼 수 있는 인사가 협상을 지휘한다는 사실은 헝가리 측에게 협상에 임하는 한국 측의 의지를 읽을 수 있게 해주었다. 핵심 사안에 대한 합의가 이루어진 다음에는 외무부가 나머지 협상들을 매듭지었다. 헝가리 이후 여타 동유럽 국가들의 경우에는 수교 교섭의 모든 과정을 외무부가 담당했다. 김종인 전 청와대 경제수석은 2011년 가진 인터뷰에서 "외무부가 한·중 수교, 한·소 수교 과정에서 한 일이 없고 제 역할을 하지 못했다. 북방정책은 청와대 팀의 주도에 따른 성과였다"고 회고했는데 (강원택 편, 2012), 이는 전쟁에서 승리했을 때 모든 공을 장수에게만 돌리는 것과 마찬가지다. 노태우 대통령은 1990년 12월 최호중 외무장관을 부총리 겸 통일원 장관에 임명하면서, 임명 당일 이른 아침 최 장관에게 직접 전화를 걸어 "모스크바로 가는 길을 환히 열어 놨으니 앞으로는 평양으로 가는 길을 함께 열어 보자"고 말했다 한다(뉴시스, 2015.2.19). 필자가 당시 북방외교 담당 실무직원으로 관찰한 바에 의하면, 동유럽 국가들과의 수교 협상 과정에서 외무부가 제대로 역할을 하지 못했으면 큰 차질이 생겼을 일들이 많이 있었다.

28) * 헝가리와의 협상을 진행하는 모든 과정에서 양측은 공히 북한이 이런 협상이 진행되고 있다는 사실을 알아차리지 못하도록 철통같은 비밀을 유지했다. 1988.9.13 한국과 헝가리는 서울과 부다페스트에서 상주대표부 관계 수립을 발표했는데, 당시 한국 외무부에서 이 사실을 알고 있었던 사람은 장관·차관·구주국장·동구과장·필자 등에 불과했다. 필자는 1987.2~1990.3까지 외무부에서

상주대표부常駐代表部 관계를 수립하기로 한 사실은 9월 13일 서울과 부다페스트에서 공식 발표되었다. 북한은 경악했다. "헝가리가 사회주의를 망신시키고 있다"고 비난했다. 그러나 북한은 대세를 막을 수 없었다. 한국과 헝가리는 1989.2.1부로 외교관계를 수립했다. 북한은 부다페스트주재 대사를 소환하고 헝가리와의 관계를 대사대리급으로 격하시켰다.

헝가리와의 수교는 동유럽에서의 개방·개혁이 본격적으로 진행되기 이전에 이루어졌다는 사실에서도 큰 의미가 있었다. 한국과 헝가리가 동유럽의 개방·개혁이 진전되는 데 일정 부분 기여한 바가 있었다는 것이다. 한국의 경우에는 서울올림픽과 더불어 헝가리와의 수교를 성공시킴으로써 동-서 간 해빙 분위기를 확대시키는 데 기여했다. 한국 외교가 자랑스럽게 생각할만한 일이었다.29)

헝가리와의 수교는 냉전시대 금단禁斷의 지역이었던 동유럽으로 들어가는 문이 열리는 것을 의미했다. 헝가리와의 관계가 열리자 폴란드·유고슬라비아·체코슬로바키아·불가리아·루마니아 등과의 외교관계로 이어졌다. 1991년 8월 알바니아와 외교관계가 수립됨으로써 한국은 동유럽의 모든 사회주의국가와 외교관계를 맺게 된다.

북방외교 업무를 담당했다.

29) * 노태우 대통령은 1989년 11월 유럽 순방길에 헝가리를 국빈 방문했다. 한국 국가원수로서는 처음으로 동유럽 사회주의국가를 방문했다. 이 방문은 상징성이 컸다. 당시 헝가리는 동유럽에서 일어나고 있던 지각 변동의 진원지였다. 노 대통령은 헝가리 국회에서 행한 연설에서 "헝가리가 냉전의 장벽을 가장 먼저 허물었으며 이 희망의 물결이 지상의 모든 장벽을 헐어 마침내 화해로운 하나의 세계가 열리게 되기를 바란다"고 말했다.

8. 고르바초프의 마음을 움직이다

서울올림픽은 소련과의 관계가 역동적으로 발전하는 데 결정적인 역할을 했다. 서울올림픽을 계기로 소련이 한국을 보는 눈이 완전히 달라졌다. 잿더미에서 출발한 나라가 불과 40여 년 만에 올림픽을 훌륭하게 개최할 수 있을 정도로 발전했다는 사실은 놀라움 그 자체였다.

게다가 한국 정부와 국민들이 올림픽 기간 내내 소련 선수단과 문화사절단에 보낸 따뜻한 환대는 전혀 기대하지 못했던 것으로 소련 고위층 인사들의 마음을 샀다. 소련 당국은 올림픽 기간 중 소련 선수단의 신변안전을 내심 걱정했었다.

고르바초프는 1994년 2월 서울올림픽 당시를 회고하며 이렇게 말했다. "나는 1988년 서울올림픽을 통해 한국에 대해 매우 좋은 인상을 갖게 되었다. 모두들 서울올림픽을 높이 평가했다. 소련에서뿐 아니라 동유럽에서도 칭찬이 자자했다. 나는 내 보좌관들에게 내가 강조한 신사고新思考에 입각해 한국과의 관계를 재검토하라고 지시했다."

고르바초프는 1991년 11월 현대그룹 정주영 회장을 접견했을 때 "남한이 자본주의를 선택해 공산주의를 선택한 북한보다 더 잘 살게 되었다"고 말하면서, "소련과 한국이 협력해 사업을 하게 되면, 거기서 나오는 이익의 일부로 북한을 도와주자"고 말했다 한다.[30] 고르바초프가 서울올림픽을 계기로 한국이 얼마나 발전한 나라인지 잘 알고 있었음을 말해준다.

오버도퍼 전 워싱턴포스트 기자는 그의 저서 『두 개의 한국』에서 "2억의 소련 국민들이 서울올림픽 개막식과 서울의 발전상을 지켜봤다. TV는 매일 14~16시간씩 올림픽을 중계했다. 소련 사람들은

---

30) 이명박, 2015.

한국인들이 소련을 응원하는 모습을 보고 놀랐다"고 썼다. 서울올림픽 직후인 11월 10일 소련 공산당은 정치국 회의에서 한국과의 관계를 개선시켜나간다는 방침을 정한다. 카멘체프 부총리는 이 회의에서 "한국은 극동지역에서 가장 유망한 경제파트너"라고 하면서 "한국과의 관계 정상화를 서두르지 않으면 시기를 놓칠 수도 있다"고 보고했다. 고르바초프는 이 의견을 전폭적으로 수용했다.31)

이 결정에 따라 셰바르드나제 외무장관은 북한 측에 설명해주기 위해 1988년 12월 평양에 갔다. 김영남 외교부장은 소련이 한국과 경제·통상 관계를 갖기로 했다는 것에 대해 강한 반감을 보였다. 하도 격하게 반발해서였는지 셰바르드나제 장관은 김영남에게 이렇게 말했다. "나는 공산주의자다. 공산당원의 한 사람으로서 약속하겠다. 소련 지도부는 남한과 외교관계를 수립할 의향도 없고 또 그렇게 하지도 않을 것이다."

소련과의 수교도 헝가리와의 경우와 마찬가지로 외교관계로 직접 들어가지 못했다. 영사관계라는 중간 단계를 거쳤다. 한국과 소련은 1989.11.17 모스크바주재 대한무역진흥공사KOTRA사무소와 서울주재 소련연방상공회의소 사무소에 '영사처Consular Department'를 설치하는 데 합의했다. 서울올림픽을 계기로 크렘린의 한국에 대한 태도가 변해서 가능해진 일이었다.

노태우 정부가 중국보다 먼저 소련과의 수교를 서두른 데는 몇 가지 이유가 있었다. 무엇보다도 소련은 중국에 비해 한국과의 경제협력에 상당히 적극적인 관심을 보였다. 또한 북한 김일성과의 관계에 있어 중국보다는 소련 지도부가 덜 부담을 느꼈다. 중국은 신중한 태도를 갖고 있었기 때문에 소련보다 앞서나갈 것으로 기대할

---

31) * 한국이 성취한 '경제력'은 북방외교 대상 국가들과의 협상을 풀어나감에 있어 가장 중요한 수단이 되었다. 다른 한편으로는 중국·소련·동유럽 등은 미개척 시장으로서 한국 경제인들의 매력을 강하게 끌었다. 이런 점에서 노태우 정부가 북방외교를 한다고 하면서 경제력을 낭비했다는 주장은 설득력이 없다.

수 없었다. 그러므로 소련과의 수교를 앞세워 중국을 자극하는 전략이 현실적이고 효과적이었다.32)

9. 샌프란시스코 한·소 정상회담

1990.5.22 고르바초프의 외교 고문역을 맡고 있던 도브리닌(전 주미대사)이 서울에서 개최된 전직前職국가수반협의회 참석차 한국을 방문했다. 도브리닌이 한국에 온 것은 고르바초프의 지시에 따른 것이었다. 도브리닌은 노 대통령을 예방한 자리에서 한국이 소련과 경제협력을 할 의사가 있는지 타진하면서 다음과 같은 고르바초프의 의향을 전달했다.

소련은 한국과 수교할 의사를 갖고 있다. 다만 양국 정상이 한국에서 만날 수는 없으므로 워싱턴에서 열리는 미·소 정상회담을 전후해 샌프란시스코에서 만날 용의가 있다.

도브리닌은 이 메시지를 전달하면서 고르바초프의 이 같은 결정이 극비리에 내려졌으므로 어떤 경로를 통해서도 이를 확인하려 해서는 안 된다고 했다. 이로 인해 파문이 일어날 경우 소련 측은 이를 부인할 수밖에 없을 것이라고 했다.

한국 측으로서는 도브리닌의 말만 믿고 사상 최초의 한·소 정상회담을 추진하는 것이 무척 불안했다. 자칫 잘못하면 어이없는 일이 일어날 수도 있었다. 그러나 노태우 정부는 그동안 여러 채널을 통

---

32) 노태우, 2011.
  * 박철언은 "처음 북방정책을 구상할 때의 초기 방침은 소련보다는 중국의 문을 먼저 열고자 했으나, 현실적으로는 중국의 소극적인 태도와 소련의 적극적인 태도로 소련과의 수교가 먼저 이루어졌다"고 했다(박철언, 2005).

해 소련 측에 접근한 결과로 미뤄보아 고르바초프가 실제 반응을 보인 것으로 판단하고 이 회담을 추진했다.[33]

이에 따라 양국 정상은 6월 4일 샌프란시스코에서 만났다. 소련이 한국과 수교한다는 방향이 잡힌 역사적인 사건이었다. 미수교국 정상이 일대일로 만난다는 것은 상상하기 어려운 일이었다. 위험을 무릅쓴 접근이 아니었으면 불가능한 일이었다.[34]

고르바초프 서기장이 노 대통령과의 회담을 수락한 배경에는 갈수록 악화되고 있는 소련 국내 사정 특히 경제적인 어려움이 있었다. 경제 난국을 극복하기 위해 소련은 일본의 도움을 받고자 했으나 일본이 북방영토 문제 등과 관련해 소극적인 반응을 보이자 한국과의 경제・통상 관계를 열어 한국의 도움을 받는 동시에 일본을 자극한다는 의도가 들어 있었다. 또한 고르바초프는 날로 약해지고 있는 자신의 권력 기반을 유지하기 위한 일환으로 대외정책에서 탈냉전적 모습을 과시하고자 했다.[35]

노 대통령은 샌프란시스코에서 고르바초프와 만난 다음 날 워싱턴으로 가 부시 대통령과 정상회담을 가짐으로써 소련에 대한 접근에도 불구하고 미국과의 관계가 공고하다는 사실을 과시했다.

---

33) * 샌프란시스코 회동은 한국 측에서는 김종휘・김종인 라인이 박철언 라인을 배제하고 추진했다(박철언, 2005). 셰바르드나제 외무장관도 정상회담 추진 사실을 모르고 있었는데, 그는 북한과의 관계를 고려해 한국과의 수교에 미온적인 태도를 갖고 있었다.

34) * 박철언은 자신의 회고록(2005)에서 샌프란시스코 정상회담은 "한・소 수교 문제에 관하여 아무런 합의가 없는 실패한 정상회담이었다"고 했다. 샌프란시스코에서의 노-고르바초프 회동은 중국 지도부가 한국과의 관계 수립이 너무 지연되어서는 안 된다는 생각을 갖게 만들었다. 예컨대, 첸치천 외교부장은 공산당 중앙위원회 회의에서 "한국과의 수교는 일석사조—石四鳥의 효과를 가져 올 것"이라고 보고했다 한다.

35) 노태우, 2011.

10. 북한에서 문전박대 받은 소련 외무장관

셰바르드나제 외무장관은 1990.9.2 북한을 방문, 김영남 외교부장을 만났다. 1988년 12월 방문과는 비교가 안 될 정도로 힘든 방문이었다. 셰바르드나제가 평양에 간 가장 큰 목적은 한국과의 수교 방침을 통보하는 데 있었다. 북한은 거세게 반발했다. 소련이 한국과 수교하면 발틱Baltic 3개국을 승인하고 일본과의 북방영토 문제와 관련 일본을 지지하겠다고 맞섰다. 소련 측은 '알아서 하라'고 했다. 셰바르드나제는 김일성을 만날 수 없었다. 기분이 몹시 상했다. 그는 나중에 김영남과의 회담이 자신이 경험한 회담 중에서 가장 힘들고 불유쾌한 회담이었다고 술회했다.

북한은 9월 2일 소련이 한국과 수교하려는 데 대해 다음과 같은 입장을 담은 문서를 소련 측에 전달했다.

① 소련이 남한과 수교하면 북한의 사회주의제도를 전복하려는 미국과 남한의 음모에 가담, 3각 결탁관계를 형성하게 되고 이렇게 되면 남한 당국이 건방지고 오만해져 북한을 독일식으로 흡수통합하려 할 것이다.

② 소련이 남한과 수교하면 이는 조·소 동맹조약(1961)을 유명무실하게 만들게 되고 이렇게 되면 북한은 스스로 병기를 조달해야 하며, 이는 군비경쟁을 격화시켜 조선반도의 정세를 극도로 첨예화시킬 것이며, 나아가 아·태지역의 전반적인 정세를 첨예화시킬 것이다,

김영남은 북한이 핵무기를 갖게 될 가능성도 암시했다. 그는 "고르바초프가 남조선 괴뢰 정부와 협력을 추진할 경우 평양은 핵무기를 제조하지 않는다는 의무에서 해방되는 것으로 간주해야 할 것"이라고 말했다(이즈베스챠, 1994.6.15). 이에 셰바르드나제는 "북한이

핵무기를 갖게 되면 서방 및 국제사회와의 관계가 심히 훼손될 것"이라고 하면서, "소련과의 관계도 마찬가지로 어렵게 될 것"이라고 대답했다.36)

북한이 받은 충격은 참으로 컸다. 소련으로부터 한국과의 수교방침을 통보받고 난 직후 김일성은 열차편으로 중국에 갔다. 1990. 9.11~12 심양에서 최고지도자 덩샤오핑과 장쩌민 당 총서기와 만났다. 김은 덩에게 "소련이 한국과 수교하기로 해 심한 타격을 받았다. 남한 정부를 승인하지 않기 바란다. 행여 그렇게 하더라도 최대한 시기를 늦춰주었으면 좋겠다"고 했다. 김일성은 다급했다. 중국이 한국과 수교하는 것만큼은 막아야 하는 절박한 상황이었다.

최호중 외무장관과 셰바르드나제 외무장관은 1990.9.30 유엔 안보리 소회의실에서 만났다. 수교공동선언문에 서명하기 위해서였다. 이때 소련 측은 수교 일자가 1991.1.1로 되어 있는 문서를 갖고 나왔다. 그러나 최호중 장관이 노 대통령의 지시에 따라 수교일자를 1991.1.1로 하지 말고 공동선언문에 서명하는 날짜로 하자고 설득했다. 셰바르드나제 장관은 즉석에서 갖고 있던 만년필로 1991.1.1을 1990.9.30로 정정하고 서명했다.37)

11. "수교를 돈 주고 샀다"

소련과의 수교를 놓고 '돈으로 샀다' '쓸데없이 서둘렀다'는 등의 비난이 쏟아졌다. 소련과 협상을 하면서 30억 달러 규모의 경제협력

---

36) * 북핵 위기는 이때부터 시작되었다고 할 수 있다.
37) * 최 장관은 서명행사가 있기 직전 셰바르드나제 장관에게 수교일자를 공동선언문 서명일자와 일치시키자는 제안을 했으나 부정적인 반응을 보였다. 셰바르드나제는 자신이 마음을 바꾼 것은 최 장관의 요청도 영향을 주었지만 평양을 방문 시 북한이 불유쾌한 태도를 보였던 것도 영향을 주었다고 했다.

을 하기로 한 데 대한 비난이었다. 그러나 이것은 동전의 한 면만 보고 하는 주장이었다. 소련이 소비재 부족으로 심각한 어려움을 겪고 있었고 한국과 수교하려는 모티브의 하나도 바로 이 상황을 극복하는 데 도움을 받고자 한 것은 사실이다. 한국이 제공하기로 약속한 30억 달러 중 15억 달러는 한국산 소비재 수입을 위한 차관이었고, 10억 달러는 현금 차관, 그리고 나머지 5억 달러는 플랜트 지원을 위한 것이었다. 부담이었던 것은 사실이나 이는 한국이 하기에 따라서는 소련과의 경제관계를 확대해 나갈 수 있는 마중물이 될 수도 있었기에 낭비는 아니었다.38)

노 전 대통령은 소련과의 30억 달러 경제협력은 "수지맞는 거래"였다고 했다. 소련과의 수교로 소련이 북한에 대한 경제군사 지원이 감소됨으로써 한국의 안보예산을 삭감 내지 유보해 주는 등의 효과가 생겼기 때문이라는 것이다. 노 전 대통령은 1999년 육성 증언에서 "30억 달러를 놓고 말이 많지만 북한의 위협을 줄인 점을 감안하면 그 이상의 이익을 보았다고 나는 지금도 믿고 있다"고 말했다.39)

한국이 괜히 수교를 서둘렀다는 주장도 설득력이 없다. 당시 그렇게 하지 않았더라면 그 이후 전개된 소련의 내부 정세가 하도 급변해 소비에트연방과의 수교는 물 건너갔을지 모른다. 1991.8.18 보수파에 의한 쿠데타가 일어났고 고르바초프는 결국 그해 12월 25일 사임했으며 이틀 후 소비에트연방 자체가 소멸되고 독립국가연합CIS이 탄생했다. 소련과의 수교가 지연되었더라면 중국과의 수교도 지연되었을 가능성이 크다.

---

38) * 한국이 '(소련과의) 수교를 돈 주고 샀다'고 한다면 이 말은 소련 측에서 볼 때는 '수교를 돈 받고 팔았다'는 말이 되기 때문에 소련의 자존심을 건드리기에 충분했다. 소련으로서는 '참을 수 없는 모욕'이 될 수 있었다(노태우, 2007).
39) * 노 대통령은 "GNP에서 국방비가 차지하는 비율이 취임 전 해인 1987년에는 5.55%였는데, 1992년에는 3.72%로 낮출 수 있었다"고 했다(노태우, 2007).

12. 다음은 중국 차례

　소련까지 수교를 했으니 이제는 중국 차례였다. 중국은 소련이 한국과 수교함으로써 한국과의 수교에 따르는 부담이 줄었다. 한·중 수교는 한국의 이니셔티브로만 진전된 것이 아니었다. 중국 측도 그동안 한국과의 관계개선 가능성에 대비하고 있었기 때문에 한·중 수교의 수레바퀴는 양측이 함께 돌렸다.

　황화 외교부장은 1980년 1월 내부 강연에서 한국과의 관계에 대해 "문이 닫혀는 있으나 잠겨 있지는 않다"고 말함으로써 중국이 한국과 관계할 가능성을 열어 놓고 있음을 시사했다. 1983년에 이르러서는 한국과의 관계개선 시기가 도래할 것을 염두에 두고 한국어 요원들을 다수 확보하기 시작했다. 1985년 4월에는 최고지도자 덩샤오핑이 한국과의 관계에 관해 중대한 발언을 했다. "중·한 관계 발전은 우리에게 필요한 일이다. 첫째, 우리 중국이 한국과 교역을 해서 경제적으로 이점이 있을 것이고, 다음으로는 한국과 대만 관계를 단절시킬 수 있다"고 말했다. 한국과의 관계수립이 왜 필요한지 이보다 더 잘 설명해줄 수 없었다.[40]

　덩샤오핑은 1988년 5~8월 외빈 접견 시 "중국의 입장에서 보면 한국과의 관계를 발전시키는 것은 이익만 있고 해로울 것은 없다. 경제적으로는 쌍방에 유리할 것이고, 정치적으로는 중국의 통일에 유리하다"고 말했다. 이즈음 덩은 이런 말도 했다. "시기가 성숙했다. 한국과 경제·문화적 관계를 발전시키기는 것은 중요한 전략적

---

[40] * 김하중 대사는 중국이 혈맹인 북한의 반발을 무릅쓰고 게다가 중국 내부의 수많은 북한지지자들을 설득해 한국과의 수교를 결정한 것은 덩샤오핑과 같은 지도자가 있었기 때문에 가능했던 일로 보았다. 김 대사는 이를 '덩샤오핑의 위대한 결정'으로 불렀다. 하상식 교수는 비슷한 맥락에서 덩샤오핑의 '흑묘백묘론'(검은 고양이든 흰 고양이든 쥐만 잡으면 된다)으로 상징되는 경제적 실용주의 정책기조가 북한의 반대에도 불구하고 한·중 수교를 낳게 한 결정적인 배경이었다고 분석했다.

행동으로, 대만 문제, 대미 관계, 대일 관계, 한반도 평화와 안정, 대 동남아 관계, 모두에 중요한 의의를 지니는 일이다. 하지만 이 일은 미묘한 문제이므로 신중히 처리해야 하며, 북한의 양해를 얻어야 할 것이다."41)

1989년 5월에는 덩샤오핑의 지시로 한국 관련 정책을 총괄하는 '남조선영도소조'를 만들었다. 이 조직의 책임자는 부총리 겸 정치국 원이었던 톈지원이었다. 군부 실력자 예젠잉의 아들 웨해펑과 리센 녠 전 국가주석의 사위 류야저우 등 현역 군인들이 소조에 들어가 있었다. 북한이 중국 군부 내 친북세력을 이용해 한·중 관계 개선 을 방해할 가능성에 대비한 조치였다. 중국이 한국과의 관계개선을 치밀하게 준비했음을 말해주는 대목이다.42)

1989년 6월 천안문 사태로 중국은 국제적으로 고립되었다. 이 상 황을 이용해 노 대통령은 중국 지도부의 마음을 샀다. 외교관계가 없는 상태에서 1990년 베이징 아시안게임을 적극 도왔다. 다른 아 시아 국가지도자들에게 아시안게임을 보이콧하지 않도록 로비했다. 현대자동차 등 한국 회사들은 400대의 자동차를 제공하고 1500만 달러의 협찬 광고도 냈다. 중국 지도부가 고마움을 느꼈다.

중국과의 외교관계도 소련의 경우와 마찬가지로 중간 단계를 거 쳤다. 1990.10.20 대한무역진흥공사와 중국국제상회가 무역대표부 를 상호 설치하는데 합의한 데 이어 1991년 1월에는 상호 대표부 설치에 합의했다.

1991년 11월 첸치천 외교부장이 아시아태평양경제협력체APEC 회 의 참석차 서울에 왔다. 노태우 대통령으로서는 첸 장관에게 직접

41) 박승준, 2011.
  * 덩샤오핑의 이러한 전략 구상은 적중했다. 중국은 한국과의 수교로 엄청난 정치
  ·경제적인 실리를 챙길 수 있었다. 국가지도자의 통찰력과 혜안이 얼마나 중요
  한지 알 수 있다.
42) 정재호, 2011.

메시지를 전달할 수 있는 좋은 기회였다. 이에 앞서 노 대통령은 11월 초 중국을 방문하는 슐츠 전 국무장관에게 중국 지도부에 자신의 메시지를 전달해 줄 것을 부탁한 바 있다. 슐츠는 "첸 장관이 서울에 가면 회답이 있을 것"이라고 알려왔다.

노 대통령은 첸 장관에게 단도직입적으로 "중국과 조속 수교하기를 원한다"고 말했다. 해가 바뀌어 1992년 4월 베이징에서 아태지역경제사회이사회ESCAP 연차총회가 열렸다. 이 회의에 이상옥 외무부 장관이 참석했다. 중국은 첸 장관을 통해 이 장관에게 차관급을 수석대표로 임명해 베이징과 서울에서 수교협상을 하자고 제의했다.43)

양국 간 수교협상에서 최대 난제는 한국-대만 관계였다. 중국 측은 '하나의 중국' 원칙하에 대만과의 단교를 요구했다. 한국 측은 다른 나라들이 그랬듯이 결국 이를 받아들였다. 1992.8.24 댜오위타이 영빈관에서 이상옥 장관과 첸치천 장관이 수교 문서에 서명했다. 오버도퍼는 그의 저서에서 중국이 한국과 서둘러 외교관계를 수립하게 된 것은 대만 요인이었다고 썼다. 당시 중국은 대만이 라트비아·니제 등과 수교를 하는데 자극을 받았다는 것이다.44)

---

43) * 박승준은 첸치천 중국 외교부장이 쓴 회고록(2003)에서 밝힌 내용 등을 근거로 "한·중 수교가 노 대통령의 북방정책에 따라 한국의 접근으로 이뤄진 것이 아니라 덩샤오핑의 지휘에 따라 중국이 한국에 접근함으로써 이뤄진 것"이라고 주장하면서, 중국 측이 이미 한국과 외교관계를 갖기 위한 제반 절차를 시작했음에도 한국이 그런 흐름을 모르고 조급하게 서둘러 수교협상에서 주도권을 빼앗겼다고 주장했다. 정재호 교수도 한·중 수교는 한국이 요청하고 중국이 받아들여 이뤄진 게 아니라 중국의 필요와 전략에 따라 한국이 상당부분 끌려갔던 것이라고 주장했다.

44) * 노태우 대통령은 수교 한 달 만인 9월 27일부터 사흘 간 중국을 방문해 양상쿤 주석·리펑 총리·장쩌민 공산당총서기 등을 만났다. 한국 대통령으로서는 최초의 방문이었다. 이는 북방외교가 숨 가쁘게 추진되었음을 상징적으로 말해준다. 중국과의 수교교섭도 서둘렀음을 의미한다. 노 대통령이 자신의 임기가 1993년 2월 끝나게 됨을 의식했음이 틀림없다. 반면, 중국 측은 조금도 서두르지 않았다. 장쩌민 국가주석이 한국을 방문한 것은 1995.11.13이었다. 노 대통령 방중 3년이 지난 시점이었다.

중국은 한반도에서 추구할 수 있는 이익을 극대화 시킨다는 차원에서 한국과의 수교방침을 결정했다. 종래 '하나의 코리아' 정책을 '두개의 코리아' 정책으로 전환함으로써 한반도에서 중국이 행사할 수 있는 영향력을 획기적으로 확대시킬 수 있다고 판단했다. 북한을 다루는 데 있어 효과적인 레버리지를 갖게 될 것이라고 보았다. 북한이 중국을 둘도 없는 동맹국으로 여기게 될 것으로 전망했다.[45]

한·중 수교는 북방외교의 결정판이었다. 중국과의 수교로 한국은 한반도에 강요된 냉전질서를 완화시켰다. 적대국이었던 중국과 외교관계를 수립함으로써 동북아 국제정치 구조를 냉전 이후 시대 추세에 맞춰놓았다.

그러나 한·중 수교는 몇 가지 아쉬운 점을 남겼다. 한국은 '하나의 중국' 원칙을 인정했지만 북·중 관계에서는 어떤 양보도 얻어내지 못했다. 중국의 한국 참전에 대해서 짚고 넘어가지 못한 것도 마찬가지다. 한국이 중국과의 수교를 조급히 서둘렀다는 비난을 면하기 어렵다. 노 대통령이 자신의 임기 내에 한·중 수교를 달성하려 한 것이 가장 큰 원인이었다. 중국 측은 이 사실을 잘 알고 협상에 임했다.[46]

한·중 수교교섭에 참여했던 김하중 대사는 2013년 1월 발간한 그의 저서에서 "지나치게 한·중 정상회담에 집착하여 우리가 조금이라도 더 확보할 수 있었던 우리의 입장을 관철하지 못한 것은 아쉽고 안타깝다"고 밝혔다.

---

* 정재호 교수는 "노 대통령이 자신의 임기 내에 수교와 국빈방문을 이루겠다는 의사를 명시적으로 밝히는 바람에 (수교)협상 전선에 있던 외교관들이 운신할 수 있는 폭을 불필요하게 좁혔다"고 주장했다.

45) Xiaoxiong Yi, 1995.
* 중국은 북한이 대對한국 수교에 반발하지 못함은 물론 오히려 더 자기들에게 의존적이 될 것으로 예상했다.

46) * 2010년 천안함·연평도 사건 등을 둘러싸고 중국이 보인 '북한 감싸기' 태도는 18년 전 한·중 수교 당시 한국이 가졌던 기대를 깨기에 충분했다(지해범, 2012).

중국은 한국과의 수교로 남북한 모두에 대해 영향력을 갖게 되었다. 종래 북한 일변도 외교에서 남북한 등거리 외교를 할 수 있게 된 것이다. 이는 북핵 문제를 다루는 6자회담, 천안함 폭침 사건, 연평도 포격도발이 발생했을 때 여실히 증명되었다.

13. 북한을 각별히 배려한 중국

한국과 수교 협상을 시작하면서 중국은 북한에게 한국과의 공식 관계 수립 가능성을 귀띔해 주면서 양해를 구했다.[47]

중국은 한국과의 관계를 추구하면서 국가지도급 인사가 직접 나서서 이 문제에 대해 북한의 양해를 구했다. 장쩌민 중국공산당 총서기 겸 당중앙군사위원회 주석은 1990년 3월 평양을 방문했을 때 김일성에게 "중국이 한국과 무역대표처를 설치하는 것은 더 이상 늦출 수 없는 문제"라고 말했다. 김일성은 이후 다시 중국을 방문해서 "중국이 필요하다면 남조선에 무역대표처를 설치하는 데 대해 우리는 충분히 이해한다"고 말했다.

1991년 5월에는 리펑 총리가 이 문제로 평양을 방문했다. 그는 연형묵 총리에게 중국이 '두 개의 코리아' 정책을 취하려는 데 대한 양해를 구했다. 한국과 궁극적으로 외교관계까지 수립하게 될 것임을 시사했다.[48]

김일성은 1991.10.4~10.13 4년 만에 베이징을 방문해 장쩌민 당

---

47) * 김영남 외교부장이 1988.11.3 베이징을 방문했을 때 첸치천 외교부장은 "우리는 남조선에 무역사무소를 열 것을 고려하고 있다"고 하면서 한국과의 접촉 사실을 확인해주었다. 한국과의 관계 가능성을 공식 통보한 최초 사례였다.

48) * 덩샤오핑은 1992년 초 당과 내각에 한국과의 수교를 비밀리에 추진할 것을 특별히 지시하면서 북한에 대한 배려 차원에서 김일성 주석에게는 사전에 알려주라고 지시했다 한다(연합뉴스, 2011.6.20).

총서기·양상쿤 국가주석·리펑 총리 등을 두루 만났다. 김일성은 중국 측에게 북한이 미국과 수교하기 전 중국이 한국과 수교하는 일은 없어야 한다는 입장을 전달했고, 이에 대해 중국 측은 남한과의 관계 때문에 북한의 이익을 해치지 않을 것이라는 식으로 대응한 것으로 알려졌다. 은퇴한 상태였던 덩샤오핑은 한 차례 거절 끝에 댜오위타이에서 김일성을 만나 주었다. 덩은 김에게 "역사적으로 보면 동맹은 믿을 수 없는 것이다. 군사동맹도 믿을 수 없다(상대의 동의 없이는 파기할 수 없도록 돼 있는 북·중 동맹조약은). 단단해서 깰 수 없어 믿을 수 없다. 평화공존 5원칙만이 믿을 수 있다"고 말했다. 한·중 수교가 불가피하다는 암시였다.[49]

양상쿤 국가주석은 1992.4.15 김일성의 80회 생일축하 행사에 참석한다는 명목으로 평양을 방문, 김일성에게 "국제정세와 중국의 대외관계 때문에 이제는 한국과의 관계를 정상화할 시기가 가까워졌다. 그러나 중국은 북한의 통일 사업은 예전과 같이 지지한다"고 했다.

김일성은 잠시 침묵하다가 "수교를 2~3년만 늦춰 달라. 조선반도의 현재 상황은 미묘하다. 남조선과의 관계를 우리의 미국과의 관계와 조화시켜 처리해 달라. 이 문제는 중국이 좀 더 깊이 생각해주었으면 한다"라고 말했다. 중국의 대對한국 수교를 북한의 대對미국 관계와 연계시켰던 것이다.

중국 측은 한국과의 수교 협상이 막바지에 접어들었을 때 다시 한 번 첸치천 외교부장을 북한에 파견한다. 첸 장관은 1992.7.15 순안비행장에 도착하자마자 김영남 외교부장의 안내로 헬기를 타고 김일성의 별장으로 갔다. 첸 장관은 "최근 국제정세·한반도의 정세변화를 볼 때 우리는 중국과 한국이 수교 협상을 진행해야 할 시기

---

49) * 이는 당시 외교부 대변인으로 덩·김 면담에 배석했던 우젠민 전 중국외교아카데미 원장이 언론 인터뷰에서 밝힌 사실이다(중앙일보, 2013.10.21).

가 무르익었다고 생각한다"는 장쩌민 총서기 겸 국가주석의 구두메시지를 전달했다. 첸 장관은 한국과의 관계정상화 방침은 덩샤오핑의 결정이라고 덧붙였다.

김일성은 침통한 표정으로 다 듣고 난 뒤 잠시 깊은 생각에 잠겼다. "잘 들었다. 우리는 중국이 독립적이고 자주적이며 평등한 입장에서 자신의 대외정책을 결정하는 것을 이해한다. 우리는 앞으로도 계속해서 중국과 우호관계 증진에 노력할 것이다. 우리는 앞으로 일체의 어려움을 극복하고 자주적으로 사회주의를 견지하고 건설해 나갈 것이다. 덩샤오핑 동지에게 안부를 전해 달라"고 말했다.50)

중국은 북한에 대해 한국과의 수교 방침을 설득하는 과정에서 '국제사회가 대만을 인정하는 것을 막기 위해 우리는 불가피하게 한국과 수교할 수밖에 없다'는 논리를 폈다. 북한은 중국에 대해 대만을 승인할 수 있음을 내비치기도 했다. 그러나 북한은 감히 그렇게 하지 못했다. 그러기에는 위험부담이 너무 컸다. 북한 중앙방송은 1992.9.27 중국을 "제국주의에 굴복한 변절자·배신자"라고 비난했다. 그것이 전부였다.51)

14. 노 대통령, 대만에 대해 미안하게 생각하다

노 전 대통령은 "하나의 중국을 인정하지 않을 수 없다 보니 우리가 대만과의 외교관계를 끊어야 하는 것이 피할 수 없는 현실이

---

50) * 소련이 1990.9.30 한국과 외교관계를 수립했고 소련·동유럽 공산주의체제가 완전히 무너진 상황에 유일한 버팀목이었던 중국마저 한국과 외교관계를 수립하는 상황은 김 주석으로 하여금 말할 수 없는 고립감을 느끼게 만들었을 것이다. 김 주석이 첸 장관에게 보인 반응에서 비장함을 읽을 수 있다. 북한은 1993년 3월 핵확산금지조약NPT 탈퇴를 선언한다.
51) * 북한은 중국에 대해 강력한 불만 표시로 2000년 하계올림픽 개최지 결정 시 베이징을 지지하지 않고 시드니를 지지했다.

었다"고 하면서, "중국과 수교할 당시 중국 측이 북한과의 관계를 내세우며 강력하게 보안을 당부했기 때문에 대만에 대해 충분한 시일을 두고 사전 통보를 하고 싶어도 그렇게 하지 못해 참으로 미안했다"고 회고했다.52)

그러면서 노 대통령은 "우리가 중국과 수교해 그들을 시장경제체제와 자유민주주의로 빨리 발전할 수 있게 촉진작용을 하는 것이 결과적으로 대만을 돕는 길이 되지 않겠느냐고 생각했다"고 말했다. 노 대통령은 한·중 수교에 따른 대만과의 단교와 관련하여 나름대로 다음과 같은 논리를 세웠다고 말했다.

대만이 원하는 통일과 대한민국이 원하는 통일은 이념적인 차원에서 똑같은 것이다. 중국 본토가 자본주의 시장경제를 받아들이고 정치적으로 자유민주주의가 뿌리 내리게 되면 대만은 통일을 이룩한 것이나 마찬가지다. 또 우리가 북한을 흡수한다든가 북진北進을 한다든가 하는 힘의 방법이 아니더라도 북한이 시장경제체제·자유민주주의만 받아들이면 통일하는 것과 똑같다. 나의 남북한 통일에 관한 기본개념은 이를 토대로 이룩되는 것이다. 대만 역시 무기를 갖고 대륙에 침공해 들어가 통일한다고는 생각하지 않는다. 본토의 이념을 바꾸게 하는 것이 바로 통일이다.

노 대통령은 또한 "당시의 국제정세상 12억이 넘는 중국대륙과 인구 몇 천만 안 되는 대만을 똑같은 비중으로 상대하기가 쉽지 않았다. 나라의 이익을 생각하는 차원에서 대大를 얻기 위해 소小를 불

---

52) * 중국과의 수교협상이 타결된 이후에도 대만에 언제 어떤 방식으로 알려주느냐 하는 문제는 어려운 문제였다. 한국으로서는 장제스 총통 시절부터 임시정부 수립과 해외 독립운동·대한민국 건국 과정에서 많은 빚을 졌기 때문이다. 결국 이상옥 외무부 장관이 1992.8.18 진수지 주한대만대사를 시내 한 호텔로 불러 "한·중 수교가 불가피하다. 협상을 하고 있으며 수교가 가까이 왔다"고 알려주었다. 대만은 한·중 수교 이틀 전인 8월 22일 한국의 대중국 수교결정에 대한 보복으로 한국과 단교한다고 공식 발표했다.

가피하게 희생하지 않을 수 없었다"고 했다.53)국제정치의 현실에 따른 결정이었다는 말이었다.54)

15. 대한민국, 드디어 유엔 회원국이 되다

유엔 가입은 정부 수립 이후 40여 년간 한국 외교의 가장 큰 과제 중 하나였다. 대한민국이 유엔 회원국이 아니라는 사실은 한국의 위신이나 정통성에 부정적인 영향을 주었다.

노 대통령은 이 문제에 있어서도 리더십을 발휘했다. 1991년의 최우선 외교과제로 유엔 가입을 설정했다. 소련을 비롯한 대부분의 사회주의국가들과 수교가 이루어졌고 국제정세도 미·소 간 대립이 종식되었으니 유엔 가입에 유리한 분위기가 마련되었다. 그러나 북한이 또다시 걸림돌이 되었다. 북한은 '분단 영구화'란 논리로 유엔 가입에 극력 반대했다. 그러면서 단일 의석으로 가입하고 교대로 대표권을 갖자는 입장을 내세웠다.55)

노 대통령은 한국의 유엔 가입에 대한 국제적인 지지를 이끌어 내기 위해 전략적으로 접근했다. 우선 조지 H. W. 부시(아버지 부시) 대통령이 1990년 9월 제45차 유엔총회 기조연설을 통해 한국의 입

---

53) 노태우, 2007.
54) * 노 전 대통령은 "외교란 건 솔직하게 털어놓고 양해를 구하는 그런 게 안 돼요"라고 말했다.
55) * 한국 내에서도 노태우 정부의 유엔 단독가입 추진이 "그 실현성 여부에 관계 없이 남북한 간의 긴장을 고조시키는 행위이기 때문에 포기해야 한다"는 주장이 있었다(김세균, 1990). 주무 부서인 외무부의 경우에도 '무모하다' '힘들다'는 등의 부정적인 반응을 보였다(노태우, 2011). 사실 남북한 유엔 가입은 북한으로 하여금 '하나의 조선' 입장을 포기하라는 것이었고, 이는 '두개의 한국'을 인정하는 의미가 있었다. 박정희 대통령 시절 외무장관이었던 이동원은 1963~66년 박 대통령에게 '두 개의 한국' 정책과 남북한 유엔 동시 가입을 강력히 건의했으나 받아들여지지 않았다(이동원, 1992, 2001).

장을 공개적으로 그리고 단호하게 지지한다고 천명하도록 설득했다. 71개 국가가 한국의 유엔 가입을 적극 지지했다. 문제는 소련과 중국의 지지를 유도해내는 것이었다.

소련의 경우에는 고르바초프 대통령이 한국과의 수교 반년 만인 1991년 4월 방한, 역사적인 제주도 정상회담을 갖고 이 자리에서 한국의 유엔 가입에 깊은 이해를 표시했다. 중국도 한국의 유엔 가입에 대한 국제적인 지지 분위기를 의식해 보다 현실적인 시각을 갖고 북한을 설득하기에 이르렀다.

1991년 5월 리펑 총리가 평양을 방문했을 때 "한국이 오는 9월 유엔 총회에서 가입 신청을 할 경우 중국으로서는 더 이상 반대하기 어렵다. 더구나 한국이 북한보다 먼저 유엔에 가입할 경우 북한이 나중에 가입하려해도 가입할 수 없게 될 것"이라고 말했다. 북한에게는 선택의 여지가 없다는 고강도 압박이었다. 김일성은 리펑에게 "중국에 협조하겠다"고 말했고, 곧바로 『로동신문』 논평을 통해 "조선은 북남조선의 유엔 동시 가입을 반대하지 않는다"고 밝혔다. 한 달 뒤인 6월 첸치천 외교부장이 평양을 방문했을 때 김일성은 "북남조선의 유엔 가입 문제는 상황이 어떻건 반드시 한꺼번에 처리되어야 한다"고 했다. 북한이 남한 단독으로 유엔에 가입하는 상황을 우려하고 있음이 명백히 드러났다.

중국이 북한에게 남북한 유엔 동시 가입을 강요한 것은 한국과의 수교에 놓인 장애물의 하나를 제거하기 위한 포석이었다는 분석이 있다. 남북한이 유엔에 동시 가입하게 되면 한반도에 명백히 두 개의 독립주권 국가가 존재하게 되므로 이는 중국이 한국과의 수교 협상에서 자신들의 입장을 관철시킬 수 있는 유용한 논거가 된다고 보았다는 것이다. 한·중 수교 협상(1992.5~7)에서 '하나의 중국'과 '두 개의 한국'은 중국 측이 결코 양보할 수 없다고 하는 의제였다. 남북한이 공히 유엔 회원국이라는 사실은 한국 측이 '하나의 중국'

과 '하나의 한국' 또는 '두 개의 중국'과 '두 개의 한국'을 꺼내기조차 어렵게 만들었다.56)

노 전 대통령은 "88서울올림픽과 북방외교의 성과로 소련과 중국도 남한의 단독가입에 거부권을 행사하지 않을 것이란 자신감에 북한이 끝까지 거부한다면 남한 단독으로라도 가입할 작정이었다"고 했다.57)

북한은 1991.5.27 외교부 성명을 통해 연내 가입 신청 입장을 발표했고, 7월 8일 박길연 주유엔대사를 통해 가입신청서를 제출했다. 한국의 유엔가입에 대한 국제사회의 압도적인 지지 분위기를 감안하고 여기에 중국의 권고가 받아들여진 결과였다. 한국은 8월 5일 노창희 주유엔대사를 통해 가입신청서를 제출했다. 남북한의 유엔 가입은 1991.9.17에 처리되었다. 한국은 유엔의 161번째 회원국이 되었다. 1973년 '6·23선언'을 통해 남북한 유엔 동시 가입 입장을 선언한지 18년, 대한민국 정부 수립 후 43년 만에 이루어진 일이었다.58)

한·중 수교와 남북한 유엔 동시 가입과 관련하여, 이는 남북분단을 고착화시키는 영향을 줌으로써 통일을 오히려 더 멀어지게 했다는 견해가 있다. 앞서 지적했듯이 중국은 북한에 압력을 가해 한국과 함께 유엔 회원국이 되도록 했다. 한국과의 수교협상 과정에서는 한국 측이 '두 개의 한국'을 받아들이도록 만들었다. 이 두 개의 새로운 현실은 한반도에 국제법상 완전히 별개의 국가가 존재한다는 사실을 확고하게 만들었다.59)

---

56) 박승준, 2011.
57) 노태우, 2011.
58) * 노 전 대통령은 남북한 유엔 가입으로 "사실상 '남북한 불가침 선언' 내지 '불가침 협정'의 효과를 거두었다고 할 수 있다"고 했다(노태우, 2011). 한국은 유엔 가입 후 두 차례(1996~97, 2013~14) 안보리 비상임이사국을 역임했다.
59) 박승준, 2011.

16. 개방보다 핵개발을 택한 북한

노태우 정부의 북방외교가 결실을 거두면서 북한은 완전히 고립되었다. 한국이 수교한 사회주의국가들은 북한의 전통 우방국이었다. 무엇보다도 감내하기 어려운 고통은 소련과 중국이 한국과 수교한 것이었다. 이들은 북한 정권을 지지해주는 양대 기둥과도 같은 존재였다.[60]

소련의 경우를 들어보자. 소련은 북한이 필요로 하는 원유와 군사장비 공급원이었다. 소련이 붕괴되기 직전 북한·소련 간 교역규모는 26억 달러 수준이었다. 북한 전체 무역의 56%에 해당했다. 바로 다음해인 1991년에는 3~4억 달러 수준으로 급감했다. 종래 무역거래에서 소련이 제공하던 우호가격 제도가 없어진데다 경화결제를 요구했다. 이로 인해 소련으로부터의 석유 수입이 75%나 감소했다. 소련으로부터 무기 도입도 어렵게 되었다. 핵심적인 무기 공급처를 잃었던 것이다.[61]

이런 난감한 상황에 북한이 손을 벌릴 수 있는 나라는 중국밖에 없었다. 그런데 중국도 경제적 실리를 위해 한국과 수교하면서 북한의 어려운 처지에 대해서는 이렇다 할 신경을 쓰지 않았다. 북한에 대한 레버리지를 높이는 데에만 관심이 있었다.

북한이 1991.12.13 '남북기본합의서'에 서명(1992.2.19 발효)하게 된 배경의 하나다. 체제 붕괴 수준의 어려운 상황에서 벗어나기 위해 어쩔 수 없이 응한 일이었다. 이 시점은 한반도 상황의 중대한 분기점이었다. 북한에게는 절체절명의 상황이자 다른 한편으로는 획

---

60) * 재미 원로 정치학자 이정식 교수는 한국이 소련·중국과 수교한 것을 "공식 석상에서 북한의 뺨을 호되게 때린 것"과 같다고 했다.
61) * 김종휘 전 수석은 "6공화국 기간에 북한의 도발이 단 한 차례도 없었다. 북한이 소련이나 중국에서 첨단무기를 도입하지 못하도록 차단하는 북방외교의 실질적인 효과도 있었다"고 말했다.

기적인 변화를 시도할 수도 있는 순간이기도 했다. 그러나 유감스럽게도 김일성의 선택은 개방·개혁이 아닌 핵이었다.[62]

17. 북방외교의 한국 외교사적 의의

북방외교의 성공이 한국 외교사에서 차지하는 의미는 실로 크다. 무엇보다도 한국은 국제사회에서 정통성과 권위를 확실히 인정받았다. 한국 외교는 그동안 국제사회에서 북한과 치열한 경쟁을 벌였다. 이 과정에서 북한에게 밀린 적이 한 두 번이 아니었다. 한국은 북방외교를 성공시킴으로써 북한과의 정통성 경쟁에서 절대적인 우위를 차지할 수 있게 되었다.

북방외교는 또한 대한민국의 위상이 한층 높아지는 계기가 되었다. 국제사회가 한국을 바라보는 눈이 확실히 달라진 것은 1990년대 들어서였다. 이때부터 국제사회가 한국을 비중 있는 나라로 취급하기 시작했다.

다음으로, 북방외교의 성공은 한국 외교의 영역을 전방위로 확대시켰다. 냉전시대 한국은 북방과의 관계가 전무한 '섬'과 같은 나라였는데 이제 공산권·비동맹 국가들과 관계를 맺음으로써 활동무대가 전 세계로 넓어졌다. 이와 함께 대외관계에서 운신의 폭도 넓어졌다.

북방외교의 성공과 더불어 한국 외교는 미국에 의존하던 타성에

---

62) * 북한은 1차 핵 위기가 시작된 1993년경에는 이미 상당한 정도의 핵능력을 갖춘 상태였다. 미 정보 당국은 1989년 5월경부터 북한의 핵개발과 관련한 정보를 한국 정부에 제공하기 시작했음에도 노태우 정부는 북방정책을 추진하면서 이 문제를 심각하게 인식하지 않았다. 북방외교의 성공이 북한의 핵개발 의지를 강화시켰을 개연성은 충분히 있다. 하지만 김종휘와 박철언은 이런 주장에 동의하지 않았다(국사편찬위원회, 2009).

서 벗어나야 했다. 노 대통령은 "북방외교에 내재되어 있는 기본철학의 하나는 '자주 외교권'이라고 했는데, 북방외교가 대미 의존적인 사고방식을 벗어나는 시발점이 되었다. 클라크 미 대사의 다음과 같은 평가(1994)가 이런 사실을 뒷받침한다.

내가 국무부 동아·태국 부차관보로 있었을 때 한국은 소련과의 관계에서 돌파구를 열기 시작했다. 한국은 미국과 쌍벽을 이룬 강대국이었던 소련과의 관계를 갖기 위해 오랫동안 노력했으나 1980년대 말까지는 이렇다 할 성과를 거두지 못했다. 미국은 한국이 좀 더 활발하게 이런 노력을 추진하라고 하지도 않았고 또한 그런 노력을 하지 말라고 하지도 않았다. 모스크바로 향하는 문을 연 것은 노태우 대통령의 업적이었다. 나는 한국이 대단히 훌륭한 일을 해냈다고 생각하며 한국인들은 이런 성취를 자랑스러워할 만하다고 생각한다. 타이밍이 좋았다. 소련과의 관계수립은 곧 중국과의 관계수립으로 이어졌다. 미국은 한국이 이런 이니셔티브를 취하는 과정에서 별로 한 역할이 없다. 아마도 그래서 한국이 이 정책을 더 훌륭하게 성공시켰는지 모른다.

한국은 북방외교를 통해 주변 강대국들을 동시에 상대해야 하는 상황을 맞이했다. 종래 미국·일본만 상대하면 되었으나 이제 중국·러시아가 추가되어 이들 나라를 동시에 다뤄야 했던 것이다. 하지만 한국은 그럴만한 능력과 경험이 부족했다. 김영삼 정부의 외교 성적표가 초라했던 것도 이런 맥락에서 이해된다.

북방외교의 성공은 한국의 안보와 경제 환경을 크게 개선시켰다. 노태우 정부 시절 북한의 도발이 거의 없었음은 이런 사실을 증명해준다. 소련·중국의 북한에 대한 무조건적인 지지·지원 입장이 완화되었다. 일례로, 소련 마슬류코프 경제 부총리는 한국과의 수교협상 시 '한국과 경협이 이루어지면 대북 군사협력을 중단하겠다'고 약속했고, 소련은 이 약속을 지켰다. 북방외교는 한국 경제에 활로를 열어 주었다. 중국·러시아 등의 큰 시장이 한국 경제와 연결되었다. 특히 한·중 경제 관계는 급속히 확대되기 시작했다.[63]

한국은 북방외교를 성공시킴으로써 미·소 냉전 종식 후 급변하는 국제정세에 큰 어려움 없이 대처해 나갈 수 있었다. 김영호 교수는 "북방정책은 냉전이 종식되어 가는 시점에 그 길목을 지키고 서서 선제적으로 공산권과 관계 개선을 이룩함으로써 탈냉전기 한국 외교가 변화된 국제정세에 큰 무리 없이 적응해나가는 데 크게 기여한 것으로 평가받아야 할 것이다"라고 했다.

북방정책은 외교정책을 국가전략grand strategy 차원에서 추진해 성공한 최초의 케이스였다. 김기수 세종연구소 수석연구위원은 북방정책은 "체제 수준에서 단행된 대한민국 최초의 외교전략"이었다고 평가했고, 김영호 교수도 이 정책이 "키신저의 '외교혁명'에 버금가는 '한국판 외교혁명'이었다"고 평가했다.[64]

18. '북방외교'가 성공할 수 있었던 배경

북방외교가 성공할 수 있었던 배경에는 무엇보다도 서울올림픽과 한국이 이룩한 산업화·민주화가 있었다. 여기에 이 정책 추진에 유리한 국제정세의 변화가 있었다. 여기에 노 대통령의 전략적 비전이

---

63) * 북한은 1990.5.24 주한 미군의 즉각적이고 전면적인 철수 요구에서 한 발 물러나 '미군이 남한에서 한 번에 철수할 수 없다면 점진적으로 철수할 수 있을 것'이라는 입장을 밝혔고, 샌프란시스코 한·소 정상회담 계획이 발표된 직후에는 새로운 군비축소 제안을 내기도 했다.

64) * 키신저의 외교혁명이란 닉슨 대통령 국가안보보좌관이었던 헨리 키신저가 1970년대 초, 적대관계에 있던 중국과 화해함으로써 국제정치질서를 양극체제에서 다극체제로 전환시킨 것을 말한다.

있었다.[65)

다음으로 경제력이 있었다. 한국이 동원할 수 있는 경제력이 없었더라면 동유럽 국가들이나 소련·중국이 한국에 접근하지 않았을 것이다. 노 대통령의 외교 리더십이 경제력에 의해 뒷받침 되었다. 여기서 빼놓을 수 없는 것은 김우중·정주영 같은 경제인들의 기여다.

노 대통령은 북방외교에 관한한 준비된 대통령이었다. 그는 주체적이고 능동적으로 북방외교를 추진했다. 신장된 경제력과 민주화를 바탕으로 종전과 다른 외교 스타일과 자세를 취했다.

노태우 정부의 의지와 추진력이 아무리 강했다 하더라도 국제정세의 변화가 없었더라면 북방외교는 성공하기 어려웠을 것이다. 1985년 소련에서 고르바초프라는 개혁 성향의 지도자가 등장해 국제정세가 동·서 대립에서 화해의 방향으로 전환되고 있었고, 서울 올림픽은 이런 흐름을 가속화시키는 역할을 했으며, 이런 분위기에서 동유럽의 개방·개혁이 거스를 수 없는 대세가 되었다. 여기에 1989년 이르러 중·소 갈등이 해소되면서 북한의 전략적 가치도 떨어졌다. 소련과 중국이 한국과 가까워지는 데 따르는 부담이 줄어들었던 것이다.

일부에서는 소련과 동유럽의 개혁·개방 추세 때문에 가만히 있었어도 이 나라들과의 관계가 열렸을 터인데 공연히 대규모 경제지원을 약속하며 국력을 낭비했다는 주장이 있었다. 당시 북방외교 업무를 담당했던 필자로서는 이런 견해에 동의하지 않는다. 가만히 있으면 될 일은 분명 아니었다.[66)

---

65) * 한기흥 동아일보 논설위원은 "노태우 정부 시절이 한국의 외교안보 분야에서 가장 창의적이고 생동감 넘쳤던 시기였다"고 평가했다(동아일보, 2015.3.7).

66) * 필자가 1987년 여름 미 국무부와의 '소련관계 전문가 회의'에 참석했을 때 당시 국무부 최고의 소련 전문가들은 "고르바초프 하의 소련이 어떤 방향으로 나아가게 될지 알 수 없다"고 잘라 말했다. 북방외교가 선제적 외교였다고 하는 것은 변화의 조짐을 보이는 정세를 앞질러 나갔기 때문이다.

북방외교가 전략적으로 추진되었다는 사실이 지적되어야 한다. 노전 대통령은 그의 회고록(2011)에서 "북방정책을 추진하면서 일시적이거나 즉흥적이지 않았다"고 했다. 또한 "소련과 중국, 남북한 관계 등을 종합적으로 따져 가면서 전개되었다"고 했다. 북방외교가 성공한 배경에는 이처럼 '전략적 사고'가 있었다.

미국의 지원도 북방외교 성공에 기여했다. 노 대통령은 슐츠 전 국무장관(1982~1989 재임)의 도움을 많이 받았다. 슐츠 장관은 소련 등 공산권 국가들의 서울올림픽 참가를 유도하는 일에서나 소련과의 관계를 열어나가는 데 있어서 유익한 도움을 주었다. 그는 중국과의 수교를 추진하는데 있어서도 지원을 아끼지 않았다.[67]

19. '남북한 관계의 대장전'이 마련되다

냉전질서가 와해되고 한국의 공산권 국가들과의 수교 노력이 결실을 거두자 북한은 한마디로 사면초가가 되었다. 그런데 노태우 정부는 미국·일본이 북한과 직접 접촉하는 것을 막았다. 그러자 북한은 남한과의 협상테이블에 나왔다. 적십자회담·체육회담·국회회담·고위급회담 등 다양한 남북대화가 시작되었다. 이런 가운데 성립된 것이 1991.12.13 서명된 '남북기본합의서'였다.

이 합의서는 남북한 간에 체결된 최초의 공식 문건이었다. 최초의 문건이라는 점보다 더 큰 의의는 이 합의가 남북한 관계의 기본 원칙과 지침을 제시한 '대장전'이었다는 것이다. 남북한 간 어떤 문제가 발생했을 때 이 합의서에 근거해 시시비비를 가릴 수 있는 훌륭한 문건이었다.[68]

---

67) 노태우, 2007.
68) 노태우, 2011.

20. 북방정책의 문제점

북방정책이 성공한 정책이라고 해서 결점이 없었던 것은 아니다. 관점에 따라서는 심각한 오판과 실수가 있었다. 구체적으로 살펴보자.

1) '원교근공' 전략이 통하지 않았다

노태우 대통령은 힘에 기초한 대화만이 북한을 변화시킬 수 있다고 믿었다(노태우, 2011). 그는 "북방정책은 모스크바와 북경을 거쳐 평양으로 가는 길"이라는 말을 자주 했다. 소련·중국 등 미수교 사회주의국가들과의 관계수립이 북한의 변화를 강요하는 것과 직결되어 있다는 말이었다. 북한 정권이 변하지 않을 수 없게 만들겠다는 것이었다. 현홍주 전 주미대사가 북방정책을 '포위정책'으로 부른 것도 이런 사실을 말해준다.[69]

노 전 대통령은 그의 회고록(2011)에서 "나는 특히 남북한 대치상태에 대해서는 중국 전국시대 진나라가 썼던 원교근공遠交近攻 전략을 생각했다. 진시황이 중국을 통일하기 위해 구사했던 이 전략은 '멀리 있는 나라들과 친밀한 관계를 맺어 힘을 얻은 뒤에 가까이 있는 적을 공격해 때려 부순다'는 것이었다. 나는 이 전략을 남북한 관계에 원용해야겠다고 작정했다. 북한이 문을 열지 않으므로 저 먼 데로 돌아가자고 판단한 것이다"라고 말했다. 노 대통령의 '그렇게 되지 않겠나'하는 막연한 믿음이 북한에게는 통하지 않았다.[70]

---

* 이 합의서에 담겨있는 남북한 관계 2대 원칙은 '당사자 해결'과 '상호주의'였다. 그런데 북한은 이런 원칙을 지키지 않았다.

69) * 노 대통령이 "모스크바와 북경을 거쳐 평양으로 가는 길"이라고 한 것은 국내적으로는 이 정책에 대한 이해를 높이는 데 기여했으나, 다른 한편으로는 '창의적인 모호성'을 훼손시켜 정책효과를 떨어트렸다. 김대중 대통령의 햇볕정책에서도 같은 현상이 나타났다.

70) * 북한의 개방을 유도하고자 했던 '북방정책'과 '햇볕정책'이 모두 북한 개방에

노 대통령은 북한의 개방이 곧 통일이라고 믿었다. 그는 이렇게 말했다. "남북통일이라는 것은 전쟁을 통하지 않고서도 개방만 시키면 되는 것이다. 개방은 곧 통일이라는 것이 나의 통일에 대한 기본 개념이었다. 그러니 양파껍질을 벗기듯이 저 둘레서부터 벗겨 나가자. 그래서 완전개방이라는 여건만 되면 통일된 것이나 마찬가지다. 이것이 우리가 전쟁을 피하고 통일을 실현할 수 있는 가장 올바르고 좋은 방법이다."

장달중 교수는 북방정책을 "고립화 내지 봉쇄정책을 통해 북한의 변화를 강제하려는 공세적 냉전 엔드게임"이라고 하면서 "북한의 고립 내지 봉쇄를 통해 북한을 연성화 내지 파열시킴으로써 흡수통일을 가져올 것으로 기대되었다"고 주장했다. 장훈각 교수는 "북방정책은 공격적 통일정책"이라고 했고, 조동준 교수도 "북방 정책의 최종 목표는 북한을 흡수통일하는 데 있었다"고 분석했다.71)

노태우 대통령의 이런 전략은 통하지 않았다. '북방외교'의 성공이 '북방정책'의 성공으로 이어지지 못한 원인이 바로 여기에 있었다. "모스크바와 북경을 거쳐 평양으로"라는 전략은 빗나갔다. 소련·중국의 북한에 대한 영향력과 북한의 소련·중국에 대한 의존도가 압도적이어야 이런 전략이 통할 수 있었는데 실상은 그렇지 않았다. 때문에 노태우 정부는 미국·일본과 대북정책 관련 공조를 긴밀히 했어야 했다. 그러나 '한국 주도 원칙'을 지나치게 내세우다 보니 이런 노력이 상대적으로 부족했다.72)

실패한 요인 중 하나는 남한 정부가 북한 정권의 실체를 정확하게 인식하지 못했던 것이다.

71) * 북한도 북방외교 초기 단계부터 이 정책을 '북한 고립화 정책' '분단 고착화 의도'로 규정하면서 "궁극적으로 흡수통일을 목적으로 하고 있다"고 격렬하게 비난했다. 그러나 노 전 대통령은 "(북방정책은) 고립화가 아니라 오히려 포용정책이었다고 할 수 있다"고 했다(노태우, 2007).

72) * 이정민 세종연구소 연구위원은 노태우 정부가 중국·소련과의 수교(북방외교)를 대북정책과 연계시킨 것은 "전략적 차원의 오판"으로 "북방정책의 근본적인 한계"였다고 분석했다(이정민, 1993). 북방외교와 대북정책을 연계시키지 말았

2) 미·일의 대북 접근에 제동을 걸었다

앞서 설명대로 소련·중국 등 북한의 전통 우방국들과의 수교는 북한을 개방으로 이끌어내는 데 실패했다. 여기에는 다음과 같은 원인이 있었다.

노 대통령이나 그의 핵심 참모들은 '승리주의'가 강했다. 소련·중국과의 수교를 성공시키자 자신감이 넘쳐 북한의 대응 능력을 과소평가했다. 남한이 원하는 방향으로 변화해 나갈 것으로 믿었다. 노태우 정부는 여기서 전략적 오판을 했다. 북한에게 퇴로를 열어주지 않고 몰아붙였다. 그렇게 하면 북한도 동유럽 국가들처럼 개방의 길로 나갈 것으로 예상했다.

노태우 정부는 북한의 미국·일본에 대한 접근을 무산시키는 데 주력하면서, 다른 한편으로는 미·일이 북한과 직접 대화하는 것을 막았다. 이런 사실은 김종휘 수석의 다음과 같은 증언에서도 잘 나타난다.[73]

미국 역시 북한과 대화하고 싶어 했다. 우리는 시종일관 '안 된다. 한반도 문제는 어디까지나 우리가 해결한다. 너희는 이 해결을 위한 긍정적 영향을 미칠 여건 조성에 협조해야 한다'고 강조했다. 북한의 직접대화 제안에 미국이 응하려는 것을 우리가 못 하게 한 것이다. 6공(노태우 정부를 의미)에서는 북한이 한국을 제쳐놓고 다른 나라들과 대화한다는 것은 불가능했다. 한국의 국력과 군사력이 강해지고 한·미, 한·일 관계가 강화되면서 미·일은 한국과 상의 없이는 북한과 만나지 않겠다고 분명하게 못 박았다.[74]

어야 한다는 주장이었다.
73) 강원택 편, 2012.
  * 김종휘 수석의 통일관이나 대북정책은 박철언 보좌관의 대북 포용 정신과는 거리가 있었다. 김 수석은 북한이 어려울 때만 남한과 진지하게 대화한 과거 사례를 염두에 두고 북한을 어려운 지경으로 몰아넣어야 한다는 생각이 강했다(국사편찬위원회, 2009).
74) * 노태우 정부의 이러한 입장 때문에 대해 미 정부 일각에서는 '미국의 대북정

북한이 남북대화를 미끼로 미국·일본과 관계개선을 추진하려 하자 노태우 정부는 미·일에 ▶북한과의 관계개선은 남북회담의 의미 있는 진전을 전제로 해야 하며 ▶남북 간의 대화와 합의를 거치지 않는 관계개선은 안 된다는 두 가지 원칙을 제시해 미·일의 동의를 얻어냈다.[75)

노태우 정부가 취한 이러한 태도는 '북한이 미국·일본 등과 관계개선을 하는데 협조하겠다'는 7·7선언과 달랐다. '북한의 고립을 추구하지 않는다'는 정신에도 어긋나는 일이었다. 북한 내부에서 개혁·개방 분위기가 진작될 수 있도록 하기 위해서도 미국·일본 등 서방의 대북한 관계개선을 도왔어야 했다.[76) 북방정책이 완전한 성공을 거두지 못한 가장 큰 원인이 바로 여기에 있었다. 결정적인 실수였다.

노태우 정부의 이러한 입장은 한반도 문제의 당사자 해결 원칙과 주도권 확립 차원에서 취해진 것이었다. 북한으로 하여금 미·일과의 수교를 위해서는 먼저 한국의 협조가 있어야 한다는 점을 못 박아 두려 했다. 그러나 이는 결과적으로 북한을 국제사회로 끌어내 개방·개혁으로 유도하는데 전혀 도움이 되지 않았다. 좀 더 탁월한 전략적 사고를 했더라면 결과가 달라졌을 것이라는 아쉬움이 남는다.

책이 한국의 대북정책의 인질이 되고 있다'는 불만도 나왔다 한다(KEI, 2009).

75) * 노태우 정부는 미국이 북한과 직접 대화를 하려 했을 때 이런 대화의 지속을 막기 위해 1회에 한한다는 조건으로 동의했고, 일본이 북한과 대화하려 했을 때는 '북한을 선택할 것인가' 아니면 '한국을 선택할 것인가' 택일하라는 태도를 보여 일본 외무성으로부터 '없었던 일로 하겠다'는 답변을 받아내기도 했다(강원택, 2012). 당시 한국 정부가 이런 입장을 내세운 것은 북한이 한국을 배제하고 미국과 직접 주한미군 문제와 평화협정 문제를 논의하고자 했기 때문이다(노태우, 2011).

76) 서진영, 1993.
   * 당시 미국·일본·중국·러시아가 남북한을 교차승인 했더라면 북한 핵 문제가 야기되지 않았을 것이라는 시각도 있다(진징이, 한겨레, 2015.9.21).

3) '자주'와 '주도'의 신화에 빠졌다

노태우 정부는 북한 문제·남북한 관계에 있어 한국의 '자주'와 '주도'를 지나치게 강조했다. 김종휘 수석은 "당시 외교안보정책의 원칙으로 ▶선제적 접근 ▶종합적 접근 ▶청와대 주도의 3원칙을 갖고 있었다"고 하면서, 여기서 선제적 접근의 핵심 내용은 '한반도 문제는 한국이 주도해야 하기 때문에 미국은 여기에 끼어들지 말라는 것이었다'고 했다.[77]

노태우 전 대통령은 1999년 육성 증언에서 "내가 강한 의지를 갖고 추진한 것이 바로 자주외교였다"고 하면서, 이는 "북방외교에 내재되어 있는 나의 기본철학이었다"고 했다. 노 대통령이 생각한 '자주외교'는 "민족자존의 정신에 입각해 남의 눈치 보지 않고 남을 추종하지 않는 외교자세"를 의미했다.[78]

노태우 정부의 대미對美 자주외교에도 불구하고 미국과의 협력에서는 아무 어려움이 없었다. 미국 측으로부터 유익한 도움을 많이 받았다. 1989.10.15 워싱턴에서 부시 대통령과 가진 정상회담에서 부시 대통령은 북방정책에 대한 지지 입장을 분명히 했다(노태우 2011). 노 대통령 외교에 실용주의적인 면모가 있었음을 알 수 있다.[79]

---

77) 이정철, 2012.
   * 베이커 미 국무장관은 한국 정부에 6자회담을 제의했다. 소련·일본과는 협의를 마쳤다. 미국은 이 회담을 통해 북한과의 대화채널을 만들고 한반도 문제를 다자간 논의하려는 의도를 갖고 있었다. 그러나 노태우 정부는 이 제안을 일축했다. 한반도 문제는 한국 주도로 풀어나간다는 입장 때문이었다.
78) * 박태균 교수는 북방정책을 "자주외교 측면에서의 민족주의의 성격을 띤 것"으로 보았고, 이근 교수는 "엘리트 민족주의에 기반한 대전략"으로 정의했다(강원택 편, 2012). 북방정책의 저변에 민족주의적인 특성이 있었다는 주장이다.
79) * 이런 점에서 노태우 외교는 노무현 외교와 크게 대조적이다. 노무현 대통령도 대미 자주를 내세웠으나 그가 대미 외교에서 거둔 실익은 별로 없었다. 노무현 대통령의 경우 미국과의 마찰이 심했다. 반면 노태우 대통령은 조용한 가운데 실리를 챙겼다. 노태우 대통령의 '자주외교'에는 실리가 있었으나, 노무현 대통령의 '자주외교'에는 실리는 없고 명분만 있었다.

그러나 노태우 정부는 '승리주의'에 빠져 한국의 주도적 역할을 필요 이상으로 내세웠다. 주도적 역할을 하겠다는 것은 좋다. 문제는 주도적 역할을 제약할 수 있는 요인에 대한 고려가 부족했다는 것이다. 가장 큰 변수는 북한이었다. 한국의 주도적 역할이 북한 요인에 의해 원만하지 않을 경우 미국의 힘을 빌릴 수 있어야 했다. 노태우 정부는 자주·주도의 신화에 빠져 오판했다.80)

노태우 정부는 미국과 관련해서도 착각을 했다. 북방외교를 추진하면서 미국의 관여나 간섭을 받지 않은 것은 사실이다. 그러나 이것이 자주외교에 입각한 한국의 주도성 때문이라고 오인했다. 미국은 노태우 정부의 북방외교가 미국의 이익에 부합되기 때문에 견제하지 않았다. 한반도에 대한 미국의 안보적 이해와 관심이 상대적으로 무뎌진 상황이어서 그러했다.81)

노태우 정부의 이런 태도가 미 측을 불만스럽게 만든 경우도 있었다. 예를 들어보자. 한국은 1988.9.13 헝가리와 상주대표부 관계를 수립하기로 합의한 사실을 발표했다. 이때 한국은 미국 정부에는 48시간 전에 통보해 주었다. 그런데 미국은 헝가리 측으로부터 들어 이미 알고 있었다.82)

---

80) * 말을 물가까지 데려갈 수는 있으나 강제로 물을 마시게 만들 수 없는 것과 마찬가지 이치다. 노태우 정부가 오판했다는 것은 한국 혼자 힘으로 북한을 움직일 수 있다고 믿었다는 점에서 그렇다는 것이다. 외교는 혼자 할 수 있는 것이 아니다. 제3자의 지원을 적절히 받을 수 있어야 한다.

81) * 노태우 정부가 북방외교를 강도 높게 추진하던 기간 중 만약 미국-소련 관계가 협조적인 관계가 아니었더라면 미국은 한국의 북방외교에 호의적이지 않았을 가능성이 크다. 이런 맥락에서 당시 미국의 북방외교에 대한 태도를 "의도된 방관"으로 보는 사람도 있다(이성훈, 2012).

82) * 1988.10.27 청와대 수석비서관 회의에서 "북방정책 수행에 있어서 기존 우방과 긴밀한 대화가 필요하다. 미국의 상당한 오해가 있는 듯하다"는 보고가 있었다 한다(박철언, 2005). 워싱턴포스트는 1988.11.16자 '한국의 북방정책'이라는 제목의 기사에서 "미 행정부는 공산국가들과의 관계 개선을 모색하는 노 대통령의 노력을 지지하고 있으나, 소련이 시베리아에서 가스를 파 올리는 것이나 중국이 컴퓨터를 제작하는 것을 한국이 돕는다면 이는 그동안 주한미군의 유지를 강력히 주장해 왔던 미 의회 내 보수주의자들의 호감을 사지 못할 것이다"라

북방정책 주역이었던 박철언 정책보좌관은 미 국무부 초청 형식으로 1989.4.25~5.7까지 워싱턴을 방문, 백악관·국무부·국방부·CIA 인사들을 만났다. 박 보좌관은 그의 회고록(2005)에서 당시 미국이 자신을 초청한 의도는 "첫째는 얼차려였다. 둘째는 힘의 과시였다"고 하면서, "무척 힘들고 우울한 여행이었다"고 썼다. 박 보좌관은 2004년 구술 증언에서 "미국은 북방정책을 주시하고 견제하기도 했다"고 주장했다.[83]

한반도 문제는 한국이 100% 자율적·주도적으로 다뤄나가는 데는 한계가 있다. 북방정책 주역들은 이 사실을 간과하지 말았어야 했다. 앞서 말한 북한 변수를 한국 혼자서 감당하겠다는 것은 현명하지 않았다. 이런 점에서 노태우 정부는 '자율·자주'의 신화에 너무 취해있었다. 북한을 압박하기만 했지 이런 압박을 통해 기대했던 현상이 나타나지 않을 경우에 적용할 수 있는 '플랜 B'가 없었다. 북한이 핵개발 옵션을 선택했을 때 한국이 독자적으로 할 수 있는 일은 거의 없었다.

4) '플랜B'가 없었다

북방외교가 북한을 고립시킨 것은 분명했다. 소련·중국 등 북한의 전통 우방국들이 한국과 수교하자 북한의 고립은 심화되었다. 심

고 썼다. 미국 정부는 한국이 동유럽 사회주의국가들과 본격적인 관계를 맺기 시작하자 한국이 공산권 국가들과의 외교 경험이 일천한 사실에 비추어 관계를 증진시키되 신중을 기하고 매사에 확인하는 것이 필요하다는 의견을 제시했다 (최병구, 2003).

83) 국사편찬위원회, 2009.

 * 자신의 미국 출장 분위기를 이런 식으로 술회한 것을 보면 박 보좌관은 당시 미 측이 보인 태도를 못마땅하게 여겼던 것 같다. 그는 자신은 "절대 반미주의자가 아니었다"고 하면서, "그러나 친미 일변도의 일방적 미국 예찬론자에 대해서는 식상해 있는 편이었다"고 했다(박철언, 2005). 북방정책 3인 주역, 즉 노태우 대통령, 박철언 정책보좌관, 김종휘 외교안보수석 중에서 박철언의 대미 인식이 가장 민족주의적이었다는 평가가 있다(강원택 편, 2012).

각한 안보·경제 위기에 놓였다. 이런 난국을 타개하는 옵션으로 북한이 선택한 것은 개방이 아닌 고립이었다. 그리고 핵개발이었다. 북한은 이를 최선의 대응으로 보았다.84)

당시 소련과 동유럽 공산주의 체제의 붕괴는 북한으로서는 감내하기 어려운 충격이었다. 북한이 불안과 고립을 느낀 것은 당연했다.85)

노태우 정부는 북한이 단기적으로는 고립될 수밖에 없지만 그 단계만 지나면 어쩔 수 없이 남한과의 관계를 개선시킬 것으로 예상하고 남북한 관계를 진전시키기 위해 다양한 노력을 전개했다. 문제는 북한이었다. 북한 정권은 개방은 곧 체제 붕괴라고 믿었다. 때문에 노태우 정부는 이런 사실을 염두에 두고 보다 정교한 플랜B를 마련했어야 하나, 앞서 설명대로 자신감에 넘쳐 북한을 밀어붙이기만 했다.

이런 맥락에서, 노태우 정부가 북한이 갖고 있는 체제 붕괴의 불안을 덜어주는 조치를 취하면서 개방 분위기를 조성해 줄 수는 없었을까 하는 아쉬움이 남는다. 이런 일은 한국 혼자만으로는 안 되고 미국과 같은 나라를 관여시켜야 한다. 당시 북한은 한국에게 위협적이지 않았다. 이때 만약 노태우 정부가 북한이 미국·일본과 공식관계를 수립하도록 유인했더라면 그 후 상황은 달라졌을 수 있다. 가정컨대, 북한은 정권의 생존을 전적으로 핵에 의존하려는 생각을

---

84) * 이정철 교수는 "외교적 압박과 동시에 진행된 유엔 동시 가입이나 한·중 수교는 북한으로 하여금 극도의 피포위의식에 시달리게 하였다. 특히나 교차승인에 대한 노골적인 반대는 북한으로 하여금 자체의 핵무장을 결심하게 만드는 메커니즘으로 작동하기도 했다"고 주장했다(이정철, 2011). 조경근 교수는 북한이 핵옵션을 선택한 직접적인 원인으로 소련을 비롯한 사회주의공산권의 몰락을, 간접적인 원인으로는 노태우 정부의 북방정책을 들었다(조경근, 2012).

85) * 북한은 노태우 정부(1988.2~1993.2) 시 남한에 대해 단 한 차례의 도발도 하지 않았다. 한국이 북한 동맹국인 소련·중국 등과 공식관계를 수립함으로써 한국의 안보 상황이 개선되었음을 말해준다. 북한은 압도적인 힘의 열세에 있을 때는 도발을 자제했음을 알 수 있다.

덜 했을 수도 있다. 북한을 압박하는 것까지는 좋았는데 빠져나갈 틈을 열어주고 압박했어야 했다. 그 틈이란 북한이 미·일을 포함한 서방과 관계를 맺도록 하는 것이었다.

5) 북핵 문제에 정교하게 대응하지 못했다

코너에 몰린 북한은 핵카드를 꺼내 들었다. 그러자 노태우 정부는 이를 남북 당사자 간에 해결되어야 할 문제라는 입장을 취했다. 미국이 한국을 배제하고 북한과 직접 상대하지 못하도록 했다.

노태우 정부는 당초 핵무기가 한반도에 존재하는 한 북한의 핵무기 개발에 반대하는 국제적인 협력을 얻어내기 어려울 것이라고 판단했다. 또한 ▶세계가 반핵을 추구하고 있고 ▶주한미군 핵무기가 철수되더라도 유사 시 전술핵 지원을 바로 받을 수 있으므로 "북한이 핵무기를 만들지 못하도록 선수先手를 쳐야 한다"고 생각했다. 이에 따라 노태우 정부는 1991.11.8 '한반도 비핵화와 평화구축을 위한 선언'을 내놓았다. 이는 북한의 핵개발을 막기 위한 조치였지만, 문제는 이런 조치를 일방적으로 성급하게 취했다는 것이다.

노태우 정부는 이어 1992.1.20 북한과 '한반도의 비핵화에 관한 공동선언'에 합의했다. 이 선언에는 "남과 북은 핵무기의 실험, 제조, 생산, 접수, 보유, 저장, 배비, 사용을 하지 아니한다"고 되어 있고, "남과 북은 핵 재처리 시설과 우라늄 농축 시설을 보유하지 아니한다"고 했다.

북한은 1992년 12월 한·미 팀스피리트 훈련이 재개된다는 이유로 서명한 지 1년도 안 되는 이 공동선언을 파기했다. 이런 북한을 두고 노태우 정부는 일방적으로 '비핵화선언'을 했던 것이다. 이 선언은 중대한 실수였다. 더구나 농축 및 재처리까지 포기했다는 것은 이해하기 힘들다. 그런 대가로 얻은 것은 실상 아무것도 없었다. 이 결정이 오류가 아니었다고 주장하는 사람들은 노태우 정부가 그렇게 하지 않았으면 한·미 관계가 망가지고 이로 인해 한국 경제가 위기로 치달았을 것이라고 주장한다.

노태우 정부는 한국이 북핵 문제도 주도권을 갖고 해결하고자 했다. 남북대화 프레임워크에서 이 문제를 해결하고자 했다. 이로 인해 노 대통령은 1992년 1월 북·미 간 협상에 의해 이 문제를 다루는 것에 유보적인 입장을 표명했다. 한국 정부는 미국으로부터 남북대화에서의 진전이 없을 경우 미·북 협상을 진행하지 않는다는 약속을 받아냈다.86)

노태우 정부의 이러한 대응이 바람직한 것이었는가에 대해서 의문의 여지가 많다. 북핵 문제를 한국이 북한을 상대해 풀어낼 수 있다고 생각한 것이 과연 옳은 판단이었느냐는 것이다.87)

노태우 정부가 북핵 문제를 주도적으로 해결하고자 한 것은 뼈아픈 오판이었다. 한국이 단독으로 북한을 강제해 해결할 수 있는 문제가 아니었다. 김장호 교수는 "사실, 북방정책이 보다 정교하게 추진되었더라면 지금 우리는 핵을 가진 북한과 살지 않았을 것"이라고 하면서, "북한 핵 문제를 포함한 제 문제들이 주로 북방정책의 실패로 초래된 결과"라고 주장했다.88)

---

86) * 노태우 대통령은 남북 정상회담을 원했다. 퇴임 10일 앞둔 1993.2.15 『조선일보』와의 인터뷰에서 김일성과의 회담이 실현되지 못한데 대해 "두 정상이 만났다면 남북관계는 엄청나게 진전될 수 있었을 것이나 결국 북한 핵 문제로 성사되지 못한 것이 아쉽다"라고 했다. 당시 노 대통령이 갖고 있던 북핵 문제에 대한 인식이 올바르지 못했음을 말해준다. 북한은 처음부터 이 문제를 남한과 상대해 풀 생각이 조금도 없었다.

87) * 김점곤 교수는 '남북비핵화공동선언'이 발표되던 날(1992.1.20) 한 학술모임에서 "북이 핵개발을 시작하면서부터 한반도의 핵재앙은 이미 시작 되었다… 이 냉엄한 사태에 대하여 정부도 국회도, 국민도 느슨한 미온적 반응을 보이고 있다는 사실은 놀라운 일이다"라고 말했다(구영록, 1995).

88) Kim ,2010.
* 지나놓고 보면, 당시 북한이 한반도 비핵화에 합의한 것은 주한미군 전술핵무기 철수와 남한의 비핵화를 유도하기 위한 술수였을 가능성이 높다. 부시 행정부는 전술핵무기 철수와 한국의 일방적인 비핵화선언으로 북한의 비핵화를 유도하려 했으나 북한의 핵무장 의도를 단념시킬 수 없었다. 한·미 양국이 공히 오

노태우 정부는 북한의 핵개발 의도가 갖는 함의를 심각하게 인식하지 못했던 것으로 보인다. 노 전 대통령은 그의 회고록(2011)에서 "당시의 결정이 최선이었다고 지금도 확신하고 있다"고 하면서, "핵무기를 보유하려는 노력 자체가 안보를 취약하게 만드는 요인이 될 수 있다는 게 내 생각이었다. …핵개발로 인해 북한의 안보는 더 나빠졌다고 말할 수 있다"고 썼다. 순진한 생각이었다. 북한 정권과 같은 집단을 상대함에 있어 이런 순진한 생각은 후회 막급한 결과를 가져올 수 있다.89)

박철언 전 정책보좌관도 2004년 구술 증언에서 "북한 핵무기 개발 의혹에 대해서 6공화국 수뇌부는 적극적인 대책을 모색하지 않았다. …우리가 북한 핵무기 개발을 인지했음에도 불구하고 직접 문제 제기를 하지 않아 남북관계 악화를 피했다"고 말했다. 남북한 관계가 악화되는 것을 피하기 위해 핵 문제를 제기하지 않았다는 말이었다. 박철언은 노태우 정부가 북핵 문제에 소극적으로 대응한 배경을 다음과 같이 설명했다. 지나놓고 보면 이런 판단이 얼마나 치명적인 오류였는지 알게 된다.90)

▶ 북한 핵무기 개발이 현실적이지 않으며 아주 위험한 것으로 인식하지 않았다.

▶ 한국이 북한에게 핵무기 개발 프로그램을 폐기하라고 직접 요구하면 남북한 관계는 악화될 수밖에 없을 것으로 생각했다.

▶ 핵문제를 직접 북한에 제기하기 보다는 신뢰 회복을 통하여 해결할 수 있다고 판단했다.

▶ 핵무기 확산 방지를 위하여 미국이 노력하고 있었기 때문에 북한

판했고, 북한에 속았다.

89) * 북한의 핵개발은 한국에게는 '존망의 이익'이 걸려있는 문제였다. 이 이익이 위협을 받으면 전쟁도 감수해야 한다. 노태우 정부는 이 문제를 이런 정도로 심각하게 인식한 것 같지 않다. 북한의 핵개발 의지나 능력을 과소평가했다.

90) 국사편찬위원회, 2009.

핵무기 보유가 현실화되지 않을 것으로 예상했다.

1993년 2월 출범한 김영삼 정부는 북핵 위기의 소용돌이에 휩싸이게 된다. 북한은 1993년 3월 핵확산금지조약NPT을 탈퇴하고 본격적으로 핵 프로그램을 가동하면서 1차 북핵 위기가 발생했다. 노태우 정부의 '비핵화공동선언'은 1년 만에 휴지조각이 되었다.

6) 노 대통령의 정치적 욕심

노태우 대통령은 자신의 임기 내에 북방정책을 완성하기 위해 소련·중국 등과의 수교를 서둘렀다. 임기를 한두 해 남겨놓고 대북 관계에서 무리하기도 했다. 원인은 노 대통령 자신에게 있었다. 그는 남북 정상회담에 강한 집념을 갖고 있었다. 임기 마지막까지 미련을 버리지 못했다. 노 대통령의 정치적인 욕심이 이런 현상을 만들어냈다.

노태우 정부는 이 정책이 다음 정부에 의해 어떻게 이어질 것인지에 관해서는 고민이 없었다. 1992년 5월 김영삼이 민주자유당의 대통령 후보로 확정되면서 대선 정국에 들어가자 노태우 정부의 레임덕 현상이 시작되었고 이와 함께 북방정책도 내리막길을 걷게 된다.

국가전략grand strategy은 장기적인 시간 지평을 필요로 한다. 최소한 10년 이상 추진할 수 있어야 한다. 미국이 성공을 거뒀던 대對소련 '봉쇄정책'의 경우, 트루먼 대통령에서 시작해 레이건 대통령에 이르기까지 여덟 명의 대통령에 의해 40년 넘게 추진되었다. 한국과 같이 대통령 5년 단임제 하에서 국가전략을 추진한다는 것은 사실상 불가능한 일이다.

제4장 김대중·노무현 대통령의 햇볕정책

김대중·노무현 두 대통령이 1998년 2월부터 2008년 2월까지 10년 간 추진한 대북 포용정책engagement은 북한의 변화를 유도해 내는 것이 주된 목표였다. 이 정책에 대한 평가는 긍정과 부정이 극명하게 갈린다. 여기서는 이 정책이 북한을 변화시키는 데 소기의 목적을 달성하지 못한 정책이었다는 관점에서, 그 원인과 배경을 분석한다.

1. 햇볕정책1)에 대한 평가

통일부의 햇볕정책에 대한 평가는 평가가 이루어진 시점에 따라 달랐다. 노무현 정부 출범 시기였던 2003년 2월에는 햇볕정책 5년

---

1) * '햇볕정책'이라는 용어는 김대중 정부 초기의 대북정책을 의미하는데 주로 사용되었다. 노무현 정부는 대북정책을 '평화번영정책'으로 불렀다. '햇볕정책'이라는 명칭이 김대중·노무현 정부의 대북 포용정책을 상징적으로 나타내 주었기 때문에 여기서는 이 두 정부의 대북정책을 '햇볕정책'으로 칭하고자 한다.

의 성과를 다음과 같이 긍정적으로 평가했다.

> 남북정상회담 개최와 다양한 남북대화 추진, 군사적 긴장완화, 남북
> 경제공동체 건설 추진, 인적·물적 교류 증대, 이산가족 문제 해결,
> 인도적 대북지원 실시, 북한이탈주민 정착 지원, 북핵 문제의 평화적
> 해결 노력 등의 다대한 성과를 거두었다.

그러나 이명박 정부 시절 통일부는 <2010 통일백서>에서 햇볕정
책을 다음과 같이 부정적으로 평가했다.

▶ 북한은 지난 1998년부터 현재까지 약 45억 달러에 달하는 경제지
원과 교류협력, 270여 회에 걸친 대화와 회담에 응하는 등 남북 간에 협
력과 신뢰 체계를 만들기 위한 노력을 기울이는 것처럼 보였으나 이면에
서는 서해상 도발과 핵실험을 감행해왔다.
▶ 북한 정권은 지난 10여 년 동안 대외정책과 남북문제에 있어서 비
정상적인 방향으로 적응하는 방식을 택했다. 그 대표적인 사례가 핵개발
을 통한 '벼랑 끝 전술'이다.
▶ 우리의 지원과 협력에 상응하는 북한의 긍정적 변화가 없다.
▶ 지난 기간 동안 많은 양의 대북 지원과 교류·협력에도 불구하고
북한의 경제난은 해결되지 못했으며 주민들의 삶도 전혀 나아지지 않았
다.
▶ 이산가족 및 국군포로·납북자 문제 등에 대해서도 만족할만한 진
전이 이뤄지지 못했다.
▶ 천안함 폭침 사건은 북한이 겉으로는 '민족공조'와 '우리 민족끼리'
를 내세우나 대남통일노선 및 전술에 있어서는 '한반도의 공산화 통일'
및 '통일전선 전술'의 교리를 일관되게 유지하고 있음을 북한 스스로가
입증한 사례다.

햇볕정책에 대한 부정적 평가는 노무현 정부 시절에도 있었다. 강원식 교수는 2004년 논문에서 "현실정치에서 사탕과 채찍을 병행하여야 한다는 것은 기본적인 정책수단"인데, 햇볕정책은 "처음부터 매서운 바람이라는 기본 수단의 사용을 배제해 결코 소기의 목표를 실현할 수 없었다"고 하면서 다음과 같이 평가했다.

▶협력만이 강조되어 안보는 뒷전이 되고 ▶평화교류는 실현되나 평화공존은 무시되었으며 ▶화해협력은 강조되었지만 북한의 변화를 유도하지 못했고 ▶북한의 이익과 입장이 남한보다 우선시 되었다 ▶한반도 문제의 국제적 성격은 무시되고 민족공조만이 강조되었고 ▶국민적 합의는 깨어지고 남남갈등이 심화되는 결과를 가져왔다.

김충남 박사도 2004년 논문에서 "▶국민적 합의 ▶튼튼한 경제 ▶국제적 지지 ▶북한의 긍정적 반응 등이 햇볕정책 성공 요건이었으나, 불행히도 이들 요건 중 어느 것도 충족되지 않았다"고 하면서, 특히 국내적인 합의와 한·미 공조를 이루어내지 못한 것이 이 정책이 제한된 성과만을 거둘 수밖에 없었던 주요 원인이었다고 분석했다.

『한국경제』는 2012.6.7자 사설에서 "남북 간 화해와 협력, 평화를 통해 통일의 시대를 열 것이라던 김대중 정권의 햇볕정책은 역사적 실패작이다. 북의 견고한 갑옷을 벗기기는커녕, 우리의 안보의식만 해체시키고 그들에게 막대한 돈을 퍼주면서 핵개발과 미사일 발사를 도운 부메랑으로 돌아왔다"고 주장했다.

허남성 교수는 2012.12.17 『문화일보』 기고문에서 햇볕정책을 "대한민국의 안보에 위해危害를 가한 반反 민족적·반역사적 반역행위"였다고 비판했다.

이애란 북한전통음식문화연구원 원장(탈북여성 1호 박사)의 비판은 더욱 신랄하다. 그는 2014.4.5 『조선일보』에 "김정일은 그래도 가장 어려운 시기에 남한의 훌륭한 우군 대통령을 만나 호사를 했다. '햇볕정책'으로 대표되는 북한 살려주기 정책이 한 동안 계속되면서 김정일은 남한을 위협으로 느끼는 것이 아니라, 훌륭한 후원자이자 필요할 때마다 돈을 빼다 쓸 수 있는 '조선중앙은행 서울특별지점' 정도로 생각했다"고 썼다.

햇볕정책의 실패를 상징적으로 보여준 사례를 하나 들어본다. 김대중 대통령은 2003년 1월 퇴임을 한 달 앞두고 임동원으로 하여금 김정일에게 보내는 친서를 휴대하고 평양을 방문하도록 했다. 임동원은 김정일을 만나 친서를 전달하기 위해 3일을 기다렸으나 김정일은 임동원을 만나주지 않았다. 김대중 정부가 김정일 정권에 대해 5년 동안 공을 들인 결과가 이러했다.[2]

2. 햇볕정책의 기원

김대중 대통령은 1998.2.25 제15대 대통령 취임사에서 "북한에 대해 어떤 도발도 용납하지 않는다. 북한을 흡수 통일할 생각이 없다. 남북 간 화해와 협력을 적극 추진할 것"이라고 선언했다. 흡수 통일 의도를 명시적으로 포기하면서, 북한을 포용하는 것을 대북정책 기조로 선언했던 것이다.

김 대통령은 자신의 대북정책을 '햇볕정책Sunshine Policy'이라 불

---

2) * 영국 언론인 재스퍼 베커는 2005년 발간한 김정일 정권에 관한 저서에서 "김정일이 최악의 위기 상황에 처해 있을 때 김대중은 김정일이 정권을 유지하고 안정시키는데 결정적인 도움을 주었다. 그러나 이 같은 적극적인 대북 지원에 대한 북한의 보상은 거의 없었다"고 햇볕정책을 비판했다. 마키아벨리는 어떤 정책에 대한 평가는 그 정책이 얼마나 뛰어난 것이었는가 보다는 그 정책으로 어떤 결과를 만들어냈는가에 의해 결정된다고 했다(Kaplan, 2002).

렸다. 1998년 4월 영국 런던에서 개최된 제2차 아시아·유럽정상회의에 참석했을 때 한국 정부의 새로운 대북 접근방식을 설명하는 과정에서 이 명칭을 썼다.

사실 '햇볕정책'이란 용어는 이보다 훨씬 전에 나왔다. 1992년 대선에서 패한 김대중은 정계 은퇴를 선언하고 영국으로 떠난다. 1993년 4월 런던대학에서 행한 '북한에 대한 새로운 접근법'이라는 연설에서 "겨울 나그네의 외투를 벗기는 것은 강한 바람이 아니라 따뜻한 햇볕이다"라고 하면서 이솝우화를 인용했다. 이 강연에서 그는 "한국은 러시아·중국과 수교했는데 북한은 미국·일본과 수교하지 못해 위기감을 갖고 있다. 이런 상황에서 한국이 강경하게 나가면 북한에도 강경파가 득세해 한반도에 위기 상황이 올 수도 있다. 북한이 주변국과 교류할 수 있는 여건을 만들어줘야 한다"고 말했다.

김대중은 1994년 9월 미 헤리티지재단 연설에서도 이솝우화에 나오는 '바람과 햇볕' 이야기를 인용하면서, 북한과 같이 고립되고 폐쇄적인 나라를 다루기 위해서는 '바람'보다 '햇볕'이 효과적이라는 주장을 폈다.3)

김대중은 1997년 대선에서 승리함으로써 자신의 '햇볕론'을 실제 정책으로 옮길 수 있는 기회를 갖게 된다.

---

3) * 이처럼 김대중은 자신의 대북정책 구상을 합리화하기 위해 이솝우화를 사용했다. 대외정책을 국민들에게 설득하는 과정에서 비유가 흔히 사용되는데, 햇볕정책의 경우에는 비유의 소재를 우화에서 찾았다. 스티브 월트 교수는 ▶비현실적전제 ▶불분명한 인과관계 ▶부적절한 비유 ▶입증자료 부족 ▶순진한 낙관 등에 기초한 대외정책은 실패하기 쉽다고 했다(포린폴리시, 2015.8.10). 햇볕정책의 경우가 그러했다.

3. 비현실적인 목표를 설정했다

김 대통령이 햇볕정책을 통해 추구한 목표는 한반도에서 평화를 유지하면서 북한의 변화를 유도해내는 것이었다. '북한의 변화'란 곧 개방·개혁을 의미하므로 북한이 이런 방향으로 나갈 수 있도록 도와야 한다는 것이었다. 북한이 당장은 변화에 거부 반응을 보이겠지만 이솝우화에서처럼 결국은 변화를 받아들이게 될 것이라고 믿었다.

김 대통령은 1998.6.10 미국 방문 때 의회에서 행한 연설에서 다음과 같이 말했다.

"북한을 화해로 이끌기 위해서 한·미 양국은 강력한 안보 태세에 바탕을 두고 개방을 유도하는 '햇볕정책'을 추구해야 합니다. 그리고 북한에 대해서 선의와 진실을 가지고 대함으로써, 북한이 의구심을 떨치고 개방의 길로 나오도록 해야 합니다. 무엇보다도 먼저 유연한 정책이 필요합니다. 지나가는 행인의 코트를 벗기기 위해서는 강력한 바람보다는 햇볕이 보다 효과적이기 때문입니다."

이런 언급을 통해 알 수 있는 것은 햇볕정책이 궁극적으로 달성하고자 한 것은 북한의 근본적인 변화였다. 햇볕정책은 이를 실현시키기 위한 전략이었다.4)

김근식 교수는 2002년 논문에서 대북정책과 통일정책은 다른데 "햇볕정책은 통일정책이 아닌 대북정책"이라고 지적했다. 그는 대북정책 맥락에서 햇볕정책이란 "북한을 변화시킨다기보다 남한이 북에 따뜻한 햇볕을 비추고 북한도 남에 따뜻한 햇볕을 비춤으로써

---

4) * 노태우 정부의 '북방정책'과 김대중 정부의 '햇볕정책'은 북한의 변화를 목표로 했다는 점에서는 유사성이 있었다. 그러나 북방정책은 압박coercion에 의해, 햇볕정책은 관여engagement에 의해 북한 변화를 추구했다는 점에서는 달랐다.

강풍이 오고가는 삭막한 남북관계가 아니라 상호간 햇볕을 비추는 화해의 남북관계를 맺자는 것"이라고 했다. 햇볕정책의 목표를 '북한 변화'에 두기보다 '남북한 화해'에 둬야 한다는 주장이었다.5)

'북한 변화'란 북한 체제의 성격이 변하는 것을 의미한다. 강원식 교수는 '북한 변화'를 "북한이 대내적으로 개혁정책을 추진하고 대외적으로 개방정책을 채택·추진함으로써 주민의 생활개선을 모색하는 동시에 대남 적화전략도 포기하고 세계 사회에의 편입을 위해 노력하는 것"으로 정의했다.

그러면서 강 교수는 사회주의 이데올로기가 북한 체제의 정체성을 이루는 본질이고, 남한이라는 체제 경쟁세력·대안세력이 존재하고 있기 때문에 결코 사회주의를 버릴 수 없으므로 북한은 어떤 경우든 변할 수 없다고 보았다. 이런 주장이 옳다면 햇볕정책은 처음부터 불가능한 목표를 추구한 셈이다.6)

길영환 교수는 햇볕정책이 막 시작된 시점인 1998년 초 발표한 논문에서 햇볕정책의 성패여부는 '북한 정권이 과연 변할 수 있는 것인가'라는 질문에 어떤 대답을 내놓느냐에 달려있다고 했다. 정곡을 찌르는 지적이었다. 그는 알렉산더 교수의 '사담 후세인 사례연구'를 원용해 '합리적 행위자 모델' 대신 김정일이라는 '특정 행위자 모델'과 '북한체제의 속성'에 초점을 맞춰 분석을 시도했다.

길 교수는 "햇볕정책의 성패여부는 한국이 무엇을 하느냐에 달려있는 것이 아니라 북한 정권이 어떻게 반응을 보이느냐에 달려있다"고 했다. 그러면서 "대북 포용정책에 관한한 문제는 북한의 본질에 대한 오해의 가능성이다. (그런데) 김정일의 북한이 과연 무엇을 위해

---

5) * 햇볕정책의 목표로 '북한 변화'를 강조한 것은 한국 국민들에게는 설득력이 있었으나 북한은 거부감을 가질 수밖에 없었다. 소련에서 고르바초프가 개방·개혁 정책을 추진하다가 결국 연방이 붕괴된(1991) 사례를 똑똑히 본 북한이 변화를 받아들이지 않을 것이라는 것은 쉽게 예상할 수 있는 일이었다.
6) * 덴마크국제관계연구원의 한 연구원은 햇볕정책이 북한을 변화시키는 것이 가능한 일인 것처럼 착각하게 만들었다고 했다.

존재하고 무엇을 추구하는 나라인가에 대해 아는 것이 분명히 충분하지 않다"고 했다. 이는 북한 체제의 속성을 정확히 인식하는 것이 햇볕정책의 성패를 좌우할 것이라는 지적이었다.

김대중 대통령이 상정한 시나리오는 비현실적이었다. 무엇보다도 현실정치realpolitik의 관점에서 보면 이 정책은 실패를 예상하고도 남음이 있었다. 이런 구상이 실현되기 위해서는 두 당사자의 상호신뢰와 오랜 기간이 필요하다. 신뢰를 쌓지 못하거나 장기간 지속적으로 추진하지 않으면 실현 가능성이 낮은 정책임이 틀림없었다.

북한 체제의 속성상 햇볕정책은 하시라도 북한에 의해 뒤집어질 수 있었다. 북한이 싫다고 하면 그만이었다. 그렇다고 강제할 수 없었다. 또한 이런 종류의 정책은 단기적으로는 성과를 낼 수 없다. 대통령 임기 5년의 단임제 하에서 이런 정책을 추진하는 것은 어차피 한계가 있다. 말이 5년이지 실제로 정책을 추진할 수 있는 기간은 길어야 3년이다. 이런 상황에서는 임기 내 성과를 거두기 위해 무리수를 둘 가능성이 높다.7)

그럼에도 불구하고 김 대통령은 남북관계를 획기적으로 개선한 지도자로 역사에 남고 싶어 했다. 노벨평화상에 대한 기대도 있었다. 이러한 개인적인 동기도 있어 임기 중 남북관계에서 획기적인 돌파구를 만들기 위해 무리했다. 김정일과의 정상회담을 성사시키는 과정에서 거액의 돈이 북한에 전달되기도 했다.

햇볕정책의 무리한 추진은 국내외적으로 심한 부작용을 낳았다. 국내적으로는 소위 남남갈등을 심화시켰고, 대외적으로는 부시 행정부와 불협화음을 야기했다.

---

7) * 콘돌리자 라이스(부시 행정부에서 국가안보보좌관과 국무장관 역임)는 김 대통령을 "햇볕정책으로 북한을 바꿀 수 있다고 생각한 이상주의자"라고 했고, 문정인 교수는 햇볕정책을 "한 이상주의자의 도박"이라고 했다. 이런 평가를 통해 추론할 수 있는 것은 햇볕정책이 이상에 치우친 비현실주의적인 정책이었다는 것이다.

4. 정책 명칭이 적절치 않았다

일반적으로 정책의 명칭은 정책의 내용 못지않게 중요하다. '햇볕정책'이라는 명칭은 쉽고 단순하게 김대중 정부의 대북정책을 설명해줄 수 있는 장점이 있었다. 이 정책에 대한 국내외의 이해와 지지도를 높이는데 도움이 되었다. 그러나 'sunshine'이란 용어는 정책용어로서는 적절치 않았다. 무엇보다도 정책의 대상인 북한 정권에 거부감을 주었다.

아미티지 미 국무부 부장관 내정자는 2001.1.19 부시 대통령 취임식에 참석한 한화갑 민주당 최고위원에게 "햇볕정책이란 용어를 사용하지 않았으면 좋겠다. 이런 뜻을 김 대통령에게 전해 달라"고까지 말했다. 부시 행정부가 이 정책에 대해 부정적일 것이라는 신호인 동시에 명칭에도 문제가 있었음을 지적했던 것이다.

김대중 정부는 '햇볕정책'이라는 용어가 북한에 거부감을 줄 수 있다는 사실을 모르지 않았다. 그래서 공식적으로는 햇볕정책이라는 용어 사용을 자제하면서 '대북포용정책'이라는 용어를 썼다. 그러나 국내외 언론·학자들은 햇볕정책이라는 용어를 계속 사용했다. 노무현 정부는 '평화번영정책'이라고 불렀다.[8]

조동호 교수는 대북정책에 아예 이름을 붙이지 않는 것이 좋겠다고 했다. 한국의 역대 정부가 대북정책에 명칭을 붙임으로써 정부 스스로 발목을 잡아 불필요한 논쟁을 촉발하고 정부의 운신을 제약했다는 것이다. 김학성 교수도 "매 정부마다 대북정책과 관련하여 으레 이전 정부와 차별성이 부각되는 이름을 사용하는 것은 바람직하지 않다"고 주장했다.

---

8) * 김대중 정부는 1998.7.23 '햇볕론' '햇볕정책'이라는 용어를 더 이상 사용하지 않는다는 방침을 정했다. 김 대통령은 개인적으로는 '햇볕정책'이라는 명칭을 선호했다 한다(문정인, 2012).

최영진 대사는 남한이 북한과 적극적으로 교류하고 협력하겠다는 입장을 나타내는 용어로 '햇볕정책' '포용정책' '화해협력정책' 등을 쓰는 것은 문제가 있다고 주장했다. 이런 용어는 남북한 사이에 대화나 화해·교류·협력이 당연히 가능하다는 함의가 있기 때문이라는 것이다. 그는 영어로 'engagement'라는 단어를 우리말로 옮길 때에도 관여, 개입 등보다 '교류정책'으로 옮기는 것이 바람직하다고 했다.

5. 기본 가정이 잘못되었다

좋은 정책, 성공하는 정책은 이론에 의해서도 뒷받침되어야 하나 햇볕정책의 경우에는 그렇지 못했다.

'북한은 이솝 우화속의 나그네와 같다' '북한은 도와주면 변화가 가능하다' '북한은 변하지 않을 수 없다'는 것이 햇볕정책의 기본 가정이었다. 그러나 이런 가정은 근거 없는 낙관이었고, 순진한 기대였다. 햇볕정책에 대한 회의적인 시각이 처음부터 대두되었던 배경이다. 북한을 도와주는 것과 북한이 변하는 것 간에 인과관계가 성립되지 않을 것이라는 예상이었다. 북한이 변할 의사가 없더라도 계속 도와주면 결국 변할 것이라는 것은 '희망사항'에 불과했다.9)

김대중 대통령이 '북한은 변화할 것이다' '개혁·개방으로 나아갈 것이다'라고 믿었던 배경에는 그의 인생관이 깔려 있었다. '진보적 이상주의자liberal idealist'였던10) 그가 인간사를 바라보는 눈은 현실

---

9) * '햇볕정책 전도사'로 불렸던 임동원은 1999년 6월 "북한의 변화는 불가피하며 그 변화는 이미 시작되었다"고 단언했다(월간조선 1999.6월호). 틀린 예측이며 판단이었다. 북한 조국평화통일위원회는 2012.7.29 담화에서 "(북한의) 개혁·개방을 바라는 것은 해가 서쪽에서 뜨기를 바라는 어리석은 백일몽이다"라고 했다.

보다 이상, 비관보다 낙관 쪽에 기울었다.11) 엄청난 역경을 이기고 70세가 넘은 나이에 최고지도자가 된 그는 자신이 오랫동안 그려왔던 남북한 관계 비전을 현실로 만들고자 했다.12)

하지만 북한을 인내심 있게 지속적으로 포용하면 변해나갈 것이라는 가정은 맞지 않았다. 북한이 같은 민족이므로 잘 도와주면 이런 선의가 통할 것으로 예상했는데, 착각이었다. 북한 정권에게는 체제 유지보다 더 중요한 것은 없었다. 변화는 체제 유지를 어렵게 만든다. 또한, 독재정권에 대한 경제적 지원은 오히려 이런 체제를 강화시켜 주었다는 사실은 역사에서 흔히 보아온 바다.13)

황장엽 전 북한 노동당 비서는 "독재체제가 입고 있는 옷은 원조를 주면 줄수록 더 두터워진다. 왜 옷을 벗겠나. 체제유지에 도움이 되는데"라고 했다.14)

한 동독東獨 인사는 또 이렇게 말했다. "햇볕정책이 북한의 변화를 목적으로 했다면 실패할 수밖에 없었다. 남한이 지원하는 식량은 굶주리는 일반 주민보다는 북한을 움직이는 각종 중요 핵심기구에 돌아갈 것이기 때문이다. 북한의 변화는 북한 내부로부터 나와야 한다. 남한이 지원을 통해 북한 정권을 컨트롤할 수 있다고 생각하는 것은 한국 정부의 희망사항일 뿐이다."

---

10) 문정인, 2012.
11) 문정인 편, 1999.
12) * 정치현실주의자들은 '바람직한 것'과 '가능한 것'이 냉철하게 구분되어야 한다고 믿는다. 바람직한 것을 실현 가능한 것으로 착각하지 말아야 한다는 것이다. 북한의 변화는 바람직한 것이었으나 가능한 것은 아니었다. 북한 정권이 외부의 강요에 의해 변화한다는 것은 가능성이 희박한 일이었다.
13) * 북한은 햇볕정부가 선의로 제안하는 어떠한 종류의 교류·협력 방안도 일단은 의심부터 했다. '트로이의 목마'일 것으로 생각했기 때문이다. 같은 맥락에서 북한은 남한이 말하는 '통일'을 '흡수통일'로 이해했다.
14) * 햇볕정책은 ▶북한체제의 붕괴 가능성은 낮으나 북한의 변화는 불가피하다 ▶그러니 햇볕정책으로 변화를 유도해 북한이 대남 적대정책을 버리고 화해·협력의 길로 들어서도록 해야 한다는 것이었다. 김대중·노무현 정부가 북한의 변화가 불가피하다고 생각한 것은 오류였다.

이런 맥락에서 보면 햇볕정책의 가정은 크게 잘못된 것이었다. 북한 지배층이 햇볕을 받으면 더위를 느껴 옷을 벗을 것으로 믿었기 때문이다. 이 정책이 순진한 정책이라는 비난을 받은 이유의 하나다. 김정일 정권과 같은 체제가 위로부터 변할 수 있을 것으로 기대한 것은 현실과 맞지 않았다.

이종석 세종연구소 연구위원은 햇볕정책을 '북한의 개혁·개방을 유도해나가는 정책'이라고 상정한다면 이는 곧 북한체제 붕괴를 추구하는 정책이라는 의미가 되므로 북한의 개혁·개방 같은 용어를 사용하지 말아야 한다고 주장했다. 그의 주장대로라면 김대중 대통령이 의도하고 주장했던 햇볕정책의 근본 목적과 거리가 생긴다.

이춘근은 "정상적 국제정치이론에 의거할 경우 햇볕정책은 애초부터 성공할 가능성이 별로 없었던 정책이었다"라고 하면서, 다음과 같은 가정들은 잘못된 것이었다고 지적했다.[15]

▶ 선의를 통하여 다른 나라의 행동을 변화시킬 수 있다는 가정
▶ 경제적 지원 및 교류를 통하여 적대감과 행동을 평화적으로 변화시킬 수 있다는 가정
▶ 강경정책은 전쟁발발 가능성을 높인다는 가정
▶ 북한-남한의 갈등은 상호 이해가 부족한 결과라는 가정
▶ 한국이 북한에 비해 국력 및 도덕적 측면에서 압도적 우위에 있다는 가정
▶ 햇볕정책 외에는 대안이 없다는 가정 등

문창극 『중앙일보』 대기자는 햇볕정책의 맹점은 북한 정권이라는 '악의 시스템'에서 김정일과 그 지배계층이 빠져나오도록 만든 것이 아니라 오히려 그 수렁에 더 빠져들게 만들었다고 하면서, "우리가

---

15) 이춘근, 2007.
   * 검증되지 않은 가설에 근거하여 정책을 펴는 것은 실패 가능성이 높다.

선의로 북한을 도와주면 북한도 잘 살게 되고 우리와 비슷한 생각을 하게 될 것이라고 믿었는데" 이런 발상이 잘못된 것이었다고 주장했다.16)

이준희 『한국일보』 논설실장은 2013.6.13 칼럼에서 "지금까지의 남북관계가 철저하게 북한의 게임이었다"고 하면서, "햇볕정책도 지금 와 보면 북한이 마냥 맘 편하게 게임할 환경을 만들어준 것에 불과했다"고 했다. 남한이 북한을 변화시킬 수 있다고 하는 햇볕정책의 기본 전제가 잘못 되었음을 말해준다. 게임의 룰을 남한이 정할 수 있는 것이 아니었다.17)

6. 정책의 성패가 북한 측에 달려있었다

추수룽 칭화대 교수는 "북한 스스로 변화할 생각이 없다면 한국이나 중국, 미국이 영향력이나 압력을 행사해도 변화를 기대할 수 없다"고 했다.18)

한국 정부의 대북정책에 있어 핵심적 변수는 북한의 태도와 반응이었다. 칼자루를 쥔 쪽은 남한이 아니라 북한이었다. 남한이 어떻게 하느냐 보다도 북한이 어떤 선택을 하느냐에 그 성패가 달려있었다.19) 햇볕정책도 예외가 될 수 없었다.20)

---

16) 중앙일보, 2010.12.28.
17) * 남북한 관계를 '치킨게임' 모델로 분석해보면, 상호관계를 하면 할수록 남한이 손해를 보는 구도다. 북한의 돌진에 남한은 회피를 택하지 않을 수 없는 구조이기 때문이다(이성우, 2013). 북한의 이런 전략에 효과적으로 대응하기 위해서는 돌진 비용이 심각할 수 있음을 보여주었어야 하나 햇볕정책은 정반대였다.
18) 중앙일보, 2013.1.10
19) 배종윤·명세진, 2011.
    * 북한은 그동안 도발하고 싶으면 도발하고 대화하고 싶으면 대화했다. 북한의 이러한 행동패턴을 끊을 수 있는 전략이 있어야 했다.
20) * 후술하지만 햇볕정책에는 유화정책적인 특징이 있었기 때문에 북한이 주도권

북한은 처음부터 햇볕정책이 자신들의 체제를 붕괴시키려는 음모라고 생각했다. 김정일은 10여 년 전 동독·루마니아·소련 등에서 어떤 일이 일어났는지 똑똑히 봤다. 루마니아 독재자 차우세스쿠는 총살당했으며, 소련은 해체되었다. 1990년 독일 통일은 충격적이었다. 동독이 소멸되어 서독에 편입된 것은 북한도 자칫 잘못하면 비슷한 운명에 놓일 수 있다는 두려움을 갖게 만들었다.[21]

북한은 1998.8.7 햇볕정책을 '반북 대결론'으로, 1999.2.4에는 '우리 공화국을 얼려 넘기려는 기만정책'으로 규정했다. 조선중앙통신은 "김대중 정부는 반통일 정부이고 햇볕정책은 반북反北 대결, 반통일 정책"이라고 했다. 1999.8.17 외무성 대변인 성명은 "이 정책은 한마디로 미국의 평화적 이행 전략의 변종으로서 상전인 미국의 뜻을 추종하여 북한을 개혁개방으로 유도하여 자유민주주의 체제에 흡수통일하려는 모략책동이다"라고 했다. 이어 9월 27일에는 백남순 외무상이 뉴욕에서 "햇볕정책은 화해·협력의 미명 아래 우리의 사회주의 제도를 이질화시켜 저들의 자유민주주의 체제에 흡수·통일시키자는 악랄한 반북 대결 모략 책동"이라고 비난했다.

김 대통령은 "공산주의 정권은 외부에 노출되면 붕괴되고 만다"고 여러 번 말했다. 햇볕정책이 '기만적인 것'이라는 말과 다름없었다. 심지어 햇볕정책이 '한국판 트로이 목마' 전략이라고 하는 사람들도 있었다. 북한은 햇볕정책이 의도하는 바를 꿰뚫고 있었다. 그러니 대응도 정확하게 할 수 있었다.[22]

햇볕정책에 대한 북한의 비난은 이후에도 계속되었다. 1999.11.6 『로동신문』 논설은 "누가 옷을 벗어야 하는가"라고 반문했다. 2000.3.15 『로동신문』 논평은 햇볕정책을 "가짜 대화와 독 묻힌 교

을 쥐는 것이 더욱 수월했다.

21) * 이런 점에서 1990년 독일 통일 사례는 햇볕정책에 부정적인 영향을 주었다.

22) * 이춘근은 "(김정일 정권의) 강성대국과 선군정치는 햇볕정책에 대한 북한판 대응전략"이라고 했다(이춘근, 2007).

류를 통해 공화국 북반부를 사상적으로 와해시키고 정신적으로 무장해제시킴으로써 북침 통일 야망을 이루어보려는 총포성 없는 북침 전략"이라고 했다. 2000년 6월 남북정상회담이 개최되기 3개월 전에 나온 말이다.[23]

북한의 입장에서 볼 때 햇볕정책에 말려들면 적어도 경제적으로 남한에 대한 의존이 심화되게 된다. 이는 자기들이 추구하는 목적에 비추어 극력 피해야할 일이었다. 북한이 원하는 것은 자기들의 생존을 확실하게 보장해 줄 수 있는 것을 얻는 것이었다. 그것은 핵, 미사일, 대미對美 관계 정상화 등이었다.

작가 김정현은 "햇볕정책은 그 진심과 관계없이 상대에게 이용당할 한계를 안은 어리석은 정책이었거나 애초부터 목표는 기대하지 않은 정치용(?) 정책으로 의심받을 수밖에 없었다"라고 했는데, 일리 있는 지적이었다.

신뢰할 수 없는 상대에게 칼자루를 쥐어주는 것은 현명한 정책이 아니었다. 정책의 성패를 북한이 좌우하는 상황을 피하기 위해서도 상호주의가 중요했다. 남북한 간 신뢰는 조건 없이 형성될 수 있는 것이 아니었다.

7. 북한 정권의 실체에 눈을 감았다

성공하는 정책은 현실에 기초해야 한다. 상대의 객관적 실체에 대한 냉철하고도 정확한 인식에 기반을 두어야 한다. 환상이나 착각에서 입안되고 추진되는 정책은 실패하게 마련이다. 환자를 오진하면

---

23) * 북한의 이와 같은 반응에도 불구하고 김대중 정부는 북한에 대한 경제적 지원을 계속하면 결국 변할 것이라는 생각에서 조금도 벗어나지 않았다. 북한의 '선군정책'은 햇볕정책과 양립하기 어려운 정책이었음에도 햇볕정부는 이런 사실에 아랑곳하지 않았다.

병을 고칠 수 없는 것과 마찬가지 이치다.

누구나 동의하듯, 북한 정권은 예측이 어려운 집단이다. 걸핏하면 약속을 안 지키고 속인다. 군사력을 모든 것에 앞세우면서 남한을 적대세력으로 여긴다. 체제 유지를 위해서는 그 어떤 것도 희생시킬 준비가 되어 있다. 그들이 추구한 1차적인 목표는 정권 유지였고 궁극적 목표는 '공산화 통일'이었다. 햇볕정부는 이런 사실에 눈을 감았다.

김정일은 김일성이 사망한 3년 후 1998년 9월 국방위원장으로 취임하면서 '강성대국'強盛大國 구호 아래 '선군정치'先軍政治를 펴나가겠다고 선언했다. 1999년 신년사에서 김정일은 "개방·개혁은 망국의 길이다. 우리는 개혁·개방을 절대로 허용할 수 없다. 우리의 강성대국은 자력갱생의 강성대국이다"라고 했다.24)

북한 정권이 부자 세습을 통해 스스로 증명한 것은 이런 체제를 유지하기 위해서는 반드시 '외부의 적'이 존재해야 한다는 것이었다. 남한·미국과의 관계를 개선해 더 이상 적대세력으로 간주할 수 없게 되면 북한 세습 정권의 존재이유는 사실상 소멸되게 된다. 그렇게 되면 정권 유지가 불가능하게 된다. 북한이 과거 50년 넘게 대남 도발을 멈추지 않은 것도 이런 이유가 배경이 된다. 브라이언 마이어스 교수는 "북한은 한국이 어떤 정책을 펴든 도발을 되풀이 할 수밖에 없다"고 단언했는데, 북한 체제의 이런 속성에 근거한 말이다.25)

사실이 그러함에도 김대중·노무현 정부는 북한을 '넌 제로섬non zero-sum 게임', 즉 서로 이기는 게임을 할 수 있는 대상으로 인식했

---

24) * 김정일의 군사제일주의와 김대중 대통령의 '화해협력정책'은 원천적으로 양립이 어려웠다

25) 문화일보, 2014.12.19
   * 마이어스 교수는 "김대중·노무현 정부 10년 간 햇볕정책을 통해 많은 남북협력이 있었지만, 한국에 대한 북한의 적개심은 하나도 줄지 않았다. 북한은 정치적 개방은커녕 오히려 선군체제를 강화했다"고 분석했다.

다. 예측가능성과 신뢰성이 떨어지는 상대를 놓고 해야 하는 게임에서 상대의 태도나 인식을 변화시킬 수 있다고 믿은 것은 분명히 환상이었다.

햇볕정부는 김정일 국방위원장에 대해서도 잘못 인식했다. 2000년 남북정상회담 직전인 5월 27일 김정일을 4시간 동안 만나고 돌아온 임동원 국가정보원장은 김대중 대통령에게 "김정일은 북한에서 유일한 개방적 실용주의적 사고의 소유자"라고 보고했다. 김정일이 과연 그런 인물이었나. 햇볕주의자들의 이러한 인식상의 오류는 희망적 사고와도 관련이 있었다. 김정일 세습 정권을 있는 그대로 보지 않고 '그러했으면 좋겠다'는 관점에서 보았다.

김대중·노무현 정부 10년 동안 북한 정권의 본질과 그들의 대남전략은 변한 것이 없었다. 헌법보다 상위에 있는 '노동당 규약'에 명시되어 있는 한반도 적화통일 목표는 어떤 경우든 달라진 것이 없었다.

북한의 '체제안보'는 대남전략과 연계되어 있다. 한반도 적화통일을 포기한다는 것은 북한정권의 존재이유와 정통성을 포기하는 것과 마찬가지다. 있을 수 없는 일이다. 그럼에도 불구하고 햇볕정부는 북한이 조금씩 달라질 것으로 믿었다. 국민들에게는 북한이 변하고 있다고 강변했다.26)

햇볕정책 당국자들은 북한의 경제 개혁과 개방이 불가피한 것이며 이미 이런 개혁과 개방이 시작되었다고 보았다. 다른 대안이 없기 때문에 북한이 개혁·개방으로 나올 수밖에 없다고 믿었다. 역사적으로 독재자나 독재 정권이 스스로 변한 예를 찾아보기 어렵다는

---

26) 문순보, 2011, 정경환, 2011, 2008.

  * 북한은 2006년 10월 1차 핵실험을 감행함으로써 햇볕정책에 일격을 가했다. 북한의 핵실험은 "김정일 정권을 믿고 배려한 남한 정부를 저버린 매우 냉혹하고 잔혹한 행동"이었다(이경호, 2007). 그럼에도 불구하고 햇볕론자들은 여전히 북한에 대한 환상을 버리지 않았다. 북한은 2009년 5월 2차 핵실험을 했다. 이들의 북한에 대한 태도는 그래도 변하지 않았다.

점에서 햇볕정부의 북한 정권에 대한 인식에는 문제가 있었다.

햇볕정책 당국자들은 북한이 변하고 있다고 주장했다. 그러나 이는 사실과 거리가 멀었다. 진정한 변화란 북한의 실체가 변하는 것을 의미하는데 그런 조짐은 어디에도 없었다. 이에 대해 당국자들은 이런 변화가 하루아침에 올 수 있는 것이 아니므로 인내심을 갖고 기다려야 한다고 했다.

이병호 전 국가안전기획부 2차장은 "남조선 혁명론은 결코 포기할 수 없는 북한체제 최고의 가치이며 존재이유다. 따라서 햇볕을 비춘다고 해서 북한체제가 지금까지 추구해온 목표와 가치를 버릴 가능성은 애초부터 없었다"라고 주장했다.[27]

최영진 전 주미대사는 동-서독 관계와 남-북한 관계가 확연히 대비되는 측면은 동독과 달리 북한은 남한에 대해 무력통일이라는 현상타파 정책을 취해온 것이라고 하면서, 그렇기 때문에 남한의 대북정책이 한반도 평화정착이나 (북한의) 한반도 현상인정을 만들어낼 수 없었다고 진단했다. 북한이 원한 것은 오로지 남한으로부터 경제적 지원을 받는 것뿐이었다. 햇볕정책이 실패한 원인의 하나가 바로 여기에 있었다.[28]

김대중 전 대통령은 2008년 9월 한 월간지와의 인터뷰에서 "핵무기로 주민 밥을 먹이겠는가. 지금도 북한 주민이 굶어 죽는다고 하잖나. 언제까지 북한 주민이 참겠나. 아무리 독재자라고 하더라도 자기 주민 굶어 죽는 걸 얼마나 방치할 수 있겠나"라고 말했다. 김정일 정권은 이미 1990년대 후반 북한 주민 수백만을 굶겨 죽였다. 김 전 대통령은 또한 "핵이 밥 먹여 주나. 미국이 북한의 안전보장

---

27) * 이런 주장은 '햇볕정책'의 타당성 자체에 대해 근본적인 의문을 갖게 만든다. 박근 대사도 "남북 관계는 지정학에 기초한 실존적 관계"라고 하면서, 이런 관계에서는 "공존관계가 존재할 수 있는 틈이 없다"고 주장했다.

28) * 우승지 교수는 김정일 정권 시기(1994~2011) 북한의 국가 성향은 '현상타파적'이었다고 하면서, 이런 주장의 근거로 김정일 정권이 핵과 미사일 프로그램을 통해 대남 군사적 세력균형의 재역전을 노렸다는 사실을 들었다.

을 해주면 북한은 핵이 필요 없다"고 했다. 김 대통령이 북한 정권을 잘못 인식했음을 입증해주는 사례다.

노무현 대통령도 마찬가지였다. 2003년 2월 취임 직후 한 외국 인사가 그를 만난 기회에 "북한에 대한 정책을 펴실 때 가슴이 뜨거운 정책을 펴지 말고 냉정한 이성으로 정책을 펴십시오"라고 말하자 노 대통령은 "우리가 잘하면 그들도 우리에게 잘하지 않을까요? 우리가 잘하면 핵도 포기하고…"라고 대답했다. 남한이 하기에 따라 북한이 달라질 수 있다고 본 것이다. 노 대통령은 북한에 대해 '역지사지'하자고 했다. 북한 입장에서도 생각해보자는 것이었다.[29]

노 대통령은 2004년 11월 "핵과 미사일이 자위용 억제수단이라고 하는 북한 주장에 일리 있는 측면이 있다"고 했는가 하면, 2006년 5월에는 "북한의 핵개발은 선제공격용이 아니라 방어용"이라고 말했다. 북한은 2013.2.12 3차 핵실험을 한 이후에는 한국과 미국에 대해 핵공격을 감행할 수 있다고 큰소리쳤다. 『로동신문』은 2013.4.30자에서 북한이 핵을 발전시키는 목적 중 하나는 "조선반도 통일을 이룩하기 위한 것"이라고 했다.

노 대통령의 이와 같은 대북 인식은 소위 말하는 '내재적 접근방식'에서 나왔다. 강원식 교수는 이러한 '내재적 접근방식'의 문제점을 다음과 같이 지적했다.

▶ 한국에서 내재적 접근법에 입각한 북한 인식은 스톡홀름 신드롬과 같이 인질범(여기서는 북한)의 입장을 이해하고 동정하는 인질들(여기서는 남한의 내재적 접근자)의 심리상태와 매우 유사하다.[30]

---

29) * 김영삼 대통령도 "민족적 양심을 내세우면 풀지 못할 것이 없다"고 말한 적이 있다. 최영진 대사는 "대북정책을 펴나갈 때, 우리가 열심히 하면 북한도 따라올 것이라거나, 우리가 좋은 정책을 개발하면 북한이 받아들일 것이라거나, 동족끼리 진지하게 마주 대하면 결국 성공할 수 있을 것이라는 막연한 환상에서 벗어나야 한다"고 말했다.

30) * 스톡홀름 신드롬이란 1973년 스웨덴의 수도 스톡홀름에서 발생한 은행 강도

▶ 내재적 접근과 이로 인한 잘못된 대북관對北觀이 북한을 '선량' 하게 인식하게 만들었고 대화가 가능한 상대로 보이게 했으며, 북한 정권이 하는 행동에 동정적인 태도를 갖게 만들었다.

▶ 인류보편의 가치라는 기준에서 북한을 바라보고, 북한 정권이 아니라 북한 주민의 입장에서도 북한 문제를 이해했어야 하나, 내재적 접근은 북한 문제와 상황을 기본적으로 인질범 입장에서 이해했다.31)

8. 정책이 이념이 되었다

햇볕정책은 원리주의적인 특징이 있었다. 어느 누구도 건드릴 수 없는 성역과 같았다. 김대중 정부는 북한 정권을 비판하는 언론이나 보수 세력을 억압했다.32) 이 정책에 대한 비판이 자유롭지 못했다. 이 정책을 비판하면 "그럼 전쟁하자는 것인가"라는 말이 돌아왔다.

국가지도자가 어떤 이슈에 관해 너무 강한 확신을 갖게 되면 판단의 정확도가 떨어질 수 있다. 그리고 정책이 신념(또는 이념)이 되면 그 정책은 유연성과 적응력을 잃게 된다.

영국 체임벌린 총리의 예를 들어보자. 체임벌린은 자기 확신이 강하고 고집이 센 사람이었다. 1937년 총리 취임 당시 그는 국제관계에 대해 별로 아는 것이 없었다. 평화를 위해서는 히틀러에게 유화적인 제스처를 보여야 한다고 생각했고, 그렇게 하면 히틀러가 협조

사건 당시 인질로 잡힌 여성들이 인질범에 대해 연민과 동정을 느끼게 된 현상을 일컫는다.
31) * 북한과의 관계에서 내재적 접근법은 문제가 있었다. 국가지도자(정책결정자)는 외교 상대에 대해 연민이나 동정심을 가지면 안 된다. 상대의 필요나 이익이 아니라 어디까지나 나의 필요와 이익에 따라야 한다(Kaplan, 2002).
32) 김충남, 2006.

적으로 나올 것으로 믿었다.

국내정치에서 탁월한 수완을 발휘했던 체임벌린은 국제정치나 히틀러에 대해서도 자신했다. 히틀러에 대한 유화적인 태도가 나쁜 결과를 가져올 것이라고 비판하는 사람들의 말을 듣지 않았다. 대신 자신의 견해에 동조하는 사람들 이야기만 들었다. 외무장관이나 주독대사 등이 올바른 조언을 했지만 그들의 견해를 무시하고 심지어 그들을 싫어했다.

체임벌린은 1938.9.30 뮌헨에서 히틀러가 서명한 문서 한 장을 들고 돌아와 그 문서를 높이 흔들며 이렇게 말했다. "본인은 우리 시대를 위한 평화가 왔다고 믿습니다… 이제 여러분들은 집에 돌아가 편히 주무시기 바랍니다." 체임벌린은 평화가 왔다고 확신했지만 반년도 안 되어 히틀러는 체코슬로바키아를 침공했다.

김대중 대통령도 2000년 6월 김정일과 회담하고 평양에서 돌아온 다음날 국무회의에서 "이제 한반도에서 전쟁의 위험성은 없다고 생각한다"고 말했다. 햇볕정책이 한반도 평화를 정착시켜줄 것이란 믿음에서 나온 말이었다. 2001년에는 또 이렇게 말했다. "북한은 핵을 개발한 적도 없고, 개발할 능력도 없다. 그래서 우리의 대북지원금이 핵개발로 악용된다는 얘기는 터무니없는 유언비어다. 북이 핵을 개발했다거나 개발하고 있다는 거짓 유언비어를 퍼트리지 마라. (만약 핵이 개발된다면) 내가 책임지겠다." 얼마나 사실과 거리가 먼 인식이었나.

햇볕정책이 실패한 원인으로 '치명적 자만'fatal conceit을 드는 학자도 있다. '치명적 자만'이란 용어는 노벨경제학상을 받은 하이에크가 처음 사용했는데, 지적知的 자만이 치명적인 결과를 가져오는 현상을 일컫는다. 김 대통령이나 햇볕론자들에게서 발견되는 또 다른 특징은 독선이었다. 이들은 햇볕정책에는 오류가 있을 수 없다고 생각했다. "김대중·노무현 대통령은 자만 때문에 햇볕정책이 실패하

고 있음에도 이 정책을 끝까지 밀고 나갔다"는 것이다.33)

윤평중 교수는 "햇볕정책이 파산위기에 직면한 이유는 무엇보다도 이 정책이 대북정책의 왕도王道를 자처한 데 있었다"고 하면서, "정책이 교조화하면서 비판과 수정을 거부하는 신성불가침의 원리로 굳어졌다. 현실을 담아내야 할 정책이 독단화하면서 살아 움직이는 사실 자체에 오히려 눈을 감게 되었다"고 지적했다.34)

홍성기 교수는 "대북정책의 실패요인은 우선 집권자의 주관적 희망과 비전이 남북관계의 객관적 현실과 대북정책의 구조적 취약점을 덮는다는 사실에 있다"고 하면서, "대북정책에 관한한 집권자는 결코 실패를 인정하지 않음으로, 이들은 항상 미래의 언젠가는 자신의 정책과 비전이 옳았음이 증명될 것이라는 종교적 신념으로 버틴다"고 했다. 햇볕정책도 이러한 경우의 하나였다.

'햇볕론자들'은 이 정책의 정당성·무오류·무결점을 확신했다. 이 정책을 지지하지 않는 사람들을 '냉전세력' '수구' 등으로 몰아세웠다. 김대중 대통령의 경우에는 이 정책에 대한 신념이 하도 강해 햇볕정책이 마치 '신줏단지'처럼 되어 버렸다.35)

남한 정부가 교조적으로 햇볕정책을 고집하면서 '햇볕정책이외 대안이 없다'고 할 때 북한의 대응은 수월할 수밖에 없었다. 남한의 눈치를 볼 필요가 없었다. 자기들이 하고 싶은 대로 하면 그만이었다.

---

33) Joo and Kim, 2008.
  * 김 대통령은 햇볕정책이 북한을 효과적으로 다룰 수 있는 유일한 방법으로 햇볕정책 말고는 다른 방법이 없다고 생각했다 한다(문정인, 2012).
34) * 이런 현상이 초래된 데에는 김대중 대통령의 책임이 크다. 그의 주변에는 햇볕정책에 대해 다른 견해를 말할 수 있는 사람이 없었다.
35) 정우곤, 2001.

9. 평가·보완이 부족했다

어떤 정책이든 완전할 수 없다. 정책을 시행하는 과정에서 문제점이 나타나게 마련이다. 그래서 시행과정에서 문제점이나 부족한 부분이 발견되면 수정·보완하게 된다. 2003년 2월 출범한 노무현 정부는 김대중 정부 5년 동안 시행된 햇볕정책을 엄정하게 평가해 보완할 점이 있으면 보완했어야 했다. 그러나 노무현 정부는 이 정책의 문제점을 시정하려는 노력을 하지 않았다.36)

전재성 교수는 2003년 노무현 정부가 출범했을 즈음 발표한 논문에서 "기존의 대북 화해협력정책에 대한 정확하고 과학적이며, 이론적인 지식이 필요하다"고 하면서, "만약 현 정부의 대북정책이 실제로 이론적, 과학적 기반을 결여한 채, 불명확한 상태로 출발한 것이라면 이를 비판, 보완하여 좀 더 완벽한 기초를 가지도록 노력할 필요가 있다"고 진단했다.

강성학 교수도 2003년 고려대학교 정책대학원 특강에서 "이른바 '햇볕정책'이 한반도의 평화와 평화통일을 향하여 한 걸음씩 서서히 올라가는 오르막길이라고 생각했는데, (…) 오히려 우리는 '파멸을 향한 비탈길'로 접어든 것이 아닌가 하는 의구심을 갖게 되었다"고 말했다.

많은 사람들이 햇볕정책을 부정적으로 평가했으나 노무현 정부는 이런 견해에 귀를 기울이지 않았다. 노무현 대통령 당선인은 2002. 12.24 프랑스 『르몽드』와의 회견에서 "햇볕정책 외에는 대안이 없다. 햇볕정책은 실패하지 않았다"고 말했다. '햇볕정책 외에는 대안이 없다'는 것은 바람직한 자세가 아니었다. 햇볕을 5년 간 비췄는데도 나그네가 외투를 벗지 않고 있는데 다른 대안이 없다고 하면

---

36) * 이것은 애당초 기대할 수 없는 일이었다. 노무현 후보의 당선에 햇볕론자들의 기여가 컸으며, 노무현 정부 실세들이 햇볕론자들이었기 때문이다.

서 햇볕을 계속 내리 쬐겠다고 하는 것은 합당하지 않았다. 북한의 핵개발 상황이 심각함에도 대북지원을 계속했다.

왜 이런 현상이 나타났나? 무엇보다도 햇볕정책에 대한 신념이 강해 이 정책을 완전무결한 것으로 착각한 것이 원인이었다.

또 다른 원인은 '잘못된 일관성의 법칙'에서 찾을 수 있다. 이 법칙에 의하면, 인간은 자신이 과거에 내렸던 결정이 잘못되었다는 사실을 알더라도 그 결정을 계속 합리화하려는 경향이 있다는 것이다. 햇볕정책 당국은 이 법칙의 포로가 되어 북한이 어떤 행동을 하던 이 정책을 수정·보완하려 하지 않았다.

최영진 전 주미대사는 "북한을 접촉하는 노력은 언제나 계속하되, 그 접촉이 교류와 협력으로 이행될 수 있는지, 평화 정착과 통일로 이어질 수 있는지는 북한의 입장과 반응을 보아가며, 그 가능성을 신중히 평가하고 냉철하게 판단하며 추진해야 한다"고 했다. 옳은 지적이었다.

10. 상호주의의 장점을 살리지 못했다

상호주의는 국가 간 관계의 기본 원칙이면서 국가 관계를 가능하게 해주는 기본 원리이다. 상호주의는 무엇보다도 관련 당사자들이 서로 신뢰를 쌓을 수 있게 해준다. 특히 적대 관계에 있는 두 당사자 간에는 더욱 그러하다.

햇볕정책은 북한에 대한 경제적 지원이 중심적인 내용이었다. 그러나 북한은 이러한 경제적 지원에 상응하는 대가代價적인 행동을 하지 않았다. 김대중·노무현 정부가 상호주의나 조건부를 어떤 형식으로든 유지했더라면 이 정책의 성공 가능성을 높일 수 있었다.

햇볕정책 초기에는 상호주의가 엄격히 적용되었다. 한 예로, 1998년

4월 북한이 비료 지원 등을 논의하기 위한 당국자 회담을 제안해 베이징에서 차관급 회담이 개최되었는데, 이때 한국 측은 비료 지원 대가로 이산가족면회소 설치를 요구했다. 북한이 이에 응하지 않자 한국은 북한이 요구하는 비료 20만 톤 제공을 거부했다.

'상호주의 원칙'과 '정경政經분리 원칙'을 동시에 적용한다는 것은 어떻게 보면 모순이었다. 북한의 정치·경제 제도가 남한과 다르기 때문이다. 남한 기업이야 시장경제 원리에 따라 행동할 수 있지만, 남한 기업들이 상대하는 북한은 민간 기업이 아니라 정권이었다. 이런 상황에서 어떻게 정경분리 원칙이 적용될 수 있나. 김대중 정부는 '정경분리를 통해 남북 경협이 활성화되면 긴장해소와 신뢰구축에 기여하게 될 것'이라고 홍보했지만 이는 현실적으로 맞지 않는 얘기였다. 체제생존을 최우선시하는 북한 정권은 남한과의 교류에서 자신이 부담하게 될 위험을 어떠한 경우에도 피하고자 할 것은 뻔했기 때문이다.37)

당시 통일부는 '정경분리 원칙'이란 "남북 간 경제교류협력을 정치적 상황에 연계시키지 않고 시장경제 원리에 따라 기업이 자율적으로 추진하도록 하는 것"이라고 정의했다.38) 그렇다면 이는 상호주의를 적용하지 않겠다는 의미였다.

아니나 다를까. 상호주의 원칙은 1년도 안 돼 무너졌다. 강인덕 통일부 장관은 1998년 12월 상호주의 전략의 '비등가성' '비동시성' '비대칭성'을 강조했다. 김대중 대통령은 1999.1.4 국가안전보장회의를 주재한 자리에서 "상호주의를 신축적으로 적용할 것"이라고 했다. 1999년 3월에는 '유연한 상호주의'라는 이름으로 이 원칙을

---

37) * '정경분리'의 진정한 의미는 남한 기업들이 남북한 간 정부차원의 관계와 무관하게 북한과 사업을 추진하도록 한다는 의미였다. 다른 말로 하면, 북한이 남한 기업들과 상대해 어떤 이익을 취하든 상관하지 않겠다는 것이었다. 그렇기 때문에 이 원칙은 상호주의 원칙과 양립하기 어려웠다.
38) 통일부 통일정책실, '정경분리원칙이란 무엇인가, 1998.5.21.

사실상 포기했다. 대북 지원을 강화하는데 상호주의 원칙이 걸림돌이 되었기 때문이다.39)

대북 교류에서 상호주의를 적용하는 것이 비현실적이라는 견해도 만만치 않았다. 조민 통일연구원 연구원은 1999년 12월 발간된 통일연구원 연구총서에서 "남북한 관계에서 우리 정부의 상호주의 원칙은 대북 불신감에 기반한 대결과 갈등의 냉전 의식의 소산으로 볼 수 있다"고 하면서, "북한의 동시적이고 등가적인 상응적 대가를 요구하지 않는 것이 바람직하다"고 주장했다.40) 이러한 인식과 주장은 북한에 대한 무조건 지원 여론과 맥이 닿았다.41)

김우상 교수는 1999년 논문에서 "원래 햇볕정책이란 상호주의 원칙을 포함하지 않는 개념"이라고 분석하면서, "햇볕정책에서 상호주의가 중요한 것은 이 원칙이 적용되지 않으면 '일방적인 유화정책'이나 '무조건 주기만 하는 정책'이 되어 국민적 합의를 얻지 못할 것이기 때문"이라고 했다. 정확한 지적이었다.

김대중 정부는 2000년 6월 남북정상회담 이후 소위 '비등가성' '비동시성' 등을 내세우면서 상호주의 원칙을 접었다. 이로써 대북 경제지원이 '퍼주기'라는 인식이 확산되었다. 북한에 지원된 물자나 자금이 원래 목적대로 사용되는지 확인할 수 있는 시스템을 갖추지 못했기 때문에 대북지원이 한국에 대한 안보위협 자원으로 이용될 가능성도 배제할 수 없었다.42) 이런 현상이 심화되면서 햇볕정책에

---

39) * 정경분리 원칙은 한국 민간 기업들의 교류가 정부의 간섭 없이 자율적으로 이뤄지도록 제도적으로 보장한다는 의미가 강했기 때문에 북한에 대해 적용된 원칙이라기보다 내부적으로 적용되는 일종의 '정부 방침'이었다. 따라서 북한 정권이 환영할 원칙이었다. 자기들이 원하는 대로 남한 기업들을 조종할 수 있는 여건을 마련해준 것이었기 때문이다. 게다가 상호주의 원칙까지 포기했으니 북한 정권은 대가를 지불함이 없이 원하는 것을 추구하기만 하면 되었다.

40) 조민, 1999.

41) * 상호주의는 상호주의를 적용하는 것 자체에 목적이 있는 것이 아니라, 불신 상태에 있는 남북한이 상대방에 대한 신뢰를 쌓아나갈 수 있는 방법의 하나여서 중요한 것이라는 사실을 간과한 주장이다.

대한 회의적인 시각도 커졌다.

햇볕정책에서 상호주의 원칙은 핵심적으로 중요했다. 상호주의라는 수단에 의해 북한의 변화를 유도하지 않으면 햇볕정책의 존재가치가 떨어지기 때문이다. 북한을 변화시킬 수 있는 마땅한 방법이 없는 상황에서 상호주의의 유용성을 살리지 못한 것은 실책 중 실책이었다. 한국 정부는 어떻게든 상호주의가 작동할 수 있도록 애썼어야 함에도 북한과 같은 상대에게는 상호주의를 적용하는 것이 비현실적이라는 생각과 먼저 베풀면 나중에 돌아올 것이라는 막연하고도 순진한 생각에서 상호주의를 포기했다. 아주 귀중한 레버리지를 잃었던 것이다.43)

한국 정부는 북한이 협력적인 행위를 했을 때에는 협력적인 행위로 대응하고 배반적인 행위를 했을 때는 배반적인 행위로 대응했어야 했다. 북한이 한두 번 배반적인 행위를 했을 때 즉각 배반적인 행위로 대응하지는 않는다 할지라도 배반적인 행위를 계속할 경우에는 한국도 상응하는 행위를 한다는 것을 실제 보여주었어야 했다.44)

다시 말하자면, 남한의 대북지원에 대해 북한이 상응하는 호의를 보이지 않거나 악행을 계속할 경우 남한은 햇볕정책을 중단하거나 최소한 그 강약을 조절했어야 했다. 햇볕정책 이외 대안이 없다고 하면서 어떤 경우에도 이 정책을 계속할 것이라고 한 것은 북한으로 하여금 남한의 선의를 마음 놓고 악용하게 만들었다.45)

---

42) 최용섭, 2002.

43) * 상대방의 반응과 무관하게 협력하고 지원하는 '선심전략'이 성공할 가능성은 인간의 본성상 매우 낮다(이성우, 2013).

44) Clemens, 2003.

45) * 1998.6.22 동해에서의 북한 잠수함 침투, 1998.7.12 북한 무장간첩 침투 등에도 불구하고 한국의 법무부·농림부·해양수산부·건설교통부 등은 경쟁적으로 대북지원 계획을 발표했다. 1999.6.15 서해에서 남북 해군 간 교전이 벌어지고 있는 상황에 동해에서는 현대 유람선이 수백 명의 관광객을 싣고 북으로 항해하고 있었고, 바로 다음날에는 비료를 가득 실은 선박들이 북한으로 떠났다.

노무현 대통령이 '상호주의'를 어떻게 인식했느냐는 그가 2008.10.1 <10·4 남북정상선언 1주년 기념위원회> 특강에서 한 다음과 같은 발언에 잘 나타나 있다.

> 대북정책에 관한 한 상호주의라는 말은 대화와 협력정책에 대해 시비를 거는데 사용되어 온 용어다. '왜 일방적으로 퍼주는가? 자존심도 없는가? 왜 끌려 다니는가? 본때를 보여야 한다.' 이런 비난의 뒤에 '상호주의를 해야 한다'는 주장이 따라온다. 결국 상호주의라는 말은 대결주의의 또 다른 표현에 불과하다.

노 대통령은 상호주의를 '대결주의'라고 했다. 노 대통령이 상호주의의 진정한 의미와 중요성을 이해하고 있었는지 의문이다.[46]

2000년 6월 남북 정상회담이 열린 것은 남북한 관계에서 획기적인 사건이었다. 이 회담에서 한국 대통령이 평양에 갔으므로 그 다음에는 북한지도자가 서울에 오기로 되어 있었다. 이것이 상호주의다. 그러나 북한은 이를 지키지 않았다. 그럼에도 불구하고 노무현 대통령은 2007년 10월 퇴임을 불과 몇 달 남겨놓고 평양에 갔다. 북한의 버릇을 잘못 들였다.[47] 노무현 대통령의 평양 방문은 이런 관점에서도 잘못된 일이었다.

독일 통일에서 결정적인 역할을 한 콜 총리 사례는 시사적이다. 그는 전임 좌파 정권에 의해 시작된 '동방정책'Ostpolitik을 비판적으로 계승했다. 더욱 엄격한 상호주의를 바탕으로 동독과의 교류·협력을 추진했다. 예컨대, 동독에 대해 일방적으로 경협을 제공하는 대신에 이산가족 방문 확대 등 동독 측의 조치에 상응하는 반대급부를 제공하는 방식으로 교류협력을 확대시켜 나갔다. 총리직을 시

---

46) * 북한 『로동신문』은 1998.5.23 상호주의 원칙을 "전형적인 장사군의 론리, 반민족적인 분렬의 론리이며 대결의 론리"라고 비난한바 있다.
47) 장렌구이, 2013.9.26.

작한 1982년 4만 명에 지나지 않던 서독 방문 동독인 수가 5년 후인 1987년에는 무려 120만 명으로 증가했다.48)

11. 남북한 관계를 '한반도화'했다

한반도 문제는 주변 국가들이 이해관계를 갖고 있고 동북아 질서에 직접적으로 영향을 미친다는 점에서 남북한만의 문제가 아니다. 남북한 당사자의 의지나 노력만으로 좌우될 수 있는 문제가 아니라는 것이다. 이런 현실을 무시하는 정책은 성공하기 어렵다.

김대중·노무현 정부는 남북한 관계를 지나치게 '한반도화'했다. 이로 인해 대북정책과 외교정책이 따로 작동하는 현상이 나타났다. 노무현 정부에서는 이런 경향이 더욱 두드러졌다. 대북 포용정책의 주체였던 소위 386 정치인들의 시야는 한반도 울타리 안에 머물러 있었다.49)

남북한 관계의 '한반도화'는 사실 북한이 원하는 바였다. 남한 정부가 '한반도화'를 내세우면 내세울수록 반길 일이었다. 북한은 한반도 문제를 놓고 남한이 국제사회와 협력하는 것을 방해했다. 외세에 의존하는 비자주적·반민족적 행위라고 비난했다.

그런데 북한은 핵 문제에 있어서는 남한을 배제하고 미국만 상대

---

48) 통일한국, 2010.10.
  * 김대중 대통령은 빌리 브란트 수상의 동방정책으로 독일 통일이 가능해졌다고 말하곤 했는데, 이는 정확한 얘기가 아니었다. 1990년 독일 통일은 동독이 무너져 서독이 동독을 편입해 하나의 나라가 된 형식이었으므로 동방정책이 없었으면 통일이 어려웠을 것이라고 하는 것은 정확한 기술이 아니라는 것이다.
49) * 한국 외교에서는 대북정책의 한반도화와 국제화 간에 균형을 이루는 것이 중요하다. 예를 들어, 노태우 정부는 북방정책을 추진하면서 남북한 문제는 남북한이 해결한다는 '당사자 해결원칙'을 강조했는데, 그렇게 바람직하지 않았다. 북한 변수 때문이다.

하려 했다. '한반도 문제의 한반도화'란 남북한이 한반도 문제 해결의 주도권을 행사한다는 것인데 북한은 핵 문제에 있어서는 남한을 철저히 배제하고 미국만 상대하려 했다.

햇볕정부가 남북한 관계를 과도하게 한반도화 하였지만, 북한은 그렇지 않았다. 1993년 김일성은 신년사에서 "조선의 통일문제는 우리 민족이 주체가 되어 해결하여야 할 민족적인 문제인 동시에 유관국들도 책임을 느끼고 적극 협력하여야 할 국제적 문제이다"라고 했고, 김정일 역시 1997년 <8·4노작>에서 "조선 문제를 옳게 해결하기 위하여서는 유관 국가들도 조선의 통일을 돕는 성실한 립장에서 긍정적인 역할을 하여야 할 것이다"라고 했다.50) 물론 어디까지나 자기들에게 유리한 맥락에서 한 주장이었다.

권용립 교수는 "두 개의 국가권력이 대치한 한반도에서 남북관계도 본질은 국제관계다"라고 하면서, "통일부의 '대화'만 있고 외교부의 '외교'는 실종된 기존 대북정책으로는 북한 핵 문제를 해결할 수 없다"고 했다.51) 강성학 교수도 "우리의 남북한 관계도 본질적으로 국제적인 현상임을 인정해야 한다. 특히 새로운 국제정세 속에서 남북관계도 역사적으로 변동되어 갈 수 밖에 없다는 것은 너무도 명백한 사실이다"라고 했다.

2000년 6월 남북정상회담 결과 채택된 6·15 남북공동선언 제1항은 "남과 북은 나라의 통일 문제를 그 주인인 우리 민족끼리 서로 힘을 합쳐 자주적으로 해결한다"고 했는데, 이는 시대착오적인 것이었다. "우리 민족끼리… 자주적으로"라는 것은 아주 비현실적인 명분론에 불과했다.52)

---

50) 정영철, 2012.
51) 중앙일보, 2007.2.22.
52) * 햇볕론자들은 '우리 민족끼리'라는 용어를 흔히 썼다. 김기호 교수는 '우리 민족끼리'라는 용어의 정확한 의미는 '김일성 민족주의자와 그에 동조하는 사람들끼리'라고 하면서, 6·15공동선언의 "남과 북은 나라의 통일 문제를 그 주인인 우리 민족끼리 서로 힘을 합쳐 자주적으로 해결한다"는 문장은 정확히 해석하면

158

북한은 2000년 남북 정상회담 이후 '민족 공조'를 강조했다. 그러자 이 용어와 그 함의가 한국 사회에서 널리 수용되었다.53) 원래 '우리 민족끼리'는 북한이 사용한 용어로, 주한미군 철수와 한국 국가보안법 폐지 주장을 내포한 용어였다. 사실이 그러함에도 햇볕정부 인사들이 '우리 민족끼리'를 내세운 것은 북한 주장에 동조하는 것이나 다름없었다.

'민족 공조'가 가능하기 위해서는 남북한 주민이 자유롭게 남북한 정부 또는 주민을 상대하고 협력할 수 있어야 한다. 그러나 북한의 경우는 주민들이 남한 정부나 주민을 마음대로 상대할 수 없다. 북한 정권에게 주민은 고려대상이 아니면서도 민족 공조를 외쳤다. 그러면서도 핵 문제에 있어서는 미국만 상대하고자 했다. 모순이었다.

햇볕정부는 남북한 관계가 국제적 맥락에서 국제정치에 의해 압도적인 영향을 받는다는 사실을 애써 무시했다. 남북한 관계가 국제정치의 하부구조로 작동하는 것이 현실임에도 햇볕정부에서는 대북정책이 외교정책의 상부구조로 취급되었다.

최장집 교수는 이 문제와 관련하여 "남·북 문제는 민족정서나 민족감정으로는 해결될 수 없는 레알폴리틱, 즉 현실 권력정치의 문제"라고 하면서, "현실 권력정치는 한반도를 둘러싼 국가들 간의 힘의 균형관계를 포함하기 때문에, 그것은 동북아 국제질서와 남북한 관계의 두 수준을 모두 포함한다"라고 말했다.

남북한 관계는 국제관계에서 하나의 특수한 현상이며, 북한은 남한에게 특수한 실체이다. 그렇다고 햇볕론자들이 북한과의 관계를 '민족 공조'로 풀어나갈 수 있다고 생각한 것은 오류였다. 외부에 의해 강요된 분단 문제가 국제정치를 떠나서 해결될 수 있다고 하는 것은 난센스다.54)

"김일성 민족끼리 통일한다"는 의미라고 주장했다(김기호, 조선일보 2013.3.2).
53) 강원식, 2004.
54) * 2010.3.26 천안함 폭침 사건, 2010.11.23 연평도 포격 도발 사건을 보아도

12. 평화지상주의였다

김대중·노무현 대통령은 평화를 최고의 목표인 동시에 가치로 여겼다. 김 대통령은 "평화는 우리에게 지상명령"이라고 했고, 노무현 정부 인사들은 입만 열면 평화였다. "마치 평화가 노무현 정권의 전유물인양 착각될 정도"였다.55)

북한은 달랐다. 북한이 추구한 것은 평화공존이 아니라 적화통일이었다. 1980년 노동당 제6차 당 대회에서 채택한 조선노동당 규약 서문에 명시된 '남조선혁명론'은 1948년 북한 정권 수립 이래 북한의 대내외 정책을 지배해온 핵심 기조였다.

노무현 대통령은 2006.11.2 '외국인 투자유치 보고회'에서 행한 연설에서 "누가 정권을 잡더라도 평화의 전략은 결코 거역할 수 없을 것이고, 정권의 향배와 관계없이 한국이 숙명적으로 선택할 수밖에 없는 전략"이라고 하면서 "어떤 가치도 평화 위에 두지 않을 것"이라고 말했다.

노 대통령은 "자유의 가치보다 평화가 앞선다"라고 말했다. 자유와 평화 중 하나를 택해야 한다면 평화를 택하겠다는 말이었다. 평화를 위해서라면 자유가 희생되어도 좋다는 말이었다. 자유가 없는 상태의 평화가 진정한 평화인가. 자유가 없는 평화가 무슨 의미가 있다는 말인가. '평화지상주의'라고 아니할 수 없다.

이수혁 대사는 그의 저서 『북한은 현실이다』에서 "평화를 지나치게 소중하게 여기는 국가는 멸망에 이르게 될 수도 있다"라고 했고, 옌쉐퉁 칭화대학 국제문제연구소 소장은 그의 논문 「평화에 대한 정의」에서 "대부분 국가들에게 국가안보는 언제나 평화보다 우선

이런 사태가 남북한 간의 문제로 국한되지 않음은 자명하다. 이 두 사태는 남북한 문제가 미·중 관계에 영향을 주고 미·중 관계가 남북한 관계에 영향을 주는 현상을 적나라하게 보여주었다.

55) 정경환, 2008.

한다"고 썼다.56) 평화와 안보 중 하나를 선택해야 하는 상황에서는 안보를 선택하지 않을 수 없다는 말이다. 생존을 위해서는 평화를 포기할 수도 있다는 말이다.

그러나 노 대통령이 생각한 평화는 평화 그 자체가 목적으로서 이런 평화를 위해서라면 적대세력에게 어떤 양보도 가능하다는 식이었다. 그렇다면 안보는 후차적인 것이 된다. 평화를 위해서는 적대세력의 부당한 요구를 들어주어야 한다. 햇볕정책에 유화적인 특성이 있었다고 하는 또 다른 이유다.

이런 관점에서 노무현 대통령의 "어떤 가치도 평화 위에 두지 않을 것"이라는 인식은 문제가 있었다. '안보를 평화보다 앞세울 수 없다'는 것이기 때문이다. 노 대통령은 평화라는 것이 영속적일 수 있는 것으로 착각했던 것 같다. 영속적인 평화는 없다. 한반도 상황에서는 평화가 오히려 예외적이라고 할 수 있다. 그런 평화를 그 어떤 가치보다 위에 놓는다는 것은 위험한 인식이었다.

2010년의 천안함 폭침과 연평도 포격 도발이 햇볕정부의 대북 온건정책과 전혀 무관하다고 할 수 없을 것이다. 북한이 남한의 강력한 대응 공격을 예상했다면 이런 도발을 감행하기 전에 한 번 더 생각했을 것이다. 북한이 천안함을 폭침시키고서 몇 달 만에 또 남한 영토에 포탄을 날린 것은 남한을 그만큼 유약하게 보았기 때문이다.

황장엽 전 북한 노동당 비서는 2009년 4월 발간된 그의 저서 『인간 중심철학 원론』서문에서 이렇게 썼다.

북한의 독재 집단이 핵무기를 가지고 남한을 위협하고 있는 상태에서 북한을 찾아가 막대한 외화까지 주면서 평화를 구걸하고는 앞으로 전쟁은 없을 것이라고 하여 국민들을 정신적으로 무장 해제시

---

56) Yan, 2004.

키고 참다운 평화의 수호자인 동맹국을 멀리 하도록 한 햇볕정책 주창자들은 국민을 속이는 반역행위를 감행한 위선자라고 평가해야 옳을 것이다.

13. 대북 지원을 잘못했다

햇볕정책의 근본 목적은 북한의 변화를 유도하는 것이고, 북한에 대한 교류와 협력은 이 목적을 달성하기 위한 수단이었다. 그런데 이 정책을 수행하면서 수단과 목적이 전도顚倒되었다.

국가 관계에서 건강한 관계는 '주고받는 관계'다. 그런 관계가 오래 간다. 그러나 햇볕정책은 '우선은 주고, 받는 것은 후에 보자'는 소위 '선공후득先供後得'이었다. 먼저 주면 후에 돌아오는 것이 있을 것이라는 생각이었다. 남한이 이런 자세를 취하니 북한은 그저 받기만 하면 되었다. 남북한 간에 신뢰가 없는 상태에서 '선공후득' 원칙을 적용한 것은 신용 불량자인 북한과 외상 거래를 하겠다는 것이어서 결국 '퍼주기 논란'에 휩싸이게 되었고, 이는 이 정책에 대한 국민들의 지지가 떨어지는 원인의 하나가 되었다.57)

'선공후득'은 '엄격한 상호주의'(동시성·등가성)로 신뢰를 어느 정도 쌓은 다음에 적용했어야 한다. 물론 북한의 거부로 '엄격한 상호주의'를 적용하는 것이 어려웠으나, 처음부터 '선공후득'을 적용한 것은 실수였다.58)

햇볕정책은 ATM(현금인출기)이라는 말까지 나왔다. 햇볕정책이 한

---

57) 김태현, 2013.8.8,
58) * 임동원 청와대 외교안보수석은 1999년 3월 햇볕정책을 16자 성어로 풀이해 '선이후난先易後難, 선경후정先經後政, 선민후관先民後官, 선공후득先供後得'이라고 했는데, 이 중에서도 선공후득이 햇볕정책의 특징을 가장 잘 나타낸 표현이었다(박찬봉, 2008).

창이었던 1999년 6월과 2002년 6월 두 차례에 걸쳐 남북 간 해상 전투가 벌어졌음에도 대북지원은 계속되었다. 도발을 하는데도 주기만 하니 북한은 나쁜 버릇이 들었고 '햇볕정책=퍼주기'라는 인식(인상)이 확산되었다.

노무현 대통령은 2007.2.15 이탈리아 로마에서 가진 동포간담회에서 이렇게 말한 적이 있다. "우리가 북한이 달라는 대로 주고 문제를 해결해야 한다. 그래도 남는 장사가 될 것이다. 북한에 자꾸만 퍼준다는 비난을 많이 듣는데 미국이 전후戰後에 여러 정책도 펴고 투자도 하고 했는데 그 중 가장 효과적인 것이 마셜플랜이었다. 전쟁 뒤 미국이 막대한 원조로 유럽 경제를 살렸기 때문에 그 이득을 가장 많이 본 나라가 미국이었다." 노 대통령은 대북 지원을 마셜플랜에 비유했다. 한참 잘못된 비유였다.[59]

북한주재 대사로 근무한(2006.2~2008.7) 에버라드 영국대사는 "한국이 북한에 막대한 규모의 지원을 했지만 결과가 어떠했는가"라고 물으며, "대북 지원은 오히려 권력 집단의 체제 유지에 활용된다. 북한 지도부는 일반 주민에게 적절한 고통을 부여하는 것이 오히려 체제를 지키는 데 유리하다고 본다"고 말했다.[60]

햇볕정책을 추진하는 과정에서 대북지원이 북한 주민에게도 혜택이 돌아갈 수 있도록 하는 방안을 강구했어야 하나 그런 노력이 거의 없었다. 북한 정권이 원하는 데에만 초점을 맞췄다. 햇볕정책으로 북한 정권을 변화시킬 수 있는 가능성이 낮다는 사실이 분명해진 상황에서는 특권층이 아니라 주민들에게 지원의 혜택이 돌아가도록 하는데 더 관심을 가졌어야 했다. 그렇게 하지 않았기 때문에

---

59) * 마셜플랜은 미국이 2차 세계대전 후 곤경에 처한 터키·그리스 등 서유럽 16개국의 경제 부흥을 돕기 위해 1947~1951 기간 중 실시한 대규모 경제지원 정책이었다. 노 대통령은 마셜플랜 당시의 서유럽 국가들과 북한이 여러 면에서 다른 데도 그런 차이를 분별하지 못했다.

60) 중앙일보, 2012.6.27.

대북 지원정책은 결국 소기의 목적을 달성할 수 없었다. 북한 주민들은 햇볕정책 이전과 다름없이 굶주렸으며, 그들의 인권은 북한 정권에 의해 계속 유린되었다. 그래서 "대북포용정책으로 덕을 본 사람은 김정일과 그의 일부 추종세력이라고 볼 수밖에 없다"는 평가가 나왔던 것이다.61)

북한에 대한 무조건적 지원은 잘못이라는 견해는 햇볕정책을 지지하는 사람들로부터도 나왔다. 스인홍 런민대 교수는 2007.6.13 한국 언론과의 인터뷰에서 이렇게 말했다. "'지옥으로 가는 길은 선의로 포장돼 있다'는 말은 대북지원 문제에도 그대로 적용된다. 더구나 '인도적'이라는 말로 포장된 대북지원이 사실은 현 집권층의 정치적 목적을 위한 것이라면 이는 남북한 주민 모두에 대한 범죄행위다." 그는 "한국과 중국이 북한에 대해 유인책과 제재, 부드러움과 강경함, 보상과 압력을 종합한 포괄적인 정책을 써야 함에도 수년 간 부드러운 자세로 일관한 것은 수수께끼"라고 했다.62)

햇볕정책 10년 동안의 대북지원은 북한 주민들의 삶을 개선하는 데 기여하지 못했다. 각종 지원을 하면서도 탈북자 문제, 국군포로 송환문제, 인권문제 등에서 진전을 이루지 못했다. 인간관계에서와 마찬가지로 국가 관계에서도 주기만 하는 것은 바람직하지 않다. 북한은 남한의 지원을 당연한 것으로 여겼다.

대북 지원 중 현금성 지원은 정말 문제가 있었다. 북한이 핵과 미사일 개발 프로그램을 갖고 있는 상황에 이런 지원에 신중을 기하지 않은 것은 상식을 벗어난 일이었다.

이와 관련하여 서독의 동독에 대한 지원 사례가 참고가 된다. 염돈재 성균관대 국가전략대학원장에 의하면, 서독에서 동독으로 이전된 연평균 20억 달러 규모의 금품 가운데 77.1%는 서독 주민과 교

---

61) 이만우, 2006.
62) 중앙일보, 2007.6.13.

회가 동독 친척과 교회에 보낸 물품이며 서독 정부가 동독 정부에 지불한 금품은 15.7%에 불과했다 한다. 게다가 이 금액도 우편·철도·도로 사용료 및 정치범 석방 대금 등 동독이 제공한 서비스에 대한 반대급부로서 지불된 것이며 무상지원은 단 한 푼도 없었다 한다.63) 햇볕정부 시절의 대북 지원과 얼마나 다른가.

이명박 정부는 2010.3.26 천안함 폭침 사건이 발생하자 소위 '5·24조치'라는 것을 취했다. 방북 불허, 남북 교역 중단, 대북 신규 투자 금지, 대북 지원 보류, 인도적 지원을 포함한 모든 지원 차단 등이 주된 내용이었다. 이런 조치가 취해진 4년여 후 북한에서 장마당이 살아났다.64) 국가 배급 체제가 붕괴되어 나타난 현상이었다. 통일부에 따르면 국가 배급이 아닌 자력으로 생활을 꾸려가는 주민 비율이 80%까지 올라갔다고 한다.65)

14. 유화적인 특성이 있었다

'갈등이론'으로 2005년 노벨경제학상을 수상한 토마스 셸링은 "상대를 다치게 할 수 있는 힘이 있어야 한다"고 강조한바 있다. 그래야 협상에서 유리한 위치를 차지할 수 있기 때문이다. 김대중·노무현 정부는 햇볕정책을 추진하는 과정에서 북한의 심기를 건드리지 않기 위해 애썼다. 북한의 부당한 도발성 행동에도 눈을 감았다.

김대중·노무현 정부는 대북 포용정책으로 김정일 정권을 변화의 길로 유인해 낼 수 있다고 믿고 줄곧 당근만 사용했다. 당근만 있고

---

63) 조선일보, 2014.4.5.
64) * 북한에서 장마당이 기능한다는 것은 중요한 의미가 있다. 계획경제가 아닌 시장경제 원리가 작동된다는 것, 즉 국가 통제 밖에서 일어나는 현상이라는 것이다. 이런 변화가 지속·확대되면 다른 분야에 파급효과를 가져오게 된다.
65) 한국경제, 2014.12.16.

채찍은 없다 보니 이 정책이 유화정책이라는 인상을 주었다. 김정일과 같은 독재자에게 시종일관 당근만 내민 결과는 이 정책의 효과를 떨어트렸다. 남한 정부가 '강온전략'을 적절히 구사했더라면 햇볕정책이 유화정책이라는 인상을 덜 주었을 것이며, 이 정책의 효과가 높아졌을 것이다.

유화정책이 다 나쁘고 다 실패하는 것은 아니다. 그런데 유화정책이 성과를 가져올 수 있으려면 몇 가지 조건이 충족되어야 한다. 무엇보다도 유화정책을 펴는 측이 쓸 수 있는 카드가 여러 개 있어야 한다. 카드가 여럿이어서 주어진 상황에 맞는 카드를 꺼내들 수 있어야 한다. 목수가 연장함에 각종 연장을 갖고 다니면서 작업의 종류에 맞는 연장을 꺼내 쓰는 것과 같은 이치다. 햇볕정부는 당근이라는 연장만 썼다. 채찍이라는 연장은 연장함에 없었다. '당근'만 10년 동안 고집한 결과는 이 정책이 성과를 거두지 못한 주요 원인의 하나가 되었다.66)

다음으로, 상대방이 처벌 기준을 분명히 알도록 하고 그 기준을 반드시 지켜야 한다. 힘으로 강요할 수 있어야 한다는 것이다. 이런 의미에서 유화정책은 힘의 우위에 있는 자가 쓸 수 있다. 한국은 북한보다 힘의 우위에 있었다.

햇볕정부는 북한이 약속을 지키지 않거나 '벼랑 끝 전술'을 써도 단호하게 대응하지 않았다. 김대중 정부는 1998년 2월 출범하면서 대북정책의 3대 원칙의 하나로 "평화를 파괴하는 일체의 무력도발을 허용하지 않는다"라고 선언했다. 그런데 이 원칙은 제대로 지켜지지 않았다.

김대중·노무현 정부는 북한이 핵·미사일 개발을 위해 어떤 행동을 하든 상관없이 대북 지원을 계속했다. 북한이 평화를 위협하는 행동을 했을 때 상응하는 비용을 지불하도록 만든 적이 없다. 이는

---

66) 김양규, 2009. Taekyoon Kim, 2011.

북한이 나쁜 행동을 계속해도 남한 정부가 개의치 않을 것이라는 신호나 마찬가지였다.67)

유화정책이 성공하기 위해서는 상대방의 진정한 의도와 능력을 정확히 파악하는 것이 결정적으로 중요하다. 햇볕정부는 북한을 잘 대해주면 북한이 개방·개혁으로 나가게 될 것으로 믿었다. 북한의 핵개발과 관련하여서도 북한의 핵개발 의지를 터무니없이 과소평가했다.

구본학 교수는 이렇게 주장한다. "햇볕정책이 북한을 변화시킬 수 없는 것은 체임벌린 총리의 유화정책이 히틀러의 야망을 꺾을 수 없었던 것과 마찬가지다. 햇볕정책은 북한의 핵개발과 무력도발을 막지 못한 유화정책의 또 다른 대실패 사례로 국제정치 교과서에 기록될 것이다."68)

홍성기 교수도 "유화정책 이외에 다른 방법이 없다는 남북관계 현실론"이 대북정책 실패의 한 원인이 되고 있다고 분석했다. 북한과 같은 집단을 상대함에 있어 경제적 지원이나 교류를 들고 나오는 것이 가장 쉽고 성사 가능성이 높으나, 문제는 이렇게 되면 주는 쪽이 아니라 되레 받는 쪽이 주도권을 쥐게 된다는 것이다.

15. 국민적 합의를 확보하지 못했다

한국에서 대북정책과 국내정치는 긴밀하게 연계되어 서로 영향을 주고받는다. 국내정치 요인이 대북정책에 영향을 미치고, 대북정책이 국내정치에 영향을 미친다. 대북정책이 소기의 목적을 달성할 수 있도록 해주는 동력은 국내정치로부터 나온다고 할 수 있다. 국민적

---

67) 김양규, 2009, Taekyoon Kim, 2011.
68) 문화일보, 2012.7.6.

합의와 지지 없이 추진하는 대북정책이 성공할 수 없다는 것은 자명하다.

김대중 정부는 햇볕정책에 대한 국민적 합의와 지지를 이끌어내는데 실패했다. 신종대 교수는 "대북對北 관여에 치중한 나머지, 정작 대북정책 추진력의 원천인 국내 관여를 등한시했다"고 하면서, 대북정책에 있어서의 문제는 '밖'이 아니라 '안'에 있었다고 분석했다.

1999.2.9~11 『한겨레』와 학술단체협의회, 한국정당정치연구소가 공동으로 실시한 여론조사에서 응답자의 70.5%가 햇볕정책이 남북관계에 긍정적인 영향을 미칠 것이라고 응답했다. 남북 정상회담 2개월 후(2000.8.) 실시된 여론 조사에서도 햇볕정책에 대한 지지율은 87%로 나타났으나, 2001년 2월에는 37%(동아일보 여론조사), 2001년 6월에는 34%에 불과했다.[69] 햇볕정책에 대한 국민적 지지도가 해를 거듭할수록 떨어졌음을 말해준다.

김대중 대통령은 대북정책을 국내정치적으로 이용했다. 김 대통령이 햇볕정책의 성과를 통해 자신의 정치적 입지를 강화함과 동시에 이 정책에 대한 지지를 높일 수 있다고 생각했다면 이는 착각이었다.

햇볕정부는 이 정책을 추진하면서 국내정치적인 균열과 갈등을 해소하려는 노력을 하기보다 독선적인 태도를 보였다. 햇볕정책을 지지하면 '평화세력', 반대하면 '전쟁세력'으로 몰아붙였다.[70]

노무현 대통령은 임기가 얼마 남지 않은 시점에 남북 정상회담을 추진했다. 노 대통령은 2007.10.4 제2차 남북 정상회담 이후 "NLL은 영토선이 아니다"(2007.10.11), "(북 측과 NLL) 변경 합의를 해도 헌법에 위배되는 것은 아니다"(2007.11.1)라는 등의 남남갈등을 증폭

---

69) 조선일보, 2001.6.25.
70) 동아일보, 2007.8.16 사설.

시키는 발언을 했다.71) 남북 정상회담 결과로 나온 '10·4선언'은 몇 달 후 이명박 정부가 출범하면서 바로 사문화되었다. 정권 담당자들이 대북정책을 이런 식으로 추진해서는 안 된다는 또 하나의 사례가 되었다.

대북정책은 중장기적으로 추진되어야 한다. 임기 5년의 정부가 획기적인 돌파구를 마련하거나 성과를 만들어 낼 수 있는 사안이 아니다. 때문에 국민적인 합의가 광범위해야 생명력이 있다. 햇볕정책의 경우 앞서 지적대로 이 정책의 무오류성에 대한 확신과 신념이 너무 강해 건전한 비판 세력들의 견해를 무시했다.

16. 미국의 협조를 얻지 못했다

한반도 문제는 대부분의 경우 남·북한 관계, 한·미 관계, 미·북한 관계가 교호작용하는 구조다. 한국의 대북정책이 성과를 거둘 수 있기 위해서는 미국이라는 변수가 중요한 역할을 한다. 미 행정부가 북한에 대해 어떤 태도를 취하는가가 한국의 대북정책 성패에 큰 영향을 미친다는 것이다.72) 북한 핵 문제가 있어 더욱 그랬다.

김대중 대통령은 클린턴 대통령과 3년 가까이 북한 문제에 관해 긴밀한 협조관계를 유지할 수 있었다. 문제는 2001년 1월 조지 W. 부시 대통령(아들 부시)이 취임하면서부터 생기기 시작했다. 2001년 3월 워싱턴에서 열린 한·미 정상회담이 계기가 되었다. 당시 김 대통령은 새로 출범한 부시 대통령과 그의 참모들(체니 부통령, 럼스펠드 국방장관 등)의 대북인식을 정확히 파악하지 못한 상태에서 워싱턴을 방문했다. 김 대통령은 부시 대통령을 설득할 수 있다고 생각했다.

---

71) 신종대, 2013.
72) 배종윤·명세진, 2011.

그러나 부시 대통령은 김 대통령과의 회담에서 "북한에 대해 의구심을 갖고 있다"고 하면서 김정일에 대해 강한 반감을 드러냈다. 김 대통령의 햇볕정책에 찬물을 끼얹은 것이다. 부시는 2002년 1월에는 국정연설에서 북한을 이란·이라크와 함께 '악의 축'으로 규정했다. 미·북 관계가 꽁꽁 얼어붙기 시작했다. 한·미 관계도 예전 같지 않았다.

2002년은 한국에서 대통령 선거의 해였다. 그해 6월 발생한 미군 장갑차에 의한 여중생 사망 사고는 11월부터 격렬한 반미 데모를 유발했고, 12월 대선에서 이런 분위기에 편승한 노무현 후보가 당선되었다. 노무현 정부는 2003년 2월 출범하자마자 대미 의존에서 탈피한다는 소위 '자주외교'를 내세웠다.

부시 행정부는 한국 정부가 북한에 대해 무조건적인 지원을 제공하는 것은 바람직하지 않다고 생각했다. 사실 미국 입장에서 볼 때 한국 정부가 북한에 대해 대규모 경제지원을 하면서 한국 방위의 상당한 정도를 미국에 의존하는 것은 불만스런 현실이었다. 대한對韓 방위 공약을 이행하는 데 드는 예산상의 부담을 한국이 덜어 주어야 한다고 생각했다. 미국 일각에서는 한국에 대한 안보지원을 중단해야 한다는 주장까지 나왔다.[73]

미국은 햇볕정책이 북한의 레버리지를 높여줘 북핵 문제 등에 있어 미국이 취하는 정책의 효율성을 떨어트린다고 보았다. 미국의 이러한 인식은 북한 문제에 있어 한국과의 긴밀한 공조를 어렵게 만들었다. 워싱턴은 워싱턴대로 좌절감을 느꼈다. 레이건 대통령 시절 국가안보보좌관을 역임한 바 있는 리처드 알렌 같은 사람은 "한국이 대북정책을 주도적으로 추진하는 것은 한국의 고유 권한이지만 한국 정부가 워싱턴이 지지할 수 없는 정책까지도 동의해 줄 것으로 기대해서는 안 된다"는 말로 반감을 드러냈다.[74]

---

73) Bandow, 2012.3.20.

미국 측은 한국이 북한에 대해 무조건적으로 포용적인 태도를 취하는 것을 선뜻 이해하지 못했다. 그들의 눈에는 북한이라는 존재가 포용이나 친화의 대상으로 보이지 않았다. 자유와 민주주의 가치를 추구하는 사람들에게 북한 정권은 '보기 싫은 존재'였다.

6자회담에 깊숙이 관여해온 미 행정부의 한 당국자는 "노무현 정부의 평화번영정책은 무책임한 평화지상주의다"라고 말했다. 한반도 문제에 정통한 에버스타트 미 기업연구소 선임연구원은 "김대중 정권이 추진했던 햇볕정책이 '비극'으로 끝났다면 이를 되풀이 하는 노무현 정권의 대북정책은 '광대극'과 같다"고 힐난했다.75)

이와 같은 맥락에서 미 행정부·의회 인사들은 한국 정부가 무조건적으로 북한을 포용하려는 노력을 긍정적으로 보지 않았다. 특히 북핵 문제가 미국으로서는 중요한 현안으로 대두되어 있는 상황에 한국이 북한에 대해 대규모 경제적 지원을 계속하는 것을 이해할 수 없었다. 미국의 정책 입안자들은 햇볕정책이 "너무나 후하고 순진하며 위험한 것"이라고 인식했다.76) '순진하다'naive고 하는 것은 '어리석다'는 의미였다.77)

김대중 전 대통령은 2008년 9월 한 언론 인터뷰에서 햇볕정책에 두 가지 어려움이 있었다고 술회했다. 하나는 국회 과반수를 차지한 야당의 반대였고, 다른 하나는 미국-북한 간 대립이었다고 했다. 그러면서 북한 핵실험도 다음과 같이 부시 대통령 탓으로 돌렸다.

---

74) 세계일보, 2003.5.20.
75) 동아일보, 2004.1.1.
76) Bae, 2010.
77) * 부시 대통령은 2001년 초 김대중 대통령과 전화통화를 했는데, 이때 김 대통령은 햇볕정책에 관해 장황하게 설명했다. 그러자 부시 대통령은 전화기 송화구를 가리고 "이 사람이 누구야?(Who is this guy?) 뭐 이렇게 순진한 사람이 있어!(I can't believe how naive he is!)"라며 이해하기 힘들다는 제스처를 썼다 한다(Pritchard, 2007).

부시 대통령이 취임해서 내가 권고한 대로 북한과 주고받는 대화를 했으면 북한이 왜 핵실험을 하고 핵보유로 달려갔겠는가. 부시가 실기失機한 거다. 북한 내부에서 굉장한 변화가 진행 중이다. 미국과 북한이 국교정상화하고 미국이 북한의 안전을 보장하고 개혁·개방하도록 도와줄 때 북한은 진짜 변할 것이다.

김 전 대통령은 2009년 7월 영국 BBC와의 인터뷰에서도 "북한이 1994년 핵을 완전히 포기했고 2000년 장거리 미사일을 갖지 않기로 합의했는데 부시 행정부 때문에 일이 잘못 되었다"고 주장했다.78)

부시 행정부가 한국 정부의 햇볕정책 추진에 장애요인이었다는 주장은 맞다. 부시 행정부는 북한에 대해 전임 클린턴 행정부와는 너무나 다른 태도와 입장을 취했다. 북한과 같은 나라는 하루속히 지구상에서 사라져야 하는 존재인 것처럼 취급했다. 이런 태도는 한국이 햇볕정책을 적극적으로 추진하는데 분명한 걸림돌이 되었다.79)

이근 교수는 "햇볕정책이 독립변수로 활용하고자 하는 경제지원과 상호교류 및 포용이 이와 반대되는 국제적 압박과 제재, 적대敵對 정책 등으로 상쇄되었거나 유명무실해졌다"고 하면서, 미국이 햇볕정책에 부정적인 역할을 했다고 주장했다. "미국이 취한 태도나 정책이 남한의 햇볕정책을 상쇄해버려 대북 경제지원과 상호교류는 독립변수로 작동할 수 없게 되어 버렸다"는 것이다.

문정인 교수도 "부시 행정부의 대북 강경정책이 햇볕정책을 추진함에 있어 최대의 장애 요인이었다"고 했고,80) 김연철 교수도 "햇

---

78) * '북한이 1994년 핵을 완전히 포기했다'는 말은 사실과 다르다. 북한은 1994년 '제네바합의'에도 불구하고 핵무기 제조의 또 다른 방식인 우라늄 농축 방식에 의한 핵개발을 계속하고 있었다. 이는 2001년 부시 행정부 출범 이전의 일이다.
79) Clemens, 2003.
80) 문정인, 2012.

별정책에도 불구하고 남북한 관계가 진전되지 못한 책임은 미국이 더 컸다"고 주장했다. "남북한과 미국의 삼각관계가 긍정적 상호보완 관계에서 부정적 상호갈등 관계로 변한 것은 북한이 아니라 부시 행정부 때문이었다"는 것이다.

햇볕정책 추진과정에서 '민족공조'가 강조되는 분위기는 자연히 한·미 관계에서 갈등을 야기했다. 한국인들의 북한에 대한 시각은 호의적으로 변하는데 상대적으로 미국에 대한 시각은 비판적으로 변했다. 이런 과정에서 생긴 한·미 간 인식 차이는 햇볕정책의 효과적인 추진에 부정적인 영향을 주었다.

남북한 관계와 한국의 대북정책은 한·미 관계에 의해 압도적인 영향을 받는 것이 현실이다. 햇볕정책을 추진하는 과정에서 한국 정부는 미국과의 협력이 중요하다는 사실을 잘 알고 있었으나 부시 행정부의 대북정책 때문에 현실적인 어려움이 있었다.

17. 안보의식이 무뎌지게 만들었다

햇볕정책은 한반도의 냉전체제를 화해와 협력 체제로 전환시킨다는 것이었다. 그러기 위해 북한과 적극적으로 교류와 협력을 추구하되 동시에 강력한 대북 억지력을 유지할 것이라고 했다.

그러나 이러한 기조는 빈말에 가까웠다. 안보보다 화해·협력이 강조되는 분위기였고, 북한은 도발을 멈추지 않았다. 1998년 6월 강릉 앞바다에 잠수정을 침투시켰는가 하면, 바로 다음 달 동해시에 무장 간첩을 침투시켰고, 이어 8월 31일에는 미사일(대포동 1호)을 쏘아 올렸다. 남한의 포용정책을 머쓱하게 만들었다.

햇볕정책의 제1의 원칙인 '무력도발 불용' 사태가 발생했음에도 김대중 정부는 북한으로부터 어떠한 해명이나 사과를 받아내지 못했다. 이러한 대응은 북한의 도발이 계속되는 결과를 낳았다. 1999.6.15 북한 경비정과 어뢰정 등 10여 척의 함정이 서해 북방한 계선NLL을 넘어 영해를 침범해 들어왔다(제1차 연평해전). 이틀 전에 도 북한 어뢰정 3척이 NLL을 넘어 10km나 남하했다.

화해·협력을 안보보다 앞세우는 자세는 2000년 6월 남북정상회 담이 있은 후 더욱 굳어졌다. 김대중 대통령은 이 정상회담에서 핵 문제 등 안보와 관련된 사항은 아예 거론하지 않았다. 이런 분위기 에서 대북 안보태세에 있어서의 문제점을 지적하면 으레 '냉전적 사 고'라는 비난을 받았다. 1995년 국방백서에서 쓰이기 시작했던 '주 적'主敵이라는 용어가 노무현 정부 2년 차인 2004년 자취를 감췄 다.[81]

햇볕정책은 북한에 대한 경계심을 이완시켰다. 국민들의 안보의식 이 무뎌졌다. 여기에는 정부와 진보세력의 역할이 컸다. 북한은 이 런 분위기를 이용했다. 적절히 트러블을 일으켰다. 1999년, 2002년 서해상에서 군사적 충돌이 일어났다. 2006년 북한이 핵실험을 했는 데도 노무현 정부는 이를 이해하는 듯한 태도를 보였다. 북핵 무감 각증 현상이 나타났다.

햇볕정부 시절 '미국이 북한보다 더 위험하다'는 여론조사 결과가 나오는 것은 흔히 있는 일이었다. '햇볕정책이 북한을 무장해제 시 킨 것이 아니라 남한의 안보의식을 해제시켰다'는 말이 나왔다. 2003년 2월 한국갤럽이 실시한 여론조사에 의하면 '북한의 남침 가 능성이 있다'고 응답한 사람들은 37%에 불과했다. 9년 전에는 69% 였다.

---

81) * 2010.11.23 북한이 서해 연평도에 포격을 가해왔을 때 우리 군은 제대로 대 응하지 못했다. 군 수뇌부 어느 누구도 이명박 대통령에게 북한에 대해 강력한 보복 타격을 실시해야 한다고 주장하는 사람이 없었다. 당시 청와대 정무수석이 었던 정진석은 이런 상황을 놓고 "햇볕은 우리의 군인정신을 녹였으며 북한의 핵개발을 도왔다"라고 했다(Premium Chosun, 2014.2.6).

김대중 전 대통령은 이런 취지의 말을 한 적이 있다. "전에는 군사분계선에서 총소리가 한번 나도 국민들이 겁을 먹었지만, 지금은 북한이 핵무기를 가지고 있다고 해도 꿈쩍도 하지 않는다. 햇볕정책의 성과가 아닌가."

노영찬 교수는 햇볕정책이 "북한의 입장과 정책을 합리화·정당화시켜주는 이념 역할을 했다"면서, "남한의 대북관과 의식구조를 근본적으로 바꾸는 데 결정적으로 공헌을 했다"고 보았다.[82]

김충남 박사는 "햇볕정책의 가장 큰 문제점은 많은 한국 사람들로 하여금 북한의 군사적 위협은 걱정할 필요가 없다고 생각하게 만들었다는 것"이라고 했다.

18. 북핵 문제에 단호한 입장을 취하지 못했다

북한의 핵개발 과정에서 노무현 정부 시절(2003.2~2008.2)은 대단히 중요한 기간이었다. 2003년 2차 북핵 위기가 시작되었고, 2006년 1차 핵실험이 있었다. 북핵 문제를 다루기 위한 6자회담 프로세스가 시작된 것도 2003년이었다.

앞서 지적했듯이, 노무현 정부는 북핵 문제에 대해 북한을 이해하는 태도를 보였다. 노 대통령은 2004년 "북한이 '핵은 외부 위협에 대한 자위용 억제 수단'이라고 한 것은 일리가 있다"고 말했고, 정동영 통일부 장관은 2005년 "북한의 메시지는 핵을 포기하고 양도할 용의가 있으니 삶을 보장해 달라는 것"이라고 했다. 한명숙 총리는 2006년 10월 핵실험 직후 "북한의 재래식 무기는 우리를 겨냥하고 있지만 핵무기는 우리를 겨냥한 것이 아니다. 북이 핵실험을 통해 국제 협상력을 높이려는 것"이라고 했다.

---

82) 문화일보, 2006.10.19.

김대중 전 대통령은 북한이 최초의 핵실험을 감행한 바로 다음날인 10월 9일 청와대에서 있은 노무현 대통령과 전직 대통령 간 회동에서 "북한이 남한의 햇볕정책 때문에 핵개발을 하겠다고 한 적이 없다. 미국이 못 살게 굴어서 살기 위해 마지막 수단으로 핵개발을 한다고 그런다"고 했다.

김 전 대통령은 이틀 후 전남대학교에서 열린 강연에서는 "요새 아주 해괴한 이론이 돌아다닌다. 햇볕정책의 실패를 말하는데 기억을 더듬어 봐도 햇볕정책 때문에 북한이 핵개발을 하겠다고 한 적이 없다. 왜 죄가 없는 햇볕정책을 갖고 그러는가. 햇볕정책은 남북 간에 분명히 성공했고 더 성공할 수 있었는데 북·미 관계 때문에 그렇게 되지 못했다는 것은 다 아는 사실이다"라고 말했다.

여론은 햇볕정책 때문에 북한이 핵·미사일을 개발하고 있다는 것은 아니었다. 다만 햇볕정책 추진 과정에서 북한에 제공된 현금 등이 핵개발에 사용이 되었을 개연성이 있지 않느냐는 것이었다. 핵·미사일 개발에는 북한이 감당하기 어려울 정도로 많은 돈이 들어가기 때문에 이렇게 추론했던 것이다. 그러나 김 전 대통령은 일부 국민들이 북한의 핵실험을 햇볕정책 탓으로 돌린다면서 불만을 토로했던 것이다.

김대중·노무현 정부 10년 간 대북 경제지원 규모는 69억5950만 달러였다. 김대중 정부에서 24억8835만 달러, 노무현 정부에서 44억7115만 달러의 현금·현물이 지원되었다. 이명박 대통령은 2009년 7월 유로뉴스Euro News와의 인터뷰에서 "지난 10년간 막대한 돈을 (북한에) 지원했으나 그 돈이 북한 사회의 개방을 돕는 데 사용되지 않고 핵무장하는 데 이용됐다는 의혹이 일고 있다"고 말했다.[83]

2009년 5월 북한이 2차 핵실험을 하자 한국과 국제사회는 대북

---

83) * 현금은 총 29억2222만 달러가 지원되었는데 김대중 정부 13억3105만, 노무현 정부 15억7117만 달러였다. 현물은 총 40억5728만 달러가 지원되었다(김대중 정부 11억5730만, 노무현 정부 28억9998만 달러)(조선일보, 2009.6.30).

식량지원을 중단했다. 이유는 식량지원의 인도적 성격에도 불구하고 이러한 지원이 외국으로부터의 식량수입을 대체함으로써 결과적으로 핵개발과 군비증강에 필요한 부담을 덜어주는 결과가 되었기 때문이다.[84)

햇볕정책은 북한이 핵·미사일을 개발하는데 긍정적인 영향을 미쳤을 것이다. 배인준 『동아일보』 주필은 "김·노 정부가 북한에 순한 양처럼 굴며 퍼주지 않았다면 심각한 경제난에 빠져있던 저들의 핵과 미사일 개발에도 차질이 있었을 것"이라고 썼다.[85)

조갑제 <조갑제닷컴> 대표는 "2006년의 북한 핵실험은 김대중·노무현·김정일의 합작품이라고 할 수 있다"고 하면서, "김정일 정권이 핵무기를 개발하고 있음에도 대북 퍼주기를 계속하고 국제사회의 대북 제재를 방해함으로써 핵무기 개발에 필요한 자금과 시간을 제공하였다"고 주장했다.[86) 염돈재 전 국가정보원 차장도 "햇볕정책은 공산동맹의 상실과 경제파탄으로 위기에 처한 북한이 위기에서 벗어나 핵개발에 필요한 시간과 자금을 얻는데 도움이 되었을 뿐이다"라고 평가했다.[87)

노무현 정부는 2차 북핵 위기가 조성되었을 때 북핵 문제의 심각성을 인식하고 대북지원에 신중을 기했어야 했다. 그러나 북한의 핵·미사일 개발에 개의치 않고 대북 지원을 계속했다. 북한이 핵보유를 선언했음에도 대규모 식량지원을 재개했고, 미사일을 발사하는 상황에서도 별일 아닌 것처럼 대응했으며, 핵실험을 단행하는 순간

---

84) 이용준, 2010.
   * 북한의 핵개발에는 65억 달러 이상이 소요되었을 것으로 추산된다. 65억 달러는 북한 전 주민의 8년 치 식량을 구입할 수 있는 규모다(우승지, 2013.)
85) 동아일보, 2012.10.17.
86) 조갑제닷컴, 2013.10.17. 홍용표 통일부 장관은 2016.2.12 기자회견에서 "개성공단을 통해 들어간 자금이 북한의 핵과 장거리 미사일 개발에 쓰였다는 여러 가지 관련 자료를 갖고 있다"고 말했다.
87) 염돈재, 2010.

까지 대북 수해복구물자를 선적했다.

방형남 『동아일보』 논설위원은 2012.12.19 대통령 선거에서 새누리당 박근혜 후보가 민주당 문재인 후보를 누르고 당선된 결과에 대해 "많은 유권자가 북한의 핵·미사일 개발을 지원한 꼴이 된 햇볕정책의 부활을 막아야 한다는 일념에서 투표소로 달려갔다"고 썼다.

19. '통일대비'보다 '분단관리'를 추구했다

김대중 대통령은 1998.2.25 대통령 취임사에서 "지금은 통일이 아니라 평화와 공존을 정착시킬 단계"라고 하면서, "흡수 통일"을 추구하지 않을 것이라고 선언했다. '햇볕정책 설계자'로 불린 임동원은 이 정책의 요체는 "공존공영하는 '사실상의 통일 상황'을 실현해 나가는 것"이라고 했다. 북한과의 공존·공영이 통일을 이룬 것이나 마찬가지라는 것이다.

아이로니컬하게도 북한은 이러한 '선先교류·후後통일론'을 '반민족·반통일론'이라고 비난했다. 햇볕정책이 반민족·반통일적이라는 북한의 주장은 그렇게 틀린 말이 아니었다. 햇볕정책은 남한 사회에서 통일대비보다 분단관리가 더 중요하다는 인식을 심어주는 역할을 했다. '분단관리'는 대북정책과 통일정책의 연계성이 약한 반면 '통일대비'는 이 두 정책간의 연계성이 강하다.[88]

햇볕정책이 통일을 먼 미래로 미룬 정책이었다고 하는 것은 이 정책이 북한을 흡수 통일하지 않겠다고 명시적으로 선언한 사실에 근거한다. 빅터 차 교수는 "햇볕정책은 한국뿐만 아니라 전 세계가 통일을 뭔가 '나쁜 것'으로 인식하도록 사회화시켰다"고 보았다.[89]

---

88) 김학성, 2012.

박건영 교수는 "남북관계의 정상화를 강조한다고 해서 통일을 유보하거나 분단의 고착화를 주장하는 것이 아니다"라고 하면서, "남북관계의 정상화는 '실질적인 통일 상황'으로 이어질 수 있고, 이러한 과정이 장기적으로 심화되면 남과 북의 체제적 차이가 자연스럽게 해소될 수 있을 것이다"라고 했다. 햇볕정책이 통일문제에 대한 논의를 일단 접어둔 것이 부정적인 것만은 아니라는 견해였다.

염돈재 전 국가정보원 차장은 그의 저서 『독일통일의 과정과 교훈』에서 "독일통일은 기독민주당 정부의 '힘의 우위 노선'이 이룬 성과"라고 하면서, "독일통일은 브란트의 동방정책이 이룬 성과가 아니다"라고 단정했다. 서독이 동독을 지원하고 동독의 안정과 발전을 도운 결과가 아니라는 것이다. 오히려 서독의 동독에 대한 지원이 동독의 민주화 혁명을 지연시켰고, 이는 통일을 그만큼 지연시켰다고 볼 수 있다는 것이다. 이런 관점에서 보면 햇볕정책은 남한 주도의 통일을 지연시킨 정책이었다.[90]

20. 북한 인권문제를 외면했다

북한에 인권문제가 있다는 것은 국제사회에서 널리 알려진 사실이었다. 1990년대 중후반 북한에서 대규모 아사자와 탈북자가 발생하면서 유엔 인권위가 2003년 북한 인권 문제를 제기하기 시작했다. 김대중·노무현 정부는 북한 인권문제를 제기하면 김정일 정권을 자극해 개혁·개방으로 나가는데 방해가 되고, 결국은 인권 상황을 더 악화시키게 될 것이라는 인식을 갖고 있었다. 같은 맥락에서 북한에 대한 식량 지원 등이 궁극적으로는 인권 개선에 기여할 것

---

89) 중앙일보, 2014.7.18
90) 염돈재, 2010.

이라고 믿었다. 햇볕정부는 또한 북한 인권문제는 북한이 스스로 알아서 할 문제이지 외부 세계가 간섭할 일이 아니라는 입장을 취했다.

한국은 2003년 유엔의 북한인권결의안 표결에 불참했다. 2004년과 2005년에는 표결에 참가는 했으나 기권했다. 2005년부터는 결의안이 유엔총회에도 상정되었는데 한국은 기권했다. 2006년에는 찬성했다. 유엔 사무총장을 배출한 나라라는 점과 북한이 핵실험을 한 사실이 고려되었다. 2007년에는 노 대통령 지시에 따라 또다시 기권했다. "최근 남북관계 진전 상황 등을 고려한 것"이라고 청와대는 밝혔다.

유엔 인권조사위원회는 1년 가까이 북한 인권 실상을 조사해 2014.1.17 <북한 인권실태 보고서>를 발표했다. 이 위원회는 김일성·김정일·김정은 '3대수령'과 국가안전보위부 등에 개별적 형사책임이 있다고 결론내리고 모든 책임자들을 국제형사재판소에 회부하도록 유엔 안전보장이사회에 권고했다. 유엔 제3위원회(인권 담당)는 2014.11.18 북한인권결의안을 찬성 111, 반대 19, 기권 55로 채택했다. 유엔인권조사위원회 최종 보고서를 토대로 만들어진 이 결의안은 북한인권 상황을 국제형사재판소에 회부하고 최고책임자들을 제재할 것을 권고하는 내용이 포함되었다.

21. 이명박 정부의 대북정책

이명박 정부(2008.2~2013.2)는 전임 김대중·노무현 정부의 대북정책이 실패한 정책이었다는 데서 출발했다. 이 대통령은 2011.4.29 아미티지 전 국무부 부장관, 빅터 차 전 백악관 국가안보회의 국장 등을 접견한 자리에서 다음과 같은 취지의 말을 했다.

우리는 햇볕정책과는 다른 시각을 갖고 출발했다. 남북 교류는 북한이 상호주의 원칙에 응해야 정당한 것이다. 무조건적인 대북 협력은 안 된다. 나는 북한이 핵을 폐기하고 인권 문제를 해결해야 북한의 사회기본 시설에 대규모 투자를 하고, 한반도 평화체제를 건설하며, 남북한 전쟁상태를 종식시킬 수 있다고 선언하였다. 한국 납세자의 돈을 북한에 투자한다면 그만큼의 이득이 있어야 한다. 대화 그 자체가 목적이어선 안 된다. 어린이와 임산부에 대한 지원은 조건 없이 한다. 다른 지원은 인권개선(국군포로, 납치자, 남북 어부 송환 등) 및 비핵화에 연계시킨다. 햇볕정책 시절엔 한국이 북한의 비위를 맞추려고 애썼지만 더 이상 그럴 순 없다. 나는 북한 지도자와 만나는 것에 거부감은 없지만 한 가지 원칙을 견지하고 있다. 그런 회담을 위하여 북한에 돈이나 물자를 주는 일은 없을 것이다.[91]

이명박 대통령은 2011년 10월에는 다음과 같은 취지의 말을 했다. [92]

본인이 4년간 일관되게 추진한 엄격한 대북정책이 북한에서 정권의 배급기능이 약해지는 대신에 시장기능의 확대라는 본질적 변화를 불러오고 있다. 그 결과로 북한 주민들의 생활이 다소 좋아졌다. 대북 퍼주기는 북한의 개방을 방해하였는데, 대북 봉쇄가 오히려 시장의 확대라는 근본적 체제 변화를 촉진하고 있다.

천영우 외교안보수석은 한 언론 인터뷰에서 이명박 정부의 대북정책을 다음과 같이 평가했다.

▶ (과거 정부에서는) 북한의 일방주의를 용인했지만 이명박 정부에서

---

91) Cha, 2012.
92) 조갑제, 2012.5.6.

는 남북관계에서 북한이 해야 할 의무를 부과했다. 상호주의를 요구했다. 북한은 오랫동안 일방적으로 하는 것에 익숙했었다. 남 측에 돈 가져오라고 하면 주고, 쌀 달라고 하면 쌀도 주고, 비료도 주고, 북한은 그걸 조공으로 생각해왔다. 그 대가로 도발하지 않는 것을 큰 선심 쓰듯이 하는 그런 식의 남북관계였다. 이명박 정부는 그렇지 않았다.

▶ 과거 대북정책이나 안보정책이 북한의 비위를 거스르지 않고 북한을 자극하지 않는 것을 최선의 길로 여겨온 시절이 있었지만 북한의 선의나 자비에 의존하는 평화는 지속가능한 평화가 아니다. (이명박) 정부에서 대북 억지력을 회복하는 과정에서 충돌도 있었고 아까운 인명 손실도 있었지만, 그 조치의 결과로서 한반도 평화 기초는 더 튼튼해졌고 북한 손에 맡겨났던 한반도 평화 결정권을 상당 부분 회복했다.93)

---

93) 문화일보, 2013.1.4.

제5장 김영삼·김대중·노무현 정부와 북한 핵 문제

북한은 20여 년 만에 핵개발에 성공했다. 북한의 핵개발을 막기 위한 노력은 왜 실패했나? 한국 정부는 이 문제를 어떻게 다뤘나? 이런 사항들을 중심으로 살펴본다.

1. 북한의 선택은 핵개발이었다

북한에게 1980년대 말~1990년 대 초는 고립무원孤立無援의 시기였다. 앞서 살펴보았듯이, 사회주의 동맹이었던 동유럽 국가들이 개방·개혁을 추구하면서 한국과 수교했고, 이어 최대 지원국인 소련과 중국이 한국과 수교했다. 동독은 서독에 편입되어 소멸되었고, 공산주의 종주국이던 소비에트연방도 해체되었다. 이러한 전환기적 변화로 북한은 감당하기 힘든 타격을 받았다.

북한은 이제 남한과의 군사력 경쟁을 계속하기가 어렵게 되었다. 이미 1977년경부터 군사비 면에서 뒤지기 시작한 북한은 1990년 군사비 지출 면에서 남한의 3분의 1 정도였다. 이런 격차는 해를 거듭할수록 커질 수밖에 없었고, 북한은 이런 사실을 잘 알았다.[1]

김일성은 이즈음 전략적 결단을 하게 된다. 개방·개혁이 아닌 핵개발을 선택했다.

국제원자력기구IAEA는 1993년 2월 북한이 신고하지 않은 두 군데의 핵시설을 통해 다량의 플루토늄을 추출했을 가능성을 제기하면서 이에 대한 특별사찰을 강력히 요구한다. 북한은 이런 요구를 거부하고 3월 12일 핵확산금지조약NPT 탈퇴를 선언한다.

북한의 핵개발 의혹은 이미 1989년 9월 프랑스 위성이 촬영한 영변 핵단지 사진을 통해 제기된바 있다. 1992년 7월 IAEA 사찰단은 북한이 1989·1990·1991년 세 번에 걸쳐 플루토늄을 추출했다는 사실을 밝혀냈다.

북한이 1993.3.12 NPT 탈퇴를 선언하자 김영삼 정부는 대변인 성명을 통해 "북한의 이러한 움직임이 범세계적인 핵 비확산 체제에 대한 중대한 도전"이라고 하면서, "이로 인해 초래될지 모를 어떤 도발적 위협에 대해서도 즉각적이고 단호하게 대처할 수 있는 만반의 준비를 갖추고 있다"고 밝혔지만, 다른 한편으로는 미국이 북한에 대해 강경한 자세를 취할 가능성을 우려했다.

북한의 NPT 탈퇴는 김영삼 정부 출범(1993.2.25) 직후에 발생했다. 김 대통령은 2월 25일 취임사에서 "어느 동맹국도 민족보다 나을 수 없습니다. 어떤 이념이나 어떤 사상도 민족보다 더 큰 행복을 가져다주지 못 합니다"고 말하는 등 북한에 대해 유화적인 제스처를 보였다. 김 대통령은 북한이 NPT 탈퇴를 선언한지 불과 한 주일 지난 시점에 비전향장기수 이인모를 아무 조건 없이 송환하기도 했다.

김 대통령은 4월 3일 CNN과의 인터뷰에서 "핵 문제와 이산가족

---

1) 서진영, 1993.

교류 문제 등을 연계시키지 않겠다. 핵 문제 등으로 북한이 고립되는 것을 원치 않는다. 북한이 만약 NPT에 복귀하면 대북 유화정책을 검토할 용의가 있다"고 말했다. 김 대통령의 이러한 언급은 한·미 양국의 보수 강경파들의 반발을 사면서 대북정책 전반에 대한 불신과 혼란을 야기했다.

6월 3일 김영삼 대통령은 취임 100일 기자회견에서 "핵무기를 갖고 있는 상대와는 결코 악수할 수 없다"며 북핵 문제에 대해 강경한 입장을 표시했다. 그러면서도 "핵 의혹이 해소되면 남북관계는 각종 합의사항을 이행할 수 있을 것"이라고 했다. 이 회견에서 김 대통령은 "북핵 문제는 한국 국민의 관심사일 뿐 아니라 세계적인 관심사"라고 하면서, "미·북한 접촉을 통해 문제가 해결되기 바란다"는 기대를 표시하기도 했다.

2. 김영삼 정부와 클린턴 정부의 갈등

북핵 문제를 놓고 김영삼 정부와 클린턴 정부는 갈등을 보이기 시작한다. 클린턴은 1992년 대선에서 공화당 후보였던 부시(아버지 부시)를 누르고 12년 만에 정권 교체를 이루고 1993.1.20 취임했다. 미국이 북한을 직접 상대해 이 문제를 다루려하자 김 대통령이 반발하고 나섰다. 양국 지도자 간 충돌은 1993년 11월 워싱턴 한·미 정상회담에서 불거졌다.

정상회담을 준비하면서 양국 실무진은 북핵 문제와 북·미 관계 정상화 등을 일괄적으로 타결한다는 소위 '포괄적 접근법'comprehensive approach을 만들어 정상회담에 올렸다. 그런데 김 대통령은 클린턴과의 회담에서 이 방안을 거부했다. 클린턴은 난감했지만 타협적인 자세로 일단 김 대통령의 주장을 수용했다. 다만 명칭을 '철저하고 광범위한 접근'thorough and broad approach으로 부르기로 했다. 이후 김 대통령은 북핵 문제를 다루는 과정에서 일관성을 잃었는데, 주된 원인은 김 대통령 자신이 대북 문제에 대한 철학과 원칙이 없는 상태에서 주위 사람들의 의견에만 의존한데 있었다.[2]

'철저하고 광범위한 접근'의 골자는 ▶북한의 IAEA 사찰 수락과 남북대화 재개가 북한이 가장 먼저 이행해야 하는 전제조건이다 ▶남북 상호사찰과 남북 특사교환, 팀스피리트 훈련 중단 여부는 한국이 결정한다 ▶북핵 문제가 해결될 때까지 주한미군 감축은 없다는 것이었다.

김 대통령은 자신의 회고록(2001)에서 클린턴과의 회담에 대하여 "내 재임 중 한·미 관계의 기본 틀에 합의한 중요한 회담이었다. (…) 그동안 대북 문제에서의 한·미 관계는 미국의 일방적 주도에 한국이 끌려가는 형식으로 진행되어왔으나 이날 회담을 계기로 남북 문제 당사자로서 한국의 주도권을 명확하게 확보하였다"라고 썼다.

김 대통령이 클린턴과의 회담에서 일관성 없는 태도를 보임으로써 미 측은 김 대통령의 행동을 예측하기 어렵다는 인상을 받았다. 김 대통령이 국민 여론에 민감하게 반응하는 지도자라는 사실도 알게 되었다. 비슷한 시기에 출범한 두 대통령의 첫 만남은 북한 핵 문제로 상처가 난 만남이었다.[3]

---

2) 김종석, 2010.
3) * 1978년부터 28년 간 미 국무부 통역관으로 한·미 정상회담 통역을 담당했던 김동현은 자신이보기에 한·미 관계가 가장 어려웠던 때는 반미 성향이 강했던 노무현 정부 시절이 아니라 김영삼 정부 초기였다고 했다(조선일보, 2013. 5.10).

3. 클린턴 정부, 영변 핵시설에 대한 정밀 타격 검토

　이후 김 대통령은 대북정책에서 일관성을 잃고 계속 오락가락했다. 1994.2.25 취임 1주년 기자회견에서 "북한 핵 투명성이 보장되기 전이라도 핵 문제를 해결하는데 도움이 된다면 남북정상회담을 추진하겠다"고 말했다가 얼마 후 "북한이 핵개발을 포기하지 않는다면 자멸의 길을 걸을 수밖에 없다"고 하면서 또다시 강경한 자세로 돌아섰다. 1994년 6월에는 김일성 주석과의 회담을 조건 없이 갖겠다는 의사를 밝히기도 했다.

　김 대통령이 무슨 말을 하던 북한은 위기를 고조시켰다. '벼랑 끝 전술'이었다. 일례로, 1994년 3월 특사교환을 위한 남북 실무접촉에서 북한 대표는 '서울을 불바다로 만들 수 있다'는 발언까지 서슴지 않았다.

　북한이 핵 문제 해결에 이렇다 할 성의를 보이지 않자 미국은 북한의 미사일 공격에 대비한다는 이유로 남한에 패트리어트 미사일을 배치하려 했고, 북한은 이에 격렬히 반발했다.

　급기야 1994년 6월 위기가 최고조에 달했다. 클린턴 정부는 영변 일대를 정밀 타격surgical strike하는 작전을 검토한다. 이 작전은 '오시락 옵션'Osirak Option으로 불렸는데, 이스라엘이 1981.6.7 전폭기를 동원, 이라크 바그다드 인근 오시락의 핵시설을 일거에 파괴한 작전에서 따온 명칭이었다. 클린턴 대통령은 1993년 1월 취임사에서 "미국의 사활적 이익이 도전받거나 국제사회의 의지와 양심이 무시될 때는 필요할 경우 무력을 사용할 수도 있다"고 언급한 바 있다.

　관련 인사들의 증언을 통해 당시 상황이 어느 정도로 심각했는지 살펴보자.

▶ 클린턴 전 대통령 (2004년 발간 자서전)

1994년 3월 하순 북한의 심각한 핵 위기가 시작됐다. … 페리 국방장관이 3월 30일 언론에 말한 대로 나는 전쟁을 불사하고라도 북한의 핵무기 개발을 중단시켜야 한다고 결심했다. … 사태는 그 후에도 악화돼 북한은 5월 IAEA 사찰단의 활동을 막은 채 원자로에서 핵연료를 빼냈다. … 6월 1일 카터 전 대통령이 나에게 전화를 걸어 핵문제 해결을 위한 북한 방문 용의를 밝혔다. … 그 3주 전 나는 전쟁이 일어날 경우 양측이 입게 될 막대한 피해 규모에 관해 정신이 번쩍 드는 보고를 받은바 있다.4)

▶ 김영삼 전 대통령 (1999.10.19 요미우리신문 인터뷰)

클린턴 대통령에게 북한을 공격하지 말도록 설득했다. 내가 설득하지 않았다면 한반도에서 전쟁이 일어났을 것이다.5)

▶ 김영삼 전 대통령 (2001년 발간 회고록)

(주한 미국대사를 청와대로 초치해) 클린턴 대통령이 이럴 수가 있습니까! … 미국이 북한을 폭격하면 그 즉시 우리 남한도 북한의 폭격으로 초토화됩니다. 내가 분명히 말하지만 내가 있는 한 전쟁은 절대 안 되고 가족 등 미국인들의 소개疏開도 안 됩니다. … 나는 한국군의 통수권자로서 우리 군인 60만 중에 절대 한 사람도 동원하지 않을 겁니다.

▶ 김영삼 전 대통령 (2009.4.13 SBS 라디오 방송)

당시 동해안에 영변을 때리려고 미국 해군 군함 33척, 2개 항공모함

---

4) * 게리 럭 주한미군사령관은 전쟁 발발 시 미군은 8~10만 명이 사망하고 한국군은 수십만 명이 사망할 것이며, 전비戰費는 걸프전(1991)에 소요된 600억 달러를 훨씬 넘는 수준이 될 것으로 추산했다.
5) * 미국 인사들은 김 대통령의 이런 주장은 사실 관계에서 전혀 맞지 않다고 했다.

이 와 있었다. 전쟁을 막아야겠다는 생각이 있었기 때문에 클린턴 당시 미국 대통령에게 전화로 절대 반대했다. … 국경선의 포가 남쪽을 보고 있는데 (영변을 공격하면) 일제히 서울이 불바다가 된다며 내가 강력히 반대했다. … 65만의 군인들 중 단 한사람도 전쟁에 개입하지 못하게 통수권자로서 하겠다. 그래도 좋으냐고 했다. …그때 그대로 됐다면 아마 영변을 때렸을 것이다. … (당시 주한 대사를 청와대로 부른 것과 관련) 그 다음날 대사관에서 비전투 요원을 다 미국으로 보낸다는 것을 발표한다는 정보를 들었다. (주한 대사에게) 클린턴 대통령에게 내가 절대 반대라고 전화해달라고 했다.

▶ 페리 전 국방장관 (1999년 발간 저서)
나는 셸리캐쉬빌리 합참의장과 럭 주한미군 사령관에게 '작전계획 5027'(전면전 대비계획)을 점검할 것을 지시했고, 북한 핵시설 제거를 위한 비상계획을 재점검하도록 지시했다. 우리는 비상계획을 통해 북한 핵시설을 파괴할 수 있지만, 문제는 북한의 대남對南 보복 가능성이었다. … 1994.6.14 나는 군 수뇌부 회의를 소집했는데 이 자리에서 럭 사령관은 작전계획 5027 실행 방안에 대해 상세히 보고했다. 나는 대량살상무기 사용이 포함될 수 있는 전쟁 일보 직전에 와있음을 직감했다.6)

▶ 페리 전 국방장관 (2001.6.17 제주평화포럼 연설)
당시 북한은 핵연료 재처리 과정을 막 시작하려 하고 있었으며 방치하면 6개의 핵폭탄 제조가 가능한 플루토늄을 확보할 터였다. 특히 '서울을 불바다로 만들겠다'는 북한의 위협을 심각하게 받아들인 나는 전쟁 비상계획을 검토하라고 지시했다. … 이틀 동안 군 지휘자들을 만나 전쟁계획의 모든 세부상황을 검토했다. 파견할 육군·공군부대를 결정했고 이동방법·도착시간 등에 대해 심사숙고하는 한편 기

---

6) * 사태 당시 백악관 국가안보회의 비확산담당 특보였던 대니얼 폰만은 "페리 장관은 전쟁이 실제로 일어날 수 있다는 사실을 북한에 알려줄 필요가 있다고 판단했다"고 말했다(세계일보, 2014.10.22).

습공격을 언제 어떻게 할 것인지를 고려했다. 검토 결과 전쟁이 발발하면 승리하겠지만 한국군·미군·한국인들의 피해가 엄청날 것이라는 게 드러났다. 나와 군 지휘관들은 주한미군을 강화하면 피해를 대폭 줄일 수 있을 것으로 보고 주한미군을 수만 명 증원하는 계획을 입안했고, 주한대사관에 민간인 철수계획을 준비토록 지시했다. …
그러나 클린턴 대통령이 전쟁 개시를 승인하기 불과 몇 시간 전에 우리는 '영변의 핵활동을 중지하고 의미 있는 협상을 할 준비가 되어있다'는 김일성의 전언을 받아 협상에 나선 것이다.

▶ 애시턴 카터 전 국방부 차관보 (2005.3.3 한국 언론 인터뷰)
나는 당시 영변의 연료개발 및 재처리 시설 등을 폭파시킬 수 있는 공습훈련을 지휘했다. … 나는 방사능 낙진 등 환경문제 없이도 시설을 공격할 수 있고 결정적으로 핵 프로그램을 저지시킬 수 있다고 국방장관에게 말한 바 있다. … 나는 핵시설을 파괴하면 핵 프로그램은 와해된다고 생각했다. 물론 이는 한반도 전쟁 발발 위험을 의미하기 때문에 이런 공습을 바라는 사람은 아무도 없었을 것이다.

▶ 로버트 갈루치 당시 국무부 차관보 (1999.10.4 CNN 인터뷰)
거의 전쟁이 날 뻔 했었다. 만약 미국이 영변을 공격했으면 한반도에는 새로운 전쟁이 터졌을 것이다. 필요하다면 우리는 군사적인 방법도 불사한다는 것을 보여주려고 했지만 실제로 그것은 우리가 원하던 길은 아니었다.

▶ 조월 위트, 다니엘 포네만, 로버트 갈루치 (2004년 발간 저서)
1994.6.16 백악관에서 고위급 회의가 시작되기 직전 럭 사령관은 레이니 대사에게 급히 만나자는 연락을 했다. (클린턴) 대통령이 한국에 병력을 증파하기로 결정할 것이라는 소식을 들었던 것. 그는 급히 사람들의 눈을 피할 수 있는 대사관저로 차를 몰았다. 거기서 두 사람은 유례가 드문 대사·군사령관 공동 건의문을 작성해 워싱턴으로 보냈다. 이 건의문에서 그들은 지금 워싱턴에서 내리려는 결정은 수만

190

명 미국인의 안전에 영향을 미칠 수 있으며, 그에 대한 고려와 준비가 부족하다고 지적했다. 그리고 앞으로 두 사람과 사전 협의 없이 추가적인 조치는 취하지 말아달라고 강력하게 건의했다. 이런 행동으로 이들이 기대한 것은 상황의 위중함을 알림과 동시에 의사결정 과정의 속도를 늦추어 외교적 해결을 위한 시간을 확보하려했던 것이다.

이처럼 클린턴 행정부는 영변의 핵시설에 대해 정밀 타격을 검토했으나 카터 전 대통령의 김일성 면담으로 상황이 급반전되었다.

그러면 클린턴 행정부는 왜 영변 핵시설에 대한 폭격을 검토했나? 당시 국방장관이었던 페리는 "미국은 북한의 핵개발이 이런 사태(미국의 정밀 타격과 이에 따라 일어날 사태를 의미)보다 더 위험하다고 생각해 그런 결과를 예방하기 위해 전쟁도 불사할 준비가 되어 있었다"고 말했는데,[7] 여기에 답이 있다.

페리는 "북한이 핵무기를 보유하게 되면 억지력이 약화되어 전쟁 가능성이 더 높아진다"고 판단했다. 남북한 간에 군사적 균형이 완전히 깨진다고 보았던 것이다. 그는 북한의 핵개발 의도를 1962년 쿠바 미사일 위기와 같은 수준의 위기라고 생각했다. 그만큼 북한의 핵개발을 심각하게 보았다.

당시 중앙정보국장CIA이었던 울시는 2015년 한국 언론과의 인터뷰에서 "북한의 핵 위협이 증대되리라는 것을 사전에 여러 차례 경고했음에도 선제공격이 이뤄지지 않은 것은 미국 정부의 정책적 실수였다. 그때 핵 시설을 군사적으로 공격했더라면 북한의 핵능력이 지금처럼 발전하지는 않았을 것이다"라고 말했다.[8]

---

7) 워싱턴포스트, 2002.10.20.
8) 세계일보, 2015.3.2.

4. 미-북 제네바합의 성립

심각한 상황으로 치닫던 사태는 1994년 10월 미·북 제네바합의로 해소되었다. 북한은 핵활동 동결과 핵사찰을 받아들였고, 미국은 경수로 지원 및 북·미 관계개선 등을 약속했다.

제네바합의는 붕괴 직전의 북한을 살려주었다. 중유 등 경제적 지원이 없었더라면 북한 경제는 버티기 어려운 상황이었다. 정치적으로도 북한은 김정일 체제를 인정받았다. 이런 점에서 제네바합의는 북한 외교의 승리였다. 이용준 대사는 "제네바합의는 북한이 필요로 하는 모든 요소와 모든 선택의 자유들을 부여하는 최상의 합의였고 북한 외교의 빛나는 승리였다"고 평가했다.9)

김영삼 정부는 단계적 타결 원칙을 고집했으나 결국은 미국 입장대로 일괄타결로 마무리되었다. 김영삼 정부는 또한 한국이 주도적인 역할을 해야 한다고 목소리를 높였지만 이 과정에서 외교적 고립만 자초했다. 이런 일은 핵 문제에 국한되지 않았다. 김영삼 대통령 임기 내내 한국은 수세적인 위치에서 북한을 상대해야 했다.

북한의 철저한 '통미봉남'通美封南 전략으로 미·북 협상 과정에서 완전히 배제된 김영삼 정부로서는 미국과의 공조에 의존하는 것 이외에 별 도리가 없었다. 미·북 제네바 협상과정에서 한국이 얻어낸 것이라고는 '남북대화'를 한다는 약속이 전부였다.

지나놓고 보면, 미·북 제네바합의는 북핵 문제를 해결한 것이 아니었다. 이 합의 직후 평양의 심장부에서는 다음과 같은 대화가 오갔다 한다. 황장엽 전 노동당 비서의 증언에서 나온 얘기다.

▶ 강석주(제네바협상 북한 대표): 과거 핵이 걱정이었는데 그것은 갈루치(미국 대표)가 덮어 주기로 해 해결되었다.

---

9) 이용준, 2010.

▶ 황장엽: 5년 쯤 지나면 미국이 과거 핵을 사찰하겠다고 할 터인데 어떡하나?

▶ 강석주: 그건 지도자 동지(김정일을 의미)와 토론했다. 그때 가서는 우리가 다른 걸 가지고 나와서 처음부터 다시 시작할 것이다.10)

북한의 무기개발 책임비서였던 전병호는 제네바 합의 이후 황장엽에게 "(영변 핵시설을) 앞으로 5년 내 다른 데다 옮겨 놓으면 안전할 것이다"라고 말했다.

황장엽이 밝힌 내용이 사실이라면 북한은 핵개발을 그만둘 생각이 없었다. 제네바합의를 통해 얻을 수 있는 이득은 모두 챙기되 그 다음 대두될 문제는 새로운 카드를 만들어 대응하면 된다고 생각했다.

제네바합의는 문제점이 많은 합의였다. 무엇보다도 '합의'라고 하지만 어느 쪽도 합의를 이행할 법적 의무가 없는, 다시 말해 양측이 이행을 원하는 동안만 존속될 수 있는 그런 성격의 합의였다. 이 합의는 또한 문제를 해결한 것이 아니라 뒤로 미룬 것이었다. 핵 동결을 통해 상황 악화를 방지한 것에 불과했다.

5. 김영삼 정부의 북핵 문제에 대한 입장

김영삼 정부가 어떤 생각을 갖고 북핵 문제를 다루었는지는 다음과 같은 관련 인사들의 증언에서 나타난다.11)

▶ 정종욱 전 외교안보수석 (2004.10.16 언급)

---

10) 월간조선. 2014.3월호.
11) 신욱희, 2007.

-북핵 문제와 관련하여 김 대통령의 기본철학이나 생각은 남북대화였다. 핵 문제는 우리 문제이기 때문에 남북대화를 통해 해결되어야 한다는 것이었다.

-그런 상황에서 미·북 대화가 북핵 문제의 중심축이 된다는 것을 김 대통령은 받아들이기 힘들었을 것이다.

-미국은 북한 핵 문제를 핵 비확산 시각에서 범세계적 국제안보 문제로 접근했다. 그러나 우리로서는 북한의 핵무기 개발 시도는 '비핵공동선언' 위반이고 '기본합의서' 위반이었다. 한반도 문제였다.

▶ 한완상 전 통일부총리 (2004.10.22 언급)

-북한은 소위 통미봉남 정책에 따라 미국과 해결하려고 했다. 실제로 우리가 관여할 바가 그리 많지 않았다.

-미국 입장에서는 일괄타결로 풀려고 하는데 한국 정부는 자꾸 그걸 뒤에서 잡아당기려 한다는 인상을 주었다.

-그런 분위기 속에서 핵 문제는 어쩔 수 없이 북한의 통미봉남 정책에 따라 북·미 대화로 가닥을 잡았다고 생각한다.

1차 북핵 위기는 북한의 생존 전략과 미국의 비확산정책이 충돌하면서 발생했다. 그럼에도 불구하고 김영삼 정부는 "핵 문제는 우리 문제"라고 하면서 "남북대화를 통해 해결되어야 한다"는 입장을 취했다. 이는 심각한 오판이었다. 북핵 문제는 남북한 관계 차원에서 해결될 수 있는 문제가 아니었다. 무엇보다도 북한이 남한을 완전히 배제한 상태에서 미국만 상대하려 했기 때문이다.

6. 부시 행정부, 제네바합의를 부정하다

2001.1.20 취임한 부시(아들 부시) 대통령은 전임자의 정책을 대부

분 못마땅하게 생각했다. 미·북 제네바합의나 대북정책도 마찬가지였다. 체니 부통령 등 소위 네오콘(신보수주의)들은 북한에 대해 매우 강경한 입장을 취했다. 2001.9.11 발생한 전대미문의 테러는 이들의 이런 태도를 더욱 강화시켰다.

제네바합의에 따라 북한의 핵 포기 의지 여부를 판가름할 수 있는 '진실의 순간'이 다가오고 있었다. 적어도 2002년 말에는 북한이 IAEA 핵사찰을 받아야 했다. 그러나 북한은 조금도 그런 기미를 보이지 않았다.

그런 가운데 부시 행정부는 북한에 경수로가 제공되어서는 안 된다는 입장이 확고했다. 설사 북한이 핵 프로그램을 폐기하더라도 경수로가 제공되어서는 절대로 안 된다고 생각했다. 북한이 경수로를 이용해 대규모 핵개발에 나설 가능성이 있기 때문이었다.[12] 제네바합의에 의해 북한에 제공될 예정이던 경수로가 대규모 핵개발에 이용될 수 있다면 1994년 제네바합의는 뭔가 잘못된 합의였다.

1994년 제네바 협상 당시 경수로는 핵무기 제조에 전용되기가 가장 어려운 방식으로 알려져 있었다. 그렇지 않다면 미·북 합의에 의한 경수로 지원이 여론의 지지를 받을 수 없었다. 하지만 경수로가 핵무기 제조에 전용되지 않기 위해서는 중요한 전제조건이 충족되어야 한다. 즉 IAEA의 감시 하에 경수로 연료봉을 정상적으로 완전 연소시켜야 한다. 만약 IAEA의 통제를 무시하고 원자로를 비정상적으로 가동할 경우에는 핵무기 제조가 가능한 순도 90% 이상의 플루토늄을 추출할 수 있다. KEDO가 북한에 제공할 예정이던 경수로의 경우 연료봉을 9개월 미만 기간 연소시켜 재처리하면 핵무기 40~50개 제조가 가능한 플루토늄 300kg 정도를 추출할 수 있다.[13]

---

12) 이용준, 2010.
13) 이용준, 2010.

제네바협상 당시 클린턴 행정부는 핵무기 제조에 있어 경수로 방식은 위험성이 무시할 수 있을 만큼 낮다고 했으나 이는 과학적 사실과 거리가 있었다. 그렇다면 미국이 어떻게 북한을 믿을 수 있었는지가 의문이다. 경수로가 지원된 다음 북한이 이런 행동을 하지 않을 것이라는 보장이 없었기 때문이다.

당시 클린턴 행정부는 북한 체제가 오래 가지 못할 것으로 보고 '제네바합의'를 성립시켰다는 설이 있다. 이런 가정 하에 제네바합의를 성립시켰다면 이해할 수 없는 일이다. 다른 한편으로 북한의 핵활동을 막는 것이 급선무였기 때문에 '가장 나쁜 옵션 중 그래도 덜 나쁜 옵션을 선택한다'는 차원에서 이뤄진 일이었다는 설도 있다. 이해는 가나 이는 문제를 해결한 것이 아니라 더 큰 문제를 야기할 수 있는 위험성을 내포한 것이었다. 북한이 신뢰할 수 있는 상대가 아니기 때문이다.

이런 맥락에서 제네바합의는 북한이 미국을 속인 사기극이었다고 보는 견해도 있다. 제네바합의는 구속력이 없었다. 북한이 이 합의를 지키지 않아도 강제할 조항이 없었다. 그런 합의였음에도 불구하고 북한은 46억 달러가 소요되는 경수로, 50만 t의 중유지원을 약속 받았다. 게다가 6~7년 간 핵사찰을 받지 않아도 되었다. 이 기간 동안 북한이 어떤 일을 할지 아무도 모를 일이었다.14)

부시 대통령은 2002.1.29 연두교서에서 북한을 이라크·이란과 함께 '악의 축'axis of evil 국가로 규정했다. 타도 대상이라는 의미였다. 2002년 1월 의회에 제출한 <핵태세보고서>에서는 북한에 대한 전술핵무기 사용 가능성을 언급했다. 이에 북한은 핵확산금지조약 정신에 위배되는 것이라면서 강력히 반발했다. 부시 정부는 9월에는

---

14) * 김정일은 이러한 혁혁한 성과에 감격해 강석주가 제네바에서 협상을 마치고 귀국할 때 순안비행장까지 나가 그를 환영했다(염돈재, 2014. 8.19). 제네바협상 당시 미국 대표였던 갈루치는 2014.10.20 한 세미나에서 "당시 우리는 북한에 대해 몰랐고 지금도 마찬가지"라고 말했다.

새로운 국가안보전략을 통해 위협세력에 대해 선제적으로 예방공격을 가할 수 있다고 선언했다. '악의 축' 국가의 하나인 이라크에 대한 무력 공격 가능성이 점점 가시권에 들어오고 있었다. 1990년대 초와 같이 북한이 잔뜩 긴장할 수밖에 없는 상황이 또다시 조성되었다.

7. 북한의 고농축우라늄 프로그램 문제

핵무기 제조의 또 다른 방식인 고농축우라늄 문제가 대두되었다. 북한이 핵개발을 위한 고농축우라늄 프로그램HEUP을 갖고 있었는지에 관해서는 한·미 당국의 주장이 사뭇 달랐다. 미국 측은 북한이 이 프로그램을 갖고 있었다고 판단한 반면, 한국 측은 아니라고 보았다.

미국 정보당국은 북한이 고농축우라늄 프로그램을 갖고 있을지 모른다고 의심하고 정보를 수집했다. 관련 정보는 주로 파키스탄에서 나왔다. 무기개발 책임비서 전병호는 1996년 황장엽 비서에게 "파키스탄에서 우라늄 농축 기자재를 수입할 수 있게 합의되었다"고 말한 적이 있다. 무샤라프 파키스탄 대통령도 그의 회고록(2006)에서 파키스탄 핵기술자 칸 박사가 북한에 우라늄 농축 기술과 장비를 제공했음을 시인했다.

칸 박사는 전병호가 보냈다고 하는 1998.7.15자 편지를 공개했는데(2011.7), 이 편지에서 전병호는 파키스탄의 두 장성에게 3백 만 달러와 50만 달러를 각각 지불했으니 미사일 부품을 파키스탄에 실어 나르고 평양으로 귀환하는 비행기에 서류와 부품 등을 보내달라고 했다.15) 여기서 말하는 '서류와 부품'은 우라늄농축과 관련된 것

---

15) 뉴욕타임스, 워싱턴포스트, 2011.7.7.

이었다.

칸 박사는 1988~89년, 그리고 1998~2001.3 동안에 북한에 핵 관련 기술과 장비 등을 유출했는데 1999년에는 북한에 직접 가서 핵 시설에 대한 현지 지도도 했다. 이러한 과정에서 북한에 제공된 물품에는 원심분리기 설계도면 및 기술 자료, 원심분리기, 알루미늄봉 및 튜브 등이 포함되어 있었다. 미국은 북한이 칸 박사로부터 이러한 지원을 받은 후 기술 개발과 부품 구입에 주력하여 상당한 수준의 고농축우라늄 프로그램을 보유하고 있는 것으로 판단했다.16)

백악관이 북한의 고농축우라늄 프로그램에 관한 정보를 처음 접한 것은 2001년 11월이었다. 이때는 백악관이 9·11테러로 정신이 없어 이 문제에 관심을 갖지 못했다.17) 이어 중앙정보국CIA은 2002년 6월 부시 대통령에게 〈국가정보평가 보고서〉를 제출했는데 여기에는 ▶파키스탄이 1997년부터 북한의 미사일 기술을 제공받는 대신 북한과 핵무기 개발 정보를 공유하기 시작했으며 ▶파키스탄은 북한에 초고속 원심분리기 샘플 및 제조 기술을 전수했고 ▶북한은 2001년경부터 우라늄 농축을 시작했다는 등의 내용이 들어 있었다.

이에 따라 라이스 국가안보보좌관은 미국의 각 정보기관에 CIA 정보에 대한 평가를 요구했고, 정보기관들은 2개월 후 각자의 평가를 내렸는데, 북한의 농축우라늄 프로그램이 상당히 진전되어 있다는 결론이었다.

미국 정부는 볼턴 국무부 차관(군축국제안보 담당)을 한국에 그리고 아미티지 부장관을 일본에 보내 '고농축우라늄 프로그램 문제의 심각성'을 설명했다. 볼턴은 2002.8.29 국방부 장관과 외교통상부 차관보에게 "북한이 1997년부터 추진해 온 고농축우라늄 개발이 우려할만한 수준에 이르렀다"고 했다. 파월 국무장관은 유엔총회 참석을

---

16) 이수혁, 2008.
17) Kim and Hundt, 2011.

계기로 최성홍 외교통상부 장관과 가진 회담에서 북한이 고농축우라늄 관련 기술을 개발하고 있으며 이 문제가 해결되지 않으면 '제네바합의'의 전면 중단이 불가피하다고 설명했다.18)

김대중 정부는 볼턴이 한 말에 신빙성을 두지 않았다. 아무런 확증적인 정보를 제시하지 않았고 양국 정보기관 사이에 그러한 정보 평가도 없었기 때문이었다. 게다가 볼턴 차관은 네오콘(신보수주의)의 일원으로서 북한에 대해 자주 적대적 발언을 해온 인사여서 한국 정부는 그의 말을 신뢰하지 않았다.19)

8. 켈리 미 국무부 차관보 북한 방문

켈리 차관보는 방북에 앞서 서울에 들러 방북 취지를 설명했다 (2002.10.2). 그는 "북한의 고농축우라늄 프로그램에 대한 확실한 증거가 있으며, 이를 폐기하라고 통보하기 위해 평양에 간다"고 말했다. 이 말을 들은 한국 측(임동원 대통령통일외교안보특별보좌역·임성준 외교안보수석 등)은 "놀라움과 충격을 금할 수 없었다".20)

켈리 특사 일행 (8명)은 2002.10.3부터 사흘간 평양을 방문, 고농축우라늄 문제를 제기했다. 김계관 외무성 부상은 "그런 프로그램이 없다"고 딱 잡아떼면서, "적대세력의 날조"라고 했다. 그러나 다음 날 강석주 외무성 제1부상은 "전날 밤 군부 등 고위 관계자들이 모여 미 측 주장을 검토한 결과를 통보한다"고 하면서, 다음과 같은

---

18) 이수혁, 2008.
19) 임동원, 2008.
　* 김대중 정부의 외교안보 핵심 참모들은 미 측 주장을 믿으려 하지 않았다. 북한이 고농축우라늄 프로그램을 갖고 있다는 것이 사실이라면 김대중 정부의 트레이드마크인 '햇볕정책'의 실패를 의미했기 때문이다(동아일보, 2015.10.17).
20) 임동원, 2008.

내용의 발언문을 낭독했다.

> 미 측이 제시한 고농축우라늄 프로그램이 실재한다. 그런 프로그램을 갖고 있는 것이 뭐가 나쁜가. 미국이 엄청나게 보유하고 있는 핵무기로 우리를 '악의 축'이라며 '선제공격'하겠다고 위협하는 마당에 우리도 안보를 위한 억제력으로서 핵무기는 물론 그보다 더한 것도 가지게 되어 있다. 그것은 미국의 적대시敵對視 정책에 대한 억지력 이외에 아무것도 아니다. 제네바합의는 미국의 부정행위에 의해 무효가 된 것으로 간주한다.21)

켈리 일행은 10월 5일 평양 방문을 마치고 서울에 돌아와 최성홍 외교통상부 장관, 임성준 외교안보수석 등에게 방북 결과를 설명해 주었다.

북한이 고농축우라늄 프로그램의 존재를 인정했다는 말에 한국 측은 또다시 놀랐다. 임동원 특보는 "북한 사람들의 과장되고 격앙된 발언을 그대로 받아들이는 데는 신중을 기할 필요가 있다"고 하면서, '왜 우린들 핵무기를 가질 수 없느냐'는 식의 표현이 고농축우라늄 프로그램을 시인하는 것인지, 핵무기를 가질 권리가 있다는 것인지 모호한 것이라고 지적했다.22)

한국 측의 이런 반응을 의식해서인지 부시 정부는 정보요원 3명을 서울에 파견, '북한의 고농축우라늄 프로그램 동향'에 관해 브리핑했다. 임동원 특보는 이들에게 "확실하고 새로운 증거도 제시하지 못한 채 최악의 시나리오인 첩보를 정보로 주장하는 것은 위험천만

---

21) * 북한은 "핵무기는 물론 그보다 더한 것도 가지게 되어 있다"를 영어로는 "was entitled to possess not only nuclear weapon but any type of weapon more powerful than that"으로 번역했다.
22) 임동원, 2008.
  * 김대중 정부의 외교안보 핵심 참모들은 미 측 주장을 믿으려하지 않았다. 북한이 고농축우라늄 프로그램을 갖고 있다는 것이 사실이라면 김대중 정부의 트레이드마크인 '햇볕정책'의 실패를 의미했기 때문이다(동아일보 2015.10.17).

한 일"이라고 지적했다. 임 특보는 "네오콘 강경파들이 불순한 정치적 의도를 가지고 이 첩보를 과장·왜곡하는 것이 아닌가 하는 의구심을 갖고 있었다"고 술회했다.[23]

양성철 주미대사는 2007년 3월 "켈리 차관보의 방북은 북한과의 대화목적이 아닌 '기획입북'이었다. 나중에 실험실 수준으로 밝혀진 우라늄 농축 시설을 핵무기를 만들기 위한 고농축우라늄 프로그램으로 과장했다. 파키스탄에서 수입했던 원심분리기도 고작 20대 수준이었다"고 말했다.[24] 부시 행정부가 클린턴 행정부의 대북정책을 뒤집기 위해 고의적으로 증거 조작을 했다는 주장이었다.[25]

김대중 정부 고위 관계자들이 이렇게 생각한데는 나름대로의 근거가 있었다. 임동원 특보는 이렇게 주장했다.[26]

▶ 원심분리기는 미그 전투기 엔진 속도의 2배 이상 빠른 분당 5만~7만 회로 고속회전을 해야 한다. 이를 위해서는 고성능 모터와 전자 제어 장치가 있어야 하나 북한이 갖고 있는 기술로는 이런 장비 제작이 불가능하고 외국으로부터의 수입도 불가능하다. 다만, 천연우라늄으로 3~4% 수준의 저농축우라늄을 만드는 기술 확보를 위한 장비나 부품을 도입했을 가능성은 있다.

▶ 나가사키에 투하했던 것과 같은 원자폭탄 한 개를 만들기 위해서는 고농축우라늄 25kg이 필요한데, 이를 위해서는 원심분리기 약 1,000여 개를 1년 풀가동시켜야 한다. 실험실용으로 약간의 원심분리기를 확보하는 것도 쉽지 않을 터인데 외부의 감시와 통제를 피해 1년에 2~3개의

---

23) 임동원, 2008.
24) 오마이뉴스, 2007.3.21
25) 최형두, 2012. * 김대중 전 대통령은 2007년 4월 프랑스 <르몽드>와의 인터뷰에서 "북한의 우라늄농축 프로그램에 대해 어떤 견해를 갖고 있느냐"는 질문에, "제임스 켈리의 발언 내용에 매우 놀랐다. 나는 당시뿐 아니라 지금까지도 북한에 실제로 가동되고 있는 우라늄농축 프로그램은 존재한 적이 없다고 생각한다"고 답변했다.
26) 임동원, 2008.

핵폭탄을 만들 수 있는 생산시설을 건설한다는 것은 불가능에 가깝다.

북한은 2002.10.25 다음과 같은 내용의 외무성 대변인 담화를 발표한다.

▶ 미국과도 현안 문제들을 해결하고 적대관계를 해소하려고 미 대통령 특사를 기대를 갖고 맞이했으나, 그는 우리가 고농축우라늄 프로그램을 추진하여 제네바합의를 위반했다며 이를 중지하지 않으면 조미 대화도 없고 조일 관계와 북남 관계도 파국 상태에 들어가게 될 것이라며 일방적이고 오만무례하게 적반하장격의 강도적 논리를 폈다.

▶ … 이런 상황에서 '가중되는 핵 압살 위협에 대처하여 우리가 자주권과 생존권을 지키기 위해 핵무기는 물론 그보다 더한 것도 가지게 되어 있다'는 것을 명백히 말해주었다.

▶ … 미국 특사가 아무런 증거도 없이 북한이 고농축우라늄 프로그램을 추진한다며 제네바합의 위반이라고 주장하나 이는 사실이 아니다.

미 CIA는 2002년 11월 중순 의회에 <정보평가보고서>를 제출했는데 이 보고서에도 "북한이 고농축우라늄 생산을 위한 원심분리기 시설을 건설하기 시작했다는 확실한 증거가 있으며, 이르면 2005년을 전후하여 해마다 2개 이상의 핵폭탄을 만들 수 있는 고농축우라늄을 생산하게 될 것"이라는 내용이 들어있었다.

농축우라늄 프로그램의 존재 여부와 관련하여 김영일 북한 외무성 부상은 2003.8.27 제1차 6자회담에서 그런 것은 없다고 했다. 그는 2002.10.4 강석주 외무성 제1부상이 켈리 특사에게 "농축우라늄보다 더한 것도 가지게 되어 있다"고 말한 것은 농축우라늄 계획은 현재는 없으나 장차 농축우라늄에 의한 핵무기를 보유할 권리가 있다는 의미였다고 설명했다.[27]

---

27) 이수혁, 2008.

9. 미-북 제네바합의 와해

한반도에너지개발기구KEDO는 2002.11.14 북한에 대한 중유 공급을 중단한다고 발표했다. 북한에 대한 중유 제공은 1994년 제네바합의의 주요사항 중 하나였다. 그러자 북한은 그 다음 달 영변의 5MW원자로 동결을 해제하고 12월 31일 IAEA 사찰관을 추방했다. 급기야 2003.1.10 재차 핵확산금지조약 탈퇴를 선언했다. 이어 영변 핵원자로 재가동, 사용후 연료봉 8천개 재처리 등 본격적인 핵활동에 들어갔다. 1994년에 이어 두 번째 핵 위기가 발생했다.[28]

임동원 전 통일부 장관(국가정보원장 역임)은 "북한이 부시 행정부의 적대정책에도 불구하고 지난 2년 동안 부시 행정부와의 관계개선을 계속 추구해왔으나, 이제 드디어 그 기대를 접고 핵개발을 통해 예의 '벼랑 끝 전술'을 구사하려 했다"고 당시 상황을 분석했다. "부시 행정부는 그 실체도 불분명한 고농축우라늄계획 의혹을 빌미로 대북 중유 공급을 중단함으로써 제네바합의를 와해시키고 한반도 위기를 극단으로 몰고 가는 파행을 조장했다"고도 했다.[29]

미국과 북한은 이런 상황에 이르게 된 원인에 대해 상반된 주장을 폈다. 미국은 북한이 우라늄 농축 방식의 핵 프로그램을 추진해 '제네바합의'(1994.10)를 위반해서 초래된 상황이라고 주장한 반면, 북한은 미국이 근거 없는 사유로 중유 공급을 중단해 '제네바합의'를 위반해 결과된 일이라고 주장했다.

이용준 대사는 '제네바합의'가 붕괴된 상황을 이렇게 실감나게 묘사했다. "고농축우라늄 문제에 대한 미국의 반응은 단호하고 신속했

---

28) * 미국은 2003.3.20 이라크를 침공했다. 부시 대통령은 이라크 침공 16일 전인 3월 4일 "북한에 대한 군사적 옵션도 테이블 위에 놓여 있다"고 말했다.

29) 임동원, 2008.
 * 볼 전 국무부 차관은 그의 회고록(2007)에서 임동원을 "진정으로 북한을 변명해 주는 사람"이라고 썼다.

다. 그리고 이에 대한 북한의 대응은 그보다 훨씬 강경하고 신속했다. 양측이 모두 뭔가에 쫓기기라도 하는 듯, 이번 기회를 놓치면 제네바합의를 파기할 기회가 다시는 오지 않을까 봐 걱정이라도 하는 듯, 뒤도 안 돌아보고 각자 자기의 길을 갔다."30)

이 대사는 미국과 북한이 공히 '제네바합의'를 기꺼이 포기할 준비가 되어 있었을 뿐만 아니라 양측 모두 자기에게 보다 유리한 새 판을 짤 수 있는 절호의 기회가 왔다고 판단해 제네바합의를 순식간에 붕괴시켰다고 분석했다.

고농축우라늄에 의한 핵개발 문제는 제네바합의에서 명시적으로 다뤄지지 않았다. 사실 제네바합의는 언제 깨져도 깨질 수 있는 취약점을 내포하고 있었다. 미국이 북한의 '과거 핵' 규명을 미래의 일로 미루고 '현재 핵' 동결에만 급급했던 나머지 다른 방식에 의한 핵무장 옵션을 제거하지 않았기 때문이다. 제네바합의 직후 강석주가 황장엽에게 한 언급이 사실이라면 북한은 이때 이미 플루토늄 이외 방식에 의한 핵개발을 염두에 두고 있었다.

김영호 교수는 "북한은 애초부터 제네바협정을 지킬 의사가 없었다"고 주장한다. 제네바합의에 따라 북한이 핵을 포기할 경우 미·북 관계가 정상화되고 이로 인해 미국이 더 이상 북한의 적이 아니게 되면 "그동안 북한이 주장해온 허구적 주장의 근거가 없어지는 자가당착적 모순에 빠지게 되기" 때문이라는 것이다.31)

칼린 스탠포드대 국제안보협력센터 객원연구원은 2014.1.19 『한겨레』와의 인터뷰에서 "(당시) 체니 부통령을 비롯한 네오콘들은 처음부터 제네바합의를 뒤엎으려는 의도를 갖고 있었다"고 하면서, "미국이 제네바합의를 유지·개선하기를 원했다면 그건 가능했고 확실히 더 현명한 길이었을 것"이라고 주장했다. '제네바합의'의 주

---

30) 이용준, 2010.
31) 김영호, 2012.

역이었던 갈루치도 "미국이 북한에 화를 내면서도 합의는 유지하고 지켜야 했는데 그런 노력을 하지 않았다"고 말했다.[32]

10. 고농축우라늄 프로그램의 진실은?

에버스타트 미국기업연구소 선임연구원은 2차 북핵 위기는 부시 행정부가 북한에 대해 적대적인 태도를 취해 야기된 것이 아니라고 하면서, 고농축우라늄 프로그램을 내세워 핵의혹을 조작했다는 주장은 사실이 아니라고 주장했다. 이 문제의 진실은 북한이 핵개발을 계속했고 이런 사실을 숨기다가 들킨 데 있다고 했다.

그는 이런 주장의 근거로 서방 정보기관들의 정보판단을 들었다. 이들 정보에 의하면 북한이 고농축우라늄 프로그램을 시작한 시점은 1997년 혹은 1998년이었다. 북한이 이때 이미 고농축우라늄 프로그램을 갖고 있었던 것으로 판단되므로 이는 부시가 등장하기 3~4년 전이라는 것이다.

이런 주장은 장재룡 대사(1차 북핵 위기 당시 외무부 북미국장)의 증언에 의해서도 뒷받침된다. 그에 의하면, 미국은 1차 북핵 위기가 한창이던 1993년 북한이 우라늄 농축과 관련된 장비 반입을 시도하고 있다는 첩보를 입수해 한국에도 전달해 주었으나, ▶당시 우라늄에 대한 문제의식이 없었고 ▶단순한 첩보였다는 점 그리고 ▶북한 체제가 오래 못 갈 것이라는 전망 등으로 이 첩보는 주목을 받지 못했다 한다.[33]

황장엽 전 북한 노동당 비서가 2003년 10월 방미 중 백악관에서 한 언급도 장 대사의 증언과 일치한다. 황 전 비서에 의하면 1994

32) 서울신문, 2014.9.26.
33) 연합뉴스, 2013.1.14.

년 10월 제네바합의를 성사시키고 평양에 돌아온 강석주는 북한은 '새로운 핵 억지력'(고농축우라늄 방식에 의한 핵개발을 의미)이 완료돼 미국에 대항할 준비가 될 때까지 제네바합의 이행을 질질 끌면 된다고 말했다는 것이다.[34]

1994년 제네바 협상 당시 미국 대표였던 갈루치는 2006.12.19 『문화일보』와의 인터뷰에서 "북한이 미국을 속였다는 것은 의문의 여지가 없다. 파키스탄으로부터 (우라늄농축 프로그램에 사용되는) 가스원심분리기를 구입했다는 증거는 매우 확실해 보인다. 북한도 (이것이) 제네바 합의 정신에 위배된다는 것을 알고 있었기 때문에 이를 숨겼다"고 말했다. 갈루치는 2014년 한국 언론과 가진 인터뷰에서도 "1990년대 중·후반 북한이 비밀리에 원심분리기 개발 프로그램을 수행했다는 것은 의심의 여지가 없다. 북한은 이를 통해 몰래 우라늄 농축 프로그램을 추진했고 이는 제네바합의 위반이라는 점에서 북한의 책임이 크다"고 말했다.[35]

밥 칼린도 2014.1.19 『한겨레』와의 인터뷰에서 "미국은 이미 2000년에 북한과 고농축우라늄 문제를 논의하려 했다"고 밝혔다. 그에 의하면 북한과 미국은 클린턴 행정부 시절인 2000년 10월 북한-미국 공동성명에 합의하면서 이 성명에 북한의 고농축우라늄 프로그램 문제를 다룰 근거가 되는 문구를 포함시켰고, 북한도 이 사실을 알고 있었다. 그렇다면, 미국은 북한의 고농축우라늄 프로그램 문제가 본격적으로 불거진 2002년 10월보다 훨씬 이전에 이 문제를 인지하고 있었다.

이런 사실들을 종합해 보건대, 북한은 2001년 부시 행정부 출범 이전에 고농축우라늄 프로그램을 갖고 있었다. 제네바합의에 따른 과거 핵 규명에 들어가기 전에 핵무기를 만드는 또 다른 경로인 고

---

34) 마이클 그린, 2014.11.26.
35) 서울신문, 2014.9.26.

농축우라늄 프로그램을 운영하고 있었음을 알 수 있다. 북한이 이 프로그램을 숨기려다 들켰다는 주장이 사실일 가능성이 높다.

앞에서 지적했듯이, 북한은 6자회담 등에서 고농축우라늄 프로그램의 존재를 계속 부인했다. 노무현 정부도 '별 것 아니다'라는 태도를 취했다. 노무현 정부의 이재정 통일부 장관은 2007년 7월 국회에서 "북한에 고농축우라늄이 있다는 어떤 정보도 없다"고 말했다.

북한은 2009.9.3 유엔 안보리 의장에게 서한을 보내 '우라늄농축 시험에 성공했다'고 통보했다. 이어 2010년 11월에는 미국의 핵전문가인 헤커 박사에게 우라늄농축 현장을 보여주기까지 했다. 헤커 박사는 1,000개가 넘는 원심분리기가 가동되고 있는 것을 직접 봤다. 북한 측 관계자는 헤커에게 초현대식 통제실도 보여주면서 "2,000개의 원심분리기가 이미 설치되어 가동 중"이라고 했다. 『로동신문』도 2010.12.29 "수천 대의 원심분리기를 갖춘 우라늄농축 공장이 정상적으로 돌아가고 있다"고 보도했다. 6자회담에서 완강히 부인해온 농축우라늄 프로그램의 실체를 스스로 밝혔던 것이다.[36]

6자회담 미국 측 수석대표였던 크리스토퍼 힐 전 차관보는 2011.1.27 스탠퍼드대 강연에서 "북한이 지난해 가을 헤커 박사에게 우라늄 농축 시설을 공개한 것은 그런 시설이 없다던 이전 주장과 완전히 배치되는 것이다. 6자회담을 재개해도 북한이 이런 거짓말을 할 것이기 때문에 (6자회담은) 가치가 없다"고 했다.

---

36) * 2,000개의 원심분리기가 완전히 가동되면 연간 최대 40kg의 고농축우라늄을 만들 수 있고, 이 정도 분량이면 핵무기 2개를 만들 수 있다. 헤커 박사는 2015.1.7 "북한이 플루토늄 6기, 고농축우라늄 6기 총 12기의 핵무기 저장량을 보유하고 있는 것으로 보인다"고 언급했다.

11. 김대중 · 노무현 정부의 인식

북한에 대해 화해·협력정책을 취했던 김대중·노무현 두 정부 (1998.2~2008.2)는 북핵 문제를 대수롭지 않게 보았다. 북한의 의지를 과소평가했다. 북한이 핵무장을 완료했을 때 대두될 엄중한 상황은 마치 강 건너 불과 같았다.

송대성 세종연구소장은 "어떻게 보면 두 정권은 북핵 개발을 방조했다는 느낌이 강하게 든다"고 했고,[37] 조갑제는 "2006년의 북한 핵실험은 김대중·노무현·김정일의 합작품이라고 할 수 있다"고 했다.[38] 그는 더 나아가 "김대중·노무현 세력은 북의 핵개발에 돈을 대고, 미국 등의 압박으로부터 적을 비호하는 역할을 했다. 오늘의 핵 위기를 부른 공범共犯 집단이다"라고 주장했다.[39]

김대중 대통령은 북한의 핵개발이 대미對美 협상용이라는 시각에서 벗어나지 않았다. 김 대통령은 1998년 "북한은 핵을 만들 의지도 능력도 없다"고 했다. 1999년에는 "내가 책임지고 북한의 핵개발을 저지하겠다"고 했다. 그는 대통령이 되기 4년여 전인 1994.5. 12 미국 내셔널프레스클럽 연설에서 "북한의 핵위협은 실제 핵을 갖기 위한 것이 아니라 미국과의 관계 정상화라는 제1의 대외정책 목표를 달성하기 위한 것"이라고 말한바 있다.

김대중 정부는 1998년 12월 국가안전보장회의NSC의 심의를 거쳐 '한반도 냉전구조 해체를 위한 포괄적 전략방안'이란 것을 채택했다. 이 전략의 핵심은 "북한의 핵개발이나 중장거리 미사일 개발의 동기는 한반도 냉전 구조에 기인"하므로 북핵 문제의 근본적인 해결은 '한반도 냉전구조'를 해체하는 데서 찾아야 한다는 것이었다. 오

---

37) 월간조선, 2013.3월호.
38) 조갑제닷컴, 2013.10.17.
39) 월간조선, 2014.3월호.

인이었고 오판이었다. 북한의 핵 개발 동기는 북한으로부터 나온 것이었지 '한반도 냉전 구조'라고 하는 외부 요인에서 나온 것이 아니었다.[40]

김 전 대통령은 2004년 6월 MBC와의 6·15공동선언 4주년 기념 특별대담에서 "북핵 사태의 본질은 결국에서는 북한이 핵무기를 만들고 있다는 미국의 주장, 이에 대해 북한은 핵무기는 고사하고 그 이상이라도 우리가 살기 위해선 만들 수 있다고 하면서 핵무기를 갖고 있는 것 같은 인상을 주고 있는데 여기에 대해서 지금 모두 의혹이 생기고… (…) 미국은 북한이 농축우라늄을 갖고 있다, 그래서 핵까지 개발하고 있다고 한다면 그 증거를 내놔야 할 것이다"라고 했다. 미국을 신뢰할 수 없다는 말이었다.

김 전 대통령은 2004년 10월 『경향신문』과의 인터뷰에서 "내가 볼 때 핵은 수단이고 목적은 미국과의 관계개선이다. 미국 핵 앞에서 북한의 핵은 장난감도 아니다"라고 하면서, 북한이 핵을 갖겠다고 하는 것은 "세계 최고의 강국이 으르렁거리니 굉장히 두려워서 그러는 것"이라고 했다.[41]

김 전 대통령은 2005년 5월 『아사히신문』과의 인터뷰에서도 북한의 핵실험에 대해 "할 수 없을 것으로 생각한다. 핵보유국으로서 지위를 강화하는 것도 불가능하다"고 단언했다. 그는 노무현 대통령이 2차 남북정상회담을 추진 중이던 2007년 8월에는 "핵 문제가 정상회담의 부담이 돼서는 안 된다"고 거들었다. 핵 문제가 정상회담 의제에 포함되어야 한다는 여론을 의식해서 한 말이었다.

노무현 대통령도 마찬가지였다. "북한의 핵개발은 외부의 공격에 대비한 자위수단"이라는 인식에서 벗어나지 않았다. "북한은 핵을 포기할 용의가 있다. 미국이든 북한이든 딴 생각 말고, 거짓말하고

40) 김영호, 2012.
41) 경향신문, 2004.10.6.

있지 않은 이상 결국 이 문제는 풀린다"고 했는데(2004.4.12 독일 방문 중) 이는 북한의 의도를 잘못 읽은 것이었다.

노 대통령은 북한에 대해 핵 폐기를 강력히 요구하기보다 오히려 부시 행정부가 이 문제를 해결하기 위해 무력을 동원해서는 안 된다고 요구하는데 더 많은 시간과 노력을 투입했다. 부시 대통령을 만날 때마다 북한 핵 문제는 평화적으로 해결해야 한다는 말을 되풀이했다. 잘못된 것이었다. 이는 마치 '가위·바위·보게임에서 가위만 내겠다고 선언하고 게임을 하는 것'과 같았다.[42]

노무현 정부는 국제 정세가 복잡한 가운데 출발했다. 출범 4개월 전 2차 북핵 위기가 시작되었고 출범 직후에는 이라크전쟁이 시작되었다. 노 대통령은 2003년 2월 취임하자마자 북핵 문제를 놓고 미 행정부의 보수강경주의자들과 부딪쳐야 했다.

그러나 노무현 정부는 이런 도전에 적절히 대응할 수 있는 준비가 되어 있지 않았다. 노무현 대통령직 인수위원회는 임기 첫 해(2003)에 북핵 문제를 해결할 수 있다고 낙관했다(신동아 2008. 2월호). 노무현 정부 외교·안보 참모들은 외교 경험이나 식견이 부족한 사람들이었다. 노무현 정부 출범 당시 북핵 문제는 한·미 양국이 협력하기에 따라서는 단기간 내 해결할 수 있는 문제로 설정되어 있었다 (박선원, 2009). 북핵 문제의 성격을 정확히 인식하지 못하고 있었다는 징표다.

노 대통령은 2003.4.10『워싱턴포스트』와의 회견에서 "김정일 위원장은 다른 협상수단이 없기 때문에 핵무기를 개발하겠다고 위협했던 것"이라면서, "미국은 북한을 '악의 축'으로 지명하고 심지어 핵공격 가능성까지 언급했다. 따라서 북한으로서는 신경을 곤두세우고 겁을 먹을 수밖에 없었다고 나는 생각한다. 특히 최근의 이라크전을 지켜보면서 그들이 공포에 질려 매우 불안해할 것이라고 믿는

---

42) 이성우, 2013.

다"고 했다. 노 대통령은 2004.3.2 『한겨레21』과의 인터뷰에서 "북핵 문제는 북한에게는 생존 카드다"라고 말했다.

2차 핵 위기로 미국이 북한에 압박을 가하는 상황임에도 노무현 정부는 대북협력 우선 정책을 밀고 나갔다. 이로 인해 북한은 미국과의 관계만 잘 관리하면 대남 관계는 문제가 없다고 생각했다.[43] 남한은 다루기 쉬운 상대였다.

남북한 관계에서 북한이 평화를 위태롭게 하는 행위를 해도 아무 일 없었다는 듯이 경제협력을 제공하는 것은 북한의 그런 행위를 용인하는 것과 다를 바 없었다. 핵·미사일 개발이 분명함에도 북한에 대한 지원을 계속한 것은 남한이 북한의 핵·미사일 개발을 심각하게 생각하고 있지 않다는 인상을 주었다.

2006년 10월 북한이 1차 핵실험을 했을 당시 개성공단에는 26개 기업이 가동되고 있었다. 북한의 핵실험에 따라 2006.10.14 유엔 안보리 결의 1718호가 채택되었음에도 노무현 정부는 금강산 관광 사업과 개성공단 사업, 그리고 대북 비료·식량 지원을 계속했다.

6자회담이 아무런 진전이 없자 노무현 정부는 "우리는 우리의 길을 갈 필요가 있다. 남북 협의를 통해 북핵 해결을 추진해야 한다"고 했다. 박선원은 2004.5.15 6자회담 실무그룹 회의 후 이와 같은 입장을 국가안전보장회의 명의로 미 차석대표 디트라니 대사에게 전달했다 한다. 그러나 한국 측의 이런 움직임은 미 측의 미온적인 태도로 아무런 진전이 없었다고 한다.

여기서 알 수 있는 것은 한국이 북한과 상대해 어떤 결과를 만들어 낼 수 없을 경우 결국은 미국을 움직여야 하는데 미국이 한국과 협조할 의향이 없으면 아무런 결과를 만들어 낼 수 없다는 사실이다. 한국이 북핵 문제를 남북한 간 논의를 통해 풀어보고자 한 것은 이상할 것이 없다. 그러나 북한이 그럴 의사가 없는 한에 있어서는

---

43) 이재석, 2012.

의미가 없었다.

노 대통령은 2004.11.12 로스앤젤레스 국제문제협의회WAC 오찬 연설에서 "북한은 핵과 미사일이 외부의 위협으로부터 자신을 지키기 위한 억제 수단이라 주장하고 있다. 일반적으로 북한의 말을 믿기 어렵지만, 이 문제에 관해서는 북한의 주장에 일리 있는 측면이 있다고 본다. 안전이 보장되고 개혁과 개방이 성공할 수 있다는 희망이 보이면 핵무기를 포기할 것이다"라고 말했다. 이 발언은 재선된 부시 대통령과의 정상회담을 며칠 앞두고 나왔다.

노 대통령은 2006.5.29 청와대에서 재향군인회 회장단을 접견한 자리에서 "북한이 핵을 개발하는 것은 선제공격용이 아니라 방어용이다. … 북한이 핵을 선제공격에 사용하게 되면 중국의 공조를 얻지 못하는 등 여러 제약이 따를 것이다"라고 말했다. 핵무기가 선제공격용·방어용으로 구분될 수 있다고 보는 노 대통령의 인식은 잘못된 것이었다.

노 대통령은 북한이 1차 핵실험을 하기 두 달 전인 2006.8.13 언론사 간부들과의 오찬에서 "북한의 경우는 인도와 비슷한데 왜 인도는 핵무기 보유가 허용되고 북한은 안 되는지 이해할 수 없다. 지금 우리가 할 수 있는 건 아무것도 없다. 우리는 이 문제를 다음 정부로 넘길 수밖에 없다"고 했다. 순진하기 짝이 없는 사고였다. 임기가 1년 6개월이나 남았는데 '다음 정부' 운운하는 것은 무책임했다. 국가원수가 국가의 사활적 이익이 걸려있는 문제에 대해 이런 태도를 취해서는 안 되었다.

노 대통령은 2007.11.13 '한겨레·부산국제심포지엄' 연설에서 "북한은 체제가 위협을 느꼈을 때 핵을 손에 잡았고, 안전보장과 관계정상화를 약속받았을 때 핵 포기를 약속했으며, 약속이행에 불안이 생겼을 때 다시 핵 프로그램 개발을 시도했고, 압력이 가중됐을 때 마침내 핵실험을 강행했다"고 했다. 또다시 북한 입장을 이해하고 대변하는 듯한 발언을 한 것이다.

노무현 정부는 북핵 문제가 평화적으로 해결되어야 한다는 입장을 지나치게 강조했다. 이는 협상전략 관점에서 보면 도움이 되지 않았다. 북한과 같은 협상 상대와 핵 문제와 같은 난제를 놓고 '평화적 해결 원칙'을 금과옥조金科玉條로 삼는다는 것은 북한이 핵무장을 진행하더라도 어쩔 수 없다는 얘기나 마찬가지였다. 한국이 이런 입장을 취하니 북한은 남한에 대해 신경을 쓸 필요가 없었다. 한국의 이런 입장은 미국과의 긴밀한 공조를 어렵게 만들었고 미국의 대북 협상력을 현저히 떨어트렸다.

노무현 정부에서 국방보좌관을 역임한 김희상은 한국의 역대 정부가 북핵 문제에 효과적으로 대응하지 못한 원인은 "대화로 해결할 수 없는 문제를 대화한데 있었다"고 했다. 노무현 정부가 북핵 문제는 대화에 의해 평화적으로 해결되어야 한다는 입장으로 일관한 것은 이 문제를 해결하고자 하는 의지가 있는지를 의심하게 만드는 일이었다.

노 대통령은 2007.10.3 평양에서 김정일과 회담하면서 "나는 지난 5년 동안 내내 북핵 문제를 둘러싼 북 측의 6자회담에서의 입장을 가지고 미국과 싸워왔고, 국제무대에 나가서 북 측 입장을 변호해 왔습니다"라고 말했다. 정상회담 전인 9월 11일에는 청와대 춘추관에서 가진 기자회견에서 "이번 남북정상회담 때 김정일 위원장을 만나서 북핵을 말하라는 건 가급적 가서 싸움을 하라는 것이다"라고 말한 바 있다.

노 전 대통령은 2008.10.1 <10·4남북정상선언 1주년 기념위원회> 특별강연에서는 "북한이 핵무기를 개발하려는 목적이 무엇인지 북한의 처지에서 생각해 보자. 북한이 미군 주둔과 대규모 한·미 합동군사훈련에 대해 어떤 느낌을 가지고 있을까 생각해 보아야 한다"고 말했다. 노무현 정부의 이런 태도와 관련하여 이수혁 대사는 다음과 같이 말했다.

> 돌이켜보면 노무현 정부가 뼈아픈 성찰을 하지 않았다. … 조금 아팠
> 더라도 더 단호하게 대응했어야 했다. '북한을 응징하면 전쟁 나는데'
> 라는 생각은 우리에게 족쇄다. 핵의 위험성을 생각하면 국민 사이에
> 피해를 감수하는 컨센서스가 있었으면 좋겠다. 지도자들의 단호함도
> 있어야 하는데 위기 때마다 보여주지 못해 북한이 그걸 약점으로 보
> 고 있다.44)

노무현 정부가 북핵 문제를 놓고 단호한 대응을 하지 않았다는
말이다. 노 대통령은 "평화는 그 어떤 가치보다 앞선다"고 말했다.
북한 비핵화가 평화와 충돌할 경우 당연히 평화를 선택해야 한다는
것이 그의 인식이었다.

한국은 노무현 정부 내내 북핵 문제를 놓고 미국과 불협화음을
냈다. 긴밀한 공조를 해도 부족한 마당에 계속 엇박자를 내니 북한
으로서는 반길 일이었다. 한·미 간 엇박자는 6자회담 프로세스에서
한국의 발언권을 저하시켰다. 그렇지 않아도 북한은 남한을 무시하
고 미국만 상대하려 드는데 한·미 공조가 안 되니 남한은 북한에
대해 지렛대가 없었다. 미국은 한국의 이런 태도를 못마땅하게 생각
했다.45)

한국 정부와 국민들이 북핵 문제에 관해 보였던 태도에도 문제가
있었다. 많은 사람들이 북한 핵이 별것 아니라고 생각하는 것 같았
다. 이와 관련하여 이수혁 대사는 "북한 핵은 대재앙이 될 수 있음
에도 국민들이 이 문제에 무감각한 것 같다"고 지적했다.

김대중·노무현 정부 시절 한국에서는 북한 핵에 대한 잘못된 인
식이 광범위하게 자리 잡고 있었다. 일례로, '북한은 적이 아닌 형제

---

44) 중앙SUNDAY, 2011.11.27.
45) Vogelaar, 2008.

이기 때문에 핵을 만들어도 우리에게 사용하지 않을 것이다'라고 생각하는 사람들이 많았다. 2006년 1차 핵실험 직후 '북한이 핵을 보유하면 통일 한국의 것으로 남을 테니 우리가 손해 볼 것 없다'고 말하는 사람들도 있었다. 심지어 '어차피 북한 핵은 미국을 겨냥한 것'이니 우리가 걱정할 일이 아니라고 믿는 사람들도 있었다.

12. 실패한 6자회담 프로세스

부시 행정부는 '제네바합의'가 깨진 마당에 또다시 북한과 양자관계 속에서 이 문제를 다루는 것은 같은 실수를 반복하는 일이라고 판단했다. 제네바합의 실패에서 교훈을 얻어 이번에는 다자접근 방식을 택했다. 미국이 혼자서 북한을 강제하는 데에는 분명히 한계가 있었다.

부시 행정부가 다자접근 방식을 택한 데에는 국내정치적인 이유도 있었다. 미 의회는 미·북 양자 합의가 잘못 된 것이라고 하면서 줄곧 제네바합의 이행에 비협조적이었다. 특히 공화당 우파 의원들의 반대가 심해 행정부는 이들의 공격을 유발하는 조치를 취하려 하지 않았다. 여기에는 부시 대통령의 북한에 대한 혐오감도 한 몫을 했다. 부시의 대북 혐오는 "김정일을 생각만 해도 속이 뒤집힐 만큼 기분이 나쁘다"고 할 정도였다. 2차 북핵 위기가 대두되었을 때 미국은 북한을 1:1로 상대할 생각이 조금도 없었다. 북핵 문제는 미국만의 문제가 아니라고 강조했다. 부담이 자신에게만 돌아오는 것을 피하고자 했다.46)

이러한 배경에서 미국은 한반도 관련 주요 국가들이 북한 비핵화 노력에 동참하면 이것만으로도 북한에 대한 압력으로 작용할 것으

---

46) 손용우, 2012.

로 예상했다. 이렇게 되면 합의사항을 이행하는 단계에서도 북한의 이탈을 막을 수 있을 것으로 보았다. 마이클 그린 당시 백악관 국가 안보회의 선임보좌관에 의하면, 미국의 원래 아이디어는 '5자+북한 회담'이었으나, 중국이 '6자회담'으로 만들자고 주장했다 한다.

미국은 다른 어느 나라보다도 중국을 염두에 두었다. 중국의 참여는 협상 결과가 충실히 이행되는데 중요한 역할을 할 수 있다고 보았다. 북한이 중국과의 관계를 감안해서라도 6자회담 합의사항을 노골적으로 위반하거나 폐기하지 않을 것으로 예상했다.

미국은 다자협상 구도가 북한의 행동을 제어하는 데 보다 더 효과적일 것으로 판단했다. 북한은 미국과의 양자협상에서는 기만·협박·합의파기 등의 수법을 상투적으로 구사했는데 중국·러시아 등 여러 나라가 참가하는 다자 구도에서는 이것이 용이치 않을 것으로 보았다. 미국의 이런 생각은 희망 사항에 불과했다. 모두 잘못된 계산이었다.

중국은 이 회담이 자국의 위상을 높이는 기회가 될 수 있다고 보았다. 대미對美 관계에서도 레버리지가 될 것으로 생각했다. 중국은 또한 이 회담을 북핵 문제에만 국한시켜 생각하지 않았다. 동북아 안보문제 등 북핵 문제 이후의 이슈에 대해서도 논의할 수 있는 기회가 될 것으로 보았다.

한국의 경우에는 1994년 미·북 제네바 협상과정에서 철저히 소외된 경험도 있고 해서 한국의 참여가 보장되는 다자회담을 반대할 이유가 없었다. 노무현 정부도 당시 상황에서 미·북 양자회담보다 관련국이 모두 참여하는 다자회담이 더 효과적일 것으로 판단했다.[47]

6자회담안이 제시되었을 때 북한은 한마디로 일고의 가치가 없다는 반응을 보였다. 그러자 미국은 중국을 압박해 북한을 움직였다.

---

47) 박선원, 2009.

부시 대통령은 장쩌민 주석과의 회담에서 북한에 대해 군사행동도 불사할 수 있다는 언급을 했다. 북한을 움직여 6자회담 프로세스를 성립시켜 달라는 의미였다. 중국은 2003년 3월 북한에 대한 석유 공급을 3일간 중단하는 등으로 북한을 강하게 압박했다. 그러자 북한의 입장이 바뀌었다. 마침내 2003년 8월 남북한·미국·중국·일본·러시아가 참가하는 6자회담 프로세스가 시작되었다.48)

나중에 확인된 사실이나, 북한은 핵 포기 가능성을 염두에 두고 6자회담을 수락하지 않았다. 오히려 핵·미사일 프로그램 완성에 필요한 시간을 벌고, 이런 사실을 숨길 수 있는 위장막으로 이 프로세스를 받아들였다. 6자회담 한국 측 수석대표를 역임한바 있는 이수혁 대사는 "북한은 은밀하게 핵을 개발하면서 외양적으로는 핵 개발을 폐기할 듯 협상을 하며 군사적 도발도 자제하여 평화적 모습으로 위장하는 데 성공했다"고 분석했다.49) 6자회담은 북한에게 일종의 커버 역할을 했다. 6자회담은 2008년 12월 이래 더 이상 열리지 않았다. 북한은 2009년 4월 공식적으로 6자회담 불참을 선언했다. 김영남 최고인민회의 상임위원장은 "6자회담은 영원히 끝났다"고 했다.

사실 6자회담 무용론은 이미 2006년 말부터 나오기 시작했다.50) 북한은 6자회담이 진행되고 있던 2006년 10월 1차 핵실험을 한데 이어 2009년 5월 두 번째 핵실험을 했고, 상황이 이쯤에 이르자 북한 비핵화를 목표로 하는 6자회담은 존재 의의를 잃기 시작했다.

스인홍 런민대 국제관계학 교수는 2013.2.19 『한겨레』 인터뷰에서 "6자회담은 이미 명을 다했다. 6자회담의 목적은 한반도 비핵화였지만 북한은 이미 핵실험에 성공했다. 북한은 비핵화를 전제로 한 6자회담에 참여하지 않을 것이다. 한반도 안정을 우선시하는 중국은

---

48) Qian and Wu, 2009, Bush, 2010.
49) 이수혁, 2011.
50) Blank, 2007.

6자회담을 강조하고는 있지만 성과를 내긴 어렵다"라고 했다.51)

추수룽 칭화대 국제관계학원 교수도 2013년 12월 "6자회담은 이제 포기해야 한다. 북한은 핵무기를 포기하지 않을 것이다. 북한이 핵무기를 포기하지 않으면 6자회담을 열 필요가 없다. 북한 핵무기 제지를 위한 중국의 노력도 성공하지 못할 것이다. 오히려 중국과 미국이 협력해 북한의 핵확산을 막는 것이 더 현실적이다"라면서 6자회담 무용론을 폈다.

13. 부시 행정부의 반복된 실책

북핵 문제에 관한한 미국의 관여는 압도적이었다.52) 따라서 북한 비핵화에 실패했다고 한다면 그 책임의 대부분은 미국 측에 돌아갈 수밖에 없다. 미국의 북한 비핵화 노력은 왜 실패했나?

1) 부시 행정부가 갖고 있던 대외정책 이념은 북핵 문제를 다루는 데 적합하지 않았다

부시 행정부 신보수주의 강경파들에게 북한은 '정권교체'의 대상이었다. 부시 행정부는 북한을 무시하거나 자존심을 상하게 하는 발언을 자주 했다. 북한이 거세게 반발함에도 부시 대통령을 비롯한 행정부 주요 인사들은 북한 체제나 지도자를 모욕하는 발언을 수시로 했다. '악의 축' '폭정의 전초기지' '폭압정권' 등 외교적으로 부적절한 용어를 사용해 북한에게 협상 지연이나 중단 구실을 주었다.

2) 부시 행정부는 처음부터 과도한 목표를 설정했다

---

51) 한겨레, 2012.2.20
52) 이수혁, 2011.

1994년 제네바합의 실패를 교훈 삼아 북한이 일단 합의하면 반드시 이행하도록 하는 프레임을 만들고자 했으나 미국과 북한이 상대방에 대해 가졌던 불신과 적대감이 너무 컸다. 미국이 설정한 목표는 상호신뢰가 뒷받침되지 않고서는 달성하기 어려운 것이었다. 양국 간 신뢰 수준에 비해 과도한 협상목표를 설정했던 것이다.

미 측은 6자회담 초반부터 CVID란 것을 내놓았다. 2003.8.27 1차 6자회담에서 북한 측에 '완전하고 검증가능하며 불가역적인 폐기 Complete, Verifiable and Irreversible Dismantlement'를 요구했다. 핵폐기를 위한 조치들이 이루어진 후에 북한이 원하는 경제지원과 관계정상화 등을 논의 할 수 있다고 했다.

미 측이 6자회담 초반부터 CVID를 내놓은 데에는 물론 그만한 이유가 있었다. 부시 행정부는 클린턴 행정부의 1994년 제네바합의에서 교훈을 얻었다. 핵폐기의 이행이 보장되지 않는 합의는 의미가 없다는 것이다. 북한의 의무 이행이 추후로 미뤄져서는 안 되며 합의와 동시에 이뤄져야 한다는 것이었다.53)

이 같은 요구에 대해 북한은 강력히 반발하면서, 미국이 체제보장과 경제지원을 해주면 핵 포기를 고려할 수 있다는 소위 '일괄타결·동시행동' 입장으로 맞섰다. 미 측은 CVID가 통하지 않자 2004.6.23 3차 6자회담에서 'CVID' 대신 '포괄적 비핵화'를 내놓았다. 그러다가 2005년 9월 채택된 '9·19공동성명'에서는 '한반도의 검증 가능한 비핵화' '북한은 모든 핵무기와 현존하는 핵계획을 포기한다'는 정도로 물러섰다.

3) 대북정책을 놓고 유관 부서(국무부·국방부·재무부 등) 간 그리고 행정부-의회 간 갈등이 심했다

정책의 일관성·통합성·계속성을 유지하기가 어려웠다. 1차 북핵

---

53) 이용준, 2010.

위기 때는 민주당의 클린턴 행정부와 공화당이 장악한 의회가 대립했는데, 2차 위기 때는 행정부 내 강경파와 협상파 간 대립·갈등이 심했다.

예를 들어보자. 미 재무부는 2005.9.12 방코델타아시아BDA 사건을 발표했다. 마카오 소재 방코델타아시아의 북한 관련 계좌를 동결하는 금융제재 조치였다. 그러자 북한은 이 조치가 해제될 때까지 6자회담에 응하지 않겠다고 선언하고 10개월 동안 6자회담을 보이콧했다. 미 재무부는 이 사건을 다루면서 국무부 입장을 감안하지 않았다. 6자회담 프로세스와 관계 없이 이 사건을 다뤘다.

미 재무부가 '애국법' 311조에 의거 BDA를 '돈세탁 주요 우려 대상'으로 지정함에 따라 모든 미국 은행들이 즉각 BDA와의 거래를 중단했다. 그러자 고객들의 예금인출 러시가 발생해 BDA는 지불동결 조치를 취했다. 이 사태로 마카오 당국은 BDA의 경영권을 잠정 인수하고 BDA 계좌 중 북한과 관련된 혐의가 있는 총 50개 계좌를 동결했다. 미국은 이 사례를 통해 '금융제재' 조치가 대단히 위력적이라는 사실을 알게 되었다. 이러한 조치는 유엔 안보리와 무관하게 미국이 독자적으로 취할 수 있는 조치였다.54) 그런데 부시 행정부는 중도에(2007) BDA에 대한 금융제재를 해제했다. 울시 전 CIA국장은 이것은 "부시 행정부가 저지른 아주 끔찍하고 어리석은 실수였다"고 했다.55)

4) 북한에 대한 위협에 무게가 실리지 않았다

미국은 아프가니스탄·이라크 전쟁을 수행하고 있었고, 유엔 안보리 결의에 의한 대북제재도 제대로 시행되지 않았다. 게다가 노무현 정부는 북한에 대한 경제지원을 계속했다. 중국도 북한에 대한 식량

---

54) 이용준, 2010.
55) 세계일보, 2015.3.2.

220

· 연료 공급을 계속했다. 중국과 한국의 협조 없는 미국만의 제재는 아무런 효과가 없었다. 북한은 이런 사실을 너무나 잘 알고 있었다.

5) 미국은 중국의 역할과 대북 영향력을 과도하게 기대했다

중국이 진정으로 북한을 움직이겠다는 의지가 없었음에도 번번이 중국의 역할을 요구했다. '북핵 문제는 중국의 책임'이라는 논리와 중국이 북한의 핵개발을 막지 못하면 '핵 도미노 현상'이 발생할 것이라는 논거를 내세웠다.

미국은 중국을 통해 북한을 움직이려는 노력이 반드시 효과적일 것이라고는 생각하지 않았다. 무엇보다도 미국이 독자적으로 할 수 있는 일이 없어서 그랬다. 다른 한편으로는 북한 핵개발을 막지 못한 책임을 온전히 혼자 뒤집어쓰는 상황을 피하려는 생각에서 그랬다.

6) 미국은 북한체제의 내구성과 핵개발 의지를 과소평가했다

이는 1차 북핵 위기 시 오판의 반복이었다. 1994년 제네바합의 당시 미국은 북한이 조기 붕괴될 가능성이 크다고 보았다. 북한도 소련·동유럽 공산주의체제와 같이 더 이상 지속될 수 없을 것으로 보았으나 오판이었다.

북한 조기 붕괴 가설은 오류였다. 1차 북핵 위기 시 클린턴 정부는 김정일 정권이 5년 내 붕괴될 가능성이 있다고 예측했었다.[56] 북한의 핵개발 의도가 에너지 문제에 있었다는 가설도 오류였다. 김대중·노무현 정부는 햇볕정책을 추진하면서 북한의 핵개발 의도가 대미 협상용이라고 보았는데 이 역시 오류였다. 잘못된 가정에 기초한 정책은 모두 실패했다.

---

56) 뉴욕타임스, 2006.10.27.

14. 실속만 챙긴 중국

유엔 안보리의 북한에 대한 각종 제재는 아무런 효과가 없었다. 제재가 효과를 거둘 수 있기 위해서는 중국의 협조가 필수적인데 중국은 안보리 결의를 성실히 이행하지 않았다. 2003년 8월부터 5년 넘게 계속된 6자회담 과정에서도 중국은 북한의 입장을 이해해 주는 편이었다.57) 중국이 이런 태도를 취한 것은 물론 자신의 이익에 충실했기 때문이다. 중국은 6자회담 주관국 지위를 이용해 최대한의 실속을 챙겼다.58)

중국은 2009년 5월 북한이 2차 핵실험을 하자 기존의 평가를 다소 수정했다. 무엇보다도 북한의 핵개발이 협상용이라는 전제가 맞지 않는다는 평가를 내렸다. 북한이 외부 압력에 굴복하여 핵무기를 포기할 개연성이 낮다고 보기 시작한 것이다. 이런 평가를 기초로 협상의 목표치를 낮췄다. 풍선에서 바람을 조금 빼내는 전략이었다. 같은 맥락에서 북한을 압박하기보다 감싸려 했다. 이는 북한에 대한 영향력을 계속 유지하려는 의도에서 나왔다.59)

중국이 북핵 문제 해결에 전력을 다 하지 않은 배경에는 또 다른 이유가 있었다. 중국은 북핵 문제가 해결되면 미국이 중국에 대해 아쉬운 소리를 해야 하는 사단事端이 없어지므로 이 문제가 지속되는 것이 나쁜 것만은 아니었다.

박보균 『중앙일보』 대기자는 "중국은 북한 핵 통제의 대가를 바란다"고 하면서, "(중국은) 그 속에서 한미동맹의 이완을 노린다. 한국을 미국 편에서 떼어내려 한다"고 보았다. 문순보 세종연구소 연구위원은 "중국은 북한의 비핵화를 내심 바라지 않고 있을 수 있다.

---

57) 이수혁, 2011.
58) Melissen and De Ceuster, 2008
59) 김홍규, 2011.

공식적인 외교수사로는 '북한의 비핵화와 한반도의 안정이 중국의 이익에 부합한다'는 말을 공언하지만 막상 북한이 비핵화했을 경우 벌어질 사태를 중국은 심히 우려하고 있을 수 있다"고 분석했다.

중국은 북한 비핵화 보다 자신의 전략적 이익을 극대화하는 데 더 관심이 있었다. 로쉬차일드 이스라엘 정책·전략연구소 소장은 "동북아지역에서 미국의 영향력이 약화됨에 따라 중국이 미국을 얕잡아보고 북한 비핵화에 성의를 보이지 않았다"고 진단했다.[60]

북한이 2006년 핵실험을 감행하고 6자회담을 파행으로 몰고 가자 중국 내부에서 '제멋대로'인 북한을 계속 두둔할 필요가 있느냐는 의견이 대두되었다. 소위 완충지대로서의 북한의 전략적 가치가 예전과 같지 않다는 주장이 나왔다. 그러나 이런 주장은 정책으로 반영될 수 없었다.

중국은 6자회담 과정을 통해 챙길 수 있는 만큼의 잇속은 다 챙겼다. 동북아에서 중국의 위상을 분명하게 자리매김했다. 북한 핵문제와 같은 주요 사안을 놓고 중심적인 역할을 한 사례를 만들었다. 중국은 이후 북한이 한국을 상대로 도발을 할 때마다 6자회담을 '전가의 보도寶刀'처럼 들고 나왔다. 예컨대 북한이 2010년 11월 연평도를 포격하는 도발 행위를 했을 때나 2012년 12월 장거리 로켓을 발사했을 때 예외 없이 6자회담 개최를 들고 나왔다. 2013년 2월 3차 핵실험을 했을 때조차 "6자회담 틀 안에서 한반도 비핵화 문제를 해결해 나가야 한다"고 했다.

전병곤 통일연구원 연구원은 "중국은 북한의 비핵화를 원하지만 국익에 유리한 북핵 문제의 해결 방향을 설정하고 이에 따른 정책을 구사하고 있으며, 이로 인해 북핵 문제를 둘러싼 중국의 대북한 영향력은 제한적일 수밖에 없다"고 분석했다. 북핵 문제를 국익 우선순위에 따라 다뤘다는 의미다. 주펑 베이징대 교수도 "중국은 북

---

60) 송대성, 2011.

핵 문제를 놓고 시종 '우유부단함'과 '결단력 없음'을 보였다"고 하면서, 그 이유는 중국 지도부가 기본적으로 현상유지를 원했고 그것이 중국 이익에 가장 부합하는 것으로 믿었기 때문이라는 것이다.

북한에 대해 가장 강한 레버리지를 가진 나라는 중국이었다. 그래서 6자회담 참가국들은 중국이 설득과 압박을 통해 북한을 움직여주기를 원했다. 특히 미국은 중국과 정상회담을 할 때마다 대북 영향력 발휘를 요청했다. 그러나 이러한 요청은 '소귀에 경 읽기'였다.

이런 점에서 중국의 북한에 대한 영향력 행사는 하나의 신화에 지나지 않았다.61) 추이톈카이 주미 중국대사는 2014.4.10 워싱턴에서 열린 한 세미나에서 미국이 중국에 대해 북한의 핵개발 포기를 적극 압박하도록 요구하는 것은 '불가능한 임무'라고 못 박았다. 추이 대사는 "미국이 우리에게 북한에 영향력이 큰 만큼 북한에 이것을 하라 저것을 하라고 압박할 것을 주문하면서, 그렇게 하지 않을 경우에는 중국의 안보적 이해를 손상시키는 행위를 하겠다고 말하고 있다"고 불만을 터트렸다.

6자회담 의장국 역할을 한 중국이 북핵 문제 해결을 위해 어느 정도 노력한 것은 사실이다. 그러나 북한을 몰아붙여 실제적인 결과를 도출해내는 일은 하지 않았다. 가장 큰 원인은 중국이 추구한 대북정책·대한반도 정책의 목표는 현상유지와 안정이었기 때문이다. 북한체제의 안정을 북한 비핵화보다 더 중요하게 생각했다. 우선순위가 이러했으니 북한에 대해 압력을 가하는 일은 현실적으로 어려운 일이었다. '안정이 모든 것에 우선 한다'는 기조를 갖고 있는 중국이 북한 정권을 흔드는 일을 할 리가 없었다. 란코프 교수는 이런 상황을 "중국으로서는 무너져가는 북한보다 핵을 가진 북한이 더 낫다고 생각했을 것"이라고 표현했다.

중국은 북한에 대해 갖고 있는 레버리지를 신중하게 써야 했다.

---

61) 문순보, 2013.2.15.

잘못 사용하면 북한이 반발해 역효과를 가져올 수 있기 때문이다. 영향력은 헤프게 쓰면 곧 고갈된다. 소위 '영향력의 딜레마'에 빠지게 된다. 중국이 유엔 안보리 제재조치에 소극적이었던 것도 대북 영향력을 잃지 않기 위해서였다. 중국은 북한에 대한 영향력이 감소되면 득을 보는 것은 미국이라는 사실을 잘 알고 있었다.62)

중국 전문가인 김하중 대사는 "중국은 마음만 먹으면 북한을 설득할 수 있는 능력을 갖추고 있다. 그러나 중국으로선 그런 수단을 사용할 경우 중·북 관계에 심각한 영향을 초래할 것이고, 나중에 그것을 회복하기 위해 훨씬 더 비싼 비용을 치러야 한다는 사실을 잘 알고 있다. (그래서) 그런 수단을 섣불리 사용하는 것을 피하고 있는 듯하다"고 분석했다.63)

북한이 2009년 5월 두 번째로 핵실험을 했을 때 중국이 보인 태도는 1차 때에 비하면 비난의 강도가 훨씬 덜했다. 왜 그랬을까. 중국은 1차 핵실험 때 적극적으로 대북제재에 참여한 결과 북한과의 관계가 악화되면서 자신의 전략적 유연성을 상실한 경험을 했기 때문이다.64)

후진타오 주석은 북한이 핵실험을 단행한 다음 달 공산당 중앙외사공작영도소조(중국 대외정책 최고결정기구)에 대북정책 재검토를 지시했다. 후 주석은 두 달 뒤인 8월 초 외사영도소조 회의를 열어 대북정책을 토론했다.

이 회의에는 부조장인 시진핑 국가부주석, 다이빙궈 외교담당 국무위원 등 외교·국방 라인 최고위급 인사 10여 명이 참석했다. 결

---

62) Blank, 2011, 이희옥, 2013.2.15.
  * 북한이 2006.10.9 1차 핵실험을 했을 때 중국은 '제멋대로'라는 거친 표현을 썼고, 역사상 처음으로 안보리의 대북 제재결의안(10.14)에 참여했다. 그러자 북한은 2007.1.16~18 베를린에서 중국을 배제하고 북·미 간 합의를 만들어냈다. 중국은 이때 교훈을 얻었다.
63) 중앙일보, 2013.3.17.
64) 김흥규, 2011.

론은 부전不戰(전쟁방지)·불란不亂(혼란방지)·무핵無核(비핵화)이라는 여섯 글자로 정리되었다. 이와 함께 북핵 문제를 북·중 관계와 분리해서 북핵 문제와 관계없이 대북 관계를 강화한다는 기조가 결정되었다.[65]

중국의 대한반도 정책에서 제1의 원칙은 '안정'이었다. 북핵 자체보다 북한의 갑작스런 붕괴를 더 우려했다. 중국은 핵을 가진 북한을 품고 가도 큰 문제가 없다고 생각하는 것 같았다.[66] 이러한 결정과 전략의 이면에는 중국의 지속적인 경제발전을 위해 한반도 안정이 무엇보다 중요하다는 계산이 깔려있었다.

이처럼 중국에게는 북한 정권이 안정적으로 유지되는 것이 중요했다. 북한은 중국에게 완충지역 역할을 할 뿐만 아니라, 중국이 미국·한국·일본 등을 상대하는 데 유용하게 쓸 수 있는 장기판의 졸과 같았다.[67] 중국은 북핵 문제를 대미對美 관계 맥락에서 보았다. 북핵 문제를 놓고 미국이 중국에 의존하면 할수록 중국이 미국에 대해 갖는 레버리지는 올라간다. 중국은 미국이나 한국에게 "북한이 중국말을 잘 안 듣는다"고 말하곤 했는데 이는 자신의 몸값을 높이기 위해 하는 소리였다.

미국이 중국에게 대북 영향력 행사를 요청하는 것은 무책임한 책임전가라는 주장도 있었다. 자신의 책임 영역에 속하는 문제를 중국에게 외주를 주는 것은 바람직하지 않다는 것이다.[68] 또한, 미국이 북핵 문제와 관련하여 중국에 의존하는 것은 거기서 그치는 것이 아니라 다른 분야에 파급효과를 미치게 되므로 중국에 대한 대북 압력 요청을 더 이상 하지 말아야 한다는 주장이었다.[69]

---

65) 조선일보, 2013.2.15.
66) 이수혁, 2011.
67) Chang, 2012.5.24.
68) Blank, 2011.
69) Bluth, 2005.

중국은 6자회담이 계속되는 것을 원했다. 회담의 성과가 있고 없고는 별개의 문제였다. 국제무대에서 경제력에 상응하는 발언권과 영향력을 갖기 원하는 중국에게는 그런 모습을 과시할 수 있는 좋은 기회가 되었고, 중국은 이런 기회를 놓치지 않고 활용해 외교적 지위를 한껏 높였다. 국제적 위상이 올라가기를 원했던 중국에게 6자회담이 계속되는 것은 중요했다. 6자회담이 완전히 실패했다고 하는 것은 의장국 역할을 해온 중국으로서는 "체면을 구기는 일"이었다.[70] 이런 배경에서 중국은 북핵 문제와 직접적으로 관계없는 사태가 발생해도 예외 없이 6자회담 소집을 요구하고 나섰다.

중국이 북한에 영향력을 행사해 북핵 문제 해결에 실질적인 기여를 할 수 있기를 기대한 것은 미망迷妄이었다. 이양수 『중앙SUNDAY』 편집국장은 "(북핵 문제와 관련) 중국의 영향력에 기댄 한·미·일의 북핵 대응 기조는 발바닥이 가려운데 구두만 긁어 왔던 꼴"이라고 표현했다.[71]

마이클 그린 미 전략국제문제연구소 일본실장도 중국이 북한을 제어하는 행동에 나서도록 하기 위해서는 결국 중국이 취해온 태도가 중국 이익에 도움이 되지 않는다는 사실을 보여주는 방법밖에 없다고 하면서, 미국이 아시아 동맹국들과 미사일 방어 능력을 강화하는 것은 그런 좋은 사례가 될 수 있을 것이라고 했다.[72]

---

70) 김하중, 2013.
71) 중앙SUNDAY, 2013.3.10.
72) 중앙일보, 2012.4.7.

15. 북한 핵개발을 저지하지 못한 배경

1) 무엇보다도 북한의 핵무장 의지와 목표가 확고했다

북한은 핵을 포기할 생각이 전혀 없었다. 핵과 미사일을 생존 수단으로 삼는 한 누구도 이런 의지를 꺾을 수 없었다. 6자회담이 실패한 근본적인 원인은 여기에 있었다.

북한은 2006년 10월 1차 핵실험을 한 후 "당당한 핵보유국이 된 오늘날에 와서 그 누구의 압력이나 위협에 굴복한다는 것은 말도 되지 않는다. 우리는 평화를 원하지만 결코 전쟁을 두려워하지 않으며, 대화를 바라지만 대결에도 언제나 준비되어 있다"는 외무성 담화를 발표했다. 미국의 한반도 전문가 에버스타트는 북핵 위기가 시작되기 전인 1992년 "북한이 핵무장 의지를 결코 단념하지 않을 것"이라고 예상하면서 다음과 같이 썼다.[73]

북한은 핵무기를 확보하게 될 것이라는 사실만으로도 적대국가들로부터 당장의 양보를 얻어낼 수 있음을 발견했으므로 완전한 핵보유국이 되고자 하는 그들의 열망을 꺾거나 핵개발 계획의 완성을 저지하는 것은 대단히 힘든 과제임에 틀림없다. 북한 지도부가 핵외교라는 수단을 포기할 것으로 기대하는 것은 비현실적이며, 특히 앞으로 닥쳐올 어려운 시기에 대비하여 핵무기를 보유하게 되면 일종의 보험에 들어두는 것과 같다고 생각하는 북한은 핵무기의 야망을 결코 스스로 포기하지 않을 것이다.

2) 북한의 핵무장 의지는 누구도 꺾기 어려울 만큼 확고했던 반면, 이를 저지하려는 나라들의 의지는 그렇지 못했다

6자회담 한국 측 수석대표와 외교통상부 장관을 역임한 송민순

---

73) Foreign Affairs, 1992 겨울.

전 민주당 의원은 "협상도 세게 하고 압박도 세게 해야 하는데 협상을 끝까지 가보지도 못했고, 압박도 세게 못해봤다. 미국과 중국이 (이를) 피하고 있다"고 말했다(2014.3.18). 천영우 전 외교안보수석도 북한의 핵도발을 막지 못한 배경으로 "한·미·중이 북한의 생각과 행동을 바꾸는 노력을 최적화하지 못했다"고 하면서, "한·미·중은 북핵을 해결할 정책수단이 많았음에도 이를 제대로 사용할 정치적 의지가 부족했다"고 했다.74)

3) 미국 외교의 실패를 들지 않을 수 없다

앨리슨 하버드대 교수는 "북한의 핵무기 개발과 생산을 이대로 방치하면 230년 미국 외교사에 최대 실패로 기록될 것"이라고 말했다. 부시 행정부(2001~2009)의 대북정책은 완전한 실패였다. 클린턴 행정부 말엽과 비교하면 분명히 드러난다. 2000년 10월 북한 조명록 특사가 미국을 방문했다. 클린턴 대통령이 백악관에서 그를 접견했다. 11월에는 올브라이트 미 국무장관이 평양을 방문해 김정일 국방위원장을 만났다. 클린턴 행정부는 김정일의 체면을 한껏 세워주었다.

부시 행정부의 경우는 너무나 달랐다. 그는 2002년 1월 북한을 '악의 축' 국가의 하나로 지목했고, 8월에는 "나는 김정일을 싫어한다. 그를 생각만 해도 속이 뒤집힐 정도로 기분이 나쁘다"고 말했다. 라이스 국가안보보좌관은 2005년 1월 상원 인준청문회에서 북한·이란 등을 '폭정의 전초기지outposts of tyranny'라고 불렀다. 부시 대통령은 그해 4월 기자회견에서 "김정일과 같은 폭군tyrant을 다루는 데는…"이라고 말했다.

이라크전쟁은 북핵 문제에도 많은 영향을 주었다. 부시 행정부는 이라크전쟁 때문에 북핵 문제와 한반도 상황에 충분한 시간과 관심

---

74) 중앙일보, 2013.2.28.

을 투입하지 못했다. 당시 부시 행정부는 90%의 시간과 노력을 이라크·아프가니스탄 전쟁에 쏟았고 나머지 10%만을 여타 문제에 할애할 수 있었다.[75] 이라크전쟁은 북한에게는 핵개발에 박차를 가할 수 있는 황금 같은 시간을 벌 수 있게 해주었다. 북한은 미국이 이라크와 전쟁을 하고 있는 동안에는 북한에 대해 무력을 쓸 수 없을 것으로 판단했다.

북한이 핵실험을 하기로 결정한 시점이 2003년 9월 최고인민회의가 열린 직후였다는 견해가 있다. 이라크 침공이 이 결정에 직접적인 영향을 미쳤다는 추론이다.[76] 북한에게 2003~2006 기간은 핵개발을 위한 중요한 기간이었다. 이 기간 중 남한에서는 노무현 정부가 대북 포용정책을 확고하게 유지하고 있었다. 미국은 내전 상황이 된 이라크 수렁에서 빠져나오지 못하고 있었다.

4) 중국의 책임도 크다

중국이 북한 체제 안정을 비핵화보다 선호한 것은 북한이 핵무장을 해도 어쩔 수 없다는 것과 다름없었다. 천영우 전 외교안보수석은 "중국이 북한의 핵무장을 방치했다"고 했다.[77] 중국이 북한 비핵화를 위해 할 수 있는 역할을 다하지 않았다는 의미였다. 중국은 북한이 핵무장을 하려는 동기에 대해 일면 공감했다.[78]

중국은 북한을 한미동맹의 압력을 차단하는 완충지대라는 관점에서 북한을 다뤘다. 북한이 6자회담을 쓸모없는 것으로 만들었는데도 북한의 도발이 있을 때마다 '6자회담 재개'를 고장 난 축음기판 돌리듯 했다.

중국의 모호한 태도는 북핵 문제 해결에 부정적인 영향을 줬다.

---

75) Grzelczyk, 2009.
76) Bluth, 2010.
77) 동아일보, 2015.3.13.
78) 이수혁, 2011.

중국은 유엔 안보리의 대북제재 결의안에 찬성을 하면서도 이행에는 신축적이었다. 중국이 이행하지 않는 대북제재 결의는 효과가 없었다.

5) 김대중·노무현 정부의 오인·오판·대북지원도 적지 않은 역할을 했다

두 정부는 대북 포용정책을 강조한 나머지 북한의 의도를 오판했다. 잘못된 전제하에 이 문제를 다뤘다.[79] 북한이 궁극적으로 핵을 포기할 것으로 보았고, 핵개발 의도가 대미 협상용이라고 믿었다. 노무현 대통령은 북핵 문제를 놓고 북한을 대변하는 듯한 발언을 여러 차례 했다.

대통령 외교안보수석보좌관·국가정보원장·통일부장관·대통령통일외교안보특별보좌역 등을 역임하면서 대북정책에서 장기간 핵심적인 역할을 한 임동원은 "북핵 문제는 근본적으로 미·북 적대관계의 산물이다. 미국과 북한이 상호 위협을 해소하고, 적대관계를 청산하여 관계를 정상화할 때라야 비로소 해결될 수 있는 문제라는 것이 일관된 나의 판단이다"라고 했다.[80] 과연 이런 인식이 정확한 것인가에 대해서는 의문의 여지가 있다. 이 말은 미국에 책임이 있다는 것인데, 북·미 관계 정상화가 이뤄지지 않은 것이 미국에만 책임이 있는가. 그렇지 않다. 클린턴 행정부 시절 북한이 진정으로 미국과의 관계정상화를 원했다면 성사될 수 있는 일이었다.[81]

또 다른 실책은 김대중·노무현 정부는 북한의 비핵화에 관계없이 대북지원을 계속함으로써 핵개발을 간접적으로 도왔다는 것이

---

79) 문성묵, 2014.
80) 임동원, 2008.
81) * 북한은 미국의 대북한 적대시 정책이 핵개발의 원인이라고 하나 이는 구실에 불과했다. 북한은 미국과의 관계정상화가 체제안전을 불안하게 만드는 요인이 될 것이라는 의구심을 갖고 있다.

다.82) 북한은 핵실험을 하면서도 남한으로부터 경제 지원을 받는 데 아무런 어려움이 없었다.

다음으로, 한국은 미국과의 긴밀한 공조에 실패했다. 특히 노무현 정부의 경우, 북핵 문제를 놓고 부시 행정부와 심하게 대립했다. 끊임없이 엇박자를 보였다. 북한은 미국의 '적대시 정책' 때문에 핵무장과 같은 자위수단을 강구하지 않을 수 없다고 했고, 노무현 정부는 이런 북한의 주장에 일리가 있다는 태도를 취했다.『동아일보』는 2007.5.24자 사설에서 "대북 저자세, 원칙 없는 지원, 국제공조 교란으로 북에 핵을 개발할 시간과 여력을 갖게 해 준 친북 좌파 세력이야말로 우리 국민을 북한 핵의 위협아래 놓이게 한 반反평화 세력이다"라고 썼다.

6) 협상과 유엔 제재에 의한 해결 노력에는 한계가 있었다

국제사회는 북한 정권 생존과 직결된 급소를 찌를 수 있는 비수를 동원하지 못했다. 북한이 핵을 포기하지 않으면 도저히 견딜 수 없다고 인식할 만한 강력한 압력수단이 동원되지 못했던 것이다. 북한의 핵실험이나 장거리 로켓 발사로 유엔 안보리 결의·의장성명 등이 나왔으나 아무 효과가 없었다. 북한은 이런 결정들을 무시했다. 중국은 제재 결의를 성실하게 이행하지 않았다. 한국은 경제적 지원을 계속했다. 그러니 북한이 걱정할 필요가 없었다.83)

북한이 1차 핵실험을 했을 때 유엔 안보리의 제재는 유엔헌장 7장의 42조가 포함된 따끔한 것이었어야 했다. 유엔은 북한이 핵과 장거리 미사일 실험을 할 때마다 수세적으로 대응했다. 결의 1718·1874호는 아무런 효과가 없었다. 북한과의 물리적인 마찰을 피하기 위해 강경하게 대응하지 않은 결과는 유엔이 취하는 조치들을

---

82) 천영우, 2013.2.28
83) 이용준, 2010.

아무 효과가 없게 만들었다. 2013.3.7 채택된 안보리 결의 2094호
는 강도 높은 결의라고 하지만 이 결의가 미친 영향도 역시 미미했
다.

천영우 전 외교안보수석은 "북한이 전략과 태도를 바꾸지 않으면
안 될 정도의 강력한 제재를 가해야 북한을 움직일 수 있을 것"이
라고 하면서, 그런 사례로 해운海運 제재를 들었다. 북한에 한 번이
라도 입항한 모든 선박은 180일 이내에 다른 나라 항구에 입항하지
못하도록 하고 북한 화물을 싣고 다니는 배는 공해상이든 영해상이
든 전수全數 검색을 할 수 있도록 하는 것이다. 2013년 3월 유엔 안
보리 대북 제재결의를 추진할 때 이런 내용이 미국이 낸 초안에는
들어 있었으나 중국의 반대로 최종 결의안에서 빠졌다고 한다.84)

천 전 수석은 또한 중국과 미국을 포함한 국제사회의 북한에 대
한 제재가 이란 수준의 5분의 1도 안 되고, 북한 대외무역의 10분
의 1도 안 되는 수준이라고 하면서, 이란 수준의 제재를 가하면 북
한은 버틸 수가 없을 것으로 보았다. 또한 중국이 북한에 외상으로
주는 석유만 막아도 북한이 전략적 계산을 바꿀 것이라고 보았다.85)

미국은 방코델타아시아 케이스와 같이 금융제재라는 강력한 수단
을 동원할 수도 있었다. 북한은 방코델타아시아 사태에 겁을 먹었
다. 동결된 2,500만 달러 문제가 아니었다. 2006년 1월 김정일은
하도 절박해서 후진타오 주석에게 북한 체제가 붕괴될 정도라고 말
했다는 설도 있다.86)

---

84) 신동아, 2013.12월호.
85) 세계일보, 2014.3.5.
86) Stanton and Lee, 2013.1.9.

16. 북한의 핵무장 의도는 어디에 있었나

1) 생존·체제유지regime security

북한은 1989.11.9 베를린 장벽이 붕괴되면서 1년도 안 되어 동독이 서독에 흡수되는 현상을 불안한 눈으로 지켜봤다. 동독의 경우와 같이 남한에 의해 흡수되는 상황을 걱정하지 않을 수 없었다. 북한은 핵을 갖게 되면 남한에 의해 흡수되는 것을 막을 수 있다고 생각했다.[87] 이수혁 대사는 "북한의 핵 고수 정책은 통일을 두려워함에 다름 아니다"라고 했다. 북한은 또한 핵을 갖게 되면 재래식 무기 체계를 유지하는데 드는 군사비를 절약할 수 있다고 생각했다.[88] 남한과의 군사력 격차를 줄이면서 군사비 마련에 드는 부담을 줄일 수 있다는 것은 일거양득이었다. 북한이 핵무장에 끌리게 된 직접적인 동기는 미국보다 오히려 한국에 있었다는 주장은 설득력이 있어 보인다.

핵이 없으면 생존할 수 없을 것이라는 생각을 굳히게 된 결정적인 사건은 소련·중국의 한국과의 수교였다. 체제 유지의 버팀목이었던 이들 나라를 더 이상 믿을 수 없다는 결론을 내렸다. 이때 김일성은 전략적인 결단을 내렸다. 북한은 중국으로부터 행동의 자유를 갖기 위해서는 핵능력이 있어야 한다고 판단했을 것이다. 북한이 체제존속 차원에서 핵과 미사일을 추구했다는 것은 생존을 중국에 의존해서는 안 된다는 의미이기도 했다.

소련과 중국이 한국과 수교한 이상 북한이 자신들의 체제를 유지하기 위해 의지할 수 있는 나라가 없었다. 핵개발이 유일한 대안이라는 결론에 도달했다. 이런 맥락에서 보면 북한이 핵무장을 추진한 것은 근본적으로 생존을 염두에 둔 것이라는 분석이 가장 진실에

---

87) 이근, 2009, 서진영. 1993.
88) Cheng, 2013.10.7.

가깝다. 핵무장은 북한에게는 사활적 선택이었다.89)

　중·소 사이에서 줄타기 외교를 한 경험이 있는 북한은 이번에는 미국으로 눈을 돌렸다. 미국을 상대해야 생존을 도모할 수 있다고 생각했다. 지극히 현실주의적인 발상이었다. 미국을 어떻게 끌어들이나? 핵을 카드로 삼아야 한다. 1차 핵 위기의 배경이다. 북한이 1994년 제네바에서 미국과 마주 앉은 것은 대단히 의미있는 일이었다. 미국이 북한을 상대하도록 만드는데 성공했음을 의미했다.

　2003년 5월 이라크전쟁은 북한에게 전략적 결정을 하도록 만든 또 다른 원인이 되었다. 북한은 핵 없는 이라크가 어떻게 되었는지 똑똑히 봤다. 미국이 후세인 정권을 일격에 쓸어버리는 것을 보고 극도의 불안을 느끼지 않았다면 이상한 일이었다. 리비아 카다피 정권 붕괴도 북한의 눈에는 이라크 사례와 진배없었다. 핵이 없어 일어난 일이었다.

　'미국 때문에 핵무장을 하지 않을 수 없다'고 하는 것은 북한의 일관된 주장이다. 『로동신문』은 2012.12.7 "조선사람들에게 로켓탄과 핵이 없었다면 미국이 이미 덮치고도 남았을 것"이라고 하면서, "우리는 자기가 만든 전략 로켓을 마음먹은 대로 쏴 올릴 수 있는 나라가 됐다. 미국이 핵무기를 휘두르면 우리도 핵무기로 맞설 수 있게 됐다"고 주장했다.

　북한 조선중앙통신은 2013.2.12 3차 핵실험을 한 9일 후 논평을 통해 "미국의 강권과 압력에 눌려 핵을 중도에 포기한 나라들에 비극적 후과가 치러졌다. 우리의 선택이 얼마나 선견지명 있고 정당한 것이었는가를 명백히 실증해주고 있다"고 목소리를 높였다. 김정은은 2013.3.31 당 중앙위원회 전원회의에서 "핵타격 능력이 크고 강할수록 침략을 억제하는 힘도 더 크다"고 말하면서, "자위적 국방력

---

89) * 이런 맥락에서는 북한이 핵을 포기할 가능성이 있다고 하는 것은 북한이 생존을 포기할 가능성이 있다고 하는 것과 마찬가지다. 북한에게 핵은 곧 생존으로 간주되기 때문이다.

을 갖추지 못하고 압력과 회유에 못 이겨 이미 있던 전쟁 억제력마저 포기했다가 침략의 희생물이 되고만 발칸 반도와 중동지역 나라들의 교훈을 절대로 잊지 말아야 한다"고 말했다.

북한 『로동신문』은 2013.4.18 '리비아 사태가 주는 교훈'이라는 제목의 글에서 "미국의 군사적 압력과 회유 기만에 넘어가 자체의 무력 강화 노력을 포기한 나라들은 비참한 운명을 피할 수 없다. (…) 리비아의 비극적 사태가 주는 교훈은 제국주의에 대한 환상은 곧 죽음이며 미국이 휘두르는 핵에는 오직 자위적 핵 억제력으로 맞서야 나라와 민족의 자주권을 수호할 수 있다는 것"이라고 강조했다.[90)] 리비아 지도자 카다피는 2003년 핵계획을 포기하고 서방국들과 관계를 수립하는 쪽으로 결단을 내렸는데, 2011년 재스민혁명으로 촉발된 6개월간의 내전 중 비참한 최후를 맞았다.

『로동신문』은 2013.12.3 "우리의 핵은 지구상에 제국주의가 남아있고, 핵 위협이 존재하는 한 절대로 포기할 수 없는 것"이라고 하면서 다음과 같이 주장했는데, 여기에는 북한이 핵 보유를 어떻게 인식하고 있는지가 잘 나타나있다.

> 만약 미국과 괴뢰들이 우리를 핵으로 위협하지 않았다면 조선반도의 핵 문제는 발생하지도 않았을 것이다. 핵에는 핵으로 맞서는 것은 지극히 당연하다.
> 우리의 핵무력은 조선반도에서 핵전쟁 발발을 막고 평화와 안전을 담보해주는 자위적인 전쟁 억제력이다. 지금까지 조선반도에서 핵전쟁의 불구름이 치솟지 않은 것은 전적으로 우리의 강위력한 전쟁 억제력이 있었기 때문이다. 우리의 핵억제력은 그 무엇과 바꾸기 위한 흥정물이 아니다.

---

90) 연합뉴스, 2013.4.18.
  * 북한은 2016.1.6 수소탄 실험이 성공했다고 발표하는 정부 성명에서 "사납게 달려드는 승냥이 무리 앞에서 사냥총을 내려놓는 것보다 더 어리석은 짓은 없을 것이다"라고 했다.

국제문제 전문가인 로버트 카플란은 북한이 체제 안전을 도모하기 위해 핵무기를 갖고자 하는 것은 당연한 이치라고 하면서, 일례로 북한에서 소요사태가 발생했을 때 북한 정권이 핵을 갖고 있으면 서방이 반체제 세력에 대한 지원을 하기가 더 어려울 것이라고 했다.91)

다릴 프레스 다트머스대 교수는 재래식 전쟁에서 임박한 패배가 전망되는 상황에 직면하면 북한은 '핵 위기 고조 전략'을 쓸 가능성이 농후하다고 본다. 북한은 이런 상황에서는 핵을 자제하기보다 사용할 가능성이 더 높다는 것이다. 군사 패배와 정권 붕괴는 이라크의 사담 후세인이나 리비아의 카다피의 경우와 같이 비참한 종말을 의미하기 때문에 전쟁의 교착 상태를 만들고 치명적인 패배를 피하기 위해 '핵 위기 고조 전략'을 쓰게 된다는 것이다. 이런 경우 핵무기는 '약자들의 최종 병기'가 된다.92)

2) 협박nuclear blackmail

북한은 미국으로부터의 안보 위협이 해소되면 핵개발을 할 이유가 없다고 했으나, 이는 사실일 수 없다. 핵무기로 안전을 보장할 수 있다는 믿음은 틀린 것이다. 군사적으로만 보면 핵무기를 사용할 가능성은 거의 제로에 가깝다. 북한이 핵무기를 쓰면 북한은 끝이다. 생존·안보만을 위해 핵을 가지려 한다는 것은 맞지 않는 말이다. 박근혜 대통령은 "핵폭탄을 가졌다고 망할 나라가 안 망하겠느냐"고 하면서, 엄청난 숫자의 핵무기를 갖고 있으면서도 붕괴된 구소련의 예를 들었다.

북한의 경우에는 핵이 협박과 착취의 수단이 될 수 있다. 북한은 걸핏하면 '벼랑 끝 전술'을 구사해 왔다. 핵무기는 자기들이 원하는

---

91) Kaplan, 2013.12.5.
92) 프레스, 2013.6.

바를 얻어내기 위해 상대방의 양보를 강요할 수 있는 협박 수단이다. 이춘근 한국해양전략연구소 선임연구위원은 "핵무기는 사용하겠다고 협박함으로써 자신이 원하는 것을 얻기 위해 보유하는 무기"라고 하면서, "북한은 한국의 응징 보복을 우려하지 않은 채, 각종 도발을 자행할 수 있을 것이며 겁에 질린 대한민국으로부터 원하는 바를 마음껏 뜯어 낼 수 있을 것"이라고 했다.93)

김영호 교수는 "북한은 공갈외교를 통하여 한국으로부터 무엇을 얻어내려 할 뿐만 아니라 국지전에 대한 끊임없는 유혹을 받게 될 것"으로 예상했다.94) 북한은 2010년 4월 천안함 폭침, 11월 연평도 포격 도발을 저질렀다. 이런 만행의 배경에는 일정 수준의 핵능력을 갖추고 있다는 자신감도 배경이 되었을 것이다.

밴 잭슨 미 신안보센터 객원연구원(미 국방장관실 자문역 역임)은 2015.2.25 하원 외교위에 제출한 서면 증언에서 "북한은 대형 전쟁에 대응하는 핵 억지력을 확보하고 있다고 믿기 때문에 다양한 형태의 위협적 폭력과 군사모험주의에 자유롭게 나서려고 할 것"이라고 전망했다.

피터 헤이즈 미 노틸러스 연구소 소장과 카바조스 연구원도 2015년 3월 펴낸 〈북한의 핵 군사력 로드맵〉이라는 보고서에서 "북한은 비정상적인 핵위협을 동원한 강압 전략을 구사할 가능성이 크다"면서, "김정은 정권으로서는 신뢰성이 떨어지는 미사일과 핵탄두라고 하더라도 이를 이용해 위협을 가하는 것만으로도 미국의 정책을 바꾸는데 효과가 있을 것으로 판단하고 있다"고 했다.

3) 적화 통일

북한이 핵개발이라는 '고난의 행군'을 한 것은 한반도 적화 통일

---

93) 주간조선, 2015.3.18.
94) 조선일보, 2005.6.1.

까지 염두에 두고 한 일이다. 핵이 있어야 결정적인 순간 미국의 개입을 막으면서 통일을 달성할 수 있다고 믿었을 것이다.[95] 『로동신문』은 2013.4.30 북한이 핵을 보유하는 목적 중 하나는 조선반도 통일을 이룩하기 위한 것이라고 썼다.

전문가들은 북한이 2013년 3월 말 '새로운 조선전쟁은 불가피한 것'이라고 선포하면서 전쟁동원을 과시한 배경을 두 가지로 추론했다. 하나는 '전면전쟁·핵전쟁'을 협박해 장거리 미사일 발사(2012.12.12)와 3차 핵실험(2013.2.12)에 대해 왈가왈부하지 못하도록 하려는 것이었고, 다른 하나는 3차 핵실험 성공을 계기로 북한 주도의 통일에 전례 없는 자신감을 갖게 되었음을 과시하려했다는 것이다.[96]

북한은 2013년 6월 '당의 유일사상체계확립 10대원칙'을 39년 만에 개정하면서 개정 원칙 서문에 "핵무력을 중추로 하는 군사력과 자립경제를 가진 위력을 떨치게 됐다"는 문구를 새로 집어넣었다. 반면, 이 원칙의 1조 4항에 들어 있는 "조국 통일과 혁명의 전국적 승리를 위하여 모든 것을 다 바쳐 투쟁하여야 한다"는 문구는 그대로 유지되었다. 적화통일 목표를 계속 추구한다는 의미였다. 김희상 한국안보문제연구소 이사장은 2014.2.7 '북한 핵미사일 위협과 한국의 대응전략'이란 세미나에서 북한이 핵을 가지려는 의도를 다음과 같이 분석했다.

북한으로서는 '핵만이 한국을 압도할 수 있는 유일한 길'이요 '적화통일을 정말로 이루는 것 외에는 항구적 체제위기를 벗어날 길'도 없다. 더욱이 오늘 북한에 있어서의 핵은 김씨 왕조 정통성의 방증이자 권위의 상징이요, 대외 교섭력의 바탕이기도 하다.

---

95) 이춘근, 2013.2.18, Eberstadt, 2004.
96) 장롄구이, 2013.3.28.

북한은 궁극적인 한반도 문제 해결은 적화통일에 의해서만 달성될 수 있고, 적화통일은 핵을 갖고 있어야 가능하다고 믿고 있다는 것이다.

제6장 케네디 대통령과 쿠바 미사일 위기

1962년 10월 세계는 핵전쟁의 공포에 떨었다. 소련이 쿠바에 핵미사일을 배치한 사실이 미 정보 당국에 의해 확인되자 케네디 대통령은 사상 최대의 위기에 직면하게 된다. 이런 전대미문의 위기가 어떻게 해결될 수 있었는지 살펴본다.

1. 세계가 핵전쟁의 공포에 떨었던 한 주일

▶ 1962년 10월 14일(일요일): 미 첩보기, 소련이 쿠바에 설치중인 중거리 탄도미사일 발사대 공중 촬영에 성공

▶ 16(화): 번디 국가안보보좌관, 케네디 대통령에게 이 사실을 보고. 케네디 대통령, 고위비상대책회의 구성·운영 지시

▶ 20(토): 고위비상대책회의, 케네디 대통령에게 봉쇄/공습 건의

▶ 22(월): 케네디 대통령, 라디오·TV연설을 통해 대국민 담화

▶ 24(수): 쿠바 해상 봉쇄 조치, 선박 검색

▶ 26(금): 흐루시초프 수상, 케네디 대통령에게 소련 입장을 밝힌 서한 전달. 소련 화물선 6척이 차단 라인으로 접근, 긴장 고조

▶ 27(토): 일명 '검은 토요일'

미 합참의장, 10월 29일 아침 쿠바 공습 개시 건의

흐루시초프, 2차 서한을 보낸 다음, 모스크바 방송을 통해 서한 내용을 공개

▶ 28(일): 소련 측, 쿠바에 반입된 핵미사일 철수에 동의

▶ 11월 20일 :미국 측, 해상봉쇄 조치 해제

2. "인류 역사상 가장 위험했던 순간"

쿠바 미사일 위기는 "인류 역사상 가장 위험했던 순간"이었다. 인류가 핵전쟁에 가장 근접했던 순간이었으며, 냉전기간(1947~1990)을 통틀어 가장 위험했던 사건으로 여겨진다. 위기가 진행되는 동안 인류는 핵전쟁의 공포에 숨을 죽였다. 후에 이 사태에 관여했던 미국·소련·쿠바 인사들은 이 위기를 넘기고 살아남은 것은 기적이었다고 입을 모았다.[1]

사태 당시 인류는 핵전쟁 가능성 때문에 마음을 졸였다. 그러나 실제 상황이 얼마나 심각했는지는 잘 몰랐다. 후에 많은 관련 문서들이 비밀해제 되어 이런 자료를 바탕으로 상황을 재구성해본 결과, "인류 역사상 가장 위험했던 순간"으로 규정지을 수 있었다.[2]

쿠바 미사일 위기에 직접 관여했던 인사들이 1992년 1월 쿠바

---

1) * 전문가들은 만약 이 위기가 핵전쟁으로 이어졌더라면 불과 6분 내에 2,500km 반경 내 미국 본토가 초토화되고 미·소 양국에서 각각 1억 명 이상이 목숨을 잃었을 것으로 추정했다.

2) * 케네디 대통령은 당시 이 사태가 미·소 간 핵전쟁으로 비화할 가능성을 33~50%로 보았다 한다(Allison, 2012).

수도 하바나에 모여 학술대회를 열었다. 사건 당시 미 국방장관이었던 맥나마라는 쿠바 지도자 카스트로로부터 이런 말을 들었다. "당시 쿠바에 소련 핵탄두가 164개 반입되어 있었고, 핵무기가 배치된 현장의 장교들은 미국의 공격이 있으면 사전 허락 없이 이 핵무기를 사용하라는 지시를 받고 있었다. 만약 미국이 군사적으로 공격했더라면 지금 쿠바라는 나라는 지구상에 존재하지 않을 것이다." 30년 만에 처음 공개된 사실이었다.

3. 신의 섭리가 있었다?

쿠바 사태가 원만히 해결된 것은 기적에 가까웠다. 신의 섭리가 있었다고 믿는 사람도 있었다. 그렇지 않았으면 그때 인류가 파멸했을 것이라는 것. 과장된 주장이라고 할 수 없다. 그만큼 이 사태는 변수가 많았다. 케네디나 흐루시초프가 아무리 이성적으로 이 사태를 해결하고자 했어도 우발적인 작은 사건 하나가 상황을 한 순간에 통제 불능 상태로 몰고 갈 수 있었다. 현장 지휘관들이 사전승인을 받지 않고 행동하는 상황이었기 때문이다.3)

실제 발생한 일을 예로 들어 보자. 미국의 U-2 고공첩보기가 소련의 군사동향에 관한 정보를 입수하기 위해 알래스카에서 발진했다. 북극점으로 비행하면서 첩보임무를 수행하고 있었다. 그런데 이 정찰기가 북극 오로라의 영향으로 항로를 이탈해 소련 영공으로 들어가 약 1000마일을 날았다. 이때 소련군이 이를 미국의 공격으로

---

3) * 맥나마라 국방장관은 미 해군 함정들이 정확하게 임무를 수행하고 있는지 직접 챙겨 봤다 한다. 이들이 조금이라도 잘못하면 충돌이 걷잡을 수 없게 되는 것을 우려했기 때문이다. 이런 상황에서는 전쟁을 결정하는 사람은 군 최고통수권자(대통령)가 아니라 현장 지휘관이었다. 예컨대, 소련 잠수함 함장의 판단에 따라 전쟁이 일어날 수 있는 상황이었다.

오인했더라면 즉각 대응을 했을 것이고 미국도 맞대응을 해 충돌이 삽시간에 확산되었을 것이다. 당시 소련은 워싱턴DC에 15분 내로 미사일을 도착시킬 수 있는 능력이 있었다. 그러니 어느 쪽이든 핵미사일을 발사하게 되면 기계적으로 대응 발사를 하게 되어 있었다.

미국이 해상봉쇄를 결정하고 시행에 들어갔을 때도 일촉즉발 상황이었다. 미사일을 실은 선박을 에스코트하던 소련 잠수함은 핵이 장착된 어뢰로 무장하고 있었다. 이런 잠수함을 지휘하던 한 지휘관은 양국 간에 이미 전쟁이 시작된 것으로 알고 있었다. 이 어뢰를 발사하기 위해서는 잠수함에 타고 있는 세 명의 장교들로부터 동의가 있어야 하는데 세 명 중 한 명이 반대해 발사가 이뤄지지 않은 적도 있다. 당시 케네디와 흐루시초프는 이런 사실을 몰랐다.[4]

4. 미국의 허를 찌른 소련

1961.1.20 취임한 케네디 대통령은 소련이 쿠바와 군사적으로 관계를 맺을 가능성을 염두에 두고 소련에 대해 수시로 경고 시그널을 보냈다. 1962.9.4 소련제 미사일·레이더·어뢰 등이 쿠바에 반입되었다고 하면서, 이러한 움직임이 초래할 심각한 상황에 대해 경고했다. 미국은 진작 카스트로 정권을 무너트리기 위한 비밀공작 활동도 수행하고 있었다. 1961.4.17 피그스만灣Bay of Pigs 침공 작전을 감행했으나 형편없이 실패하고 말았다.

소련 지도자 흐루시초프(수상)는 케네디를 과소평가했다. 미숙한 젊은 지도자(당시 45세)로 생각했다. 흐루시초프(당시 68세)가 케네디를 유약한 지도자로 본 것은 그만한 이유가 있었다. 비엔나 정상회담(1961.6.3)과 베를린장벽 설치(1961.8) 과정에서 케네디를 담력이 없

---

4) Reif, 2012.

는 지도자로 보았다. 흐루시초프는 이런 케네디에게 소련의 파워를 과시하고 싶은 충동을 느꼈을 수도 있다.

흐루시초프는 왜 쿠바에 핵미사일을 반입했나? 미국과 소련이 첨예하게 대립하고 있는 상황에 소련이 이런 일을 한 것이 그렇게 이상할 것은 없었다. 흐루시초프는 쿠바에 미사일을 배치하기 직전 하바나 주재 소련대사에게 "우리가 터키에서 미사일이라는 알약을 삼키지 않으면 안 되었듯이 미국인들도 똑같이 하지 않으면 안 될 것이다"라고 말했다. 미국이 1962년 4월 터키에 미사일을 배치하자 소련도 대응책을 강구했다.5) 당시 폴라리스 핵미사일을 탑재한 미국 잠수함들이 소련 근해를 순찰하고 있었다. 이런 사실을 소련이 몰랐을 리 없다. 소련도 유사 시 미국 심장부를 가까이서 타격할 수 있는 능력을 갖추고 있어야 한다고 생각했을 것이다.

그러나 쿠바에 핵미사일을 설치하는 것은 위험성이 너무 컸다. 소련에서 비밀 해제된 문서 등에 의하면 흐루시초프는 1961년 8월 '베를린 위기' 때 노정된 취약성을 만회하는 조치의 하나로 쿠바에서 핵미사일 배치를 시도했을 가능성이 높다.6) 분명한 것은 미국 코앞에 핵미사일을 배치하는 것은 위험천만한 시도였다는 것이다. 미국의 두 핵심 도시인 워싱턴과 뉴욕을 사정권으로 하는 미사일 발사대가 쿠바에 설치되는 것은 미국에 관한한 결코 묵과할 수 없는 일이었다.7) 흐루시초프는 핵미사일이 발각되지 않고 배치가 완료되면 그 다음에 전개되는 상황은 소련에 유리한 것으로 판단했다.

---

5) * 터키에 미사일을 배치한 것은 미국인들이 소련의 스푸트니크 위성발사 성공에 충격을 받자 이로 인한 대소對蘇 취약성을 만회하기 위해 아이젠하워 행정부가 취한 조치였다.

6) Kaplan, 2012.10.10.
  * 소련이 쿠바에 핵미사일을 배치하기로 결정한 것은 1962년 5~6월경이었다.

7) * 미국 플로리다 해안에서 쿠바까지의 거리는 불과 145km. 쿠바에 배치된 미사일은 40기의 중거리 미사일로 2,200km 반경을 커버하는 R-12와 4,500km를 커버하는 R-14 두 종류였다. 케네디 대통령은 1962.9.4 그리고 9.13 소련이 공격무기를 쿠바에 반입할 경우 심각한 사태가 초래될 것이라고 경고한바 있다.

예컨대, 쿠바 아닌 다른 지역에서 미국의 양보를 얻어낼 수 있는 지렛대가 될 수 있었다.8)

당시 소련 지도부는 미국이 핵전력核戰力 면에서 소련을 훨씬 능가하고 있다는 사실에 깊은 우려와 불안감을 갖고 있었다. 미국이 대륙간탄도미사일ICBM 개발에 소련보다 앞서 있어 소련이 느끼는 열등감이 대단했다. 1991년 미국으로 이민한 흐루시초프 아들에 의하면 흐루시초프는 "중요한 것은 미국인들이 우리가 많은 미사일을 갖고 있다고 믿게 만드는 일이다. 그것이 공격을 막는 방법이다. 우리는 없는 미사일로 미국을 위협했다"라고 말했다 한다.9)

소련은 또한 미국이 조만간 쿠바를 다시 침공할 가능성이 있다고 보고 공산혁명에 성공한 카스트로 정권을 보호하고자 했다. 쿠바를 진정한 우방으로 보고 이런 우방을 보호하는 것은 중요한 일이라고 생각했다.10)

소련은 미국의 쿠바 침공을 어렵게 만드는 전술의 하나로 핵미사일 배치를 서둘렀을 가능성이 있다. 카스트로가 미국의 침공 가능성을 들어 흐루시초프에게 지원을 요청했던 것은 물론이다. 흐루시초프는 또한 미사일 배치라는 구체적인 행동을 통해 카스트로에게 그의 혁명 노선을 지지하고 있음을 보여주고자 했다.11)

---

8) * 그로미코 외상은 1962.10.18 워싱턴을 방문했을 때 쿠바에는 소련의 방어용 무기밖에 없다고 말했다. 미 첩보기가 쿠바에 설치중인 중거리 탄도미사일 발사대 촬영에 성공한 것은 10월 14일이었다. 그로미코가 의도적으로 거짓말을 했는지 아니면 잘 모르고 그렇게 말했는지는 알 수 없다. 소련이 핵미사일을 쿠바에 반입한 것은 1962년 9월 초였다. 미국 정보기관의 1962.9.19자 '국가정보보고서'는 "소련이 쿠바에 핵 타격 부대를 두는 것은 소련 정책과 양립할 수 없다"는 결론을 내렸다. 사실과 거리가 먼 정보 판단이었다(Zegart, 2012).
9) * 당시 미국은 보유하고 있는 핵무기 규모에서 소련을 17대 1로 앞서고 있었다.
10) * 이런 주장에 의하면 미국이 베를린을 지키려했듯이 소련은 쿠바를 지키려했다는 것이다.
11) * 흐루시초프는 "우리는 그들(미국인) 팬티 속에 고슴도치를 풀어 놓겠다"고 하면서 미국을 골치 아프게 만들겠다는 말을 공공연히 했다.

5. "다시는 이런 실수를 하지 않겠다"

케네디 대통령의 역사인식은 놀라울 정도였다. 그는 젊은 시절부터 역사에 관한 책을 많이 읽었다. 역사에 관한 단편적인 지식이 아니라 역사의식을 함양했다. 과거 사례에서 현재의 문제를 어떻게 인식하고 풀어나가야 하는지가 역사를 공부하는 목적이었다.

피그스만 실패는 케네디에게 쿠바 미사일 사태를 다뤄나가는 데 귀중한 교훈이 되었다. "다시는 이런 실수를 하지 않겠다"고 다짐하고 또 다짐했다. 케네디는 이 뼈아픈 실수를 통해 무엇이, 그리고 왜 잘못되었는지를 파고들었다. 그는 과거 실수에서 진지하게 배우는 지도자였다.12)

피그스만 침공 작전은 미국이 카스트로 정권을 전복하기 위해 쿠바 출신 망명자 약 1,400명을 동원해 1961.4.17 쿠바 남부 피그스만에 침투시킨 작전이었다. 이렇게 하면 쿠바 전역에서 카스트로 정권에 항거하는 대규모 소요사태가 일어날 것이라는 덜레스 CIA국장의 판단과 군사작전을 성공시킬 수 있다고 자신한 군부의 압력으로 감행한 작전이었다. 결과는 참담했다. 107명이 사살되고 1,189명은 포로가 되었다. 정보부서와 국방부서의 잘못된 판단이 원인이었다. 케네디는 되뇌었다. "내가 어떻게 이렇게 바보 같은 짓을 했을까"13)

사실 피그스만 작전 실패는 이 작전의 실패로 끝나지 않았다. 흐루시초프와 카스트로가 대담한 행동을 하게 되는 단초端初가 되었다.

---

12) * 케네디 대통령이 피그스만 실수를 통해 배운 교훈중의 하나는 군과 국방부를 장악하는 것이 외교안보문제에서 대통령의 결정권을 행사하는데 대단히 중요하다는 것이었다.

13) * 재클린(케네디 대통령 부인)에 의하면 케네디 대통령은 피그스만 대실패 직후 백악관 침실에서 얼굴을 파묻고 흐느끼며 한탄했다 한다(워싱턴포스트, 2013. 10.26). 피그스만 대실패로 케네디는 CIA에 대해 불신을 갖게 되었다. 덜레스를 맥콘으로 교체했는데 맥콘은 정보 분야를 다뤄본 경험이 전혀 없는 사업가 출신이었다.

이 작전으로 쿠바와 미국은 완전히 적이 되었다. 카스트로는 소련을 끌어들였다. 케네디는 이 작전에서 형편없이 실패함으로써 나약하고 미숙한 지도자라는 인상을 주었다. 이 작전 실패 4개월 후 소련은 동·서 베를린을 분단시키는 콘크리트 장벽을 쌓기 시작했다.14)

케네디 대통령은 쿠바 사태 직전 바버라 터크먼이 쓴 『8월의 포성』The Guns of August 이라는 책을 읽은 바 있다. 이 책은 1차 세계 대전 발발 과정을 다룬 책인데 케네디가 이 책을 읽고 얻은 교훈은, '처음에는 별것 아닌 것처럼 보이는 조그만 사건들이 교합·상승 작용을 일으켜 통제 불능의 대충돌로 이어질 수 있다는 것'이었다. 작은 무력 충돌은 그것으로 그치지 않고 이것이 불씨가 되어 대재앙으로 이어질 수 있다는 교훈이었다. 케네디가 쿠바 사태를 다룸에 있어 신중에 신중을 기했던 것은 이런 교훈의 영향을 받았기 때문이다.

또 다른 에피소드. 쿠바 미사일 사태가 진정되고 있던 1962.11.5 맥나마라 장관은 케네디 대통령에게 만약 흐루시초프가 미사일 철수 약속을 지키지 않으면 쿠바에 대한 무력 침공을 단행해야 하지 않겠느냐고 운을 뗐다. 그러자 케네디는 고개를 저으며 "쿠바군의 저항 능력과 쿠바 국민들의 격퇴 의지 때문에 침공이 성공할 가능성에 회의적이다. 우리가 육상 침공을 하면 수렁에 빠져 옴짝달싹도 못하게 될 것이다"라고 말했다. 케네디는 역사 공부를 통해 무력만 갖고는 이런 사태를 해결할 수 없음을 잘 알고 있었다.

케네디는 쿠바 미사일 위기를 성공적으로 극복한 후 "이 사태의 모든 과정에서 무엇이 잘못 되었고 무엇이 잘 되었는지 샅샅이 파헤쳐 후일의 교훈으로 삼자"고 했다. 케네디는 쿠바 미사일 위기를 해결하는 과정에서 목표를 높게 잡지 않았다. 쿠바에 반입한 핵미사

---

14) * 케네디가 피그스만 침공과 베를린 사태에서 유약한 모습을 보이자 흐루시초 프가 이에 고무되어 쿠바에 핵미사일을 배치하는 또 다른 모험을 하게 된다.

일을 다시 반출하도록 만드는 것, 즉 상황을 원 상태로 되돌리는 것으로 잡았다. 이 사태를 통해 카스트로를 무너트리거나 흐루시초프의 권력기반을 흔드는 등의 목표를 추구하지 않았다.

국방이나 정보 관계자들은 처음부터 군사적인 대응에 무게를 두었다. 그러나 딘 러스크 국무장관이나 조지 볼 국무차관 같은 사람들은 우선은 협상이 필요하다고 보았다. 케네디 대통령도 선先협상을 염두에 두고 있었다. 소련을 놀라게 하는 기습작전은 곤란하다고 생각했다. 소련이 체면을 손상함이 없이 빠져나갈 수 있는 여지를 만들어 주면서 그런 방향으로 유인하는 것이 좋다고 생각했다. 이 또한 케네디가 역사 공부를 통해 얻은 교훈이었다. 즉 ▶긴박하거나 심중한 사태를 다룰 때 목표를 과도하게 잡지 말라 ▶사태를 일거에 해결한다는 생각을 하지 말라 ▶상대방이 체면을 손상하지 않고 물러설 수 있는 틈을 만들어주라는 것이다.

※ 케네디의 역사의식

미국의 역대 대통령들에게서 발견되는 공통점의 하나는 이들이 책을 많이 읽은 사람들이라는 것. 케네디의 경우도 예외가 아니었다. 케네디는 다방면에 관심과 호기심이 많았다. 특히 역사에 관심이 많았다. 케네디는 2년 10개월이라는 짧은 기간 동안 재임했지만 '평화봉사단' 창설 등 그가 보인 세계 지도자로서의 비전과 리더십은 탁월했다. 이런 배경에는 그의 역사의식이 빼놓을 수 없는 역할을 했다. 케네디의 역사의식은 실용주의와 맞닿아 있었다. 케네디는 "(인간은) 미래가 불확실할 때 과거의 확실성에 마음이 가지 않을 수 없다"고 했다.
그는 1960년 대선 캠페인 때 "당신이 당선되면 백악관에 갖고 들어갈 가장 중요한 자질이 무엇이라고 생각하느냐"는 질문을 받고 "나는 미국과 미국의 대외관계에 대해 역사에 입각한 견해를 갖고 있다. 내가 갖고 있는 역사의식이 앞으로 큰 도움이 될 것으로 믿는다"라고 답했다(John Fair, 2006).
   * 케네디는 1940년 하버드대를 졸업할 때, 체임벌린 영국 총리가 히

틀러의 야욕을 막지 못한 배경을 다룬 「뮌헨의 유화정책」이라는 논문을 제출했다.

6. 주먹은 최후의 수단

쿠바 미사일 위기가 진행되는 내내 케네디 대통령의 머리를 복잡하게 만든 것은 CIA국장과 공군사령관이었다. 특히 르메이 공군사령관의 건의는 집요했다. 사태 막바지에 가서는 강요하다시피 했다. 군사작전이 아니고서는 이 사태를 해결할 수 없다고 확신한 이들은 정밀 타격을 실시한 후 육상 공격을 감행할 것을 건의하고 또 건의했다. 테일러 합참의장도 군사작전을 건의했다. 그렇게 하지 않으면 미국이 동맹국들로부터 신뢰를 잃게 될 것이라는 것. 애치슨 전 국무장관도 군사력을 동원한 강력한 초기대응이 중요하다고 주장했다.[15]

케네디 대통령이 무력 사용 가능성을 원천적으로 배제한 것은 아니었다. 다만 무력으로 목적을 달성할 수 있다는 확신이 초래할 수 있는 위험성을 경계했다. 그렇다고 참모들의 의견을 무시하거나 자유로운 의견 개진을 막지 않았다. 오히려 반대였다. 고위비상대책회의 참석자들이 대통령의 의중을 살피지 않고 의견을 개진할 수 있도록 배려했다. 자신의 견해는 입 밖에 내지 않았다. 회의에 일부러

---

15) * 테일러 합참의장은 1962.11.2 작성된 대통령 앞 1급 비밀 보고에서 "우리가 쿠바를 무력으로 공격할 경우 그들이 핵무기를 사용할 가능성이 있다. 그러나 만약 쿠바 지도자들이 이런 무모한 조치를 취하면 압도적으로 우세한 핵능력으로 단번에 적 군사 목표를 공격할 수 있다"고 했다(Shane, 2012).
* 르메이 공군사령관은 10월 19일 고위비상대책회의에서 "해상봉쇄와 정치·외교적 해결방안을 모색하는 것은 거의 1938년 뮌헨에서 행한 유화정책만큼이나 나쁜 것"이라고 하면서 군사공격을 촉구했다. 르메이 사령관의 이런 언행은 최고통수권자에 대한 도전에 가까웠다. 그러나 케네디는 침착함을 잃지 않고 한마디 대꾸도 하지 않은 채 조용히 앉아 있었다 한다(장준갑, 2010).

참석하지 않았다. 회의 참석자들이 모든 검토 가능한 대책들의 장단점·문제점 등을 깊이 있게 토론하는 분위기를 만들어주기 위해서였다.16)

군부는 끝까지 무력 사용을 건의했다. 케네디 대통령이 타협을 통해 이 사태를 해결하는 쪽으로 방향을 잡자 르메이 공군사령관은 흐루시초프와 타협한다는 것은 '역사상 최대의 패배'라고 하면서 강력 반대했다. 르메이가 이런 보고를 할 때 옆에 있었던 맥나마라 국방장관에 의하면 케네디가 충격을 받아 말을 더듬거렸을 정도였다 한다.

사태가 파국을 면하고 원만히 해결된 후 케네디는 오도넬 보좌관에게 이렇게 말했다. "군부 사람들은 우리들에 비해 크게 유리한 점이 있다. 우리가 만약 그들의 말을 듣는다면… 우리들 중 살아남아 그들의 판단이 틀렸다고 말할 수 있는 사람이 한 사람도 없을 것이다."17)

군부는 군사적인 시각으로만 이 문제를 보았다. 그들은 피그스만 침공 실패를 까마득히 잊은 듯했다. 쿠바에 이미 전술핵무기가 배치되어있다 하더라도 군사공격을 해야 한다고 했다. 반면 케네디는 신중했다. 이런 배경에서 군부가 하는 말을 신뢰하지 않았다.18)

케네디는 대통령이 되기 전부터 무력 충돌이 없는 세계를 꿈꾸었다. 2차 세계대전에 참전한 경험을 통해 전쟁의 참혹상을 잘 알았

---

16) * 고위비상대책회의 참석자는 존슨 부통령, 러스크 국무장관, 맥나마라 국방장관, 맥콘 CIA국장, 딜롱 재무장관, 로버트 케네디 검찰총장, 번디 국가안보보좌관, 소렌슨 대통령연설문보좌관, 볼 국무차관, 테일러 합참의장, 스티븐슨 유엔대사, 마틴 국무부 차관보, 톰슨 전 주소련대사 등이었다.

17) * 케네디는 미사일 위기가 해결된 다음 그의 가까운 친구였던 갈브레이스 교수에게 "참모들이 무력으로 이 사태를 해결해야 한다고 강력히 건의했지만 나는 그렇게 할 뜻이 조금도 없었다"라고 말했다(장준갑, 2010).

18) Shane, 2012.
* 핵전쟁을 감수한다는 것은 대통령으로서는 그렇게 선뜻 결정할 수 있는 일이 아니었다.

다. 정치에 입문하게 된 동기의 하나도 여기에 있었다. 케네디는 1961년 1월 아이젠하워로부터 대통령직을 인수받으며 큰 충격과 공포를 느꼈다. 미국과 소련이 갖고 있는 핵무기가 실수에 의해 사용될 가능성이 있다는 사실 때문이었다. 케네디는 자신의 임기 중 핵충돌이 일어날 수도 있다는 두려움을 갖고 있었다.19) 케네디는 쿠바 사태를 다루면서 자신이 하는 결정은 어떤 경우든 국민들이 납득할 수 있어야 한다고 생각했다. 그래야 국민들의 지지를 얻을 수 있다고 믿었던 것이다.20)

7. 냉정 · 신중 · 자제

케네디는 10월 16일 국가안보보좌관으로부터 쿠바 핵미사일 관련 보고를 받았으나 예정된 일정을 취소하지 않았다. 코네티컷 주에서의 중간선거 캠페인 일정을 예정대로 수행했다. 얼굴에 환한 웃음을 띠며 모터게이드 행진을 했다. 케네디의 표정 어디에서도 심각한 고민의 모습이 나타나지 않았다.21)

10월 21일 일요일 케네디는 이 사태의 향후 진행 방향을 가늠하는 가장 중요한 결정을 하게 된다. 핵미사일이 쿠바에 배치되었다는 보고를 받은 지 5일 만이었다. 상황이 급하지만 케네디는 서두르지 않고 참모들이 충분히 검토할 수 있는 시간을 주었다. 본인은 본인대로 관련 사항을 숙고하고 또 숙고했다. 가까운 참모들에 의하면

---

19) * 케네디가 흐루시초프에게 "미국과 소련이 핵을 주고받으면 10분 사이에 7000만 명의 목숨이 사라질 것"이라고 말하자 흐루시초프는 케네디를 물끄러미 쳐다보면서 '그래서 어떻다는 겁니까'라는 표정을 지은 적이 있다고 한다(장준 갑, 2012).
20) Freedman, 2002.
21) McDonald, 2012.

케네디는 극도로 조심하고 신중을 기하는 모습이었다 한다. 그는 보좌관들에게 "이런 사태에서 정말 위험한 것은 판단상의 실수다"라고 하면서, 조그만 사건이 큰 전쟁으로 비화한 1차 세계대전의 사례를 상기시켰다.22)

위기 시에는 상황이 급박하게 전개된다. 대통령은 참모들의 의견을 듣지만 결정은 자신이 해야 한다. 위기 상황에서는 의회도 관여하기가 어렵다. 상황 전개가 빨라 핵심 정보를 공유하지 못한 상태에서 의회가 어떤 결정을 할 수 없기 때문이다. 대통령에게 위기발생 시 독자적으로 대응해 나갈 수 있도록 권한을 부여하는 것도 이 때문이다.23)

하지만 케네디는 조금도 흔들리지 않았다. 놀라울 정도의 침착과 자제를 보였다. 참모들이 어떤 조언을 하던 결정을 하는 사람은 오직 대통령뿐이었다. 결정을 내린 다음에는 혼자 책임을 져야한다. 어떤 책임도 다른 누구에게 돌릴 수 없다. 얼마나 외롭고 두려운 일인가. 가상이 아닌 실제 상황에서 그런 위치에 있는 사람이 느끼는 고뇌는 말로 형용할 수 없을 만큼 컸을 것이다. 쿠바 사태 당시 케네디 대통령을 관찰할 수 있었던 사람들은 이구동성으로 그가 얼마나 고뇌하는가를 감지할 수 있었다 한다.24)

케네디 대통령은 쿠바 사태 내내 성급하거나 서두르는 모습을 보이지 않았다. 자제력과 분별력이 대단했다. 충동적으로 하는 언사나

---

22) * 심리학자들의 연구에 의하면 엄청난 중압감을 느끼는 상황에서 냉정을 유지할 수 있는 심리적 능력은 국가지도자에게 중요한 자산이라고 한다. 케네디 대통령의 경우가 이런 사실을 증명했다.
23) * 쿠바 사태와 같은 위기 시 나타나는 공통점은 ▶치명적으로 중요한 결정이 아주 짧은 시간 내에 내려져야 한다는 것 ▶판단의 근거가 될 수 있는 정보가 충분하지 않다는 것 ▶최고지도자가 현장에서 발생하는 상황을 완벽하게 컨트롤할 수 없다는 것 등이다(Reif, 2012).
24) * 쿠바 미사일 위기와 같이 사태의 엄중함에다 시간적 압박(판단·결정의 시급성)이 따르는 일에 케네디가 보인 신중·냉정은 사태를 성공적으로 풀어나가는 데 대단히 중요했다는 것이 이 사태를 연구한 학자들의 공통된 견해다.

행동이 없었다. 핵심적인 것과 부차적인 것을 잘 구분했다. 자기중심적으로 생각하지 않고 흐루시초프가 원하는 것이 무엇인지도 생각했다. 이런 분별력과 지각이 있었기 때문에 신중할 수 있었다. 신중하기 때문에 무모하지 않았다. 부분에 몰입되어 전체를 놓치는 우愚를 범하지 않았다.

케네디 대통령의 사례에서 나타나듯이 최고지도자는 사태가 심각하면 심각할수록 시간적으로나 심리적으로 여유를 가져야 한다. 상황을 이해하고 문제의 핵심을 파악하며 여러 가지 대응방안 등의 장단점을 검토하기 위해서는 시간이 필요하다. 케네디는 사태가 성공적으로 수습된 후에 이렇게 말했다. "만약 내가 48시간 내 어떤 결정을 내려야 했다면 해상봉쇄보다 공중폭격을 선택했을 것이다." 공중폭격은 핵전쟁으로 이어질 가능성이 가장 높은 옵션이었다.[25]

8. 상상력·용기·결단

10월 20일 참모들이 4일 동안 고심해 내놓은 건의는 쿠바에 배치된 핵미사일을 무력으로 파괴하거나 아니면 핵미사일 배치를 기정사실로 인정하는 수밖에 없다는 것이었다. 케네디로서는 이들 대안 중 하나를 택해야 하는 상황이었다: 그는 이 두 극단을 모두 거부했다. 둘 중의 하나를 선택하는 대신 제3의 방안을 만들어냈다.

케네디가 생각해낸 방안은 이러했다. ▶소련이 쿠바에 반입한 미사일을 철수하면 미국은 쿠바를 침공하지 않는다. 이 입장은 공개적으로 천명한다. ▶흐루시초프가 이 제안을 받아들이지 않으면 24시간 내 쿠바를 침공한다. 이 입장은 비공개로 소련 측에 전달한다. ▶사태가 해결되면 이 시점으로부터 6개월 이내에 터키에 배치된 미

---

25) Allison, 2012.

사일을 철수한다. 이는 극비로 소련 측에 전달한다.

소련이 쿠바에 반입한 미사일을 철수하지 않으면 24시간 내 쿠바를 침공하겠다는 것은 대담한 담력과 용기를 필요로 하는 결정이었다. 불과 24시간만을 주겠다는 것은 소련이 미국 측의 침공 의지를 의심할 수 없게 만들었다.

케네디는 소련 측이 1항을 수락하지 않으면 2항, 즉 군사적인 조치에 들어갈 생각을 하고 이런 결정을 했다. 여기서도 우리는 귀중한 교훈을 얻을 수 있다. 그것은 적수에게 압력(위협)을 가할 때에는 그 압력(위협)에 진정성이 있어야 한다는 것이다. 진정성이 없으면 위험하다. 케네디의 결정은 진정성이 있는 것이었고, 흐루시초프는 오판하지 않았다.26)

케네디는 미국의 핵 대비 태세를 데프콘defcon2로 높였다. 핵공격 바로 전 단계였다. 그는 초기 단계에 전쟁위험을 높여야 전쟁위험을 줄일 수 있다고 판단했다. 또한 흐루시초프가 쿠바 사태에서 재미를 보면 서베를린에 대한 무력 점령을 시도할 가능성이 높다고 판단했다. 쿠바 사태에 국한하지 않고 그 이후까지 염두에 두었던 것이다.27)

케네디 대통령은 10월 22일 저녁 7시 대국민 TV연설을 통해 그간의 경위를 소상히 설명하고 해상봉쇄 조치를 취하게 됨을 발표했다. 해상봉쇄 조치를 '봉쇄'blockade가 아닌 '차단'quarantine으로 불렀다. 공중폭격이나 육상침공은 일단 배제되었다. 그는 이러한 결정을 내린 배경의 하나로 히틀러에 대한 유화정책 사례를 들었다. "1930

---

26) * 만약 케네디가 소련에 대해 처음부터 '핵전쟁 불사' 운운했더라면 이런 위협의 진정성이 떨어졌을 것이다. 엄포로 받아들여질 수 있었기 때문이다. 케네디는 위협과 타협(양보)을 절묘하게 조화시켜 미사일 위기를 성공적으로 극복했다고 할 수 있다(Allison, 2012).

27) * 헨리 키신저는 케네디 대통령이 수동적이고 유약하게 대응을 했더라면 이 사태의 결과가 달라졌을 것으로 보았다. 소련이 더 대담하게 나왔을 가능성이 높았다고 본 것이다.

년대 역사는 우리들에게 분명한 교훈을 주었다. 공격적인 행위는 억제하거나 제지하지 않으면 결국 전쟁에 이르게 된다."[28)

9. 비밀 유지가 관건이었다

번디 국가안보보좌관이 소련 핵미사일이 쿠바에 배치되고 있는 상황을 보고한 것은 10월 16일 이었다. 이 보고를 받고 케네디가 가장 먼저 한 질문은 "비밀유지가 언제까지 가능할 것인가"였다. 번디 보좌관은 길어야 1주일일 것이라고 했다. 케네디는 1주일을 넘기지 않고 이 사실을 국민들에게 알렸다.[29)

케네디는 번디 보좌관으로부터 보고를 받고 두 가지를 지시했다. 하나는 핵심 관계자들로 구성되는 고위비상대책회의를 가동시키라는 것이고, 다른 하나는 관련 사실을 극비로 하라는 것이었다. 외부에 알려지면 여론이라는 또 다른 변수가 대두되어 정확한 판단이 어려워질 수 있다고 생각했다. 백악관에서 수시로 열린 고위비상대책회의 참석자들은 완벽하게 보안을 유지했다. 고위비상대책회의가 6일 동안의 숙의를 통해 대응방안을 보고하자 비로소 케네디 대통령은 10월 22일 저녁 대국민 연설을 통해 이 사실을 발표했다.

흐루시초프는 10월 27일자 서한으로 소련의 쿠바 미사일 철수를

---

28) Fair, 2006.
  * 케네디는 이 연설에서 "우리는 성급하거나 불필요하게 세계 핵전쟁의 위험을 무릅쓰지 않을 것이다. 그러나 핵전쟁에 직면해야 한다면 언제든 물러서지 않을 것이다"라고 말했다. '전쟁을 피하려거든 전쟁하는 것을 두려워하지 말아야 한다'는 말을 떠 올린다. 케네디가 쿠바 사태를 성공적으로 해결할 수 있었던 가장 결정적인 요인은 이처럼 무력을 사용하겠다는 의지를 공개적으로 천명한 데 있었다. 물론 미국은 소련이 무시할 수 없는 핵능력을 갖고 있었기 때문에 소련은 케네디 대통령이 한 말의 진정성을 무시할 수 없었다.
29) Allison, 2012.

256

미국의 터키 미사일 철수와 연계시켰다. 실상 터키에 배치되어 있는 15기의 주피터 미사일은 있으나마나 한 낡은 미사일이었다. 아이젠하워 전임 대통령이 '바다에 버리기나 해야 할 무기'라고 말했을 정도로 낡은 무기였다. 게다가 미국은 잠수함에서 미사일을 발사할 수 있어 터키 배치 미사일의 전략적 가치가 크지 않았다. 문제는 이 미사일 배치가 NATO 명의로 이루어졌고 또한 터키 정부의 요청으로 이루어졌다는 것이다. 따라서 이 미사일을 철수하려면 NATO와 터키 정부의 사전 동의가 필요했다.30)

케네디 대통령은 로버트 케네디-아나톨리 도브리닌(워싱턴주재 소련 대사) 채널을 사용한다. 로버트 케네디는 케네디 대통령의 동생으로 당시 법무장관(검찰총장)직을 맡고 있었다. 쿠바 사태 내내 작동된 비밀채널이었다. 케네디는 극도의 보안이 필요한 사항임을 감안하여 10월 27일 저녁 고위비상대책회의가 식사를 위해 잠시 정회한 사이 로버트 케네디를 도브리닌에게 보내 미국 입장을 전달한다. '터키 배치 미사일 철수 문제가 넘지 못할 장애물은 아니다. 쿠바 미사일 철수가 확인되면 미국은 터키 배치 미사일을 6개월 이내에 철수한다'는 구두 약속을 했다. 미 측으로서는 만에 하나 약속대로 이행이 안 되어도 크게 문제가 되지 않을 방식을 썼다. 이 사실은 7년 동안 비밀이 유지되다가 로버트 케네디가 그의 회고록(1969)에서 공개함으로써 세상에 알려지게 되었다.31)

---

30) * 흐루시초프는 10월 26일자 서한에서는 소련의 쿠바 미사일 철수를 미국의 쿠바 불가침과 연계시켰다. 케네디는 참모들과 숙의 끝에 10월 27일자 서한을 무시하고 10월 26일자 서한에 답한다.

31) * 케네디는 이 제안을 소련 측에 전달하면서 조건을 달았다. 만약 소련 측에 의해 이 제안이 세간에 알려지게 되면 미국은 이러한 제안을 한 사실을 부인할 것이며, 동시에 약속을 지키지 않을 것임을 분명히 했다. 소련이 비밀을 철저히 지킨 배경이었다(Mearsheimer, 2011). 한편, 흐루시초프는 터키에서 주피터 미사일을 철수시키는 것은 그렇게 중요하지 않다고 생각했다. 어떻게든 이 위기에서 빠져나오는 것이 중요했다. 미국이 쿠바를 침공하지 않겠다는 약속만 받아내면 그것으로 소련의 체면은 유지된다고 생각했다(Gelb, 2012.11). 소련은 비

케네디 대통령이 생각해낸 교환방식은 쿠바 사태가 해결되는데 결정적인 역할을 하게 된다. 미국(케네디 대통령)은 이 제안을 통해 소련(흐루시초프)이 체면을 손상하지 않고 빠져나갈 수 있는 퇴로를 만들어 주었다. 어차피 터키 배치 미사일은 철수될 것이므로 군사전략적으로도 아무 문제가 없었다. 다만 이 단계에서 미국이 이런 약속을 했다는 사실이 알려지지 않는 것이 중요했다. 비밀유지가 관건이었다.

케네디 대통령과 이 문제를 다루었던 사람들은 지켜야 할 비밀을 100% 지켰다. 반면 국민들에게 알려할 사항은 제때 알렸다. 알릴 것과 알려서는 안 되는 것을 잘 구분했다.[32]

※ 케네디-흐루시초프 간 비밀 소통

* 이 부분은 장준갑, 2010 논문을 주로 참고하였다.

흐루시초프는 1961.9.29 케네디에게 편지를 썼다. 그런데 흐루시초프는 이 편지를 외교채널로 전달하지 않았다. 그의 심복이었던 볼샤코프를 통해 전달했다. 볼샤코프는 잡지사 편집인으로 가장한 KGB 요원이었다. 그는 뉴욕의 한 호텔 룸에서 케네디 대통령 언론 보좌관에게 이 편지를 전달했다.

흐루시초프는 이 편지에서 "내가 귀하에게 단순히 비공식적이고 개인적으로 접근하여 나의 생각을 공유하는 것이 유용할지도 모른다고 생각하게 되었다. (…) 결국 비밀 서신을 통해서만 귀하도 언론사와 언론인들의 감시를 염두에 두지 않고 귀하가 생각하는 바를 말할 수 있을 것이다."

흐루시초프로부터 이런 의사가 전달된 시점은 미·소 간 적대감이 절

밀을 지켰다. 케네디는 국내정치적인 이유로 이 제안을 극비로 했던 것이다.

32) * 미국이 소련에 주피터 미사일 철수를 약속한 사실은 공식적으로는 부인되었다. 케네디 대통령이 거짓말을 한 것이나 마찬가지였다. 그러나 대재앙으로 번질 가능성이 있는 위기를 해결하는 과정에서 어쩔 수 없이 한 행동으로 이해되었다 (Mearsheimer, 2011).

정에 달했던 베를린 위기 직후였다. 소련은 베를린에 장벽을 쌓음으로써 동베를린 주민들이 서베를린으로 이주하는 것을 막는 데 성공했다. 그러나 미국과 서유럽 동맹국들은 군사적인 조치를 취해서라도 소련의 베를린 분리 행위에 응징을 가해야 한다고 케네디 대통령을 압박하고 있던 시점이었다.

케네디는 1961.10.16에 답신을 썼다. 흐루시초프의 서신에 감사를 표하고 비밀유지에 동의하면서 "이 서신이 완전히 비밀리에 유지되어야 하며 공적인 언급에 암시되거나 언론에 노출되어서는 더더욱 안 된다는 점에 있어서 귀하의 판단은 전적으로 옳다. 서신을 통해 솔직하게 대화할 기회를 가져야 한다"라고 썼다.

이후 케네디와 흐루시초프는 21차례나 비밀서한을 교환했다. 비밀이 엄격히 유지되는 커뮤니케이션 방식을 통해 두 지도자는 상대방의 속사정을 어느 정도 이해할 수 있었다.

10. 동맹국들의 관여를 배제하다

*이 부분은 Costigliola, 1995 논문을 주로 참고하였다.

미국은 터키 배치 핵미사일 철수 가능성과 관련, 당사자인 NATO·터키와 전혀 상의하지 않았다. 상의할 시간적인 여유도 없었지만, 가장 큰 이유는 비밀을 완벽하게 유지해야 할 필요성 때문이었다.

NATO나 터키 입장에서 볼 때 미국의 행동은 자신들을 무시한 일방적인 행동이었다. NATO 동맹국들은 생사 문제를 놓고 그냥 앉아서 당한 셈이다. 케네디 대통령은 10월 21일 맥밀란 영국 총리에게 전화로 해상봉쇄 계획을 알려주었다. 프랑스에는 봉쇄방침 발표 수 시간 전에 통보했다. NATO의 경우는 불과 수 분전에 통보했다. 미국의 이런 처사는 엄밀한 의미에서 NATO조약 위반이었다. 이 조약 제4조는 회원국 간 협의 의무를 규정하고 있기 때문이다.

케네디 행정부가 동맹국들을 일체 관여시키지 않은 것은 국가의 사활이 걸린 문제는 미국 스스로 결정해야 한다는 사고방식이 깔려 있었다. 절체절명의 문제를 놓고 다른 나라와 상의해서 결정한다는 것은 미국인 정서에 맞지 않았다. 내 나라의 운명을 남의 나라에 맡겨 서는 안 된다는 신념에 따랐다.

11. 전문가들을 잘 활용했다

케네디는 역사 앞에서 겸허했다. 자신이 역사를 좀 안다는 오만이 아니었다. 쿠바 사태 당시 케네디가 썼던 어법을 분석한 결과, "나는… 에 대해서 충분히 모른다 I don't know enough about…" "누가 내게 좀 말해줄 수 없겠는지 if anybody can tell me…" 등의 표현을 가장 많이 쓴 것으로 나타났다.[33]

이처럼 케네디는 겸손했다. 그러면서 전문가들의 의견을 가능한 많이 들었다. 쿠바 사태 시 케네디에게 가장 결정적인 조언을 한 보좌관이 둘 있었다. 주소련 대사를 역임한 톰슨과 연설문 보좌관 소렌슨이었다. 톰슨 대사는 당대 최고의 소련전문가 중의 한 사람이었다. 그는 1957.7~1962.7월까지 5년 간 주駐소련 대사로 있으면서 흐루시초프와 가깝게 지냈다. 주말에는 흐루시초프가 자기 별장으로 초대할 정도였다. 톰슨 대사는 이런 관계를 통해 흐루시초프의 속마음을 꿰뚫어 봤다. 중대한 상황에 결정적으로 중요한 조언을 할 수 있었다. 케네디는 이들을 가까이 두고 귀중한 도움을 받았다.

톰슨 대사는 케네디가 흐루시초프의 심중을 정확히 읽어낼 수 있도록 도왔다. 당시 톰슨과 케네디의 대화를 옆에서 들었던 맥나마라

---

33) Dyson, 2006.
  * 케네디 대통령은 평소 의문이 생기는 일이 있으면 예컨대, 그것이 대외문제일 경우 국무부의 담당 직원에게 직접 전화를 걸어 물어보기도 했다.

국방장관은 후에 톰슨의 용기를 높이 평가했다. 대통령에게 그의 판단이 맞지 않다고 면전에서 애기하는 것이 쉬운 일이 아님에도 톰슨은 거리낌 없이 그렇게 했다는 것. 맥나마라는 후에 톰슨 대사가 쿠바 미사일 위기 극복의 '숨은 공신'이라고 했는데, 고위비상대책회의 참석자 중 이 말에 동의하지 않는 사람이 없었다.34)

케네디 대통령은 사실 톰슨 대사를 전부터 잘 아는 사이가 아니었다. 말하자면 톰슨은 이너서클이 아니었다. 그러나 케네디는 사람을 쓸 줄 알았다. 가장 결정적인 순간에 가장 결정적인 역할을 할 수 있는 사람을 옆에 두고 있었다. 소련의 의도를 예리하게 간파해낼 수 있는 사람이 옆에 있었던 것이다. 톰슨은 미사일 위기 내내 날카로운 통찰력으로 케네디를 도왔다.35)

또 다른 전문가는 소렌슨 보좌관이었다. 그는 케네디의 핵심 참모였다. 케네디보다 11살 어렸는데, 케네디는 그를 '지적知的 동반자'라고 불렀다. 케네디 대통령의 명연설문들이 모두 그의 손을 거쳐 나왔다.

쿠바 사태를 처리하는 과정에서 가장 중요한 일 중의 하나는 흐루시초프와 정확하게 의사소통을 하는 일이었다. 이러한 의사소통이 서한 형식으로 이루어졌기 때문에 소렌슨 보좌관의 역할은 참으로 중요했다. 그야말로 '아' 다르고 '어' 다른 그래서 조금이라도 잘못 쓰면 되돌릴 수 없는 참화를 초래할 수 있는 그런 일이었다. 소렌슨은 특히 10월 27일자 흐루시초프에게 보내는 답신을 기안하는 일이 가장 어려웠다고 술회했다. 쿠바를 침공하지 않겠다는 이 서한으로 소련은 더 이상 사태를 악화시키지 않는다는 중대한 결정을 하게

---

34) Blight, Nye, Welch, 1987.
  * 맥나마라는 쿠바 사태를 성공적으로 극복할 수 있었던 배경에 케네디가 흐루시초프의 입장에서 생각을 해 본 사실을 들었다.
35) * 톰슨 대사는 처음부터 이 위기가 무력을 동원하지 않고서도 해결될 수 있다고 믿었다.

된다.36)

12. 미국이 핵전력에서 열세였더라면…

소련이 핵미사일 쿠바 배치라는 모험을 하도록 만든 것도 그리고 이런 시도를 그만두게 만든 것도 미국이 우세한 핵전력이었다. 사태 당시 미국의 핵전력은 소련에 비해 17:1로 우세했다. 1962년 2월 KGB로부터 이런 사실을 보고받은 소련 지도부는 불안을 느끼기 시작했다.37) 쿠바 사태 당시 미국 군사력이 소련에 비해 열세였더라면 과연 흐루시초프가 미국과 타협했을까? 소련은 시간을 끌면서 미국을 괴롭혔을지 모른다.

미사일 위기가 끝난 후 그로미코 소련 외상은 "소련은 다시는 미국에 물러서지 않을 것"이라고 선언했다. 소련이 핵전력 면에서 우세했더라면 타협을 하지 않았을 수도 있음을 시사한다. 미국이 핵전력 면에서 우위에 있었다 하더라도 이 힘을 사용하겠다는 의지가 없었다면 상황은 또 달라졌을 것이다. 케네디는 소련이 쿠바에 배치한 미사일을 철수하지 않으면 무력을 사용하고자 했다. 그리고 그런 의지를 소련 측에 분명히 전달했다. 만약 케네디가 이 과정에서 조금이라도 흔들렸다면 소련은 물러서지 않았을 것이다. 당근(양보·타협)과 채찍(위협·강압)은 동시에 사용되어야 한다. 당근만 써봐야 아무 소용없다. 당근을 내밀면서 동시에 채찍을 내보이지 않으면 당근은 효과가 없다.38)

---

36) * 여기서 알 수 있는 것은 케네디의 지적인 겸손함이다. 그는 자신이 가장 많이 알고 가장 잘 판단할 수 있다고 생각하지 않았다. 자만심이 그의 판단을 그르치지 않았다. 보좌관이나 참모들의 의견을 경청했다.

37) * 흐루시초프는 1957년 10월 스푸트니크 발사에 성공하면서 대륙간탄도미사일 ICBM 능력 면에서 미국보다 월등히 앞선 것처럼 거짓 선전했다. 1960년에 이르러 미국은 실제 소련보다 훨씬 더 많은 수의 ICBM을 보유하고 있었다.

13. 승자가 보인 아량

케네디 대통령은 사태 초기부터 힘으로 밀어붙이려 하지 않았다. 협상으로 해결해야 한다고 생각했다. 해상봉쇄 조치도 '금지선'을 설정한 것이라기보다 타협 가능성을 높이려는 목적이 더 강했다. 케네디는 흐루시초프가 정치적인 타격을 받지 않고 빠져나갈 수 있는 틈을 만들어 주었다.

사태가 원만히 해결되었을 때 케네디는 거만함을 보이지 않았다. 오히려 정반대였다. 흐루시초프가 평화에 중대한 기여를 했다고 축하하는 성명을 발표했다. 케네디는 시종일관 흐루시초프나 소련을 존중하는 언행을 했다. 한 번도 이들의 체면을 손상시키거나 무시하는 언사를 보이지 않았다. 소련을 자극하지 않기 위해 쿠바에 대한 '봉쇄blockade'도 봉쇄라 부르지 않고 '차단quarantine'이라 불렀다. 흐루시초프가 굴욕감이나 열등감을 느끼게 만들어서는 안 된다는 생각에서였다.

케네디는 의회에서 이렇게 말했다. "우리는 흐루시초프에게 굴욕을 주지 않았기 때문에 이길 수 있었다. 만약 그가 미국으로부터 커다란 양보를 쟁취했다고 자만하고 싶어 한다면 그렇게 하도록 하자." 흐루시초프에게 퇴로를 열어 준 것은 이 위기를 평화적으로 해결할 수 있었던 중요한 요인의 하나였다.

사실 케네디는 자신감과 패기가 넘치는 젊은 지도자였다. 자본주의 시장경제체제가 사회주의체제를 앞설 것이라는 확신을 갖고 있었다. 쿠바 사태와 같은 위기를 피하면 결국 서방이 공산주의를 이기는 날이 올 것으로 믿었다. 쿠바와의 관계에 대해서도 조급하게

---

38) * 한국과 미국을 포함한 국제사회가 20여 년 동안 북한 핵문제를 다루었지만 성과를 거두지 못한 원인 중 하나는 제대로 된 채찍을 쓰지 않은 것이다 (Allison, 2012).

생각하지 않았다. 그래서 임기 후반에 접어들어 쿠바와 비밀채널을 열었다. 이런 태도를 의아하게 생각하는 사람들에게 케네디는 이렇게 말했다. "우리가 쿠바를 승인하면 쿠바 사람들이 우리 냉장고나 토스터를 사서 쓰게 되고, 결국은 카스트로를 몰아내게 될 것이다."

소련은 상대하기 싫은 나라였으나 케네디는 소련 국민들을 싫어하거나 미워하지 않았다. "소련 사람들도 우리와 같은 인간이다. 우리가 그들과 같이 이 작은 행성에서 살며, 같은 공기를 마시고, 어린 아이들의 장래를 소중하게 생각한다. 우리는 모두 유한한 삶을 사는 존재다"라고 말했다. 케네디는 비전을 가진 지도자였다. 그가 가진 비전이란 인류가 평화롭게 사는 것이었다. 그는 자기 묘비에 '평화를 지킨 사람'이라고 써 달라고 했다.39) 케네디가 암살되었다는 소식을 들은 흐루시초프는 망연자실 흐느껴 울었다. 며칠 동안 집무를 보지 못했을 정도였다고 하니, 흐루시초프가 진심으로 케네디의 죽음을 안타깝게 생각했음을 알 수 있다.40)

미사일 위기를 통해 발휘된 케네디의 위기관리 리더십은 빛났다. 그러나 그는 자만하지 않았다. 유사한 사태의 재발을 막기 위해 무슨 일을 해야 하는가를 고민했다. 백악관과 크렘린 사이에 직통전화 hot-line가 개설되었다. 위급한 상황이 발생했을 때 오판을 방지하기

---

39) * 케네디는 1963.6.10 아메리칸대학 졸업식 연설에서 "우리는 국가이익을 보호하면서 인간이익human interests도 보호합시다. 전쟁과 무기를 제거하는 일은 분명 이 두 이익에 부합되는 것입니다"라고 말했다. 케네디가 '인간이익'이라는 개념을 국익개념과 관련해 사용한 것은 의미가 있었다. 국가 이기주의를 경계하면서 인류 공영을 추구하자는 의미였기 때문이다.

40) * 케네디는 1963.11.22 댈러스에서 괴한이 쏜 총탄에 맞아 46세라는 젊은 나이에 세상을 떠났다. 대통령직을 수행한 일수로는 1,000일만이었다. 쿠바 사태를 심층 연구해 *One Minute to Midnight: Kennedy, Khrushchev, and Castro on the Brink of Nuclear War*란 책을 펴낸 마이클 돕스는 쿠바 사태 당시 케네디와 흐루시초프가 각각 백악관과 크렘린의 주인으로 있었던 것은 행운이었다고 평가했다. 케네디도 용기 있는 지도자였지만 흐루시초프도 마찬가지였다. 그는 스탈린 사망 3년 후인 1956년 2월 제20차 소련공산당 전당대회에서 스탈린 격하 연설을 했다.

위해 긴급히 통화할 수 있는 장치가 마련된 것이다. 나중에 핵확산
금지조약NPT으로 결실을 맺게 되는 협상이 이때 개시되었다.

14. 카스트로의 오산

*이 부분은 Blight and Lang, 2012 논문을 주로 참고하였다.

쿠바 지도자 카스트로는 피그스만 사태 후 미국이 또다시 침공할
것이라는 두려움 속에 살았다. 미국이 압도적인 무력을 동원해 침공
하면 끝장이었다. 그래서 카스트로는 소련을 끌어들이는 것이 최상
이라고 생각했다. 소련 핵무기가 쿠바에 배치되면 미국이 침공하지
못할 것이라고 판단했다.[41]

피그스만 사건 당시 35세였던 카스트로는 국민들에게 이렇게 말
했다. "미국인들이 우리를 못살게 구는 상황은 더 이상 계속되지 않
을 것이다. 그들은 우리에게 주는 만큼 받게 될 것이다." 이 말에는
쿠바가 가만히 앉아서 당하지만 않을 것이라는 의미가 담겨 있었다.
카스트로는 이 말을 하고 난 후 1년 반 만에 소련을 움직여 핵미사
일을 배치한다.

흐루시초프는 흐루시초프대로 쿠바를 잃게 되는 상황을 걱정했다.
핵을 갖다 놓으면 미국의 쿠바 침공을 억제할 수 있다고 생각했다.
단순한 생각이었다. 이 경우 초래될 수 있는 다른 심각한 문제들은
간과했다.

카스트로의 생각은 더 나갔다. 쿠바에 배치되는 핵미사일은 미국
이 침공하면 실제 사용하는 것으로 이해했다. 그는 쿠바가 수치를
당할 만큼 당했으니 이제는 그런 나라가 아니라는 것을 보여주어야
한다고 생각했다.

---

41) * 실상 케네디는 피그스만 실패 후 쿠바를 다시 침공할 생각이 전혀 없었다.

쿠바 사태가 가장 위험한 순간에 도달했던 1962.10.26 카스트로는 쿠바주재 소련대사를 불렀다. 그는 왜 소련이 U-2 첩보기를 지대공 미사일로 격추시키지 않느냐고 다그쳤다. 쿠바 군인들이 저공비행을 하는 미군기들을 공격할 수 있도록 허락해 줄 것을 요구했다. 카스트로가 이렇게 경거망동하고 있었을 때 케네디와 흐루시초프는 사태를 평화적으로 해결하기 위해 애를 쓰고 있었다. 흐루시초프는 사태가 파국으로 끝날 수 있다는 두려움에 먼저 이니셔티브를 취한다. 10월 26일 케네디에게 다음과 같은 내용이 들어있는 서한을 보낸다.

나는 다음과 같이 제의합니다. 우리는 쿠바로 향하는 우리 선박들이 어떠한 종류의 무기도 운반하지 않을 것임을 선언할 것입니다. 그러면 미국은 쿠바를 침공하지 않을 것임을 선언하십시오.

10월 27일 새벽 3시 카스트로는 소련대사에게 미국의 침공이 임박했다고 하면서 대사관 지하벙커로 대피하자고 했다. 지하벙커에서 카스트로는 알렉시에프 대사와 함께 흐루시초프에게 보내는 서한을 기안한다. 10번이나 고쳐 쓴 서한의 핵심 내용은 "미국이 쿠바를 공격하면 미국인들을 지구상에서 모조리 쓸어 없애야 한다"는 것이었다.[42]

카스트로 서한이 모스크바에 도착했을 때 흐루시초프는 크렘린 핵심 멤버들과 대책을 숙의하고 있었다. 흐루시초프는 카스트로의 서한을 읽은 후 "이런 미친 소리. 피델(카스트로)이 지금 우리를 그와 함께 무덤으로 끌고 들어가려 하는군!"이라고 소리를 질렀다. 흐루시초프는 카스트로가 너무나 혁명 열정에 사로잡혀 이성적인 판단을 하지 못하고 있다고 보았다.

---

42) * 카스트로가 흐루시초프에게 보낸 서한은 '아마겟돈 서한Armageddon Letter'으로 불렸다.

미코얀 소련 부수상이 11월 2일 쿠바를 방문해 20일 동안 머물렀다. 방문 목적은 지하에 숨겨놓았던 98개의 전술핵무기를 반출해 가는 것이었다. 미사일 위기 13일 동안 흐루시초프는 이 전술핵무기 때문에 가슴을 졸였다. 카스트로가 이 핵무기에 손을 대면 상황을 제어할 수 없기 때문이었다.43)

카스트로는 소련이 전술핵무기를 가져가겠다고 하니 이럴 수 있느냐고 노발대발했다. 미코얀은 국내법에 의해 어쩔 수 없다고 했다. 미국과의 약속 때문이 아니라고 했다. 미국은 이런 무기가 쿠바에 반입되어 있다는 사실을 모르고 있었다. 결국 소련은 이 무기를 모두 회수해갔다. 카스트로가 아무리 반대해도 소용없었다. 소련은 소련의 필요에 따라 움직였다.

케네디는 흐루시초프에게 쿠바에 배치된 핵미사일이 발사될 경우 미국은 소련에 대해 핵무기를 사용할 것이라고 경고했었다. 이 조치는 매우 중요했다. 케네디는 흐루시초프에게 이런 경고를 분명히 전달함으로써 카스트로가 미국과 소련을 헤어날 수 없는 상황으로 몰아넣지 못하도록 했던 것이다.

---

43) * 전술핵무기는 핵탄도미사일과 다르다. 미국은 쿠바에 핵탄도미사일만 반입되어 있는 것으로 생각했었다.

제7장 닉슨 대통령과 미·중 화해

1970년대 초 미·중 화해rapprochement, reconciliation는 냉전시대 국제정치 지형을 근본적으로 바꿔 놓은 대사건이었다. 미국과 중국은 1950~53년 한반도에서 격전을 벌였고 1955년에는 대만해협에서 충돌하는 등 1960년대 말까지 20여 년간 적대 관계에 있었다. 미국은 자유반공 진영의 리더였고 마오쩌둥 치하의 중국은 공산혁명을 추구하는 나라였다. 이처럼 양 극단에 있던 두 나라가 왜, 그리고 어떻게 화해하게 되었는가를 살펴본다.

1. 미·중 화해의 역사적 의의

1970년 대 초 닉슨 대통령과 마오쩌둥이 미·중 화해를 추진한 것은 세계외교사에서 보기 드문 이변 중 이변이었다. 스코우크로프트 전 국가안보보좌관은 "닉슨의 중국 방문은 서로 동떨어진 두 세계가 만나는 형국이었다. 그것은 마치 화성에서 온 사람들이 지구에

사는 사람들과 대화를 나누는 것 같았다"고 회고했다(2012.3.7).

당시 중국이 미국의 대담한 접근에 호응하지 않았더라면 미·중 관계뿐만 아니라 국제정치사도 다른 궤적을 그렸을 것이다.[1]

2. "나는 외교 대통령이다"

닉슨(1913~1994)은 외교에 관한한 준비된 대통령이었다. 그는 외교에 타고난 재주가 있다고 믿었고, 대외정책 분야에 유별나게 관심이 많았다. 부통령으로 재직한 1952~60년 사이 여섯 차례의 해외순방을 통해 58개국을 방문했다. 외교와 국제정치에 관한 전문 지식과 경험을 쌓았다. 외교 대통령이 되는 꿈을 갖고 한 일이었다. 닉슨은 대외정책에 관한 분석력과 지정학적 직관이 놀라울 정도였다.

닉슨은 대단히 권력지향적인 정치인이었다. 캘리포니아 주의 한 시골 변호사 출신이었던 그는 1950년 연방 상원에 진출한 데 이어 1952년 39세의 나이에 아이젠하워의 러닝메이트로 부통령에 당선되었다. 8년 간 부통령을 역임한 후 1960년 대통령 선거에 출마했으나 케네디에게 패했다. 1962년 캘리포니아 주지사 선거에 도전했지만 역시 실패했다. 연이은 패배로 정치 은퇴를 선언했던 그는 오뚝이처럼 1968년 대선에 다시 도전해 승리했다.

닉슨은 이렇게 말한 적이 있다. "나는 미국은 대통령 없이도 시스템에 의해 잘 돌아갈 수 있는 나라라고 생각한다. 미국이 대통령을 필요로 하는 것은 외교 때문이다." 그는 자신을 '외교 대통령'이라고 생각했고, 외교는 대통령의 고유권한이라고 믿었다. 세계 최강국 대통령이 되자 역사에 남을만한 업적을 남기겠다는 생각을 하게 된다.

1969.1.20 대통령직에 취임한 닉슨은 자신의 신념과 철학에 따라

---

1) Kissinger, 1994.

대외관계를 다루고자 했다. 그래서 국무부를 철저히 배제했다. 부통령 시절부터 국무부에 대해 불신과 경멸감을 갖고 있었다. 관료주의를 싫어했다. 관료들은 자기들이 원하지 않는 결정이 내려지면 반발하고 저항한다. 그들은 걸핏하면 언론이나 의회에 비밀을 누설함으로써 대통령을 곤경에 빠트린다고 생각했다. 그러니 이런 상황을 막는 길은 관료들을 주요 정책결정과정에서 배제하는 것이다. 비밀주의가 해결책이었다.[2]

닉슨은 또한 관료들은 타성적으로 일을 하므로 그들로부터 창의적이고 혁신적인 것을 기대할 수 없다고 믿었다. 자기가 원하는 대로 외교를 하고 싶은데 국무부를 관여시키면 이런 일이 제대로 되지 않을 것으로 확신했다. 그래서 국무부가 아닌 백악관 국가안보회의NSC를 대외정책의 중심에 놓았다. 그리고 그 책임자로 하버드대학에서 명성을 날리고 있던 헨리 키신저(당시 46세)를 임명한다.[3]

실은 닉슨은 키신저와 외교관觀이 달랐다. 예를 들어, 닉슨은 외교를 다이내믹한 과정으로 인식했다. 예컨대 "나는 외교에 있어서 현상유지를 존중하지 않는다. 외교에서 기회를 잡으려는 사람이다. 나는 평화를 위해 기회를 잡을 것이다"라고 말한 적이 있다. 반면 키신저는 기본적으로 외교를 '현상유지'와 '힘의 균형' 차원에서 인식했다.[4]

닉슨 취임 직후 가장 골치 아픈 문제는 베트남전이었다. 닉슨은

---

2) * 예를 들어, 닉슨은 1972년 2월 저우언라이에게 "국무부가 미·중 관계 개선에 반대해 어려움이 있다"고 말했다. 저우는 닉슨이 이런 말을 하는 것을 보고 놀랐다.

3) * 닉슨은 키신저와 국가안보회의 선임보좌관들이 참석한 회의에서 "내가 기억하기로는 지난 25년간 국무부가 새로운 아이디어를 낸 적이 한 번도 없다"고 말한 적도 있다(Holdridge, 1997).

4) * 닉슨-키신저 관계는 한마디로 복잡했다. 이들은 각자의 야망을 위해 서로가 서로를 이용했다. 키신저는 닉슨에 대해 비굴할 정도로 처신했다. 키신저는 닉슨이 자신의 도움이 없이는 외교 대통령으로 역사에 남을 일을 하기 어려울 것이라고 믿었다.

대선 캠페인 기간 중 베트남전쟁의 조기 종결을 공약한 바 있어 어떻게든 이 전쟁의 수렁에서 빠져나와야 했다. 미국의 베트남전 개입 결과가 그만큼 참담했고, 미국인들의 베트남전쟁 반대는 극에 달하고 이었다. 국제적으로도 미국은 베트남전 때문에 위상과 지도력에 큰 손상을 입었다.5)

닉슨은 베트남 문제에 있어서도 자신이 뭔가 획기적인 결과를 만들어낼 수 있다고 믿었다. 이 문제는 자신의 외교능력을 입증할 수 있는 사안이라고 생각했다. 닉슨은 미국이 중국과 화해하게 되면 북베트남이 파리 평화협상에 진지한 태도로 나올 것으로 예상했다. 베트남 수렁에서 빠져나오는 데 큰 도움이 될 것으로 본 것이다.6)

베트남 문제를 해결하지 않으면 안 되는 상황을 감안하더라도 닉슨이 마오쩌둥(1893~1976)과 대화를 시도한다는 것은 혁명적인 발상임에 틀림없었다. 닉슨은 자타가 공인하는 반공주의자였다. 그런데 마오는 어떤 사람이었나. 미국인들의 정서로는 닉슨이 마오와 악수한다는 것은 상상하기 어려웠다. 마오 때문에 미국이 한반도에서 얼마나 큰 희생을 치렀나.

어쨌든 베트남 문제는 분명히 미국이 중국에 접근한 가장 큰 동인動因의 하나였다. 가정이지만, 미국이 대소對蘇 관계 증진을 통해 베트남 문제를 해결하려는 노력에 소련이 긍정적인 반응을 보였더라면 미국의 대중對中 접근 인센티브가 그렇게 강하지 않았을 것이고, 결과적으로 중국의 국제적인 고립상태는 더 오래 지속되었을 것

---

5) * 남베트남주둔 미군은 1969년 말 475,200명에서 1970년 말 334,600명, 1971년 말 156,800명, 1972년 말 24,200명으로 감축되었다. 베트남전을 끝내기 위해 1968.5.10 시작된 파리평화협상은 1973.1.27 타결되었다. 닉슨이 1972년 11월 재선되어 2기 임기를 막 시작한 시점이었다.

6) * 그러나 이는 착각이었다. 파리 평화협상에서 북베트남의 저항과 지연전술에 봉착해 아무런 진전을 보지 못했고, 북베트남은 미·중 화해에 별로 영향을 받지 않았다. 중국은 베트남전에서 북베트남을 적극적으로 지원했지만 교전주체도 아니었고, 북베트남도 중국을 그렇게 중요한 변수로 생각하지 않았다.

이다.[7]

3. 닉슨이 먼저 손을 내밀다

닉슨은 원래 자타가 공인하는 '냉전의 전사戰士'였다. 그는 '중공'Red China은 '불법 국가'라고 하면서, 중국의 진정한 대표는 '자유중국'Free China이라고 일관성 있게 주장했다. 중공을 국가로 인정하거나 유엔 가입을 허용하는 것은 유화정책이 될 것이라고 하면서 중공과 관계하는 것에 반대했다.

이런 닉슨이 생각을 바꾸게 된 계기의 하나는 1967.4.18 리콴유 싱가포르 총리와의 대화였다. 닉슨은 두 시간 동안 진행된 대화 내내 미국의 대중국 정책과 관련된 사항을 물었다. 리콴유는 미국이 중공과 관계를 가지면 얻는 것이 많을 것이라고 조언했다. 닉슨은 리콴유가 하는 말을 빠짐없이 메모해 두고두고 참고했다.[8]

닉슨은 1967년 10월 외교전문지 『포린어페어스』에 "장기적으로 보아 우리는 중국을 국제사회 바깥에 내버려둘 수 없다. 이 조그만 행성에서 10억이 넘는 재능 많은 사람들의 삶을 분노의 고립 상태에 내버려두어서는 안 된다"라고 썼다.[9]

닉슨은 1969.1.20 대통령 취임사에서 "대결의 시대는 지나가고 우리는 협상의 시대로 들어서고 있다. 세계의 모든 나라들은 우리

---

7) * 미국은 중국에 접근함으로써 소련이 미·중 간 적대관계를 이용하지 못하도록 하려는 의도도 갖고 있었다(Green, 1994).
8) Switzer, 2015.
   * 닉슨은 1963~1967 기간 중 많은 나라들을 방문하면서 주요 정치지도자들과 지역 및 세계 이슈에 관한 의견을 교환할 수 있는 기회를 가졌다. 국제정치와 외교에 관한 현장감을 쌓았다. 대통령직을 염두에 둔 것이었다.
9) * 마오쩌둥은 외교부로부터 이 기고문에 관한 보고를 받고 저우언라이 총리에게 잘 읽어 보라고 했다 한다.

행정부와 소통의 통로가 열려있다는 것을 알게 될 것이다. 우리는 열린 세계를 추구한다. 열린 생각, 상품과 사람들의 열린 교류의 장場을 추구한다. 훌륭하건 그렇지 않건 어떤 사람들도 분노의 고립 상태에 살도록 내버려두지 않을 것이다"라고 말했다. 『포린어페어스』 기고문에서 쓴 '분노의 고립 상태'라는 표현을 취임사에서 그대로 썼다. 중국에게 보내는 신호였다. 중국과의 화해가 그의 대외정책 우선순위에 놓여있음을 암시했다.10)

닉슨은 1969.7.25 괌에서 "미국은 앞으로 동맹국들이 자신의 군사적인 방어를 스스로의 힘으로 하기 바란다"고 선언했다. '아시아인들에 의한 아시아'를 천명했는데 이는 무엇보다도 베트남에서 손을 떼겠다는 의미였다.11)

닉슨이 중국에 접근하게 된 동기를 부여한 또 다른 요인은 소련이었다. 그는 후일 자신이 중국과의 화해를 추구한 것은 "중국이 소련의 위협을 받고 있는 상황에서 미국으로서는 중국에 접근하지 않을 수 없었다. 미국이 그렇게 하지 않아 만약 중국이 소련의 영향권에 들어간다면 서방국가들에 대한 소련의 위협은 거의 무한대가 될 것으로 우려했다"고 했다.

당시 미국은 소련이 중국에 대해 군사력을 사용할 경우 이것은 1962년 쿠바 미사일 위기 이래 최대의 국제질서(세력균형) 교란 행위가 될 것으로 생각했다. 그래서 닉슨은 1969년 여름 "만약 소련이 중국을 공격하면 가만히 있지 않을 것"이라고 경고했다. 닉슨이 재임 기간을 통틀어 이렇게 앞뒤를 가리지 않고 말을 한 적이 없었다.12)

---

10) * 닉슨은 1969.8.21 샌프란시스코에서 박정희 대통령과 가진 회담에서 "중공에 대한 미국의 정책은 변함이 없으며, 중공의 UN 가입을 승인하지 않을 것"이라고 말했다. 속내를 감춘 발언이었다.
11) * 이 선언은 '닉슨 독트린'으로 불렸다. 닉슨은 자신의 회고록(1989)에서 이 독트린은 "강대국이 제3세계 전쟁에 개입하지 않는 한 미국은 전투부대를 보내지 않겠다는 입장을 선언한 것"이라고 했다.

닉슨과 키신저의 대중對中 접근 전략의 배경에는 또한 소련과의 데탕트détente13)를 획기적으로 강화시키려는 의도가 있었다. 당시 소련은 미국이 원하는 속도로 데탕트를 진전시키지 않고 있었다. 대중 화해가 추구하는 목적 중 하나는 소련을 미국이 원하는 방향으로 움직이는데 있었다.

미국이 중국과의 화해를 모색한다고 해서 소련에 대해 취해온 봉쇄정책containment을 그만두는 것은 아니었다. 봉쇄정책은 원래 소련을 비롯한 공산권 국가들이 스스로의 모순에 의해 붕괴되도록 외곽을 봉쇄하는 것이었으나, 데탕트 시기 봉쇄정책은 공산권 국가들과의 대결적 자세에서 벗어나 그들과 제한적으로 협력한다는 것이었다.14)

미국이 중국에 대해 화해의 손을 내민 데에는 미국의 경제 상황과도 관련이 있었다. 1945년 이래 처음으로 무역적자가 계속되고 있었고, 달러화가 평가절하 되었으며, 금본위제도가 붕괴되었다. 미국으로서는 경제를 살리는 일이 중요했고, 이런 배경에서 베트남전을 최대한 빠른 시일 내 종결지어야 했다.15)

미국이 중국와의 새로운 관계를 모색함으로써 얻을 수 있는 전략적 이익은 클 것이지만, 이와 같은 시도에는 분명히 위험도 따랐다. 예를 들면 ▶전 세계인의 이목을 집중시키는 외교 사변을 전개하는 과정에서 차질이 생김으로써 국위를 실추시킬 가능성 ▶일본·한국·자유중국(대만) 등의 반발을 살 가능성 ▶베트남전에서 더 큰 희생과 곤욕을 치르게 될 가능성 등이 그것이었다.16)

---

12) Kissinge, 1994.
13) * 데탕트란 긴장완화를 통한 평화공존을 의미한다.
14) 문순보, 2008.
15) Grandin, 2007.
16) Green, 1994.

4. 중 · 소 간 전면 충돌 가능성이 고조되다

1959년 소련과 미국 사이에는 해빙 무드가 조성되었다. 흐루시초프(1894~1971) 공산당 제1서기가 1959.9.15 미국을 방문, 캠프 데이비드에 머물면서 아이젠하워(1890~1969) 대통령과 정상회담을 가졌다. 이후 양국은 1960.5.16 프랑스 파리에서, 1961.6.3에는 오스트리아 비엔나에서, 1967.6.23에는 미국 뉴저지 주 글래스보로에서 정상회담을 가졌다.

소련은 이른바 평화공존 명목으로 미국에 접근하면서 중국으로부터는 등을 돌리기 시작했다. 1959.6.20 '국방신기술협정'(1957.10. 15 체결)을 일방적으로 파기하고 중국에게 더 이상 핵무기 제조기술을 제공하지 않겠다고 통보했다. 이에 중국공산당 중앙위원회는 1961.7.16 독자적인 핵무기 · 미사일 개발을 결정한다.

중국은 1964.10.16 지하 핵실험에 성공한데 이어 1967.6.17 수소폭탄 실험에도 성공했다. 미국보다는 22년, 소련보다는 18년 늦었지만 핵보유국이 되었다. 중국은 1970.1.30에는 4,750km를 날아가는 중거리미사일 발사 실험에 성공했다. 3개월 후인 4월 24일 인공위성 발사에도 성공했다. 명실 공히 핵미사일 세력으로 등장한 것이다. 1971.3.3에는 두 번째 인공위성을 쏘아 올렸다.

중국과 소련이 대립하기 시작한 것은 1960년대 후반이었다. 1968년 8월 소련은 체코슬로바키아 사태에 무력개입을 하면서 소위 '브레즈네프 독트린'을 선언했다. 공산권 국가들이 소련의 영향권에서 벗어나려 할 경우 소련이 무력 개입할 권한이 있다는 선언이었다. 이 선언의 적용 대상에 중국도 포함되었다. 마오쩌둥은 소련의 이런 입장을 인정할 수 없었다. '브레즈네프 독트린'이 중국에도 적용된다는 것은 말도 안 되는 일이었다. 중국은 소련의 체코사태 개입을 국가존립 차원의 위협으로 인식했다. 마오는 이 사태에 대응하기 위해 문화혁명의 강도를 단계적으로 축소하면서 다른 한편으로 미국으로 향하는 문을 조금 열어 놓았다.[17]

체코슬로바키아 사태 직후인 1968년 9월 미 국무부는 중국 측에 대사급 회담 재개를 제의했는데, 중국 측은 이틀 만에 이에 동의한다는 답신을 보내왔다. 미 측을 더욱 놀라게 한 것은 중국은 이 답신에서 "사회제도의 차이에 관계없이 '평화공존 5원칙'에 입각해 모든 나라와 우호관계를 유지하는 것이 중국의 변함없는 정책이다"라고 적시한 것이었다.[18]

1966년 문화혁명을 시작한 마오쩌둥에게 소련은 목에 걸린 가시와 같았다. 문화혁명의 명분도 중국에서 소련 스타일의 자본주의가 고개를 드는 것을 막자는 데 있었다. 소련은 이제 지구상에 있는 제국주의 국가 중에서 가장 위험한 존재로 인식되었다. 소련이 주적主敵이 된 것이다.

중·소 대립은 이념에 머물지 않았다. 국경지역에서의 물리적 충돌로 나타났다.[19] 1969.3.2 및 3.15 국경 하천인 우수리강江에 있는 전바오다오珍寶島(러시아명 '다만스키')에서 양국 국경수비대가 충돌했다. 3월 17일에는 소련이 월등히 우세한 무력을 동원해 중국군에게 결정적인 타격을 가했다. 6월 10일과 8월 13일에도 신장웨이우얼 자치구에서 전바오다오 충돌보다 훨씬 더 큰 규모의 국경 충돌이 발생했다. 8월 27일 중국공산당 중앙위원회와 중앙군사위원회는 긴급 지시를 내려 '대공방어 국가지도자 그룹'을 발족시켰다. 이 조직에는 대도시 시민들과 주요 시설 소개계획을 마련하는 임무가 주어졌다.

중국은 1969년 여름에 이르러 소련의 무력 공격에 본격적으로 대

---

17) Khoo, 2005.
18) Holdridge, 1997.
19) * 1964~69년 사이 소련군의 도발로 중·소 국경 지역에서 발생한 분쟁 건수가 무려 4,189건에 달했다.

비하기 시작했다. 소련의 공격을 확신한 사람은 다름 아닌 마오쩌둥이었다. 중국 전역의 주요 도시에 지하 대피소를 만드느라 정신이 없었다.20)

긴장이 고조되고 있었음에도 양측은 서로의 필요에 의해 총리급 접촉을 가졌다. 9월 초 호치민 장례식이 계기가 되었다. 저우언라이는 9월 4일 대표단을 이끌고 장례식에 참석한 후 당일 하노이를 떠났다. 코시긴 소련 수상은 9월 6일 하노이에서 일정을 마치고 귀로에 베이징에 들렀다. 이렇게 해서 9월 11일 베이징 공항에서 양국 총리 회동이 이뤄졌다.

중국 측은 무엇보다도 두 개의 전선, 즉 소련·미국과 동시에 충돌하는 상황을 피해야 한다고 생각했다. 그리고 소련이 미국과 공모·결탁하는 것을 방지하고자 했다. 또한 이런 제스처를 통해 미국의 대중 관계에 대한 관심을 자극하고자 했다. 저우·코시긴 회담 결과 국경문제에 관한 외교차관 회담에 합의했으나 소련 측이 성의를 보이지 않아 아무런 진전이 없었다. 이런 상황은 미국에게는 또 다른 자극제가 되었다.21)

9월 22일 저우언라이는 인민해방군 장성들이 참석하는 비상대책회의를 열었다. 이날 오후 마오쩌둥도 이 회의에 참석했다. 상황의 심각성을 말해주었다. 마오는 소련의 공격이 10월 1일 있을 것으로 예상했는데 아무 일 없이 지나가자 10월 20일 공격이 있을 것으로 예상했다. 일부 군 사령관들만 베이징에 있고 다른 모든 지도자들은 중국 전역으로 흩어지라고 지시했다. 95개 사단, 4,000대의 공군 비

---

20) * 미국은 1969. 8~9월 소련이 중국을 선제공격할 가능성이 있다고 보고 이를 우려하는 목소리를 냈다. 일례로, 1969.9.5 "Ideological differences between the two Communist giants are not our affair. We could not fail to be deeply concerned, however, with an escalation of this quarrel into a massive breach of international peace and security"라는 문구가 포함된 성명을 내기도 했다(Kissinge, 1994).
21) 씨아야평, 2012.

행기, 600대의 해군 함정에 대한 동원 명령이 내려졌다.[22]

1969년 중·소 국경 분쟁은 미국에게는 대중對中 관계의 돌파구를 열 수 있는 절호의 기회를 제공했다. 소련이 중국에 대해 무력을 사용할 가능성이 높아진 상황은 중국으로 하여금 미국에 손을 내밀게 만들었다.

5. 마오쩌둥, 전략적 결단을 내리다

마오는 1969.6.7 네 명의 원로 원수元帥들에게 "기존의 틀에 제약을 받지 말고" 국제정세, 소련과의 전쟁 발발 가능성, 국방 전략 등을 토의해 보고하라고 지시한다. 문화혁명을 일으켜 나라가 혼란에 빠진데다 소련으로부터의 도전이 커지자 마오는 어떻게 해야 좋을지 고민하고 있었다.[23]

마오의 지시를 받은 첸이, 예젠잉 등 퇴역 원수들은 16차례에 걸친 토론을 통해 "소련이 중국 침공계획을 세웠을 경우 그들이 가장 우려하는 바는 중국과 미국이 연합해서 자기들에게 대항하는 것이다. 소련이 중국에 대해 침공을 결정하느냐 여부는 미 제국주의자들의 태도에 달려있다"라는 결론을 내렸다.[24]

---

22) * 소련은 닉슨의 중국방문이 이루어기 전 중국을 상대로 30~40개 사단을 동원했고, 중국 핵시설에 대한 선제공격을 고려하기도 했다. 키신저는 당시 소련의 선제공격 가능성이 미국이 생각했던 것보다 훨씬 더 컸던 것 같다고 했다 (Kissinger, 2011).

23) * 1966~1976 기간 중 문화혁명으로 수백만 명이 희생되었다. 사망자만도 3백만 명에 달했던 것으로 추산 되었다. 마오가 문혁을 제창하게 된 동기는 소련의 잘못된 수정주의가 중국에서도 재연되는 것을 방지하고 이상적인 사회주의 국가를 건설하기 위한 것이라고 했다. 즉 부르주아 계급의 자본주의 요소가 공산당을 지배하고 있으니 이를 제거해야 한다는 것이었다. 문화혁명은 국내적으로는 혼란을 그리고 국제적으로는 고립을 초래했다. 마오가 미국과의 화해에 관심을 갖게 된 배경 중 하나다.

24) Kissinger, 2011.

4명의 원수 중 첸이의 건의는 보다 실제적이었다. "가장 큰 적은 소련이다. 소련은 위협의 정도가 미국보다 더 크다. 소련과 미국의 모순을 틈타 미국과의 관계를 타개할 필요가 있다. 현재 상황은 우리에게 유리하다. 닉슨도 취임 직후부터 중국을 방문하고 싶어 한다." 이들의 분석과 이들이 제시한 견해는 마오쩌둥이 대미對美 관계에 있어서 전략적 결단을 내리는 데 직접적인 영향을 주었다.

중국은 미국이 왜 중국에 접근하는지 알아차렸다. 무엇보다도 베트남전으로 경제력이 약화되었고 국제사회에서의 영향력이 감소되고 있어 소련과의 1대1 경쟁 구도에서 벗어나고 싶어 한다는 것을 간파했다.[25]

이는 미국에게는 약점이었다. 중국은 이런 약점을 간파하고 중국이 북베트남에 압력을 행사해 달라는 미국의 요청을 계속 거부했다. 미국에 대한 레버리지를 높이기 위해서였다. 중국은 미국이 중국에 대한 무역제재를 완화한다는 보장을 받아 낸 후에야 비로소 미국의 베트남에 대한 입장을 이해한다는 정도의 변화를 보였다.

마오쩌둥이 미국이 보내는 신호에 반응을 보이기 시작한 것은 진정으로 미국과 화해할 생각 때문이 아니었다. 전반적으로 보아 중국에 불리한 상황에서 소련을 견제하고 소련과의 무력 충돌을 피하려는 생각 때문이었다. 전통적인 '이이제이'以夷制夷 전략이었다. 미국을 끌어들여 소련을 제어하려는 것이었다.

또한 소련과의 관계에서 조성된 긴장상태가 대미對美 접근의 모든 배경은 아니었다. 다음과 같은 요인들도 있었다.

▶ 무엇보다도 대만 문제가 있었다. 대만에서의 미군 철수와 '하나의 중국'을 인정받는 것은 중국으로서는 핵심적인 이익이었다.

▶ 베트남 요인이 있었다. 북베트남이 1968년 4월 미국의 정치협상 제의를 공식 수락했고 이로 인해 중국-북베트남 간 미묘한 갈

---

25) MacMillan, 2007.

등이 고조되면서 북베트남이 소련 쪽으로 기울고 있었다.

　▶ 일본 요인도 있었다. 중국은 미국과의 관계를 통해 일본의 군사적 팽창을 제어하고자 했다. 일본의 중국 침략과 대만 식민지배 역사는 중국 지도자들로 하여금 대일對日 경계심을 늦추지 않게 만들었다.26)

6. 드디어 미국에 신호를 보내다

　마오쩌둥은 급격한 대외정책 전환이 초래할 수 있는 국내적인 충격을 완화하기 위해 일찍이 여론 정지 작업을 시작했다. 예를 들어, 1969년 1월 닉슨의 대통령 취임사를 『인민일보』에 게재하도록 했다. 전례가 없는 일이었다.

　중국은 미국 기자로 스위스에 머물고 있던 에드거 스노우를 이용했다. 스노우는 1929년부터 12년 동안 중국에 머물면서 취재와 중국 연구를 하면서 중국을 서방에 알리는 데 기여한 좌파 성향의 인물이었다.27)

　마오쩌둥은 1970.10.8 건국기념일 행사 때 스노우가 자신의 바로 옆에 서도록 했다. 다음날 신화사통신은 마오와 스노우가 천안문 성루에서 대화하는 모습을 공개했다. 미국에 보내는 신호였다. 용의주도하게 연출된 행위였다. 마오가 스노우와 찍은 사진은 10월 25일자 『인민일보』를 비롯한 주요 신문의 1면에 실렸다. 미국과의 관계가 변할 수 있다는 암시였다.

　마오쩌둥은 이때 스노우와 인터뷰도 했다. 3개월이 경과하기 전에

---

26) Green, 1994.
27) * 스노우(1905~1972)는 서방 기자로서는 최초로 중국공산당 본부 소재지 산시성 바오안을 방문취재한 후 『중국의 붉은 별』*Red Star Over China*이라는 책을 써 널리 알려진 인물이다.

는 기사화할 수 없다는 조건을 달았다. 인터뷰 내용이 공개되기 전에 먼저 미국 정부에 알려지도록 하기 위한 것이었다. 미국 정부가 알고 있는 상태에서 언론에 보도되면 스노우를 통해 전달하고자 한 메시지의 신빙성이 높아질 것이라는 계산이었다.28)

마오는 이 인터뷰에서 경천동지驚天動地할만한 발언들을 쏟아냈다. 예를 들어, "닉슨이 대통령으로서든 관광객으로든 중국을 방문하면 환영할 것이다"라고 했는가 하면, "중·미 간 놓여 있는 문제들은 닉슨과 해결하지 않으면 안 된다. 다음 대선이 2년 밖에 남지 않았다"라고 말했다. 게다가 자신에 대한 개인숭배를 유감스럽게 생각한다고 하면서, 문화혁명을 그만두려 한다고 했다. 미국은 '새로운 중국'과 대화하게 될 것이라고도 했다. 파격적이었다.

그런데 이와 같은 마오의 '혁명적인 발언'이 백악관을 포함한 미 행정부 고위급에 도달하지 못했다. 여러 이유가 있었겠으나 가장 큰 이유는 미 측이 스노우라는 사람을 마오쩌둥 선전원 정도로 인식한 데 있었다. 키신저는 자신이 이렇게 중요한 인터뷰 기록을 못 본 것을 아쉬워했다. 마오는 스노우가 미국 사회에서 차지하는 비중을 과대평가한 반면, 미 행정부는 스노우가 미·중 사이에서 메시지를 전달하는 역할을 할 수 있을 정도의 인물로 보지 않았던 데 문제가 있었다.29)

닉슨 대통령은 비슷한 시기에 시사주간지 『타임』TIME과의 인터뷰에서 "내가 죽기 전에 하고 싶은 일이 있다면 그것은 중국에 가는 일이다. 내가 가지 못하면 내 자식들이라도 보내고 싶다"고 말했다. 닉슨의 이 언급은 마오가 10월 초 스노우에게 한 언급 내용을 모르고 한 것이었다.

마오쩌둥은 '세계 공산주의혁명'의 대명사였다. 그런 그가 미국에

---

28) Kissinger, 2011.
29) Kissinger, 1994, 2011.

화해의 손을 내민다는 것은 혁명을 그만두겠다는 것이나 마찬가지였다. 마오에게는 이 점이 마음에 걸렸다. 세계혁명 운동에서 중국을 따르는 나라들에게 대미對美 화해 제스처를 어떻게 설명할 수 있을 것인가의 문제가 있었다.30)

마오쩌둥은 1970.10.1 미얀마 공산당 대표단을 접견한 자리에서 "투쟁은 투쟁이고 외교는 외교다"라는 말로 대미 접근을 합리화했다. 미국과 새로운 관계를 설정한다고 해서 세계혁명과 투쟁을 포기하는 것이 아니라는 의미였다. 실제로 마오는 자신이 일생 동안 추구한 혁명을 그만둘 생각이 없었다.31)

마오쩌둥은 1970.12.10 스노우를 만나 5시간 가까이 얘기를 나눴다. 이때 마오는 "닉슨이 대통령이 돼서 기분이 좋다. 베이징에 오고 싶으면 남들 몰래 오라고 해라. 닉슨이 온다면 나도 만나서 얘기를 나누고 싶다"고 말했다. 중국공산당은 이들의 대화기록을 중앙문건 형식으로 전국의 당 지부에 배포했다. 마오가 대미對美 화해 제스처를 공식화하기 전에 내부적인 준비를 하고 있음을 시사했다.

7. 제3국을 통한 간접대화

1970.10.25 닉슨은 백악관에서 아히야 칸 파키스탄 대통령을 접

---

30) Yang, 2010.
  * 이 점에서는 닉슨도 마찬가지였다. 아이젠하워 대통령 시절 국무장관이었던 덜레스는 1954년 제네바에서 저우언라이를 만났을 때 그와 악수하는 것조차 거부했다. 중국은 상종할 대상이 아니라는 의미였다. 그러나 닉슨과 키신저는 마오쩌둥·저우언라이와 악수하는 것은 말할 것도 없고 그들을 '위대한 지도자'라고까지 불렀다.
31) * 대미 화해가 사상적으로 받아들여질 수 있도록 하는 일은 지난한 일이었다. 저우언라이의 직접적인 지휘·감독을 받는 외교부조차도 그랬다. 저우는 이런 문제를 해소하는 데도 많은 시간과 노력을 투입해야 했다(씨아야펑, 2012).

견했다. 이때 닉슨은 칸이 곧 중국을 방문할 계획임을 염두에 두고 ▶미·중 화해는 긴요하다 ▶미국은 중국에 대항하는 공동전선에 가담하지 않을 것이다 ▶베이징에 고위급 인사를 비밀리에 파견할 용의가 있다는 메시지를 중국 측에 전달해 줄 것을 부탁한다.

칸 대통령은 11월 10일 베이징에서 저우언라이와 회담했다. 칸은 회담이 끝날 무렵 저우 총리에게 긴히 할 얘기가 있다고 하면서 방을 옮겨 독대했다. 닉슨이 부탁한 메시지를 전달했다. 저우는 이를 즉시 마오에게 보고했다.

저우언라이 총리는 며칠 후 루마니아 부총리를 접견했을 때 "대만 문제를 해결하고 중·미 관계를 개선하는 것과 관련된 대화를 갖기 위해 닉슨 대통령 특사나 닉슨 대통령 자신의 베이징 방문을 환영한다"는 메시지를 백악관에 전달하여 줄 것을 부탁한다.

주미 파키스탄 대사는 1970.12.8 이슬라마바드에서 갖고 온 메모를 백악관에 전달했다. 저우언라이가 직접 쓴 것이었다. 칸 대통령을 통해 중국 측에 전달한 메시지에 대한 회답이었다.

이 메시지에서 저우는 마오쩌둥의 결재를 받아 보내는 답신이라고 강조하면서, "되고 안 되고를 떠나서 한 나라의 국가원수가 제3국의 국가원수를 통해 중국 국가원수에게 한 말을 소홀히 하지 않겠다. 만약 미국이 대만 문제를 해결할 의사를 진정으로 갖고 있다면 대통령 특사가 그 문제를 토의하기 위해 베이징에 오는 것을 환영할 것이다"라고 했다.[32]

1971년 1월 중국 측은 루마니아 정부를 통해 닉슨에게 메시지를 보냈는데 여기에서도 "양국 사이에 두드러진 쟁점 하나가 있는데 그것은 미국의 대만 점령이다. (…) 만일 미국이 이 문제를 해결할 의사가 있고, 이 문제를 해결하는 방안을 제시한다면 중화인민공화

---

32) * 『인민일보』는 1970.12.25 평소 마오 어록이 한 구절씩 실리는 자리에 '미국을 포함한 전 세계의 인민들 모두가 우리의 친구'라는 구호를 실었다.

국은 미국의 고위급 대표단을 받아들일 준비가 되어 있다"라고 했다.

이와 같이 중국은 미국의 대중 접근에 대만 문제를 직접적으로 관련시켰다. 미국과의 관계 정상화보다도 대만 문제에 더 관심을 갖고 있는 듯 보였다. 함의를 잘 읽으면 베트남 문제는 대중 접근에 장애가 되지 않을 것으로 판단할 수 있었다.

8. 주도면밀하게 연출된 '핑퐁외교'

닉슨 행정부는 1971.2.25 <대외정책보고서>에서 중국과의 관계 개선 의지를 밝혔다. 이 보고서에서는 중국의 국명을 처음으로 '중화인민공화국PRC'으로 표기했다. 닉슨 행정부는 이즈음 중국에 대한 무역제한을 완화한 데 이어 미국인들의 중국 여행 제한도 해제할 것이라고 발표했다.

저우언라이는 1971.4.7 외교부의 반대 의견에도 불구하고 마오쩌둥의 재가를 받아 미국 탁구선수단을 초청하기로 결정한다. 대외적으로는 미국에 보낸 화해 제스처이기도 했지만 국내적으로도 대미對美 관여에 대비한 여론 정지작업이었다. 이런 큰 결정이 내려지자 세부적인 사항은 모두 저우 총리가 챙겼다. 저우는 중국이 이 이벤트를 주도하는 것으로 보이도록 준비했다. 각본 하나하나에 전술적인 고려가 들어있었다.

저우는 "미국 탁구팀 방문은 중국이 미국과의 관계를 여는 데 아주 좋은 기회를 제공할 것이다. 그래서 우리는 이를 중요한 이벤트로 다룰 것이다. 이번 초청은 스포츠보다 정치적인 중요성이 크다"고 말했다.[33] 외교 이벤트라는 말이었다.

---

33) 씨아야펑, 2012.

저우언라이(1898~1976)는 중국이 낳은 최고의 외교관이다. 그는 마오쩌둥의 방침에 따라 중국 외교를 이끌어나가는 데 있어 한 치의 오차도 없었다. 저우는 특히 세부사항에 강했다. 어떤 일이든 사전 준비를 철저히 했다. 밤낮을 가리지 않고 일했다. 그는 다양한 문제에 대해 놀라울 정도의 식견이 있었다. 연기력도 대단했다. 자신의 생각을 감출 줄 알았다. 미국 탁구팀의 중국 방문이 완벽하게 이뤄지도록 만들었다.[34]

키신저는 "60여 년 동안 자신이 만나본 사람 중에서 저우언라이처럼 감탄을 자아내는 사람은 없었다"고 단언했다.[35] 미·중 화해가 차질 없이 진행되면서 저우의 외교 수완에 국내외적인 찬사가 이어지자 마오는 이를 시기해 저우를 견제하고 거리를 두기까지 한다.[36]

저우언라이는 또다시 중국의 입장을 직접 적어 미국 측에 전달했다. 이번에도 파키스탄 대사가 1971.4.29 백악관에 전달했다. 저우는 이 메시지에서 미국 특사를 접수할 용의가 있다는 입장을 반복했다. 특이한 점은 특사로 키신저 국가안보보좌관이나 로저스 국무장관 등 누구든 좋다고 했다. 심지어는 대통령 자신이 와도 좋다고 했다.

미 측은 1971.5.10 키신저 명의로 베이징 방문을 희망한다는 메시지를 전달했다. 저우 총리는 5월 26일 이 문제를 공산당 정치국 회의에 올렸다. 그 결과 미국과 관계하는 논리적 근거를 "제국주의·수정주의·반동세력과 투쟁해 이긴 결과"라고 규정했다. 마오는 3일 후 이 결론을 재가했다.

이를 근거로 저우언라이는 6월 2일 미 측에 답신을 보냈다. 내용

---

34) * 저우언라이는 1971년 기준으로 22년 동안 총리직을 수행하면서, 매일 12시간, 때로는 16시간을 일했다 한다.
35) Kissinger, 2011.
36) Yang, 2010.

은 닉슨 대통령의 중국 방문을 준비하기 위해 키신저가 베이징을 방문해 중국 고위관리들과 회담하는 것을 환영한다는 것이었다. 키신저는 이를 닉슨에게 보고하면서 "이것은 2차 세계대전 종전 이후 미국 대통령이 받은 가장 중요한 문서입니다"라고 감격해했다. 키신저는 후에 "이 통신문은 2차 세계대전이 아니라 미국 남북전쟁 (1861~1865) 이래 가장 중요한 문건이었다"고 더 크게 의미를 부여했다.

키신저의 비밀 방중이 결정되자 마오쩌둥은 저우언라이에게 정치국 회의를 소집해 키신저와의 협상에 임하는 입장을 정하라고 지시한다. 이에 따라 저우는 1971.5.26 정치국 회의를 열어 8개항의 기본 원칙을 정하고 그 결과를 마오에게 보고해 재가를 받았다.

기본 원칙의 핵심은 역시 대만 문제였다. 대미 협상에서 가장 중요한 사안이 대만 문제임이 확연히 드러났고, 이 문제에 대해서는 타협의 여지가 없을 것으로 보였다. 한 가지 특기할 만한 사실은 이 원칙의 8항이었다. 중국이 인도차이나 3국, 한반도, 일본, 동남아 각국에서 미국 군사력의 철수를 요구해야 한다는 것. 대미 화해를 추구하는 과정에서 이들 나라들이 소련과의 연대를 모색할 가능성을 우려하고 있었음을 알 수 있다.

미국과의 협상을 앞두고 국내정치적인 준비는 여기서 그치지 않았다. 마오쩌둥은 1970.6.4~18 중앙공작회의를 열었다. 이 회의에는 전국의 당·정·군 책임자 225명이 참석했다. 저우는 회의 마지막 날 국제정세, 대만 문제, 닉슨 행정부 동향 등에 관해 3시간에 걸쳐 강연을 했다. 대미 관계 개선이라는 획기적인 방향 전환을 앞두고 내부 정지 작업을 단단히 했던 것이다.

9. 키신저, 극비리 베이징 잠입

키신저의 베이징 방문은 극비리에 이루어졌다. 파키스탄 수도 이슬라마바드에서 칸 대통령 초청 만찬을 하던 도중 갑자기 복통이 난 것처럼 가장해 잠적했다. 키신저는 경호원들까지 따돌린 채 민항기로 위장한 칸 대통령 전용기로 베이징에 도착했다. 1949년 이후 22년 동안 굳게 닫혀 있던 문이 1971.7.9 낮 12시 15분 열렸다.

저우 총리와의 면담은 이날 오후 4시로 잡혀 있었다. 총리 집무실에서 만나게 될 줄 알았던 키신저는 저우가 댜오위타이 숙소로 찾아오자 감동했다. 키신저는 3명의 수행원들을 저우에게 소개했는데, 저우는 이들의 신상을 다 파악하고 이들에게 일일이 말을 건넸다.37)

회담을 위해 자리에 앉자 키신저는 두툼한 회의자료를 펼쳤다. 키신저는 저우를 힐끔 쳐다봤다. 그가 갖고 있는 것은 메모지 한 장이었다. 저우는 "중국 관습에 따라 손님이 먼저 발언하시기 바랍니다. 게다가 당신은 두꺼운 자료집을 갖고 계시군요"라고 하면서 발언을 유도했다. 역사적인 회담은 이렇게 시작되었다. 7시간 계속된 마라톤회담이었다. 회담이 진행되는 동안 저우는 여유가 있었던 반면, 키신저는 심리적으로 압박을 받았다. 키신저는 저우언라이가 품격 있고 사려 깊으며, 잘 준비되어 있고 인내심이 강한 사람이라는 인상을 받았다.

키신저는 대만, 인도차이나, 미·중 관계 등에 관한 닉슨의 생각을 설명했다. "미국은 2개의 중국 및 대만의 독립을 지지하지 않겠

---

37) * 홀드리지에게는 "중국어에 능하고 광둥말도 할 줄 안다고 들었다. 나도 한때 광둥말을 배웠지만 광둥인들은 내 말을 잘 알아듣지 못한다"며 홍콩에서 배웠느냐고 물었다. 윈스턴 로드에게는 "부인으로부터 중국어 많이 배웠느냐? 부인의 소설을 읽고 싶다. 중국에 한번 오시라고 전해달라"며 덕담을 건넸다. 로드 부인은 상하이 출신으로 소설가였다. 스마이서에게는 "학술지에 실린 일본 관련 논문을 읽은 적이 있다. 다음에는 중국에 관한 글이 실리기 바란다"고 왼쪽 눈을 찡긋했다(김명호, 2011).

다. 단, 대만문제가 평화적으로 해결되기를 회망한다. 대만에 주둔하는 미군의 3분의 2는 인도차이나 전쟁 때문이다. 미국은 전쟁을 끝내고자 한다. 닉슨 대통령은 임기 내 혹은 베트남전쟁 종료와 함께 미군 병력 3분의 2를 철수할 것이다. 미·중 관계가 개선되면 나머지 3분의 1 철수는 당연하다."

키신저 발언을 듣기만 하던 저우는 키신저가 대만 문제에 관해 만족할 만한 수준으로 언급하자 "좋습니다. 이제 이 회담이 계속 될 수 있겠습니다"라고 말했다. 중국 측에게는 대만 문제가 가장 중요했음을 알 수 있다. 실은 키신저가 대만 문제를 맨 먼저 언급한 것도 의도적이었다. 우선 중국 측을 안심시켜 다른 문제에서 협조적인 자세를 유도하려 했다. 이런 판단은 적중했다.38)

저우는 중국 측 관심사항인 대만 문제에 관해 단호한 입장을 밝혔다. "대만은 1000년 이상 중국 땅이었다. 미국은 어떤 경우든 예외 없이 중화인민공화국을 중국의 유일한 합법정부로 인정해야 한다. 대만은 중국의 성省이며 양보할 수 없는 중국 영토의 일부다. 이러한 사실은 미군 주둔 문제와 연결된다. 미국은 6·25전쟁이 발발하면서 대만을 에워쌌다. 대만에 주둔하는 미군과 군사시설은 철수하는 것이 마땅하다. 미국·대만 상호방위조약 등 장제스蔣介石와 체결한 모든 조약을 파기하는 것도 고려해야 한다."39)

키신저는 저우언라이와의 첫 대좌 때부터 예상보다 훨씬 많은 것을 중국 측에 내주었다. 대만 문제가 대표적이다. 미국은 이 문제를 그 어떤 문제와도 연계시키지 않았다. 알아서 내주었다. 두 번째 회담에서 저우는 대만 문제 해결 없이 중·미 화해는 없을 것이라고

---

38) Holdridge. 1997.
39) * '미국·대만 상호방위조약'에는 조약 체결 일방이 타방에게 조약 종결을 통보한 날로부터 1년이 경과하면 자동으로 조약이 종결된다는 조항이 있었다. 미 측은 국교수립일인 1979.1.1부터 1년이 되는 날 조약이 자동 종결 될 것임을 대만 측에 통보했다. 1954.12.2 체결된 이 조약은 26년 만인 1980.1.1 종결 되었다.

단언했다. 사실 키신저가 볼 때 대만 문제는 상대적으로 중요성이 떨어졌다. 대만 문제가 중국과의 화해라는 전략적 이익을 추구하는 데 장애가 된다는 것은 상상할 수 없는 일이었다. 본래 아시아에 관심이 없었던 키신저로서는 대만 문제를 양보해 닉슨의 중국 방문을 성사시키는 것이 중요했다.

키신저는 당시 저우언라이 총리와의 회담이 실패해 닉슨의 중국 방문이 추진 될 수 없게 되는 가능성이 있었다고 회고했다(2012.3.7 미·중 화해 40주년 기념 콘퍼런스). 일이 그렇게 되었으면 미국에게는 대단히 창피한 일이 되었을 것이라고 했다. 키신저로서는 닉슨의 방중을 성사시키는 일이 무엇보다도 중요했음을 알 수 있다. 다른 사안들은 부차적이었다. 닉슨의 공화당은 1970년 중간선거에서 대패해 1972년 대선에서의 재선 가능성이 불투명한 상황이었다. 닉슨의 방중을 실현시켜 재선 가능성을 높이고자 했다.

저우언라이는 미국이 일본 군국주의자들을 재무장시키고 있다고 비난하면서 일본의 경제적 팽창은 필연적으로 군사적 팽창으로 이어질 것이라고 주장했다. 저우는 일본의 이런 팽창은 한반도·대만·베트남으로 이어지고 결국 중국 본토도 그런 팽창의 대상이 될 것이라고 주장했다. 저우는 또한 미군이 베트남·대만·한국에서 철수되어야 한다고 했다.40)

저우는 소련 문제가 중요했으나 이에 관해서는 회담 말미에 간단히 언급하고 넘어갔다. 그렇게 함으로써 중국이 소련의 위협을 대수롭지 않게 여기고 있다는 인상을 주려 했다. 키신저와의 회담을 유리하게 이끌어가기 위한 전술이었다.

키신저는 저우의 주장에 내재되어 있는 모순을 이해할 수 없었다. 일본의 팽창을 막기 위해서는 미군이 이 지역에 주둔해야 한다고

---

40) * 이승만 대통령도 미국과 상호방위조약을 교섭할 때 일본 팽창주의 위협론을 제기했다.

생각했기 때문이다. 그래서 키신저는 "미국이 일본으로부터 철수해 재무장의 길을 열어주어 중국과 일본이 서로 균형을 취하도록 만드는 것은 일리가 있는 것처럼 보인다. 하지만 이것은 미국의 정책이 아니다"라고 말했다.

한반도 문제도 거론되었다. 키신저는 남한에 주둔하고 있는 미군은 이 지역의 군사적 균형에 기여하고 있으며 어느 누구에게도 위협이 되지 않는다고 하면서, 한반도에서 긴장이 증가하는 것은 중국이나 미국 어느 나라의 이익에도 부합되지 않는다고 주장했다.

키신저는 "미·중 관계가 발전한다면 인도차이나 전쟁이 끝난 후한국군이 베트남에서 철수할 것이며, 닉슨 대통령의 다음 임기 말경전부는 아니더라도 미군이 한국에서 철수할 수 있을 것"이라고 말했다. 저우가 주한미군이 아직도 4만 명 이상 남아 있지 않느냐고하자 키신저는 "주한미군 감축 과정은 극동의 정치적 관계가 개선되는 한 계속될 것이며, 몇 년 지나면 극히 소수가 남아 있거나 아니면 모두 철수하게 될 것"이라고 하면서, "철수에 관한 정확한 시간표는 닉슨 대통령이 논의할 수 있는 문제일 것"이라고 했다.

저우언라이는 키신저 방문 둘째 날 인민대회당에서 오찬을 주최했다. 그런데 저우는 이 오찬 석상에서 문화혁명에 관해 길게 설명했다. 뜻밖이었다. 대단히 민감한 이슈를 묻지도 않았는데 꺼냈다. 마오쩌둥으로부터 지시를 받지 않고서는 불가능한 일이었다. 저우가 문화혁명을 거론한 것은 중국이 이제 문화혁명의 혼란을 극복하고 미국과 새로운 전략적 협력을 해나갈 준비가 되어 있다는 점을 하이라이트하려는 것이었다. 미국과의 관계 정상화를 향한 첫걸음을 내디디는 순간부터 긴 안목을 갖고 접근하고 있었음을 알 수 있다.[41]

키신저로서는 자신의 방문 목적이 닉슨의 중국 방문에 관해 합의

---

41) Kissinger, 2011.

하는 것이었던 만큼 이에 관한 공동발표문 문안을 만드는 일이 중요했다. 이와 관련, 마오쩌둥은 저우에게 "닉슨의 중국 방문은 누구도 피동被動이 되어서는 안 된다. 쌍방 모두 주동主動이 돼야 한다. 단, 내가 닉슨을 만나고 싶어 한다는 말은 절대 넣어서는 안 된다"는 지침을 주었다.

저우는 무인칭 동사를 사용해 이 문제를 해결했다. "일찍이 닉슨 대통령이 중국 방문을 희망했다는 사실을 안 저우언라이 총리는 중화인민공화국 정부를 대표해 닉슨 대통령이 1972년 5월 이전 적당한 시기에 중국을 방문해 달라고 초청했다.[42] 닉슨 대통령은 흔쾌히 초청을 받아들였다." "닉슨의 중국 방문 요청을 수락한다"라는 표현이 들어가 있는 중국 측 초안을 보고 실망했던 키신저도 이 문안에 만족스러워했다.

닉슨 중국 방문에 합의한 사실은 1971.7.15 양국에서 동시 발표되었다. 전세계는 경악했다.[43]

10. 중국은 베트남·북한을 배려

중국은 대미 화해를 추구하는 과정에서 국내적인 여론준비 작업뿐만 아니라 북한과 베트남에 대해서도 세심한 배려를 했다. 이들이 소련과 연대를 모색할 경우 중국에게는 또 다른 안보 위협이 될 수 있기 때문이었다.

---

42) * 닉슨의 방중 시기를 5월 이전으로 잡은 것은 그해 11월 대선을 염두에 둔 것이었다.

43) * 미 측은 7월 15일 공식 발표 30분 전 일본, 자유중국(대만), 한국 등 우방국에 전화로 통보했다. 한국의 경우는 키신저 방중을 수행했던 홀드리지가 김동조 주미대사에게 알렸다. 김 대사는 이 통보를 받고 한참동안 침묵하다가 "중국과의 새로운 관계가 평화를 증진하는 데 도움이 되기를 기대한다. 언제 와도 올 일로 생각했다"고 말했다 한다(Holdridge, 1994).

중국은 북한이 1969년 10월 중국 건국 20주년 기념식에 대표단을 파견하고자 했을 때 이를 전격적으로 수용하고 나아가 마오쩌둥이 최용건 단장을 만나 주었다. 1970년에는 저우언라이가 12년 만에 평양을 방문하기도 했다. 심지어는 이런 일도 있었다. 저우는 1971.7.10 키신저와 역사적인 회담을 하다가 황화 대사(후에 외교부장)에게 맡기고 회담장을 떴다. 베이징을 방문 중인 북한 고위대표단을 위한 만찬을 주최하기 위해서였다. 다분히 연출된 행위였다. 북한 대표단의 중국 방문 일자는 키신저 방중 일자가 정해지기 전에 이미 결정되어 있었다.

미·중 양국이 닉슨의 방중에 합의하고 이를 1971.7.15 양국에서 동시 발표하기로 합의했을 때 중국 측은 저우언라이 총리가 직접 하노이(7.13~14)와 평양(7.15)을 방문해서 알려 주었다.44) 미국이 일본·대만·한국에 통보한 방식과는 사뭇 달랐다.

11. 키신저의 두 번째 베이징 방문

키신저는 1971.10.20~26 두 번째로 베이징을 방문했다. 2차 방문의 주된 목적은 닉슨 방중 시 발표할 공동성명 문안을 교섭하는 일이었다. 키신저는 미 측이 준비한 초안을 제시했다. 이 초안은 양국 관계 일반 원칙, 국제정세에 대한 입장, 양국 관계 이슈 등으로 되어 있었다. 초안은 또한 양국이 인식을 같이 한 부분은 강조하고 의견을 달리한 부분은 두루뭉술하게 정리되어 있었다. 통상적인 공동성명 스타일이었다.

저우언라이는 미 측 초안이 양국 간 입장 차이는 드러내지 않고

---

44) *중국은 이때만 그렇게 한 것이 아니었다. 닉슨 방중 직후에도 저우언라이는 1972.3.4 하노이, 3.7 평양을 방문, 회담 결과를 상세히 설명해 주었다.

합의 사항만 강조하고 있어 이를 수용하기 어렵다고 했다. 중국이 원한 것은 각자의 의견과 주장이 그대로 담긴 공동성명이었다.

문안 교섭 과정에서 양측이 견해 차이를 보인 사안은 크게 두 가지였다. 중국 측은 '국가의 독립, 민족의 해방, 인민의 혁명은 이미 저항할 수 없는 역사적 추세가 되었다'는 문구가 들어가야 한다는 주장을 굽히지 않았다. 대만 문제에 대해서는 보다 명확하고 구체적인 표현을 써야 한다고 주장했다. 미 측은 양국이 합의하는 공통점을 강조하고 서로 견해가 다른 부분은 다소 모호하게 표현하기를 원했다.

한반도 문제는 1차 방중 때보다 더 많은 시간 논의되었다. 저우언라이는 주한미군이 철수되어야 한다는 입장을 되풀이하면서 일본군이 주한미군을 대체할 가능성에 대해 우려를 나타냈다. 저우는 "만약 당신들의 궁극적인 목표가 주한미군 철수라면 당신들의 또 다른 목표는 남조선 주둔 미군을 일본군으로 대체하려는 것 아닌가"라고 조심스럽게 말했다. 그러자 키신저는 "일본 자위대를 주한미군과 대체하려는 것은 우리의 목표가 아니다. 일본 자위대를 대만으로 보내는 것 역시 우리의 원칙이 아니다"라고 답변했다. 저우는 주한미군 철수 후 일본군이 한국에 들어오는 것을 허용하지 않는 것이 미국 입장임을 세 번이나 반복해서 확인했다.

키신저는 또한 저우에게 "미군이 남한에 주둔하고 있는 한 미국은 남한이 군사분계선을 넘으려는 어떠한 기도에 대해서도 협조하지 않을 것임을 약속할 수 있다"고 말했다. 그러자 저우는 이 입장을 재차 물었다. 키신저는 "우리는 미국이 한국과 체결한 조약에 따르더라도 남한이 북한을 침공하는 것을 막을 수 있다고 생각한다"고 미국의 입장을 확인해 주었다.

12. 닉슨, 드디어 중국 땅에 발을 딛다

닉슨은 1972.2.21부터 7일 간 중국을 방문한다. 이 방문은 닉슨 (59세)이나 마오쩌둥(78세) 모두에게 모험이었다. 국가적 체면을 건 일종의 도박이었다. 용의주도한 탐색과 준비 과정을 거쳐 결행되었다. 중화인민공화국 수립과 6·25전쟁 이후 20년 넘게 적대 관계에 있던 두 나라 사이에 일어난 대사건이었다.[45]

닉슨이 베이징에 도착했을 때 분위기는 싸늘했다. 거리에 환영인 파가 없었다. 도착 모습은 저녁 뉴스시간의 맨 나중에 나왔다. 마오 쩌둥과의 회담 일정도 나와 있지 않았다. 미 측은 초조했다. 도착 몇 시간 후 저우가 키신저에게 마오·닉슨 회담 시간이 정해졌음을 알렸다. 미 측은 그제서야 안심했다. 닉슨과 마오는 2월 21일 오후 45분 정도 만났다. 회담에서 마오는 '철학적인 문제'에 관해서만 언급하고 기타 사항들은 저우언라이와의 회담에서 거론하도록 했다. 자신의 격을 높인 것이다. 어쨌든 중요한 것은 이들이 역사적인 첫 만남에서 양국이 서로 적이 아니라는 점과 공동의 적은 소련이라는 데 견해를 같이 했다는 것이다.

닉슨은 대만 문제를 가장 먼저 거론하면서 이 문제에 대한 미국 의 입장은 이미 키신저와 저우가 양해한바와 같다고 했다. 닉슨은 "제1의 원칙은 하나의 중국이 있고 대만은 중국의 일부라는 것"이 라고 했다. 이어 "다만 우리가 무엇을 하려는 것이 아니라 그것에

---

45) * 닉슨은 역사적인 이벤트를 앞두고 많은 준비를 했다. 마오쩌둥과 저우언라이 를 잘 아는 프랑스 작가 앙드레 말로를 백악관으로 초청해 의견을 들었으며, 중 국식 식탁 매너에서부터 마오쩌둥 어록까지 익혔다. 미 측은 방중 시 세계에서 가장 키가 큰 수종樹種인 미국 삼나무 묘목을 선물했다. 이로부터 41년 후 시진 핑 주석이 캘리포니아 휴양지 서니랜즈에서 오바마 대통령과 정상회담을 했을 때 미 측은 삼나무로 만든 벤치를 선물했다. 묘목이 자라 거목이 되고 그 거목 으로 벤치를 만들었으며 이 벤치에 양국 정상이 나란히 앉아 담소하는 모습을 연출했던 것이다.

관해 어떻게 말하려 하느냐가 문제다"라고 했다. 공동성명에 어떻게 표현하느냐가 중요하다는 말이었다. 대만 문제에 관한한 닉슨이 원했던 것은 중국과의 화해를 위해 '대만을 팔아먹었다'는 말을 듣지 않는 것이었다.

닉슨이 회담 첫머리에 이런 태도를 보인 것은 대만 문제로 귀중한 시간을 허비하지 않음으로써 자신이 중요하게 생각하는 다른 문제에 더 많은 시간을 쓰기 위해서였다. 한데 마오는 대만 문제에 관해 언급할 생각이 없었다. 마오가 강조한 핵심 메시지는 중국은 미국을 위협하지 않을 것이며, 앞으로 인내심 있게 미국과 전략적 협력을 추구하고자 한다는 것이었다. 베트남전에서 미군이 철수하더라도 중국이 이를 이용해 미국을 곤란하게 만드는 일이 없을 것임을 암시하기도 했다.46)

닉슨은 중국에 머무는 동안 총 15시간 저우언라이와 얘기를 나누었다. 이때 닉슨은 저우에게 미·중 관계의 비전과 미·중 관계가 국제사회에 미치는 영향에 관해 주로 언급했다. 국제정세의 흐름을 장기적으로 꿰뚫어 볼 수 있는 혜안이 있었던 닉슨은 중국이 결국은 세계적인 강대국 대열에 올라서게 될 것으로 예상했다. 이런 판단을 바탕에 깔고 저우와 대화를 나눴다.

닉슨은 저우에게 금후 양국 관계를 추상적인 개념에 기초하지 말고 구체적인 이익의 관점에서 맺어나가자고 했다. 각자가 양국 관계에서 솔직한 태도로 자기 이익에 충실한 것이 바람직하다고 했다. 닉슨이 이처럼 '이익'을 강조한 것은 그의 소신이었다. 그는 국가 간 관계에서 우호니 친선이니 하는 것은 말장난에 가깝다고 보았다. 국제정치가 그런 것이 아니라고 생각했다. 자기 이익 추구에 지극히 충실한 것이 국가 간의 관계를 연속성 있고 튼튼하게 해 준다고 믿었다.

---

46) Kissinger, 2011.

저우언라이는 닉슨과의 만찬 연설에서 "양국이 솔직한 의견 교환을 통해서 상호 간의 이견을 명확히 하고 공통점을 찾기 위해 노력함으로써 중·미 관계는 새로운 출발을 할 수 있을 것"이라고 했다. 이 언급에서 알 수 있는 것은 중국 측은 미국과 어떤 합의를 만들어내려고 무리하지 않았다는 사실이다. 실용적이고 멀리 내다보는 자세를 읽을 수 있다. 여기서 하나 더 지적되어야 할 것은 중국 측은 경제 관련 사항을 일체 언급하지 않았다는 사실이다.

13. '상하이 공동성명' Shanghai Communiqué

양국은 1972.2.28 상하이에서 16개 항으로 된 '중화인민공화국과 미합중국의 공동성명'을 발표했다. 이 공동성명은 1979.1.1 외교관계 수립에 이르기까지 내비게이션 역할을 했다. 양국 관계의 출발점과 도착점이 표시되었던 것이다.

정상회담 후 발표되는 공동성명은 보통 외교적 수사를 동원해 작성된다. 양측이 의견을 달리해 합의에 도달하지 못한 부분은 교묘하게 감춰진다. 상투적인 내용만 담기는 경우도 허다하다. 그래서 대부분의 공동성명은 생명이 짧다. 내용이 모호한 경우도 흔하다. '창의적인 모호성'으로 얼버무리기 때문이다. 이 경우에는 나중에 해석을 둘러싸고 문제가 생기기도 한다.

그러나 '상하이 공동성명'의 경우는 달랐다. 놀라울 정도로 참신하다는 평가를 받았다. 왜 그랬을까. 양측은 서로 입장을 달리하는 사안에 대해서는 각자의 주장을 그대로 담았다. 따라서 양측이 합의하지 못한 사안들이 무엇이었는지가 분명히 드러났다. 어떤 사안에 어떤 입장 차이가 있었는지를 명시적으로 알 수 있었다. 이견이 없었던 것처럼 보이기 위해 얼버무리지 않아 후에 해석을 둘러싸고 어떤 문제도 생기지 않았다.

공동성명 문안이 최종 확정되기까지 양측은 상당한 진통을 겪었다. 예를 들어, 국무부(로저스 국무장관)는 대만 관련 부분에 끝까지 반대했다. 이로 인해 닉슨은 "귀국 즉시 국무부를 손보겠다"고 화를 내기도 했다. 닉슨은 로저스 국무장관을 시종 무시했다. 미국 역사에서 닉슨처럼 국무장관을 무시한 예를 찾아보기 어렵다.[47]

'상하이 공동성명'은 통상적인 방식이 아닌 특이한 방식이 동원되었지만 훌륭한 작품이었다. 키신저나 저우언라이 같은 외교 대가들이 아니라면 만들어내기 어려운 수작秀作이었다.

키신저는 "1979.1.1 정식 수교가 될 때까지 단 한 번도 이 문건에 대해 엇갈린 해석이 나오지 않았다"고 자부했다. 틀린 말이 아니었다. 합의할 수 없는 사안에 대해 서로의 차이를 적시하는 방식으로 합의를 이룬 것은 외교적 상상력이 만들어낸 새로운 방식이었다.

당시 공동성명 문안 교섭에 참여했던 홀드리지에 의하면 양측은 대만 문제 관련 부분을 어떻게 표현하느냐를 놓고 가장 큰 어려움을 겪었는데 다행스럽게도 중국 측이 시종 타협적인 자세로 임해 난관을 극복할 수 있었다 한다. 최종 합의된 대만 문제 관련 문구는 다음과 같았다.

중국 측은 자기 입장을 이렇게 재확인했다. 대만 문제는 중국과 미국의 관계정상화를 가로막는 중대한 문제다. 중화인민공화국 정부는 중국의 유일한 합법정부다. 대만은 오랫동안 조국에 귀속된 중국의 성省이다. 대만해방은 다른 나라가 간섭할 권리가 없는 중국 내부문제다. 모든 미군과 군사시설은 대만에서 철수되어야 한다. 중국 정부는 '하나의 중국, 하나의 대만' '하나의 중국, 두 개의 정부' '두 개의 중국' 또는 '독립된 대만'을 조작하려는 목적을 지닌 행동 또는 '대만의 지위는 아직 결정되지 않았다'고 주장하는 행동을 단호히 반대한다.

47) Green, 1994.

미국 측은 이렇게 선언하였다. 미국은 대만해협 양쪽에 있는 모든 중국인들이 오직 하나의 중국만 존재하며 대만이 중국의 일부라고 주장하는 것을 인정한다. 미국 정부는 그러한 입장에 이의를 제기하지 않는다. 미국 정부는 대만 문제를 중국이 스스로 평화적으로 해결하는 것에 관심을 두고 있음을 재확인한다. 이러한 전망을 생각하면서 미국 정부는 대만으로부터 모든 미군과 군사시설을 철수하는 것을 궁극적인 목표로 확인한다. 그 이전에 미국 정부는 그 지역에서 긴장이 해소되는 것에 따라 대만에 있는 미군과 군사시설을 점진적으로 감축할 것이다.

'상하이 공동성명'에서 가장 놀라운 부분은 '(미·중) 어느 쪽도 아시아·태평양 지역에서 헤게모니를 추구하지 않으며, 양측은 어떤 국가 혹은 국가 그룹이 그러한 헤게모니를 확립하려는 노력에 반대한다'는 부분이었다. 이 부분은 소련을 염두에 둔 것이고, 이 경우 미·중이 공동 대응할 것이라는 의미였다.

14. "세상을 바꾼 한 주일"

닉슨은 중국 방문을 마치면서 이 방문이 "세상을 바꾼 한 주일the week that changed the world"이었다고 자평했다. 그는 나아가 자신의 방중이 "역사상 위대한 분수령이다. 2차 세계대전 이후로 말하면 분명히 가장 위대한 일이다"라고 자화자찬했다.[48]

자신이 1971.7.9 가졌던 저우언라이 총리와의 첫 회담을 '금세기 가장 의미 있는 외교성과'라고 불렀던 키신저는 1973년 6월 닉슨에

---

48) * 저우언라이가 마오쩌둥에게 닉슨이 '세상을 바꾼 한 주일'이라고 방중 결과를 묘사했다고 하자 마오쩌둥은 "닉슨이 세상을 바꾼 게 아니라, 세상이 닉슨을 바꾼 것"이라고 말했다 한다.

게 "당신은 외교에서 가장 위대한 혁명을 이룩한 사람으로 역사에 기록될 것이다"라고 치켜세웠다. 닉슨과 키신저가 이처럼 자신들이 한 일을 치켜세운 것은 정치적인 것이었다. 국민들로부터 높은 평가를 받기 위한 것이었다. 외교를 국내정치적 목적에 이용했던 것이다.49)

그러면 미국이 얻고자 한 것은 무엇이었을까? 사실 닉슨과 키신저는 자기들이 목표한 바를 성취하기 위해 중국에 필요 이상의 양보를 했다. 너무 빨리 그리고 너무 많이 양보했다. 대만 문제가 그랬다. 대만의 입장이나 운명은 심각하게 고려되지 않았다.50)

닉슨의 외교 혁명은 냉전시대 국제정치의 지형을 근본적으로 바꾸어 놓았다. 미국은 소련의 위협에 어떻게 대응할 것인가 하는 과제를 놓고 적대국에 화해의 손을 내밀었다. 키신저는 미국이 소련 및 중국과 공히 대화를 할 수 있는 상황을 확보하는 것이 미국의 이익과 세계 평화 증진에 도움이 된다고 판단했다. 미국과 소련 그리고 미국과 중국 간의 거리가 소련·중국 간의 거리보다 더 가깝도록 만들어야 미국이 외교적 유연성을 가질 수 있다고 믿었다.

미국의 대중對中 접근으로 종래 미국·소련 양극체제는 미·중·소 3극체제로 바뀌었다. 이 3극체제에서 가장 유리한 위치에 놓이게 된 것은 미국이었다. 미국은 이러한 3극체제에서 소련과 중국을 동시에 다룰 수 있었으나 분쟁 상태에 있던 소련과 중국은 서로 상대방을 의식하며 미국을 다루어야 했다. 키신저가 의도했던 것이 바로 중국과의 새로운 관계를 통해 미국의 외교적 행동반경을 넓히는 것이었다. 미국을 '균형자'balancer의 위치에 올려놓았던 것이다. 미국 외교의 승리였다.51)

---

49) * 여론조사기관 갤럽이 닉슨의 중국 방문이 끝난 직후 실시한 여론조사에서 미국인들의 68%가 대중對中 화해를 지지하는 것으로 나타났다.
50) * 1971.7.15 닉슨의 방중계획 발표 당시 미국은 소련에게는 12시간 전 알려주면서 대만에게는 30분 전에 알려주었다.

그렇기 때문에 대부분의 미국 학자들은 미국이 중국에 접근한 것은 실제적으로는 소련을 겨냥한 것이었다고 보았다. 종래 미·소는 대등한 위치였는데 중국과 손을 잡아 소련을 중국과 같은 위치에 놓았다는 것이다.52)

미국으로서도 중국과의 화해는 당초 기대했던 만큼의 긍정적인 효과를 가져다주지 못했다. 북베트남의 경우는 소련과의 관계를 강화하면서 오히려 미국에 더 불리한 쪽으로 행동했다. 파리 평화협상의 조속한 타결에 긍정적인 영향을 줄 것으로 기대가 빗나갔다. 이런 점에서 미국이 중국과의 화해를 통해 얻어낸 이득은 단기적으로는 그리 많지 않았다.53)

15. 미·중 화해를 가능하게 한 요인들

닉슨 대통령의 역사적인 중국 방문을 계기로 미·중 관계가 발전할 수 있었던 배경은 다음과 같이 정리해볼 수 있다.

▶ 양국 지도자들에게 용기와 상상력·비전이 있었다. 이는 미국과 중국에 공히 해당된다. 닉슨 대통령이 중국과의 화해에 강력히 반대하는 여론을 넘어서기 위해서는 대단한 상상력과 용기·비전이 필요했다. 이런 관점에서 보면 미·중 화해의 1등 공신은 닉슨이었다. 그의 대담하고 창의적인 접근이 아니었더라면 미·중 화해는 없었을 것이다.

---

51) * 당시 미국의 소련 전문가들은 미국의 대중對中 관계 개선이 미국·소련 관계를 악화시킬 것이라고 닉슨 대통령에게 경고했었다. 그러나 실제로는 반대 현상이 나타났다. 미·소 관계가 좋아졌다.

52) Goh, 2005.

53) Hanhimäki, 2003.

▶ 양측 모두 전략적으로 접근했다. 키신저는 "당시 소련의 위협이 미·중 화해를 촉진시키는 자극제가 되기는 했으나 보다 더 강력한 동인動因은 향후 수십 년에 걸쳐 진행될 수 있는 협력에 대한 믿음을 확고하게 다져놓는 것이었다"고 술회했다. 지금 당장의 이익보다 장기적인 이익을 추구했다는 것이다.

▶ 양측은 정상회담을 어느 일방이 승리할 수 있는 기회로 보지 않았다. 쌍방이 모두 이길 수 있는 게임win-win game으로 간주했다. 이런 태도로 임하지 않았더라면 미·중 화해는 성공할 수 없었을 것이다. 중국은 국제적인 고립을 벗어나면서 소련의 압박을 견딜 수 있는 안보상의 레버리지를 얻었고, 미국은 소련의 팽창을 저지하면서 자신이 원하는 방향으로 소련을 움직일 수 있는 레버리지를 얻었다.

▶ 양측은 정상회담이 실패로 돌아가지 않도록 사전에 기본적으로 준비해야 할 사항들을 철저히 챙겼다. 키신저가 중국을 방문해 닉슨 방중에 합의를 한 다음 헤이그 국가안보부보좌관이 닉슨 방중 직전 베이징에서 중국 측과 관련 사항을 한 번 더 조율했다. 중요한 외교 이벤트가 있을 때 철두철미한 사전준비는 그런 이벤트의 성패를 좌우한다.

▶ 양측은 서로 합의에 도달할 수 없는 문제는 추후로 미뤘다. 당장 해결할 수 없는 문제가 지금 합의가 가능한 다른 문제들에 영향을 주지 않도록 했다. 양국 지도자들의 실용주의 정신이 역할을 했다.

▶ 양측은 자기의 이익에서 한순간도 눈을 떼지 않았다. 냉혹하고도 당당하게 그 이익을 추구했다. 그러면서 상대방 이익과의 접점을 찾았다. 이 과정에서 고도의 외교술이 발휘되었다.

키신저는 "미국이 대중對中 화해를 통해 마련한 것은 서로의 이익이 수렴되는 문제에 있어서는 협력을 증진시키고 상충되는 문제에

있어서는 간격을 좁힐 수 있는 기회였다"고 평가했다.54)

▶ 양측은 서로의 다름을 인정했다. 자신의 입장을 상대에게 강요하지 않았다. '내가 옳다'는 식으로 논쟁하지 않았다. 객관적인 사실이나 상황을 있는 그대로 인정하는 바탕위에서 새로운 관계를 모색했다.

중국 측은 '구존동이'求存同異, 즉 '서로 의견이 다르면 미뤄두고 의견을 같이하는 분야부터 협력한다' '쟁점들은 일단 보류해 놓고 당면의 공동 이익을 우선 추구한다'는 전통적 실용주의로 임했다.

미국도 마찬가지였다. 닉슨은 방중 시 저우언라이에게 이렇게 말했다. "우리는 당신들이 당신들의 원칙을 믿는다는 것을 안다. 우리도 우리의 원칙을 믿는다. 우리는 당신들이 당신들의 원칙을 양보할 것을 요구하지 않는다. 마찬가지로 당신들은 우리가 우리의 원칙을 양보할 것을 요구하지 않을 것으로 안다." 실용주의적 사고방식이었다.

▶ 양측은 변화를 감지하고 이 변화를 기회로 만들었다. 미·중 화해는 서로의 필요에 의해 이뤄졌다. 중국의 경우 이념적으로는 미국과 화해할 수 없었으나 소련의 위협을 견제하기 위해서는 이런 선택을 하지 않을 수 없었다. 미국은 베트남전으로 막대한 국력 손실을 본 상황에서 벗어나 소련을 억제하고 주도권을 유지하기 위해 중국을 필요로 했다.

16. 마오쩌둥의 계산은 빗나갔다

마오쩌둥은 미국을 상대하면 중국의 위상이 소련과 같은 수준으로 올라갈 것으로 예상했다. 소련만 상대해서는 별반 얻을 것이 없

---

54) Kissinger, 2011.

는 중국으로서는 미국 카드의 유용성을 사장死藏시킬 필요가 없었다. 중국은 또한 미국과의 관계를 통해 자신의 안전이 강화될 것으로 기대했다. 미국과 관계를 갖게 되면 미국이 보다 더 효과적으로 소련의 행동을 제어할 수 있을 것으로 계산했던 것이다. 미·소 데탕트가 진전되어 미국과 소련이 중국을 상대로 결탁하는 것을 막고자 했다. 마오쩌둥은 또한 미국과 화해하면 미·소 사이가 벌어질 것으로 예상했다. 그렇게 되면 소련의 중국에 대한 위협이 감소될 것으로 계산했다.

하지만 결과는 사뭇 달리 나타났다. 닉슨은 중국 방문 3개월 후 소련을 방문했다. 미국과의 정상회담에 미온적이던 소련이 미·중 화해에 자극을 받아 정상회담을 서둘렀던 것이다. 미국이 중국에 손을 내민 것도 궁극적으로는 소련에 대한 레버리지를 높이기 위한 것이었으니 상황은 미국이 기대한 대로 돌아간 셈이다.

닉슨의 소련 방문에 대한 답방으로 브레즈네프 공산당서기장이 1973년 6월 미국을 방문했다. 이를 계기로 중요한 몇 개의 협정이 서명되었다. 상황이 이런 식으로 전개되자 중국은 미국이 중국과 소련을 교묘하게 조종하고 있음을 알게 되었다. 대미對美 화해가 실수였다는 생각이 들었다.

키신저는 "두 적대 세력을 상대할 때 보통 힘이 약한 편에 서는 것이 유리하다. 그렇게 해야 힘이 강한 편의 행동을 제약할 수 있기 때문이다"라고 했는데, 미국이 소련과 중국을 놓고 힘이 약한 중국 편에 섬으로써 소련의 행동을 제약하는데 성공한 것이다. 결과적으로 닉슨과 키신저의 계산이 마오쩌둥의 계산보다 더 정확한 것으로 판명되었다. 소련은 미국에 대해서 더 타협적으로 나왔다.

마오쩌둥을 실망시킨 또 다른 요인은 대만 문제였다. 사실은 이것이 더 큰 요인이었다. 마오는 중·미 화해가 곧 양국 간 외교관계 수립으로 이어지고 그렇게 되면 대만은 바로 무너질 것으로 예상했다. 그러나 이것은 그야말로 희망 사항에 불과했다. 일례로 키신저가 1973년 11월 중국을 방문했을 때 중국은 대만 문제와 중·미 외교관계 수립에 있어 뭔가 가시적인 변화를 기대했다. 그러나 키신저 손에는 아무것도 들린 것이 없었다. 중국이 원하는 바를 그렇게 빨리 내줄 리가 없었다.

상황이 이런 식으로 전개되자 마오쩌둥은 화가 치밀었다. 미국에 대해 배신감을 느꼈다. 마오는 화풀이를 외교부에 했다. 중국 외교부는 1973.6.28 마오에게 <닉슨·브레즈네프 정상회담 결과>라는 보고서를 제출했는데, 그는 이 보고서를 보고 노발대발했다. "외교부가 본질을 파악하지 못하고 지엽적·피상적인 것만 보고 있다"고 질책했다. 마오는 미국에 보인 화해 제스처가 기대했던 결과를 가져오지 않자 심사가 뒤틀렸다. 그러면서 비난의 화살을 저우언라이에게 돌렸다. 외교부에 대한 질책도 실은 저우를 겨냥한 것이었다.

마오쩌둥의 이런 태도는 부당한 것이었다. 저우언라이가 임의로 한 일이 하나도 없었기 때문이다. 저우는 항상 마오의 결심과 방침을 받아서 모든 일을 했다. 마오는 당초 미국과 화해하는 것이 내키지 않았다. 세계 혁명을 주창하는 입장에서 미국과 화해한다는 것은 명백한 모순이었다. 미국과 새로운 관계를 모색하는 일은 마오가 아니면 그 누구도 결정할 수 없는 일이었다. 결정은 자신이 해놓고 상황이 원하는 대로 전개되지 않자 저우에게 탓을 돌렸던 것이다.

마오쩌둥은 미·중 화해 프로세스가 시작된 지 1년 9개월 지난 시점인 1973년 11월 "상하이 공동성명은 아무 쓸모없는 것"이라고 깎아내렸다. 자기가 한 일을 자기 스스로 폄하한 셈이다. 당초 원했던 바를 달성하지 못한데서 나오는 좌절감이었다. 그러면서 저우에게 '미국사람들에게 속지 말라'고 경고했다. 그는 여기서 그치지 않았다. 공산당 정치국이 저우를 비판하는 회의를 열도록 했다. 이 회의는 저우가 다음과 같은 오류를 범했다는 결론을 내렸다. ▶마오쩌둥의 지시를 잊었다 ▶적을 과대평가하고 인민의 힘을 과소평가했다 ▶'외교를 하되 혁명지원을 병행한다는 원칙'을 지키지 못했다.55)

마오쩌둥은 시종 미국을 의심했다. 미국이 음흉한 생각을 감추고 있다고 믿었다. 정적들을 절대로 믿지 않은 마오가 미국을 믿지 않은 것은 어찌 보면 당연했다. 닉슨이나 키신저가 중국을 속이려는 의도가 있었던 것은 아니다. 다만 닉슨의 역사적인 중국 방문이 성사된 이후 중국과의 관계에서 중국이 원하는 속도나 내용으로 필요한 조치들이 취해지지 않았을 뿐이다. 가장 큰 이유는 대중對中 관계를 대소對蘇 관계와 연계시켰기 때문이었다. 또한 마오쩌둥의 건강이 악화되고 있어 미국으로서는 마오 이후 시대를 기다릴 필요가 있었다. 여기에 더하여 닉슨 대통령이 워터게이트 스캔들에 휘말리면서 레임덕 현상이 나타나 중국과의 관계 정상화 노력도 동력을 잃게 되었다. 닉슨은 1974.8.9 사임했다.

카터 행정부에서 국가안보보좌관(1979~81)을 역임했고 1979.1.1 미·중 수교를 다루었던 브레진스키는 2012.3.7 미·중 화해 40주년 기념 콘퍼런스에서 "중국은 미·중·소 3각 관계 게임에서 소련과 미국에 의해 이용당하고 있다는 의심을 강하게 갖고 있었다"고 회고했다. 중국은 실제 이용당하고 있었다.

마오쩌둥은 1975.10.21 베이징에서 키신저를 접견했을 때 중국은 미국의 우선순위에서 소련, 유럽, 일본 다음으로 맨 끝에 놓여있다고 말했다. '우리는 새끼손가락이다'는 표현까지 썼다. 마오가 느꼈던 미국에 대한 좌절감과 불만이 컸음을 알 수 있다.

마오쩌둥은 혁명을 믿은 사람이었다. 중국은 전 세계의 억압받는 국가와 그 인민들에게 '해방의 모델'이 되어야 한다고 믿었다. 미국

---

55) Yang, 2010, Kissinger, 2011.
 * 저우는 1973년 암에 걸렸고, 1974년부터 공식석상에 나타나지 않았다. 1976.
   1.8 사망했다.

과 화해한 것은 단지 전술적 후퇴에 불과했다. 혁명을 포기한 것이 아니었다. 하지만 그는 자신이 추진한 혁명의 과업을 달성하지 못하고 1976.9.9 세상을 떠났다.[56]

17. 미·중 화해와 한반도

미·중 화해는 한반도를 둘러싼 동아시아의 국제정치적 역학구도에도 심중한 변화를 가져왔다.

앞에서 다루었듯이, 저우언라이는 1971.7.9 키신저와 가졌던 회담에서 한반도 문제에 관해 다음과 같은 세 가지를 요구했다. ▶주한미군의 즉각적인 철수 ▶베트남 주둔 미군 철수와 동시 베트남 주둔 한국군 철수 ▶주한미군 철수 후 한국에 일본군 진주 반대.

키신저는 한반도 문제를 깊이 있게 생각해 본 적이 없었다. 저우가 한반도 문제를 이렇게 구체적으로 언급할 줄 몰랐다. 그래서 그는 "닉슨 대통령이 논의할 것"이라는 식으로 적당히 넘어가려고 했다. 그러나 저우는 주한미군 문제를 베트남전 상황과 연계시키면서 반복적으로 이 문제에 관해 언급했다. 저우가 한반도 문제를 거론한 것은 북한의 요청도 배경이 되었다.

저우는 키신저와의 회담이 끝난 직후 북한과 북베트남을 방문해 회담 결과를 설명해 주었다. 미국과 화해하려는 방침에 대해서 이해를 구했다. 북한은 8월 6일 미-중 관계개선을 환영한다는 입장을 밝힌데 이어 9월 7일에는 외교부 성명을 통해 한반도 주둔 외국군의 철수와 유엔한반도통일부흥위원단UNCURK의 해체를 촉구했다.[57]

---

56) Yang, 2010.
57) * 중국 측은 북한이 이 성명을 통해 주장한 바를 키신저와의 2차 회담 시 (1971.10.22) 적극적으로 반영했다. 중국과 북한이 UNCURK 해체를 요구한 것은 UNCURK가 한반도 문제를 유엔에 연결시켜주는 역할을 했기 때문이었다.

키신저는 1971.10.22 두 번째로 베이징을 방문, 저우언라이와 네 시간 넘게 회담했다. 닉슨 대통령 방중과 관련된 사안을 주로 논의했는데 한반도 문제도 거론되었다. 저우는 키신저에게 ▶주한미군의 즉각적인 철수 ▶주한미군 철수 후 일본 군사력의 한국 진주 반대 ▶북한이 제시한 8개항 수락 ▶UNCURK를 비롯한 각종 유엔 기구에서의 남북한 동등 대우 및 북한에 대한 정식 국호 사용 ▶남한 군사력의 북한 침공 저지 약속 등을 요구했다.58)

이 같은 저우언라이의 요구에 대해 키신저는 ▶주한미군 철수 논의를 위한 국제회담 필요 ▶일본 군사력 한국 진주 반대를 이해 ▶한반도 문제 해결을 위한 법적 장치 구성 제의 ▶남한 군사력의 북한 공격 저지 확약 ("어떤 경우든 미군이 한국에 주둔하고 있는 동안 미국은 남한의 대북 군사적 공격을 허용하지 않을 것") ▶북한에 대한 정식 국호 사용 고려 등으로 대응했다.59)

닉슨 행정부는 1971년 3월 당초 정했던 시한보다 3개월 앞당겨 22,000명의 주한미군을 철수시켰다. 키신저·저우의 첫 회담이 있기 4개월 전에 이미 이런 조치를 취했던 것이다. 그럼에도 저우는 이 정도의 감축에 불만을 표시하고 완전한 철수를 요구했다. 이런 요구에 키신저나 닉슨은 원칙적인 동의를 표시했다.

닉슨 대통령이 1972.2.21 베이징에서 마오쩌둥과 회담했을 때 "대만·베트남·한반도 문제에 대해서도 대화를 나누고 싶다"고 했으나 마오쩌둥은 "어려운 문제는 피하고 철학적인 문제를 얘기하면 좋겠다"면서 구체적인 논의를 피했다.

닉슨은 마오와의 회담 말미에 "우리는 중국이 미국의 영토를 위

---

58) * 1979.1.1 미·중 국교정상화 이후에는 주한미군에 대한 중국 측의 인식이 바뀌었다. 주한미군이 한반도와 동아시아 지역의 안정에 긍정적으로 기여한다고 보았다. 주한미군 철수를 주장하는 북한 입장과 크게 달라졌다.

59) * 중국은 키신저와의 2차 회담 직후인 1971.11.1 김일성의 비공식 베이징 방문 요청을 받아들여 그의 방문을 접수하고 이 기회에 회담 결과를 상세히 설명해주었다.

협하지 않을 것으로 알고 있으며, 중국도 미국이 중국에 대해 영토적 야욕이 없다는 것을 알고 있다고 생각한다"라고 말했다. 이에 대해 마오는 "우리 모두 일본과 남한을 위협하지 않을 것이다"라고 했고 곧바로 닉슨은 "아무도 그러하지 않을 것이며 우리도 그러하지 않을 것이다"라고 맞장구쳤다. 이는 미·중이 서로 무력으로 상대방을 공격할 의사가 없으며 남한과 일본을 두고도 무력대결을 하지 않을 것임을 확인한 의미 있는 언급이었다.60)

저우언라이는 닉슨과의 회담에서 키신저를 통해 이미 두 차례 전달했던 요구를 되풀이 했다. 그러자 닉슨은 직답을 피하면서 ▶적절한 시기에 주한미군 감축 ▶일본의 군사력 확장 반대 ▶미국과 중국이 주도하는 한반도 평화체제 구축에 관해 언급했다.

닉슨과 저우언라이는 2월 23일 세 번째로 만났을 때 한반도 문제를 보다 더 깊이 있게 논의했다. 저우는 키신저를 통해 확인한 한반도 문제에 대한 미국의 입장은 "주한미군은 궁극적으로 철수될 것이며, 일본군이 남한에 진주하는 일이 없도록 할 것이다"로 정리할 수 있다고 하면서 이에 대한 닉슨의 확인을 요구했다.

닉슨은 저우가 한 말을 반박하지 않았으나 "중요한 것은 우리 동맹국들이 자제하도록 영향력을 행사하는 것이다"라고 말했다. 중국이 북한에 대해서도 영향력을 행사해야 한다는 의미였다. 그러면서 자신이 6·25전쟁 휴전 무렵 이승만 대통령이 북진통일을 내세웠을 때 방한해 미국이 북진통일을 지지할 수 없다고 말했던 사실을 예로 들었다. 닉슨은 이어 "코리언들은 남북한 공히 감정적이고 충동적이니 이들이 우리 두 나라를 곤경에 빠트리는 사건을 일으키지 않도록 영향력을 행사해야 한다"고 말했다. 한반도 때문에 미국과 중국이 충돌하는 일이 없도록 하자는 의미였다. '한반도 문제의 한반도화'였다.61)

---

60) 홍석률, 2012.

308

18. 한·미 관계의 근본을 흔들다

　박정희 대통령은 1971년 9월 닉슨 대통령에게 친서를 전달했다. 이 친서에는 미국이 한국 정부와 사전 협의 없이 한반도 문제에 대한 어떤 결정도 내려서는 안 된다는 요구가 담겨 있었다. 이 친서를 지참하고 워싱턴에 간 김용식 외무장관은 백방으로 한·미 정상회담을 성사시키기 위해 애썼으나 미 측은 끝내 거절했다.

　닉슨 행정부가 한국에 대해 일방적으로 공산권에 대한 화해 정책을 강요하자 한·미 관계가 흔들리기 시작했다. 오랫동안 반공주의를 표방했고 북한을 상대해야 하는 한국 정부에게 닉슨 행정부가 추진하는 데탕트는 받아들이기가 어려웠다.

　박 대통령은 베트남주둔 한국군 철수 카드로 닉슨 행정부를 압박하려 했다. 그러나 이는 카드가 될 수 없었다. 이미 키신저·저우언라이 회담에서 미군이 철수함과 동시에 한국군도 철수한다는 양해가 이루어졌기 때문이다. 물론 한국 정부는 이런 사실을 전혀 모르고 있었다. 미국은 1972년 2월 닉슨·마오쩌둥 정상회담이 끝난 뒤에야 비로소 마셜 그린 국무부 동아·태 차관보를 서울에 보내 정상회담 결과를 설명해 주었으나, 알맹이 없는 내용에 불과했다.

　박 대통령은 1969년 7월 '닉슨 독트린'이 발표되었을 때 적지 않게 놀랐다. 이어 미·중 화해가 현실이 되자 안보에 대한 불안감이 고조되었다. 그는 1970.8.15에는 '평화통일기본구상'이라는 소위 '8·15선언'으로 북한에 대해 화해 제스처를 보였고, 1년 후인 1971.

---

61) 홍석률, 2012.
　＊ 1971년 미·중 화해 이후 중국이 북한의 남침 의사에 동의하지 않음으로써 제2의 6·25전쟁과 같은 전면전을 예방하는 데 기여했다. 한 예로, 김일성은 1975년 4월 중국에 남침을 지지해 줄 것을 요청했으나 거절당했다. 미·중 화해 이후 중국의 대한반도 정책 기조는 '현상유지'였다.

8.7에는 공산권 국가들과의 수교 가능 입장을 표명하기도 했다. 김용식 외무장관을 통해 발표된 이 선언은 "만약 소련과 중공이 대한민국에 대해 적대행위를 취하지 않는다는 것이 판명된다면 대한민국 정부는 이들 공산국가와 외교관계를 수립할 용의가 있다"고 하였다. 사실 이런 조치들은 고육지책으로 취한 것이었다. 상황이 강요해서 취한 조치였다는 것이다.

미국은 새로운 미·중 관계에 기초하여 대한국 정책도 조정하고자 했다. 닉슨 대통령은 1972.4.6 대對한국 정책 재검토를 지시했고, 이에 따라 이루어진 새로운 정책의 방향은 박정희 정부에게는 크나큰 시련으로 다가왔다. 미국은 중국과의 화해를 통해 한반도에서 새로운 질서를 구축하고자 했다. 미·소 대립, 미·중 대립, 남·북한 대치 상황 속에서 대내외 정책을 추진해온 박 대통령으로서는 엄청난 도전이었다. 무엇보다도 정권안보 측면에서 그러했다.

박 대통령은 1971.12.6 국가비상사태를 선포한다. 이는 워싱턴의 정책 방향과 맞지 않았다. 박 대통령은 1972.10.17에는 계엄령을 선포하고 새로운 헌법 체제를 출범시켰다. 미국은 계엄령 선포를 받아들일 수 없다고 하면서 '미국의 아시아 정책에 대한 공격'이라고 했다. 미국은 미국대로 박정희 정부에 대한 불만이 고조되었다. 그동안 원만했던 한·미 관계에서 불협화음이 나오기 시작했다.

미국은 중국과의 화해를 추구하면서 한국에 대해서는 북한과의 화해를 압박했다. 닉슨의 방중 몇 달 후인 1972.7.4 남북한은 '남북공동성명'을 발표하는 상황까지 갔다. 북한과의 대화가 진행되었다. 그러나 이런 현상은 어디까지나 외부 상황에 의해 강요된 것이었다. 남북한이 자발적으로 진정성을 갖고 대화할 수 있는 상황이 아니었다. 오랫동안 계속된 극한 대립으로 형성된 적대감이 조금도 해소되지 않은 상태였기 때문이다.

앞서 언급대로, 미국의 이러한 태도는 중국이 북한을 대하는 태도와 큰 차이가 있었다. 중국은 미국의 화해를 추구하면서 북한과도 사전 사후 긴밀히 협의했다. 이로 인해 북한은 변화하고 있는 상황에 여유 있게 대응할 수 있었지만 한국은 그렇게 할 수 없었다.

요컨대, 미·중 화해는 한·미 관계에 변화의 소용돌이를 일으켰다. 미국에 관한한 한국과의 관계는 미·중 관계의 종속변수였다. 안보를 미국에 의존할 수밖에 없었던 한국으로서는 종래 미국에 대해 가졌던 신뢰가 흔들리게 되었다.

이와 같은 상황이 조성되자 박 대통령은 비장한 결심을 하게 된다. 핵무기 개발이었다. 예산이나 기술력에 비추어 실현가능성이 희박한 계획이기는 했으나, 긴 안목을 가졌던 박 대통령은 자주국방을 위해서는 어떤 난관도 돌파해야 한다고 생각했다.

미국은 중국과의 화해가 잘 진행되면 중국이 북한의 대남對南 도발을 허용하거나 고무하지 않을 것으로 판단했다. 미국과의 관계를 고려해 북한을 견제함으로써 한반도에서의 전쟁 가능성이 낮아질 것으로 보았다. 1970년대 들어 북한이 취한 일련의 평화공세는 미국의 이러한 판단을 강화시켜주는 역할을 했다. 미국은 미·중 화해가 남북한 관계 개선을 유도해 주한미군 철수에 유리한 여건이 조성되기를 원했다.

그러나 박 대통령의 인식과 판단은 달랐다. 북한의 적화 야욕이 절대 줄어들었다고 보지 않았으며, 미국의 주한미군 철수 정책은 한국의 방위능력을 약화시켜 북한의 오판을 초래할 수 있다고 보았다. 박 대통령은 더 이상 미국 정부를 신뢰하지 않았다.[62]

---

62) * 한·미 정부 간 갈등의 많은 부분은 북한으로부터의 위협 정도에 관한 인식 차이에서 나왔다. 박정희 정부는 위협이 심각하다고 본 반면 미 측은 그렇지 않다고 보았다. 김일성이 1975년 4월 베이징에서 마오쩌둥과 회담했을 때 남침을 지지해 줄 것을 요청했던 사실에 비춰 보면 박 대통령의 북한 위협 인식이 그렇게 잘못된 것은 아니었음을 알 수 있다.

제8장 레이건 대통령의 냉전 종식 외교

2차 세계대전 이후 40년 넘게 진행된 냉전이 종식된 데에는 여러 요인들이 복합적으로 작용했다. 이러한 역사를 만드는데 기여한 사람도 여럿이었다. 그 중에서 빼놓을 수 없는 사람이 로널드 레이건 (1911~2004) 미 대통령이다. 대처 영국 총리는 레이건 대통령은 "총 한 방 쏘지 않고 냉전을 승리로 이끌었다"고 말했다. 무력이 아닌 외교로 전쟁에서 승리했다는 말이다. 어떻게 그런 일이 가능했는가?

1. "총 한 방 쏘지 않고 냉전을 승리로 이끌었다"

냉전冷戰cold war이란 2차 세계대전이 끝나면서 전 세계가 미국・소련 양 진영으로 나뉘어 정치・군사・이념적으로 첨예하게 대립했던 상황을 일컫는다. 미・소 양국은 가공할만한 핵공격 능력을 가진 초강대국으로서 '자유민주주의 vs 공산주의'라는 이념 대립을 벌였다. 이런 상황은 1980년대 후반까지 40여 년 넘게 지속되었다.

1991년 소련 붕괴는 국제정치의 흐름을 바꿔놓은 대사건이었다. 소련과 필사적인 경쟁을 벌인 미국에게는 특히 그러했다. 냉전시대는 미국의 시대가 아니었다. 그러나 소련이 붕괴함으로써 비로소 미국의 시대가 열렸다. 1981년 1월 레이건이 미국의 40대 대통령으로 취임(1981~89 재임)할 당시 소련 공산주의(1917년 시작)가 종말을 고할 것으로 예상한 사람은 한 사람도 없었다. 하지만 이로부터 8년 후 미·소 양국은 더 이상 상대방을 적으로 간주하지 않는다고 선언했다. 이어 소련이 소멸됨으로써 미·소 냉전은 종식되었다.

대처 영국 총리는 1991년 미 헤리티지재단 연설에서 "레이건 대통령은 총 한 방 쏘지 않고 냉전을 승리로 이끌었다"고 말했다. 물론 냉전 종식이라는 대역사를 쓴 사람은 레이건 한 사람이 아니었다. 고르바초프도 중요한 역할을 했다. 그러나 레이건이 단연 결정적인 역할을 했음은 누구도 부인할 수 없다.1)

2. 지구상에서 소멸되어야 할 것들

레이건은 지구상에서 반드시 소멸되어야 할 것이 두 가지가 있다고 믿었다. 하나는 공산주의였고, 다른 하나는 핵무기였다. 대통령이 되기를 원한 것도 이 꿈을 실현시키고 싶어서였다. 그는 역사가 그를 기억해준다면 '위대한 아이디어에 헌신했던 사람'으로 기억되기를 원했다. 큰 인물이 되기 위해서가 아니라 위대한 아이디어를 실현시키기 위해 대통령이 되기를 원했다고 했다. 위대한 아이디어란 ▶지구상에서 소련 공산주의를 소멸시키고 ▶핵전쟁의 위험을 제거

---

1) * 소련이 붕괴되고 냉전이 종식된 것은 저절로 또는 어쩔 수 없이 그렇게 된 일이었다고 주장하는 사람들도 있다. 소련 공산주의가 내부 모순으로 붕괴될 수밖에 없었다는 것이다. 이들이 보기에는 레이건이나 고르바초프와 같은 인물이 없었더라도 냉전은 끝날 수밖에 없었다. 그러나 이런 주장은 사후분석에 불과하다.

하는 일이었다.

1) 레이건은 종교적인 신념이 강한 사람이었다. 공산주의와 싸워 이기는 것이 '하나님께서 주신 사명'이라고 생각했다. 청년 시절부터 이런 생각을 가졌다. 레이건이 공산주의를 싫어한 것은 한마디로 공산주의가 무신론에 입각했기 때문. 하나님의 존재를 부정하고 하나님을 믿을 수 있는 자유를 허용하지 않는 것을 받아들일 수 없었다. 레이건은 자유는 하나님이 인간에게 주신 가장 큰 선물이라고 생각했다. 그는 하나님께서 주신 자유를 허용하지 않는 공산주의를 소멸시키는 것이 자신의 소명이라고 믿었다.

레이건은 대통령이 되기 6년 전인 1976년 "공산주의는 인간의 본성에 반하는 것이기 때문에 지구상에서 사라질 것"이라고 말했다. 놀라운 예언이었다. 미국과 소련이 팽팽한 이념·체제 경쟁을 벌이고 있을 때 공산주의의 종말을 내다봤다. 레이건은 1977년에는 "내가 갖고 있는 냉전이론이란 우리가 이기고 그들이 지는 것이다"라고 했다. 어떤 지도자도 꿈꾸지 못한 비전이었다.[2]

2) 이런 레이건에게 1970년대 닉슨·포드·카터 대통령이 취했던 소련에 대한 '데탕트'détente는 이해할 수 없는 전략개념이었다. 데탕트는 소련과의 공존을 추구하는 정책이었기 때문이다. 이 정책은 미·소 양국이 대립을 피하면서 적대 행위를 자제하는 습관을 키워 궁극적으로 서로 협력하는 관계로 나아간다는 것이었다.[3]

---

2) * 레이건은 1980년 7월 공화당 전당대회 때 "당신은 왜 대통령이 되기를 원하느냐"는 질문에 "냉전을 끝내기 위해서"라고 한마디로 대답했다.
3) * 닉슨 전 대통령과 키신저는 레이건의 이런 주장을 몹시 못마땅하게 생각했다. 대소對蘇 데탕트 설계자였던 키신저는 '레이건이 무슨 말을 하고 있는지 모르겠다'고 비아냥댔다. 닉슨·카터 대통령은 베트남전쟁 패배로 미국의 힘과 영향력이 약화된 상황에 맞추어 데탕트 정책을 시행했으나 레이건은 이런 자세는 잘못된 것이라고 하면서 이 정책을 폐기했다.

레이건의 생각은 간단했다. 데탕트가 냉전의 생명을 연장시키고 있기 때문에 냉전을 끝내기 위해서는 데탕트 정책을 중단해야 한다는 것. 공산주의는 인류 역사에서 정상 궤도를 벗어난 이념이고, 공산주의자들은 인류 역사상 최악의 인권 유린 집단인데, 그런 이념과 체제를 어떻게 정상적인 것으로 인정할 수 있느냐는 것이었다. 레이건의 이런 발상은 대단히 중요한 의미가 있었다. 공산주의 체제와의 공존은 있을 수 없다고 선언한 것은 기존의 사고방식을 완전히 벗어나는 일이었다.

레이건의 이러한 발상에는 데탕트는 '유화정책'이라는 생각이 깔려있었다. 그는 역사적으로 유화정책이 성공한 사례는 없다고 보았다. 레이건은 1972년 캘리포니아 주지사 시절 이렇게 말한 적이 있다. "우리가 역사에서 배운 것은 유화가 평화에 이르지 못했다는 사실이다. 유화는 침략자의 시험에 견딜 수 있는 준비가 되어 있지 않은 나라의 의지를 시험하게 만든다. 불행한 사실은 평화를 가장 원하는 사람들이 힘을 유지하지 않음으로써 가장 비싼 대가를 지불해야 했다는 것이다."

3) 1980년 대 미·소 간 핵 충돌이 발생하면 불과 하루 사이에 1억6000만~1억8000만 명이 사망할 것으로 추산되었다. 미국과 소련이 갖고 있는 30,000여 개의 핵무기를 모두 사용하면 인류의 종말이 초래될 수 있었다.

상황이 그러함에도 미국과 소련 지도자들은 어느 쪽이든 선제공격을 할 경우 공격한 측도 반드시 멸망하게 된다는 소위 '상호간의 확실한 파괴이론'MAD: Mutually Assured Destruction에 의존하고 있었다. 이 이론은 미국과 소련이 어떤 경우든 상대방을 확실히 파괴할 수 있는 능력을 갖고 있기 때문에 어느 쪽이든 먼저 핵공격을 가할 수 없다는 것이었다.4)

레이건은 이 이론은 말도 안 되는 것이라고 생각했다. 사고나 실수·오판에 의해 핵전쟁이 일어나면 어떻게 하겠느냐는 것. 단 한 번의 실수로 인류가 전멸해도 괜찮다고 생각하지 않는 한 이 이론을 믿어서는 안 된다고 주장했다. 어느 모로 보아도 이건 아닌데 미국이 어떻게 이 이론에 자신과 인류의 운명을 맡기는지 도저히 납득이 되지 않았다. 레이건은 미국이 이 이론에 머문다는 것은 소련의 손에 덜미를 잡힌 형국이나 다름없다고 생각했다. 적에게 목덜미를 잡힌 상태에서 사는 것, 행동의 자유가 없는 것은 미국인들 기질에 맞지 않는 일이었다.5)

실제적인 이유도 있었다. 레이건이 참을 수 없었던 것은 실수든 고의든 일단 소련이 핵공격을 개시하면 미국이 대응할 수 있는 시간이 불과 18분이라는 것. 미국 동부해역에 배치되어 있는 소련 잠수함에서 발사된 핵미사일의 경우는 불과 5~6분이면 백악관까지 날아올 수 있다는 것. 이 짧은 시간에 모든 것이 끝난다는 것은 생각만 해도 끔찍했다.6)

레이건은 첫 번째 임기(1981.1~1985.1) 중에는 소련 지도자와 만날 수 없었다. 1982년 11월 브레즈네프가 사망한 이래 연이어 안드로포프·체르넨코가 사망한 것이 주된 원인이었다. 레이건이 재선에 성공해 2기 임기를 시작했을 때 기회의 창이 열리기 시작했다. 1985년 11월 고르바초프 서기장과 정상회담을 할 수 있게 된 것이다. 이후 레이건은 네 번의 정상회담을 할 수 있었고, 매번 중심 의제는 핵무기 철폐였다. 1985년 첫 정상회담에서 양측은 "핵전쟁에서는 어느 쪽도 이길 수 없다. 결코 핵전쟁을 해서는 안 된다"라고

---

4) * '상호확실파괴 이론'은 1962년 맥나마라 국방장관이 미국 방위정책의 하나로 인정한 이래 카터 행정부에 이르기까지 핵전략의 기본으로 유지되고 있었다.
5) * 레이건만 이렇게 생각한 것이 아니었다. 브레즈네프 소련 공산당 서기장도 MAD는 믿을만한 것이 못된다고 생각했다.
6) * 소련은 지구상의 어느 나라라도 30분 내 핵공격을 가할 수 있는 능력을 갖고 있었다.

선언했다. 이 선언은 뒤집어 보면 '핵무기를 더 이상 외교수단으로 사용하지 않겠다'는 말이었다. 1987년 12월 워싱턴 정상회담에서 양측은 중·단거리 미사일 제거에 합의함으로써 핵군축의 이정표를 세웠다.[7]

3. 핵 재앙 가능성이 심각했다

1983.9.26 0시 40분. 모스크바에서 50km 떨어진 숲속에 위치한 비밀 지하 벙커. 120명이 한 조가 되어 미국으로부터 가해질 수 있는 미사일 공격을 모니터하는 곳이다. 이 날 근무 책임자는 페트로프 중령. 소련 전투기에 의한 대한항공 007기 격추 사건(1983.9.1)으로 미·소 간 긴장이 고조되어 있는 상황이었다.[8] 모니터에서 경보음이 울리면서 '발사'라는 빨간 글자가 깜빡거리기 시작했다. 관측위성에서 5개의 미사일이 소련을 향해 날아오고 있다는 신호가 들어왔다. '미사일 공격' 경보 플래시가 작동되었던 것.

페트로프가 어떻게 조치할 것인지 결정할 수 있는 시간은 단 7분. 그는 기계 오작동 가능성을 염두에 두고 이상 유무를 확인했으나 기계에는 이상이 없었다. 안드로포프 서기장에게 '미국으로부터의 미사일 공격이 시작되었음'을 보고하는 버튼을 눌러야 하는 긴박한 상황이었다. 페트로프는 직감적으로 어딘가에 오류가 있었을 가능성

---

7) * 미국 내 보수주의자들은 이런 합의를 '유화정책'으로 규정하고 레이건을 체임벌린에 그리고 고르바초프를 히틀러에 비유하는 신문광고를 싣는 등 맹렬히 반대했다. 그러나 이런 비유는 맞지 않았다. '핵무기 없는 세계'를 만들어야 한다는 것은 고르바초프의 신념이기도 했다. 레이건과 고르바초프가 공히 핵폐기를 원했던 것이다.

8) * 대한항공기 격추 사건으로 미국인 61명을 포함, 승객 269명이 사망했다. 이 사건 당시 소련 지도부는 미·소 간 전쟁이 임박했다고 믿고 있었다(Mann, 2009).

에 무게를 두었다. 무엇보다도 미국이 정말 공격을 시작했다고 하면 미사일이 5개만 발사되지 않았을 것이라고 생각했다. 그리고 소련 지상 레이더가 이를 탐지하는데 걸리는 시간이 10분인데 그 보다 더 빨리 탐지되었다. 컴퓨터 오작동 가능성이 있다고 판단했다.

페트로프가 만약 버튼을 눌렀더라면 어떻게 되었을까. 전문가들은 소련-미국 사이에 핵공격 사태가 발생했을 것으로 보았다. 핵전쟁 일촉즉발 상황까지 갔던 것이다. 상황이 지나고 난 다음 원인을 조사해본 결과 시스템 오작동이었던 것으로 밝혀졌다.

고르바초프가 1985년 공산당 서기장으로 취임한 이래 가장 우려한 것은 미국과의 핵전쟁 가능성이었다. 그는 그만큼 미국과의 핵충돌 가능성이 있다고 보았다. 2009.11.16 가진 인터뷰에서 "핵전쟁의 위험이 대단히 심각했다. 우리는 서로를 완전히 파멸시키기 전에 무엇인가 하지 않으면 안 되었다"고 말했다.

[또 다른 사례]

1983년 11월 레이건 행정부는 NATO 회원국들의 핵무기 통제 지휘체계를 점검하기 위해 'Able Archer 83'이라는 군사훈련을 실시했다. 소련과의 핵전쟁 가능성까지 염두에 둔 훈련이었다. 그런데 NATO에는 고디프스키라는 소련의 이중간첩이 암약하고 있었다. 그는 영국 정보기관 MI6에 포섭된 이중간첩이었다. 고디프스키는 '핵무기 지휘 체계 점검은 곧 핵 선제공격 준비'라고 하는 극비 메시지를 모스크바에 보냈다.

크렘린은 바짝 긴장하지 않을 수 없었다. 훈련과정에서 NATO가 가상 군사력을 이동시키고 통신암호를 바꾸며 비상단계를 격상하자 고디프스키는 '미국의 핵 선제공격이 임박했다'는 급전을 모스크바에 보냈다. 소련은 핵 대응 공격 자세를 취했다. 이 사태는 1962년 쿠바 미사일 위기 이래 핵전쟁에 가장 근접한 사태였다. 이 위기 상황은 NATO 훈련이 끝나면서 종료되었다. 천만다행이었다.

4. '힘을 통한 평화'

레이건은 평화와 자유를 지키는 데는 힘이 기본이라고 생각했다. 그는 1974년 캘리포니아 주지사 시절 이렇게 말했다. "자유를 지킴에 있어 외교에 의존한 나라들은 그 유해가 모두 역사의 휴지통에 들어가 있다. 우리는 누가 뭐라고 말하든지 간에 위험한 시대에 가장 확실하게 평화를 보장해준 것은 우리의 군사·산업·경제적인 힘이었다는 사실을 결코 잊어서는 안 된다."

레이건은 미국을 소련과 대등한 상대로 보지 않았다. 그의 신념이 이를 허락하지 않았다. 그에게 미국은 소련을 능가하는 나라여야 했다. 그렇게 할 수 있는 나라가 그렇게 하지 못하는 것은 뭔가 잘못된 일이었다. 레이건은 총체적인 힘에서 소련을 압도해야 하고, 특히 군사력에서 소련이 손을 들도록 만들어야 한다고 생각했다.

2차 세계대전이 끝나면서 냉전의 장막이 드리워지자 미국은 조지 케난이 제시한 '봉쇄정책'을 채택했다. 소련의 팽창주의적 경향을 제어하면서 '신중하게 인내한다'는 정책이었다. 그러나 레이건의 생각은 달랐다. 그는 소련의 팽창을 억제하는 정도가 아니라 퇴조시켜야 한다고 생각했다. 레이건은 1980년 3월 『내셔널저널』 기고문에서 "우리가 산업생산 능력을 군비경쟁에 동원하면 소련이 우리를 따라올 수 없을 것이라는 사실을 잘 알면서도 왜 우리는 지금까지 이런 카드를 사용하지 않았는가"라고 물었다. 그는 대통령이 되기 18년 전인 1963년 "미국 외교정책 결정자들이 왜 소련의 취약한 경제상황을 이용하지 않는지 이해할 수 없다. 이런 정책은 소련 체제를 도와주는 것이나 마찬가지다"라고 말한바 있다.

레이건의 이러한 생각은 대통령 취임 2년 후 '국가안보지침' 제75호(1983.1.17)에 의해 구체화 되었다. 이 지침은 "미국은 더 이상 소련과의 공존을 추구하지 않는다. 미국은 소련을 근본적으로 변화시키는 정책을 추구한다"고 못 박았다. 통념을 벗어난 것이었다. 획기적인 정책 전환이었다.

레이건 행정부의 국방비 증가는 현기증이 날 정도였다. 1979년 1193억 달러에서 1980년 1600억 달러, 1983년 2096억 달러, 1989년에는 무려 4000억 달러로 늘어났다. 레이건 대통령 재임 기간 중 지출한 국방비 총액은 2조8000억 달러에 달했다. 엄청난 규모였다.

미국의 군사력 증강이 소련을 궁지에 몰아넣었다는 분석이 있었으나 이는 사실과 달랐다. 중앙정보국CIA 추산에 의하면 소련의 군사비 지출은 1980년대 내내 매년 비슷한 수준으로 미국의 군사비 증가에 별로 영향을 받지 않았다. 또한 소련의 국내총생산GDP 대비 국방예산 규모도 1980년대 내내 변화가 없었다. 따라서 소련이 미국과 군사력 증강 경쟁을 하다 경제가 어렵게 되었다는 주장은 사실과 달랐다.[9]

소련은 서유럽국가들을 겨냥해 수백 기의 신형 중거리 미사일 SS-20을 동유럽에 배치했다. 레이건은 소련이 이 조치를 취소하지 않으면 상응하는 조치를 취하겠다고 선언했다. 소련이 반응을 보이지 않자 레이건은 1983년 11월 동급의 신형 중거리 미사일을 서유럽에 배치하려 했다. 레이건의 이러한 계획에 반대해 런던·로마·비엔나·파리 등지에서 200만 명이 격렬한 시위를 벌였다. 그러나 레이건은 미사일 배치를 강행했다. 힘에는 힘으로 맞섰던 것이다.[10]

---

9) * 후에 알려진 바에 의하면 고르바초프는 미국이 군사적인 공격을 감행할 가능성이 낮다고 보아 레이건의 군사력 증강에 그다지 큰 위협을 느끼지 않았다 한다. 고르바초프가 우려한 것은 미·소 간 우발적인 전쟁이 일어날 가능성이었다 (Lebow and Stein, 1994).

레이건은 소련을 군사적으로 압도하는 것만이 소련을 무너트리거나 냉전을 종식시키는 것이라고 생각하지 않았다. 오히려 미국이 상징하는 가치와 미국의 경제력이 소련이 상징하는 가치와 경제를 압도함으로써 소련 스스로 다른 길을 택하기를 원했다. 그러기 위해서는 미국이 추구하는 시장경제가 소련이 추구하는 계획경제보다 낫다는 것을 증명해야 했다.11)

5. '별들의 전쟁'

레이건은 1983.3.23 '전략방위구상SDI'12)이란 것을 발표했다. 이는 핵미사일을 우주에서 요격할 수 있는 시스템을 개발한다는 것. 소련 지도부는 이 계획이 발표되자 경악했다. 우주에서 목표물을 타격할 수 있는 차세대 공격 시스템으로 인식했다. 미 측은 방어용이라고 하나 공격용임이 틀림없다고 생각했다. 이 계획이 성공하면 미국과의 무기경쟁에서 영원히 패할 것이라고 확신했다. 안드로포프 서기장은 3월 27일 "미국이 소련에 대해 선제 핵공격을 감행할 준비를 하고 있다"고 비난했다.

---

10) * 이 미사일 시스템은 소련을 7분 안에 공격할 수 있는 무기체계였다. 고르바초프는 결국 1985년 4월 유럽 배치 SS-20 미사일 동결을 선언했다.

11) * 대소련 '봉쇄정책containment'이란 개념을 제시했던 조지 케난은 1946년 2월 미국이 소련과 대결함에 있어 중요한 것은 "미국 사회의 문제를 해결하고 국민들의 자신감과 기율·사기·공동체의식을 높일 수 있도록 용기 있고 획기적인 조치를 취하는 것"이라고 했는데, 레이건 대통령이 생각한 것도 바로 이런 것이었다. 카터 행정부 시절 저하된 국민들의 사기와 자존심을 높였고 경제를 일으켰다. 미국 경제는 1982년 11월~1990년 7월까지 7년 8개월간 연속적인 성장을 기록했다. 2차 대전 이후 가장 오래 지속된 경제 성장이었다.

12) * '전략방위구상'은 종래 미국과 소련이 핵전력으로 유지해왔던 세력균형을 심히 훼손시키는 것이었다. 즉 핵전력에서 '상호취약성equal vulnerability'의 균형을 이뤘던 것을 '비대칭적 취약성asymmetrical vulnerability'의 균형으로 바꾸겠다는 것이었다.

레이건은 소련 지도부의 이러한 불안을 간파하고 '전략방위구상'을 더욱 적극 추진한다. 당시 미국 과학자들은 SDI가 기술적으로 성공 가능성이 그리 높지 않다고 보았다. 성공한다 하더라도 개발에 20년은 족히 걸릴 것으로 보았다. 그래서 이 계획을 냉소적으로 보는 사람들이 많았다. SDI가 '별들의 전쟁'이라고 불린 배경이다. 공상소설과 같은 얘기라는 의미였다.13)

SDI는 왜 소련에게 악몽이었나? 소련이 경제력과 기술력에서 미국을 따라갈 수 없었기 때문이다. 미국과의 경쟁이 더 이상 불가능하게 될 것으로 판단했다. 소련 지도부는 미국의 기술력과 그 기술력을 바탕으로 목적을 달성해내는 능력을 심히 두려워했다. 미국이 SDI에 성공하면 소련이 그토록 엄청난 예산을 들여 보유해 온 핵과 미사일이 모두 무용지물이 된다는 것은 황당한 일이었다.14)

고르바초프 서기장은 1985년 11월 제네바에서 처음으로 레이건 대통령과 회담했을 때 SDI를 가장 중요한 안건으로 다루고자 했다. 소련 지도부가 SDI 때문에 얼마나 고민하고 있었는지 알 수 있다. 레이건은 SDI가 매우 유용하고 강력한 레버리지가 될 것으로 확신했다.

고르바초프는 1986년 10월 레이캬비크에서 가진 정상회담에서 전략무기 감축과 관련하여 파격적인 양보안을 내놓으며 SDI를 실험

---

13) * 레이건 행정부는 1983~89년 기간 중 SDI에 총 557억 달러를 투입했다.

14) * 대처 총리는 SDI를 "레이건 대통령이 임기 중 내린 결정 중에서 가장 중요한 결정"이었다고 평가했다. 소련이 미국의 SDI를 필사적으로 막고자 한 것은 미국이 SDI를 성공시킬 것으로 확신해서라기보다 소련이 이 경쟁에서 미국을 이길 수 없다고 확신했기 때문이었다고 한다. 오가르코프 소련 국방부 제1차관은 미국 기자에게 "현대 군사력은 기술에서 나온다. 기술은 컴퓨터가 있어야 한다. 당신 나라에서는 조그만 아이들도 컴퓨터를 갖고 논다. 소련에서는 국방부에서조차 각 사무실에 컴퓨터가 없다. 그러니 어떻게 미국과 경쟁할 수 있겠는가. 오늘날의 무기 경쟁에서 우리는 당신들을 따라 잡을 수 없다. 그러기 위해서는 경제혁명이 일어나야 하는데 경제혁명이 어디 정치혁명 없이 가능한 일인가"라고 말했다 한다.

실 내에서만 추진해야 한다는 조건을 달았다. SDI를 그만두라는 것이나 마찬가지였다. 고르바초프는 자신의 제안이 너무나 파격적이어서 레이건이 즉석에서 수락할 것으로 예상했다. 그러나 놀랍게도 레이건은 일언지하에 거부했다. 레이건 옆에 앉아 있던 슐츠 국무장관은 그런 파격적인 제안을 거부한 것이 너무나 아쉬웠다. 서방 언론뿐 아니라 미국 언론들도 "레이건이 안전하고 평화로운 세계를 만들 수 있는 절호의 기회를 놓쳤다"고 맹비난했다.[15]

그렇다면 레이건 대통령은 왜 이런 파격적인 제안을 즉석에서 거부했나? SDI는 레이건 대통령에게는 전략무기 감축 차원에서 추진하는 일이 아니었다. 그의 목표는 다른데 있었다. 소련을 개방·개혁으로 유도해 근본적으로 변하도록 만드는 데 있었다. SDI는 이 목적을 달성하는데 사용할 수 있는 무기였다. 그는 이렇게 말했다.

우리가 이 계획을 밀고 나간다면 소련 경제에 큰 압박을 주게 될 것이다. 소련은 이에 대응하기 위해 국민들의 생활수준을 희생시키지 않으면 안 될 것이다. 결국 소련은 미국의 도전에 굴복하고 말 것이다. 군비경쟁을 포기할 것이다. 이는 미국에 대한 소련의 군사적 우위를 포기하는 것이다. 그렇게 되면 그들은 개혁으로 나가지 않을 수 없다. 소련 지도부가 개혁을 거부할 수 있었던 마지막 보루는 대미對美 군사력 우위였다. 그런 버팀목이 무너지면 소련은 경제개혁으로 국민들을 먹여 살릴 방법을 찾게 될 것이다.

레이건은 SDI를 포기하면서까지 소련과 전략무기 감축에 합의하는 것은 의미가 없다고 생각했다. 그렇다면 어떻게 해야 하나? 소련체제를 변화시켜야 한다. 마침 고르바초프 같이 새로운 세대의 지도

---

15) Meese, 1992.
  * 슐츠 국무장관은 후에 레이캬비크 정상회담은 실패가 아니라 성공이었다고 평가했다. 그 근거는 이 회담이 핵위협이 없는 세계를 만들 수 있다는 가능성을 보여주었기 때문이라는 것이다(Shultz, 2011).

자가 등장했으니 그가 소련을 변화시키도록 유도해야 한다고 생각했다.

달리 말하면, 레이건은 영속적인 평화는 소련과 전략무기 감축 등 군비축소에 합의한다고 성취되는 것이 아니라고 생각했다. 그는 1981년 1월 가진 취임 후 첫 기자회견에서 "소련은 그들이 원하는 것을 얻기 위해서는 거짓말하고 속이고 훔칠 것이다"라고 맹비난한 바 있다. 한마디로 소련 공산주의 체제는 신뢰할 수 없다는 것. 레이건은 또 이렇게 말한 적이 있다. "책임감이 강한 대통령이라면 국가의 안전을 종이쪽지 한 장에 의존하지 않을 것이다."

레이건은 소련이 변해야 영속적인 평화가 가능하다고 확신했다. 그의 생각은 단순했다. ▶자기 나라 국민들의 권리를 존중하지 않는 나라가 다른 나라의 권리를 존중할 리 없다 ▶국제사회는 자기 나라 국민들을 신뢰하지 못하는 나라를 신뢰할 수 없다 ▶변화가 없으면 그런 나라의 미래는 과거와 마찬가지일 것이다.

레이건이 레이캬비크에서 고르바초프의 제안을 거부한 데는 또 다른 이유가 있었다. 그는 SDI는 공격목적이 아니라 방어목적이기 때문에 어느 나라에게도 위협이 되지 않는다고 생각했다. 그러니 어느 나라도 SDI에 반대할 이유가 없다. SDI를 성공시키면 핵·미사일 등 공격용 무기를 제거하는 것이 큰 문제가 되지 않는다. 의지만 있으면 된다. 왜냐하면 SDI가 이런 핵미사일을 무용지물로 만들 것이기 때문이다. 많은 예산을 써가며 아무 쓸모없는 무기를 갖고 있어야 할 하등의 이유가 없어지는 것이다. 레이건에게 SDI는 소련이 자기가 한 약속을 지키게 만드는 가장 강력한 지렛대이면서 동시에 보험증서와 같았다.16)

레이건의 예상은 적중했다. 소련은 국내적으로 의미 있는 변화를

---

16) * 이 사례는 한국의 김대중·노무현 정부가 추진한 '햇볕정책'과 관련해서도 시사점이 있다. 햇볕정책에서는 북한의 변화를 유도할 수 있는 지렛대나 보험증서 같은 것이 없었다. 말하자면 레이건 대통령이 생각해 낸 SDI 같은 것이 없었다.

추구하지 않으면 미국과의 관계개선이나 군축이 불가능하다고 판단하게 되었다.

SDI가 얼마나 위력적이었는가를 보여주는 에피소드가 있다. 키신저가 1992년 러시아를 방문했다. 소련이 해체된 다음해였다. 키신저는 러시아 고위 인사들에게 소련 해체에 가장 큰 영향을 준 요인이 무엇이냐고 물었다. 그들은 한결같이 'SDI'라고 대답했다. 루킨 주미 대사는 1992년 "레이건의 SDI가 소련 붕괴를 5~10년 앞당겼다"고 말했다.

레이건 대통령이나 미 행정부 관계자들은 SDI가 소련에게 이런 식으로 영향을 줄 것으로 예상하지 못했다. 앞서 언급대로 우선 성공 여부가 불투명했다. 시간이 얼마나 걸릴지 알 수 없었다. 소요되는 예산도 마찬가지였다. 그러나 한 가지 분명한 것은 미 측은 SDI가 지니는 모호성·불확실성으로 톡톡히 재미를 봤다는 사실이다. 고르바초프와 소련 지도부를 불안하게 만듦으로써 대내외정책 면에서 그들의 생각과 행동에 영향을 주었다. 심리적인 부담을 가중시켰던 것이다. 이로 인해 소련은 유가하락, 경제 악화, 아프가니스탄 문제 등 당면한 문제들에 집중하지 못했다.17)

6. 국제유가를 떨어트리다

레이건의 대소對蘇 전략은 단순명료했다. 소련 경제가 무너지도록 하는 것이다. 그렇게 하면 소련 공산주의 체제가 무너질 수밖에 없다. 어떻게 소련 경제를 무너트리나.

세계 최대 산유국이었던 소련 경제를 지탱해주는 것은 높은 석유 가격이었다. 주된 외화 수입원인 원유 가격을 떨어뜨리는 것은 소련

---

17) Westwick, 2008.

경제에 가장 직접적으로 타격을 줄 수 있는 방법이었다.

1980년 배럴당 30달러 하던 유가가 1986년 10달러로 떨어졌다. 70% 가까이 떨어진 것이다. 소련은 석유 값이 배럴당 1달러 하락하면 연간 10억 달러의 손해를 보게 되는데 유가가 크게 하락했으니 소련이 받은 타격은 극심했다. 미국은 사우디아라비아가 갑자기 석유를 증산하게 만듦으로써 국제유가를 급격히 떨어트렸다.

7. 시대를 앞서간 통찰력

레이건은 1978년 11월 베를린을 방문했다. 2년 후 대통령 출마를 염두에 둔 일종의 현장학습이었다. 레이건은 이 때 베를린장벽을 둘러보던 중 옆에 있던 알렌(후에 국가안보보좌관)에게 "이 장벽을 허무는 방법을 찾아야 해요"라고 말했다. 대통령이 되어 이 장벽 앞에서 연설하기 8년 전의 일이었고 이 장벽이 실제 무너지기 11년 전의 일이었다.[18]

레이건은 취임 직후 저격사건(1981.3.30)으로 죽을 고비를 넘겼다. 그는 그해 5월 노트르담대학에서 연설하면서 다음과 같은 놀라운 발언을 했다. "서방은 공산주의를 인류 역사에 나타난 하나의 기괴한 장章으로 만들 것이다. 그 기괴한 장의 마지막 페이지가 지금 막 쓰여 지고 있다." 그러면서 그는 종래 추구해온 소련에 대한 봉쇄를 넘어 소련을 퇴조시키는 정책을 쓸 것이라고 선언했다.

이로부터 1년여 지난 1982년 6월 영국 의회 연설에서는 "자유와 민주주의를 향한 행진은 마르크스·레닌주의를 역사의 잿더미로 남겨 놓을 것이다"라고 하면서, 소련 체제가 오래 가지 못할 것임을

---

18) * 베를린 장벽은 동독인들이 서독으로 탈주하는 것을 막기 위해 1961년 축조된 것으로 냉전시대 동·서 진영 대치의 상징물이었다.

예언적으로 설파했다. 레이건은 1983년 3월에는 플로리다주 올랜드에서 열린 복음주의자 연차 총회에서 "나는 공산주의가 슬프고 괴이한 인류사의 한 장章이라고 믿는다. 그 장의 마지막 페이지들이 지금 이 순간에도 쓰여 지고 있다"고 말했다. 그러면서 소련을 '악의 제국'evil empire이라 불렀다.

8. "고르바초프 서기장, 이 벽을 허무시오"

레이건의 예언적 나팔소리는 '악의 제국'에서 그치지 않았다. 1987.6.12 서독을 방문했을 때 브란덴부르크 게이트 앞에서 베를린 장벽을 바라보며, "고르바초프 서기장, 당신이 평화를 추구하고 소련과 동유럽의 번영을 추구하며 자유화를 원한다면 여기 이 게이트로 오시오. 고르바초프 서기장, 이 문을 여시오. 이 벽을 허무시오.tear down this wall"라고 연설했다. 이 연설이 있은 2년 5개월 후인 1989.11.9 베를린 장벽은 실제 무너졌다.19)

레이건이 브란덴부르크 연설에서 '베를린 장벽을 허물라'는 표현을 넣는데 대해 슐츠 국무장관 등 참모진들은 집요하게 반대했다. 가장 큰 이유는 고르바초프 서기장에게 모욕적으로 받아들여져 결국 이 연설이 미·소 관계나 고르바초프 서기장의 국내정치적 입지에 부정적인 영향을 줄 우려가 있다는 것. 연설 직전까지 참모들은 반대했다. 그러나 레이건은 결국 이 표현을 썼다.

베를린 장벽이 사라지도록 만드는 것은 레이건이 가지고 있는 그 무엇과도 바꿀 수 없는 비전이었다. 베를린 장벽이 무너지는 것은 공산주의가 무너지는 것이고, 냉전이 종식되는 것을 의미했기 때문

---

19) * 미국 시사주간지 『유에스뉴스앤드월드리포트』는 레이건의 베를린 연설을 '역사에 남을 만한 미 대통령 명연설 7개' 가운데 하나로 선정했다.

이다. 공산주의를 이기기 위한 성전聖戰을 40년 이상 계속해온 레이건으로서는 베를린 장벽이 무너져야 대단원의 막이 내려지는 것이었다.

　레이건의 베를린 장벽 연설은 그가 일생동안 추구해온 것이 무엇인지, 그리고 왜 대통령이 되려고 했는지를 분명하게 보여주었다. 다른 장소, 다른 말이 필요 없었다. 레이건에게 베를린 장벽은 단순히 동東과 서西를 갈라놓은 콘크리트 축조물이 아니었다. 그것은 2차 세계대전 결과로 성립된 국제체제의 오류를 의미하는 것이었다. 레이건은 이런 오류는 반드시 시정되어야 한다고 믿었다.

9. 말이 곧 무기

　레이건 대통령의 1983.3.8 '악의 제국' 연설은 외교상식으로는 도저히 이해할 수 없는 일이었다. 외교 문제를 기독교 신앙과 연관시켰을 뿐만 아니라, 한 나라를 '악의 제국'이라고 부르는 것은 정신 나간 행위였다.[20] 이 연설은 소련이나 동유럽국가의 반체제 인사들에게 희망과 용기를 주었다. 그들은 비로소 공산주의의 본질을 아는 지도자가 미국에 등장했다고 생각했다. '벨벳 혁명'을 주도한 체코슬로바키아 반체제 인사 하벨은 이 연설은 '역사를 바꾼 말의 힘을 증명한 연설'이었다고 평가했다.

　이런 에피소드가 있다. 소련이 소멸된 후 미국과 러시아가 군축회담을 하고 있었다. 회담에 참석하고 있던 한 러시아 장군이 술에 취해 미국 대표단에게 "당신들은 왜 소련이 망했는지 아십니까?"라고

---

20) * 역사학자 커메저는 워싱턴포스트 기고문에서 "레이건의 이번 연설은 사상 최악의 연설이다. 미국의 어떤 대통령도 이번 연설처럼 그렇게 뻔뻔스럽게 정부와 종교를 연관시킨 적이 없다"고 비난했다.

물었다. 미국 대표들이 어리둥절해하자 "그 망할 놈의 '악의 제국' 연설 때문이었습니다. 소련은 실제로 '악의 제국'이었다 그 말입니다"라고 했다.

레이건이 하는 말이 무기가 될 수 있었던 것은 말을 한 번 했으면 반드시 행동에 의해 뒷받침했기 때문이다. 예를 들어 1981년 8월 미국 전역의 공항관제사들이 파업을 하자 레이건은 이들에게 48시간 내 업무에 복귀하지 않으면 가차 없이 해고하겠다고 선언했다. 관제사들은 레이건이 이런 강경조치를 취하지 못할 것으로 예상하고 파업을 계속했다. 놀랍게도 레이건은 업무에 복귀하지 않은 13,000명의 관제사 전원을 해고했다. 상상하기 어려운 일이었다. 소련 최고지도부는 이 사건을 보고 레이건은 한 번 말을 하면 반드시 행동으로 옮기는 사람이라고 믿게 되었다.

또 다른 사례. 레이건은 1985년 4월 서독 방문 시 비트부르크 군인묘지 방문 일정을 갖고자 했다. 이 묘지에는 2차 세계대전 전몰 나치 친위대 장교 47명이 묻혀있어 미국 대통령이 공식적으로 방문하기에는 논란의 소지가 있었다. 유태인 로비단체들이 들고 일어났고, 레이건은 의회와 언론으로부터 강력한 취소 압력을 받았다. 상원의원 100명 중 53명, 하원의원 435명 중 257명이 반대했다. 행정부 내에서도 반대의견이 더 많았다. 그럼에도 불구하고 레이건은 이 방문을 강행했다.

왜 그랬나. 무엇보다도 콜 서독 총리와의 약속을 지키기 위해서였다. 콜 총리는 레이건의 비트부르크 묘지 방문이 취소되면 총리직 유지가 어려울 수도 있는 상황이었다. 그래서 콜은 레이건에게 국내 정치적으로 어렵더라도 예정대로 방문을 추진해 달라고 간곡히 부탁했다.

레이건은 또한 콜 총리에게 진 신세를 갚고자 했다. 1983년 11월 퍼싱Ⅱ 중거리 미사일 서독 배치가 엄청난 반대에 부딪쳤을 때 콜 총리가 전폭적으로 도와주었기 때문이다. 사실 퍼싱Ⅱ 미사일 배치는 레이건의 대소련 전략상 대단히 중요한 의미가 있었다. 미사일 배치가 성사되지 않았더라면 큰 차질이 생겼을 일이었다.[21]

이와 같이 레이건은 말을 무기로 만드는 능력이 있었다. 말을 잘 사용함으로써 이 말이 군사력 못지않은 위력을 발휘했다. 레이건의 말은 역사를 바꾸었다(『워싱턴포스트』, 2012.6.8).

10. 레이건 외교의 성공 비결

1) 목표가 분명하고 비전이 있었다

레이건이 달성하고자 한 목표는 공산주의가 사라지고 핵무기가 쓸모없게 되는 세상이었다.

레이건은 낙관주의적 비전을 가진 지도자였다. '물 컵이 반쯤 빈 것이 아니라 반쯤 차있다'고 보는 사람이었다. 그에게는 어떤 스토리든 해피엔딩으로 끝나야 했다. 해피엔딩으로 끝나지 않는 스토리는 스토리로서의 가치가 없다. 그가 가졌던 비전도 해피엔딩의 비전이었다. 인류가 핵공포에서 해방된 상황, 공산주의와 같은 인간 본성에 반하는 이념이 지구상에서 사라진 상황이 그의 비전이었다.

※ 영화배우 레이건

레이건 대통령은 영화배우 출신이다. 농담반 진담반으로 그를 'Acting President'라고 부르는 사람도 있었다. '대통령을 대리하는 사람'이라는 의미도 되고, '연기하는 대통령'이라는 말도 된다.

---

21) * 퍼싱 미사일 배치로 서방 동맹체를 와해시키려던 소련의 의도가 좌절되었고, 소련은 NATO국가들과 핵무기 경쟁에서 이기지 못할 것이라는 생각을 갖게 된다. 소련에서 고르바초프라는 인물이 등장해 대서방 정책을 바꾸게 되는 결정적인 배경이 되었다.

'연기하는 대통령'이라는 말에는 함의가 있었다. 레이건은 대통령직을 마치 배우가 연기하듯 수행한다는 것이다. 레이건의 국가안보보좌관을 역임한 맥팔레인은 레이건 대통령은 자신을 영화에서나 나오는 영웅적 인물로 착각하는 것 같았다고 했다. 그는 한 개인이나 하나의 아이디어가 세상을 바꿀 수 있다고 믿었다는 것이다. 그래서 그는 자신이 아마겟돈의 대재앙(핵전쟁을 의미)을 막을 수 있는 영웅이 될 수 있다고 믿었다는 것이다.

　　* 아마겟돈은 성경 요한계시록 16장에 나오는 것으로, 악마가 거느린 지상의 왕들과 신이 벌이는 최후의 일대 결전지決戰地를 일컫는다.

2) 힘(경제·군사력)을 기반으로 했다

레이건 외교의 가장 큰 특징 중 하나는 힘을 배경으로 했다는 것이다. 힘을 배경으로 했다는 것은 필요할 때 언제든지 힘을 사용했다는 것이다. 레이건에 관한한 힘은 인체의 척추 뼈와 같았다.

레이건 행정부가 힘에 기초한 대對 소련 외교를 전개했다는 것은 힘으로 밀어붙였다는 의미가 아니다. 힘을 배경에 깔고 외교를 했다는 것이다. 힘을 배경에 깔기 위해서는 실제 힘이 있어야 한다. 그래서 레이건 대통령은 카터 행정부 시절 무너졌던 미국 경제를 다시 일으키는데 전력투구했다. 작은 정부를 표방하면서 민간 부문의 개혁·창의·혁신을 진작시켰다. 그러면서 국방예산을 늘려 군비를 획기적으로 증강시켰다. 경제와 군사 부문에서 소련을 압도해 소련이 미국과의 협상에 나오도록 만들었다.

레이건이 추구한 것은 힘 그 자체가 아니었다. 이 힘은 어디까지나 소련을 협상 테이블로 유인해 힘을 배경으로 압도함으로써 원하는 결과를 만들어내기 위한 것이었다.

3) 국민들의 지지를 얻었다

레이건의 대외정책, 특히 대소련 정책에 대한 반대 여론이 만만치 않았다. 보수주의자들은 레이건의 반핵정책을 불만스럽게 생각하면서 소련을 힘으로 제압해야 한다는 주장을 굽히지 않았다. 반핵을 주장하는 평화운동가들 조차도 레이건의 저의를 의심했다. 군축을 추진해야 한다고 믿는 사람들은 레이건이 '억지(억제) 이론'을 무시하는데 반발했다. 레이건은 든든한 지지 세력이 없었다.

여론을 주도하는 지식인이나 언론인들은 레이건을 얕잡아 보았다. 레이건에 대해 일종의 편견이 있었다. '무식쟁이' '바보' '어릿광대' 등 못 쓰는 말이 없을 정도였다. 외교 거물이라 할 수 있는 닉슨 전 대통령과 키신저도 레이건을 비판적으로 보았다. 자기들이 금과옥조로 여겼던 데탕트를 '그게 아니다'라고 폐기처분하는 레이건이 곱게 보일 리 없었다. 키신저는 1980년 대선 캠페인 기간 중 레이건을 아주 우습게 평가했다. 레이건이 대통령직을 수행한 지 5년이 넘은 시점에도 레이건에 대해 "저런 사람이 어떻게 주지사를 했는지 모르겠다"고 비아냥거렸다.

레이건은 대소련 외교를 수행하면서 이런 국내적인 어려움을 극복했다. 그 비결은 설득과 소통의 리더십에 있었다. 사람들은 레이건을 'Great Communicator'라고 불렀다. 'Great Persuader'라고 부르는 사람도 있었다. 소통과 설득의 달인이라는 의미였다.

레이건은 국민들과 소통하는 능력이 출중했다. 자신의 아이디어를 의회와 국민들에게 열심히 팔았다. 아무리 좋은 아이디어, 좋은 정책이라도 의회나 국민들이 사주지 않으면 아무 소용이 없었기 때문이다.[22)]

레이건은 국민들과 소통할 때 항상 희망의 메시지를 담았다. 국민

---

22) * 레이건은 1989.1.11 이임사에서 "나는 위대한 커뮤니케이터가 아니었다. 위대한 생각을 전달했을 뿐이다"라고 말했다. 자신이 '말을 잘하는 사람'이 아니라 훌륭한 아이디어와 신념·가치 등을 전달하기 위해 애쓴 사람이었다는 의미였다.

들을 위로하고 용기를 북돋아주었다. 내일에 대한 기대로 오늘의 어려움을 잊게 해 주었다. 희망을 갖고 최선을 다하면 반드시 좋은 결과가 기다리고 있다는 낙관을 심어주었다.

1970년대 닉슨·포드·카터 행정부는 베트남전쟁 패배의 후유증에 시달렸다. 국제사회에서 베트남전 패전으로 미국의 위상과 힘이 약화되었기 때문이다. 국민들은 자존심과 더불어 자존감을 잃었다. 이런 국내적인 분위기가 대외정책에 투사되었다. 정부는 대외관계에서 수세적 자세를 보였다. 그러는 사이 소련의 팽창은 계속되었다. 카터 행정부에서 이런 현상은 더욱 심화되었다.

레이건은 이런 추세를 종식시키고자 했다. 미국이 베트남전쟁에서 패하기는 했지만 미국의 베트남전 참전은 의미가 있었다고 믿었다. 베트남전 참전이 부끄러워할 일이 아니라는 것. 레이건의 대외정책 기조는 훼손된 미국의 파워와 위상을 되찾으면서 소련의 팽창을 후퇴시키는 것이었다.23)

레이건은 대외정책 수행 과정에서도 국민들의 자부심과 자신감을 높여주는 것이 중요하다고 생각했다. 그래야 자신이 추진하는 정책이 국민들의 지지를 받아 성공할 수 있다고 믿었다.

4) 말의 힘을 동원했다

레이건 대통령은 말이 세상과 역사를 바꿀 수 있다고 믿었다. 소련을 '악의 제국'이라고 규정했다. 이 말은 소련과 동유럽 지식인들의 심금을 울렸다. 그들 체제가 '악의 제국'이라는 사실을 확인했기 때문이다. 레이건은 베를린장벽 앞에서 고르바초프 서기장을 향해 '이 장벽을 허물라'고 외쳤다. 참모들은 극구 반대했었다. 장벽은 레이건의 외침대로 무너졌다. 말의 힘이었다.

체코슬로바키아 대통령 하벨은 "세상의 모든 중요한 사건은 항상

---

23) Tucker, 1989.

말에 의해 촉발되었다. 모든 일의 시작은 말이다"라고 했는데, 레이건 대통령이 이런 사례에 속한다. 그는 말의 힘으로 세상을 바꿨다.

5) 통념에 도전했다

레이건은 통념에 도전한 지도자였다. 당시 미국 보수주의자들과 안보전문가들은 미·소 대립이 거의 영구적인 국제정치 현상이 될 것으로 예상했다. 그러나 레이건은 그렇게 보지 않았다. 소련 시스템이 무한정 지속된다는 것은 불가능하다고 보았다.

레이건은 기존의 '핵 억지 이론'에 도전했다. 이런 이론으로는 핵전쟁의 공포에서 벗어날 수 없다고 생각했다. 그는 또한 데탕트 정책에 도전했다. 자유민주주의 체제가 어떻게 공산주의체제와 공존할 수 있느냐는 것. 이것은 도덕적 타락이라고 생각했다. 그는 '전략방위구상'이라는 것을 내놓았다. 생각할 수 없는 것을 생각한 것이다. 통념을 벗어나지 않고서는 불가능한 일이었다.

레이건은 또한 공산주의가 영속할 것이라는 통념에 도전했다. 1970년대 데탕트 정책을 주장한 키신저는 소련이나 중국과 같은 공산주의 국가에 도전하는 것은 유토피아적 이상주의자들이나 할 일이라고 했다. 이런 판단의 저변에는 공산주의는 결코 사라지지 않을 것이라는 확신이 자리 잡고 있었다. 레이건은 그렇게 보지 않았다. 공산주의는 언제 망해도 망할 제도라고 봤다.

이런 관점에서 레이건은 역사의 흐름에 떠밀려간 지도자가 아니라 역사의 흐름을 이끌어 간 지도자였다.

6) 상상력을 발휘했다

레이건의 상상력은 놀라웠다. 그가 대통령으로서 성공할 수 있었던 비결의 하나도 뛰어난 상상력이었다. 그는 복잡하게 얽혀 있는 듯 보이는 상황을 단순명료하게 이해했고, 겉으로 드러나지 않는 속

을 꿰뚫어 보았다.24)

1985년 제네바에서 처음으로 고르바초프를 만났을 때 레이건은 이렇게 말했다. "서기장께서 잘 아시다시피 미국과 소련은 죽기 아니면 살기로 대립을 해왔습니다. 그런데 한번 이런 가정을 해 봅시다. 지구가 아닌 다른 위성에 존재하는 외계인들이 지구에 쳐들어왔다. 그러면 미국과 소련이 외계인들과 각자 싸울까요? 아니지요. 우리들은 힘을 합해 함께 싸울 것입니다. 그들은 우리의 공동의 적이기 때문입니다. 우리가 이런 사실을 알았으면 좋겠습니다."

소련의 변화를 이끌어내는 데 결정적인 역할을 한 '전략방위구상'의 경우도 그렇다. 이 구상은 과학자나 국방전문가로부터 나온 것이 아니었다. 레이건의 상상력에서 나온 것이었다. 어떻게 이런 일이 가능했을까? 레이건은 스스로 이렇게 물었다. 핵무기와 미사일은 공격용이다. 그러면 왜 방어용 무기는 없는가. 핵무기는 지구를 초토화시키고도 남을 정도의 위력을 지니고 있는데 그렇다면 왜 아무런 대응수단도 강구하지 않고 상대방의 선의에만 의존하는가.

레이건은 또 이렇게 물었다. 인류 역사에서 새로운 무기가 개발되면 반드시 그 무기에 대응하는 방어무기가 개발되었다. 예를 들어 칼이나 화살에 대응해 방패를 만들었다. 그렇다면 미사일을 방어할 수 있는 무기도 만들어 낼 수 있는 것 아닌가. 이처럼 '전략방위구상'은 복잡한 이론에서 출발할 것이 아니다. 기존의 핵무기와 미사일이 더 이상 필요하지 않은 상황을 만들 수 있다는 생각에서 나왔다.

레이건이 통념을 거스를 수 있었던 것은 풍부한 상상력이 있었기에 가능했다. 그의 상상력은 독서와 글쓰기, 연설 그리고 여행 등을 통해 함양되었다. 일생을 두고 한 일이었다.

---

24) * 레이건은 어릴 때부터 독서를 많이 해 인문적 지식이 풍부했다. 대통령 시절 유럽 순방을 떠나는데 너무 많은 책을 갖고 가 참모들이 놀랐다. 레이건의 풍부한 상상력, 역사·인간에 대한 통찰력은 많은 부분 독서를 통해 함양 되었다.

7) 유연했다

레이건이 최종적으로 도달하고자 한 목적지는 공산주의와 핵공포가 사라진 세상이었다. 이 목적지에 도달함에 있어 레이건은 지름길만 고집하지 않았다. 꼬부라진 길도 가고 때로는 오던 길을 되돌아가기도 했다.

레이건 외교는 유연했다. 한 가지 방법만 고수하지 않았다. 소련을 힘으로 위협하다가 고르바초프가 등장해 개방·개혁으로 나가려 하자 태도를 바꾼다. 힘과 외교를 조화롭게 사용했다.25)

레이건은 이념주의자가 아니었다. 그의 사고는 유연하고 실용적이었다. 그는 1983년 4월 일기에 이렇게 썼다. "나는 강경파다. 결코 유화적으로 타협하지 않을 것이다. 하지만 나는 소련이 자유세계와 잘 지내겠다는 의지를 행동으로 보여주면 더 좋은 세상이 있다는 것을 그들에게 보여주고 싶다."26)

레이건은 현실주의 세계관을 갖고 있었다. 소련 체제의 본질을 꿰뚫어 보고 이 체제가 놓인 현실을 감안하여 소련과 관계하고자 했다. 레이건은 사고는 유연했지만, 원칙에 관한 문제 그리고 큰 그림에 관한 문제에서는 한 치의 양보도 없었다. 타협해서는 안 되는 문제에서 타협한 적이 없다. 그럴만한 배짱도 있었다. 엄청난 반대를 무릅쓰고 서유럽에 중거리미사일을 배치한 것이나, 레이캬비크에서 고르바초프가 내놓은 획기적인 군축제안을 즉석에서 거부한 것이 그런 사례다. 레이건은 '벨벳으로 감싼 쇠주먹'을 가진 사람이었다.

8) 항상 준비하고 연습했다

---

25) * 김대중·노무현 대통령의 햇볕정책과 대조적이다. 햇볕정책은 북한 변화라는 목표를 추구함에 있어 시종 '햇볕'만 썼다.

26) Nau, 2008.

70세가 다 되어 대통령직을 시작한 레이건은 대기만성大器晚成형 지도자였다. 수많은 경험과 학습을 통해 국정 각 분야에 대한 지식과 경험을 풍부하게 쌓았다. 특히 경제와 외교 분야가 그랬다. 레이건은 1975년부터 1980년까지 총 1,027회의 라디오 논평을 했다. 1주일에 다섯 번씩 진행했다. 이때 한 논평을 내용에 따라 분류해보면 외교·국방 분야가 27%, 경제가 25%였다.

레이건은 언제 어디서 무슨 일을 하던 준비하고 연습했다. 1985년 11월 고르바초프 서기장과의 제네바 정상회담을 예로 들어보자. 레이건은 정상회담 날짜가 정해지자 매주 한두 번씩 소련 전문가들과 오찬을 하면서 분야별로 기초를 다졌다. 10페이지 분량으로 준비된 24개 토픽을 꼼꼼히 공부했다. 목격자들에 의하면 마치 입시를 앞둔 학생과도 같았다 한다. 그는 CIA, 국무부, 국가안보회의가 작성한 자료를 빠짐없이 읽었다.

레이건은 소련의 역사와 문화에 관한 자료들도 읽었다. 소련 지도부를 다뤄본 경험이 있는 닉슨 전 대통령으로부터 조언도 들었다. 최고의 러시아 전문가였던 수잔 매시를 초빙해 러시아인들의 사고방식도 배웠다. 매시는 레이건의 '가정교사' 역할을 했다. 레이건은 1984~88년 기간 중 그를 21번이나 만나 소련에 대해 공부했다. 레이건이 소련과의 핵 협상에서 애용한 '믿어라. 그러나 검증하라'는 말(러시아 속담)도 매시가 레이건에게 귀띔해준 것이었다.

정상회담 하루 전날에는 모의회담을 가졌다. 실제 상황을 상정한 리허설이었다. 러시아어를 원어민 수준으로 구사하는 매틀럭 보좌관이 고르바초프 역을 맡았다. 레이건에게 이 모의회담은 실제 회담과 다를 바 없었다.

레이건은 정상회담 사흘 전 제네바에 도착했다. 시차 적응 등을 위해서였다. 그러나 사흘 내내 잠을 제대로 자지 못했다. 정상회담 바로 전 날 잠자리에 들면서 "주님, 이제 저의 준비가 완벽한 것이

되게 해 주십시오"라고 일기장에 적었다. '진인사대천명盡人事待天命'의 모습이었다.

제9장 콜 총리의 독일 통일 외교

　세계사적 변혁기에 노태우 정부는 '북방외교'를 성공시켰는데, 서독의 콜 정부는 '통독외교'를 성공시켰다. 이 두 케이스의 공통점은 기회가 생겼을 때 이를 포착해 역사에 남을 결과물을 만들어냈다는 것이다. 콜 총리의 통독외교는 외교의 중요성과 가능성을 보여주는 또 하나의 사례다.

1. 동독 공산당 대변인의 '역사적 말실수'

　1989.11.9 저녁 6시 53분. 귄터 샤보스키 동독 공산당 대변인은 당사에서 기자회견을 하면서 이날 오전 내각 결정사항을 읽어내려 갔다. 사흘 전 발표된 여행자유화 조치 이행계획에 관한 것이었다. 샤보스키는 "앞으로 여행 동기나 친인척 관계 같은 조건을 제시하지 않아도 자유롭게 국외여행을 신청할 수 있고 누구에게나 출국비

자가 발급될 것이다"라고 말했다.

이어 기자들과의 일문일답이 진행되었다. 이탈리아 안사ANSA통신 동독 특파원이 "새로운 여행 규정이 언제부터 발효되는가?"라고 물었다. 샤보스키는 "내 생각으로는 지금 당장"이라고 답변했다. 정확히 알지 못하면서 얼떨결에 한 답변이었다. 그는 당일 공산당 상임위원회의에 참석하지 않아 새로운 여행규정이 다음날부터 발효된다는 사실을 모르고 있었다.

언론들은 이 답변을 근거로 '베를린장벽이 무너졌다'는 제목의 기사를 긴급 타전했다. 저녁 7시 30분, 동독TV를 통해 이 소식에 접한 동독인들은 믿을 수 없어 서독 공영방송 ARD TV 8시 뉴스를 통해 확인했다. ARD는 동독의 여행자유화 조치 발표를 긴급 뉴스로 내보냈다. 동독인들은 베를린장벽의 국경 검문소를 향해 모여들기 시작했다.

동베를린 국경 검문소는 수 천 명의 여행허가 신청자들로 인산인해를 이루었다. 그러나 국경 검문소 직원들은 관련 지시를 받지 못해 어쩔 줄 몰랐다. 신청자들이 계속 늘어나 더 이상 통제할 수 없게 되었다. 밤 10시 경 한 장교가 자신의 판단으로 바리케이드를 열어버렸다. 그러자 동서독 주민들은 베를린장벽에 올라가 장벽을 부수기 시작했다. 국경 수비대의 보고를 받은 내무장관도 상황을 모르기는 마찬가지였다. 어쩔 수 없이 검문소 직원들이 취한 조치를 추인했다. 이리하여 자정 경에는 거의 모든 국경 통로가 열렸다.

샤보스키 대변인의 '역사적 말실수'가 베를린장벽 붕괴로 이어졌던 것이다. 갑작스럽게 대두된 상황은 동·서독과 4대 관련국(소련, 미국, 프랑스, 영국)에게 큰 난제를 안겨주었다. 이와 같은 극적인 사태가 발생했을 때 헬무트 콜(당시 59세) 서독 총리는 폴란드를 방문하고 있었다. 그가 이런 상황을 예상하지 못했음을 말해준다. 이로부터 10개월도 안 되어 동·서독은 하나가 되었다. 당시 콜 총리는 부시 대통령과의 대화에서 통일이 적어도 5년은 걸릴 것으로 본다고 말했었다. 그러나 통일 열차는 완행이 아니고 초고속이었다.

앞서 살펴보았듯이, 베를린장벽이 사라진 세상은 로널드 레이건이 40여 년간 추구해온 비전이었다. 레이건에게 베를린장벽은 '역사의 오류'로 그것이 사라진 세상은 악의 화신인 공산주의가 소멸된 세상을 의미했다. 베를린장벽이 무너진 2년 후 소비에트연방이 소멸됨으로써 공산주의는 역사의 뒤안길로 사라졌다. '역사의 오류'가 마침내 시정되었던 것이다.

2. 통일 열차를 탈선시키려 한 대처 영국 총리

독일 통일에 가장 반대한 서방 지도자는 대처 영국 총리(63세)였다. 대처의 반대는 분명하고 집요했다. 대처가 독일 통일에 반대한 배경에는 그가 가진 역사적 경험이 한 몫을 했다. 1·2차 세계대전 시 독일로부터 당한 고통에 대한 기억이다. 대처는 어렸을 때 참호 속에서 목격한 독일의 영국 공습상황을 생생하게 기억하고 있었다. 그는 독일 문제에 관해 얘기하면서 "나는 국민성이란 것을 믿는다"고 말할 정도였다. 독일은 국민성 때문에 또다시 위험한 나라로 변할 수 있다는 의미였다.

대처가 독일 통일에 대해 거부감을 갖고 있었던 또 다른 이유는 독일이 통일 될 경우 영국이 누렸던 국제적 위상이 내려갈 것으로 예상했기 때문. 영국은 전통적으로 미국과 소위 '특수 관계'special relationship를 맺어왔다. 미국에 관한한 영국은 다른 어떤 유럽 국가들이 누릴 수 없는 특권적 지위를 누려야 한다고 생각했다. 독일이 통일되면 독일의 지위가 올라가 영국이 종래 누렸던 이런 지위가 흔들릴 것으로 예상했다.

대처는 독일 통일 문제를 지극히 현실주의적 관점에서 인식했다. 두 개의 독일(분단 상태)이 하나의 독일(통일상태) 보다 더 안전할 것이라고 믿었다. 통일된 독일이 NATO를 떠나면 상황이 복잡해지고 유럽 질서가 또다시 도전을 받게 될 것을 우려했다.[1]

대처 총리는 1989.9.23 모스크바를 방문해 고르바초프 서기장(57세)과 회담했다. 기록을 남기지 않는다는 조건으로 진행된 이 회담에서 대처는 고르바초프에게 "나는 독일 통일에 강력히 반대한다. 미국 대통령도 같은 입장이라고 말할 수 있다"라고 말했다. 이에 대해 고르바초프는 "나도 독일 통일에서 별 이익을 발견하지 못하고 있다"고 말했다.[2]

대처 총리는 1989.11.18 미테랑 대통령이 파리에서 주최한 EC정상회의에서 독일 통일은 고르바초프를 약화시킬 것이고 영토분쟁이란 판도라의 상자를 열게 될 것이라고 하면서 독일 통일의 위험성을 부각시켰다. 대처는 1989.12.8 프랑스 스트라스부르에서 개최된 EC정상회의에서는 콜 서독 총리에게 대놓고 불만을 표시했다. 콜 총리는 당시 장면을 그의 회고록(2009)에서 다음과 같이 묘사했다.

> 나는 대처 총리에게 '총리님 같은 지도자라도 국민들이 자신의 운명을 결정하는 일을 막을 수 없을 것입니다'라고 말했다. 이에 대처는 노발대발했다. '그래요. 당신은 그렇게 생각하시는군요! 그럼 그렇게 생각하세요!'라고 하면서 발을 동동 굴렀다.

대처 총리는 여기서 그치지 않았다. EC정상회의 만찬에서도 목소리를 높였다. "우리가 독일을 두 번이나 겪었는데 (그런) 독일이 다

---

1) * 대처 총리의 이런 생각은 생뚱맞은 것이 아니었다. 독일은 두 번이나 세계 대전에서 적대세력이었다. 통일된 독일이 등장해 또다시 유럽의 안정을 해치는 상황이 도래하지 않는다는 보장이 없었다.
2) * 고르바초프는 서방 지도자들이 독일 통일을 반대하면서 자신을 통일 거부 쪽으로 유도하려 한다는 사실을 감지했다.

시 돌아왔다"라고 말했다. 독일을 세 번 꺾어야 하는 상황을 원하느냐는 의미였다. 당시 이 장면을 목격했던 두마 프랑스 외무장관은 대처 총리가 "믿을 수 없을 정도로 부적절한 언급을 했다"고 회상했다. 이처럼 대처는 콜 총리가 운전하는 통일 열차를 멈춰 세우기 위해 있는 힘을 다해 브레이크를 밟았다. 혼자서는 역부족이자 고르바초프를 끌어들였다. 그를 앞세워 통독 움직임에 쐐기를 박고자 했다. 소련 상황이 심각해 자칫 잘못하면 고르바초프가 실각하게 되는 상황이 될 수도 있는데 왜 이런 민감한 시점에 엄청난 혼란을 야기할 독일 통일을 추진하느냐고 부추겼다.

대처가 아무리 반대하더라도 동독에서 일어나고 있는 상황을 좌지우지할 수는 없었다. 동독 정권이 무너지는 것을 막을 수 없었던 것이다. 유럽 국가들은 대처가 취하고 있는 태도가 현장 상황과 맞지 않는다고 생각했다. 대처 총리는 이로 인해 결국은 통독의 국제정치에서 영향력을 잃게 된다. 그의 상황판단은 '역사에 남을 오판'이 되고 말았다. 대처는 나중에 자신의 오판을 이렇게 시인했다. "내가 추구한 대외정책 중에서 명백히 실패한 사례가 하나 있다면 그것은 독일 통일에 관한 것이었다."

대처는 '독일문제'와 관련하여 외무부 견해를 듣지 않았다. 허드 외무장관이나 말러비 주독대사가 하는 보고가 자신의 생각과 다른 것이 원인의 하나였다. "대처는 다른 나라 지도자들과 대화할 때 자신이 듣고 싶은 말만 듣기를 원했다." 콜 총리의 말이다. 대처는 자기 확신이 강해 남의 말을 잘 듣지 않았다.

말러비 주독대사(1988~1992 재임)는 베를린장벽이 무너지자 "이러한 사태 진전에 긍정적인 반응을 보이는 것이 영국 이익에 부합한다. 독일 통일은 피할 수 없다"고 보고했다. 그는 이에 앞서 "독일 통일은 동독과 서독이 합쳐져 새로운 독일이 탄생하는 것이 아니라 서독의 주권이 동독지역까지 확장되는 개념으로 볼 수 있다"는 보고를 하기도 했다.

콜 총리가 1989.11.28 통독을 추진하겠다고 전격적으로 선언하자 미국은 곧 바로 이를 환영하는 입장을 내놓았으나, 대처 총리는 시큰둥했다. 그러자 말러비 대사는 "우리가 아무런 반응을 보이지 않고 있다는 사실이 이곳 본Bonn에서 너무 드러난다. 우리가 '독일문제'에서 잘못된 대열에 섰던 것으로 판명나지 않을까 우려된다"고 보고했다. 말러비 대사의 보고는 대처 총리가 취하고 있는 입장이 현장에서 전개되고 있는 상황과 간격이 생기고 있음을 지적해주는 정직한 보고였다. 대처 총리는 이 보고서를 읽고 "말러비 대사는 마치 독일 통일을 고대하고 있는 사람 같다"고 힐난했다.

1990년 1월, 이번에는 허드 외무장관이 나섰다. 그는 대처 총리에게 "우리가 사사건건 브레이크를 밟는 인상을 주지 말아야 한다. 대신 우리 나름대로의 긍정적인 구상을 갖고 적극적으로 나서야 한다"는 의견을 개진했다. 그러면서 외무부 관계자들에게는 "총리실에 제출하는 보고서에 독일 통일이 생각보다 빨리 이루어질 가능성을 의심하는 내용이 포함되어서는 안 된다"고 말했다.

외무부의 유럽담당 국무상도 "지금은 외무부가 앞으로 일어날 가능성이 있는 일에 대해 정직하게 말해야 할 때다. 잘못된 환상을 갖게 만드는 일을 해서는 안 된다"고 하면서 대처 총리가 독일 통일에 대해 너무 부정적인 인식을 갖고 있음을 우회적으로 꼬집었다.

대처의 생각은 바뀌지 않았다. 1990.1.26 월스트리트저널과의 인터뷰에서 다음과 같이 자신의 생각을 밝혔다. 노골적인 협박에 가까웠다. "만일 독일 통일이 너무 빨리 온다면 이것은 아마도 고르바초프가 실각하게 되는 엄청난 문제를 야기할 것이고, 이는 모두에게 재난이 된다. 독일 통일은 모든 요인들이 고려될 때 비로소 실현될 수 있을 것이다. 그렇지 않으면 모든 것을 불안정하게 만들 수 있고, 이는 이 모든 일을 가능하게 해준 고르바초프에게 할 수 있는 일이 아니다."

이번에는 액란 주미대사도 나섰다. 그는 1990년 2월 "미국이 유럽문제 논의의 중심에 영국이 있다고 생각해야 우리를 그렇게 취급할 것이다"라고 보고했다. 대처 총리가 취하고 있는 입장이 미국에 의해서도 외면되고 있음을 지적했던 것이다.

대처 총리를 설득하기 위한 외교관들의 노력은 모두 헛수고였다. 대처는 외무부가 독일문제와 관련해 향후 일어날 가능성이 있는 일들에 대해 너무 안이하게 대처하고 있다고 질타했다. 그러면서 계속 독일 통일에 대해 비판적인 발언들을 쏟아냈다. 대처가 이런 태도를 취하면 취할수록 영국은 독일 통일 과정에서 발휘할 수 있었던 영향력을 잃어갔다.

3. 기회주의적이었던 미테랑 프랑스 대통령

미테랑 대통령(73세)은 독일 통일 프로세스가 본격적으로 진행되기 전까지는 이 문제에 대해 모호한 태도를 취했다. 공개적으로 말하는 것과 속으로 생각하는 것이 달랐다. 그러나 기본적으로는 대처 총리와 마찬가지로 독일 통일에 대해 부정적인 생각을 갖고 있었다. 마음이 편치 않았다. 동독 국방장관을 역임한 에펠만은 "프랑스는 논의 초기에 명백하게 회의적인 입장을 보였으며, 자국 안보상의 이익이 위협을 받는다고 인식했다"고 말했다.

미테랑의 이런 태도에도 나름대로의 계산이 깔려있었다. 무엇보다도 통일된 독일이 유럽통합 프로세스에서 벗어날 경우 야기되는 불안정을 걱정했다. 통일독일이 유럽통합에 소극적인 태도를 보일 가능성을 우려했던 것이다. 또한 프랑스가 종래 유럽 대륙에서 누렸던 정치·경제적인 지위를 독일에게 내주게 되는 상황, 더 나아가 통일

독일이 국제정치 무대에서 헤게모니를 잡을 가능성을 우려했다.

프랑스는 베를린장벽이 무너졌을 때 이를 놀라운 일로 받아들였다. 미테랑 대통령은 동독 상황이 급변하자 통독과정이 점진적이고 질서 있게 관리되는 상황에서 진행되기를 원했다. 1989.11.28 콜 총리가 통독 추진 방침('독일·유럽 분단 극복을 위한 10단계 방안')을 발표하자 미테랑은 콜이 지나치게 서두른다고 생각했다. 하지만 콜의 이런 움직임에 단독으로 브레이크를 걸 생각은 없었다.

미테랑은 대처 총리와 여러 차례 만나 의견을 교환했다. 대처에게 콜 총리가 기습적으로 발표한 '10단계 방안'이 독일의 민족주의를 부추기는 것이라는 견해를 피력했다. 12월 8일 스트라스부르 EC정상회의 때에는 대처 총리에게 "콜 총리는 다른 나라들이 갖게 되는 민감성을 잘 이해하지 못하고 독일인들의 국민감정을 이용하고 있다"고 불만을 토로했다. 아탈리 미테랑 대통령 보좌관도 12월 6일 키에프에서 자그라딘 고르바초프 서기장 보좌관을 만났을 때 "독일통일은 결국은 이루어지겠지만, 프랑스는 그것을 조금도 원치 않는다"고 말했다.

미테랑 대통령은 1990.1.20 대처 총리와 엘리제궁에서 가진 오찬에서 "독일이 통일되면 나쁜 과거로 돌아가게 될 것이며, 과거 히틀러보다 더 넓은 영토를 집어삼킬 수 있다. 이렇게 되면 이는 1차 세계대전 이전 상황으로 돌아가는 것으로서 그래도 유럽은 이를 감수하지 않을 수 없을 것이다"라고 말했다. 그러면서 "문제는 현재 상황을 어느 누구도 막을 수 없다는 것"이라고 했다. 프랑스나 영국이 할 수 있는 일이 제한적임을 시인했던 것이다.

미테랑도 대처와 마찬가지로 역사적 경험의 굴레를 벗어나지 못하고 있었다. 과거의 기억 때문에 독일이 통일되면 또다시 골치 아픈 존재가 될 가능성을 걱정했다.

미테랑은 독일에게는 영국을 조심하라고 하고 영국에게는 독일을 조심하라고 했다. 1990년 1월 말 대처에게 "나는 독일 통일에 대해 '안 된다'라고는 말하지 않는다. 그렇게 하는 것은 바보 같은 짓이고 현실적이지도 않다"고 말했다. 독일 통일에 대한 그의 태도가 변하고 있음을 암시했다. 그러면서 같은 시기에 콜에게는 "내가 어떻게 생각하든 독일 통일은 하나의 역사적 현실이다. 그것에 반대하는 것은 부당하고 바보 같은 짓이다"라고 말했다.

미국의 적극적인 개입에 힘입어 통일 열차의 기관사(콜 총리)가 가속 페달을 밟기 시작하자 미테랑은 태도를 바꿨다. 그는 유럽통합을 지속적으로 추진해나가기 위해서는 독일과의 협력이 필수불가결하다고 판단했다. 또한 독일과 잘 협력해야 미국에 대한 레버리지도 유지된다는 사실에도 유의했다. 통일된 독일과 통일된 유럽을 동일선상에 놓고 보기 시작했다.

4. '내 코가 석자'였던 고르바초프 소련 공산당 서기장

소련은 독일 통일로 가는 길에 가로 놓인 가장 큰 장애물이었다. 그러나 독일 통일의 길은 모스크바를 통하지 않으면 안 되었다. 소련은 2차 세계대전 당시 독일군에 의해 무려 2000만 명의 인명 피해를 입었다. 불과 40여 년 전의 일이다. 동독 공산정권이 붕괴 직전에 다다랐고 소련으로서도 이런 정권을 살릴 수 없으니 그저 바라보고만 있어야 했다. 동독은 동·서 냉전기간 동안 완충지역 역할을 했다. 소련으로서는 최전방이었다. 동독이 소멸되고 서독에 통일되면 강력한 독일과 또다시 국경을 맞대야 한다.

소련으로서는 베를린장벽이 무너진 상황이 난감할 수밖에 없었다. 당시 동독에는 38만 명의 군인과 16만 명의 군속·가족 등 총 54만 명의 소련인들이 거주하고 있었다. 소련이 내부 사정만 정상적이었다면 콜 총리의 통독 움직임에 강력한 제동을 걸 수 있고 또한 걸어야 할 상황이었다. 그러나 중·동부 유럽에서 진행되어온 민주화 열풍은 이제 어느 누구도 잠재울 수 없었다. 1989년 한 해 동안 34만 명의 동독인들이 서방으로 탈출했다. 1990년 들어서도 동독 주민의 서독 이주는 계속되었다. 1월부터 6월까지 무려 24만 여명이 서독으로 이주했다.3)

고르바초프는 이런 상황에 무리수를 둘 수 없었다. 한마디로 내 코가 석자였던 것. 생필품 부족 등 내부 사정이 말이 아니었다. 1990년 봄에 이르러 소련 경제는 더욱 악화되어 지불유예를 선언해야 할 상황이었다. 이는 서독에게는 소련에 대한 강력한 지렛대가 되었다. 서독은 이런 상태의 소련을 도와줄 수 있는 경제력이 있었다. 하지만 공짜는 없었다. 콜 총리는 소련에 대한 지원을 노련하게 통일외교와 연계시켰다.

고르바초프는 당면한 경제난국을 헤쳐 나가기 위해서는 서독의 지원이 필요했다. 그는 보좌관을 통해 콜 총리에게 소련 경제를 살리기 위한 산소공급이 긴급히 필요하다고 하면서 200억 마르크 규모의 지원을 요청했다. 서독은 1990.6.27 50억 마르크의 12년 장기 차관을 제공했다. 그러면서 텔칙 안보보좌관은 프리마코프 보좌관을 만나 통일독일이 NATO에 잔류하는 것을 소련이 수용해 줄 것을 요청했고, 프리마코프는 서독이 소련의 경제적 어려움에 관심을 갖고 도와준다면 그렇게 하는데 어려움이 없을 것이라고 확인했다.4)

1990.7.13 또다시 모스크바에서 소련·서독 정상회담이 열렸다. 이 회담에서 고르바초프는 통일된 독일이 계속 NATO 회원국으로

---

3) * 고르바초프는 1989.10.18 동독 호네커 서기장이 축출되는 것을 보고 소련은 더 이상 동독 사태를 어떻게 할 수 없다고 판단했다.
4) * 콜 총리는 소련이 독일 통일의 열쇠를 쥐고 있다고 생각했다. 콜은 소련이 절실히 필요로 하는 경제적 지원과 함께 소련이 갖고 있는 안보 우려를 해소시키는 데 주력했다.

남아 있을 수 있다는데 동의했다. 역사적인 일이었다. 회담에 배석했던 텔칙 외교보좌관은 고르바초프가 하는 말을 하나도 놓치지 않기 위해 극도로 집중했다고 회고했다. 고르바초프와 콜은 다음날 모스크바에서 1,600km 떨어진 스타브로폴(고르바초프 고향 마을)을 방문한 후 아르히츠로 이동해 회담을 갖고 모든 미결 문제들에 합의를 만들어냈다.

1990년 8월 들어 서독과 소련 간에 본격적인 협상이 시작되었다. 소련은 360억 마르크 규모의 차관을 요구했다. 서독은 30억 마르크로 맞섰다. 소련이 185억 마르크로 낮추자 서독은 60억 마르크로 높였다. 콜 총리가 나서서 고르바초프에게 80억 마르크를 제시하자 고르바초프는 자신이 속았다고 발끈했다. 콜 총리가 사흘 후 최종적으로 120억 마르크를 제시하자 고르바초프는 그렇다면 모든 것을 원점에서 다시 협상할 수밖에 없다고 강수를 두었다. 결국 콜은 무이자 차관 30억 마르크를 얹어 150억 마르크를 제시했고 고르바초프가 이를 수락해 최종 타결되었다.[5]

통독 과정에서 서독은 총 550억 마르크의 차관을 소련에 제공했다. 미화로 하면 당시 환율로 약 365억 달러에 해당되었다. 경제력이 없으면 생각할 수 없는 규모였다.[6]

※ 고르바초프가 없었더라면…

당시 소련에 고르바초프와 같은 인물이 없었더라면 독일 통일이 가능했을까? 아마도 독일 통일이 다른 시기에 다른 방식으로 이루어졌거나 아예 통일이 완성되지 못했을 수도 있다.

고르바초프는 통일 기관차가 출발할 수 있도록 시동을 걸어준 사람이

---

5) * 고르바초프는 1990.9.10 콜에게 "소련에 대한 지원금은 소련뿐만 아니라 독일 통일을 돕는 것이다"라고 말했다.

6) * 이러한 서독의 소련에 대한 지원은 '수표책 외교'checkbook diplomacy로 불렸다. 1989년 서독의 대외무역 흑자는 미화로 715억 달러에 달했다. 무역흑자 세계 1위였다.

었다. 그는 1985년 3월 체르넨코 서기장 장례식에 참석한 동유럽 지도자들에게 그들이 권력을 유지할 수 있도록 소련이 유사 시 군사력을 동원할 것으로 기대하지 말라고 했다. 놀라운 발언이었다.

1985년 3월 공산당 서기장직에 오른 고르바초프는 전임 서기장들과는 판이하게 다른 대내외 정책을 편다. 1988년 여름 그는 동유럽 국가들이 어떤 형태의 정치경제 제도를 갖든지 그것은 각 나라들이 알아서 할 일이라고 선언했다. 그는 1989년 10월에는 소위 '시내트라 독트린'Sinatra Doctrine을 선언한다. 동유럽 국가들이 자기의 길을 가라는 선언이었다. 이로 인해 이들 나라에서 개방·개혁이 돌이킬 수 없는 대세가 되었다.

헝가리가 가장 앞섰다. 헝가리는 1989.9.10 오스트리아와의 국경을 개방해 4만 명 이상의 동독인들이 서독으로 탈출할 수 있는 길을 열어주었다. 이들이 오스트리아를 거쳐 서독으로 들어간 것은 베를린 장벽 붕괴의 서곡이었다. 1989년 10개월 간 약 27만 명의 동독인이 서독으로 이주했다.

이와 같은 변화를 촉발시킨 사람은 다름 아닌 고르바초프였다.

5. 독일 통일을 전폭 지원한 부시 대통령

미국은 독일이 통일되는 것을 가장 적극적이며 효과적으로 도와준 나라였다. 이 과정에서 조지 H W 부시(아버지 부시, 65세) 대통령과 제임스 베이커 국무장관이 결정적인 역할을 했다. 부시는 외교 대통령이라고 불릴 만큼 외교 감각과 경험이 풍부했다. 1989년 1월 대통령 취임 전 레이건 대통령 시절 부통령으로 8년(1981~89) 동안 재임했다. 이 기간은 레이건 대통령이 고르바초프 서기장을 상대로 냉전 종식 외교를 성공적으로 전개한 기간이었다.[7] 미국이 독일 통

---

7) * 당시 베이커 국무장관·스코우크로프트 국가안보좌관 등 부시 외교팀이 수행한 외교는 완벽에 가까웠다. 험난한 외교환경에서 최상의 실력을 발휘했다. 그

일을 처음부터 전폭적으로 지지한 데에는 여러 이유가 있었다. 무엇보다도 베를린 장벽이 없어지고 독일이 하나가 되는 것은 냉전에서 서방, 즉 미국이 이기는 것을 의미했다. 냉전을 승리로 이끌 수 있는 절호의 기회를 놓쳐서는 안 되었다.[8]

다음으로, 영국・프랑스・소련과 달리 미국은 독일 문제에 관한한 역사적 짐이 없었다. 독일에 대한 콤플렉스가 없는 유일한 나라였다. 미국이 볼 때 독일은 이제 미국의 강력한 동맹이 될 수 있는 나라였다. NATO에 잔류하는 한 독일 통일을 지지하지 않을 이유가 없었다.[9]

미국으로서는 서독과 같은 나라가 중심이 되어 동독과 같은 나라를 편입하는 것은 어느 모로 보나 바람직한 일이었다. 동유럽의 민주화는 멈출 수 없었고, 동독은 서독에 의존하지 않을 수 없었다. 유럽 전체의 미래를 위해 독일을 신뢰할 수 있는 파트너로 만드는 것은 미국의 이익에 부합하고도 남음이 있었다.

미국은 동유럽과 소련이 놓인 상황을 객관적으로 평가했다. 서독이 통일을 추진한다고 해서 미국이 걱정하고 불안해야 할 요인은 하나도 없었다. 다만 향후 전개될 상황을 낙관할 수 없는 만큼 신중한 자세가 요구되었다. 부시 정부는 미국의 입장에 반하거나 미국이 원하지 않는 방향으로 상황이 진행되지 않도록 하기 위해서는 미국이 통독 과정의 중심에 서 있어야 한다고 믿었다. 이런 판단에서 미국은 다음과 같은 입장을 갖고 임했다.[10]

들은 언제 밀어붙이고 언제 가만히 있으며 언제 듣기 좋게 말하고 언제 회유를 해야 하는지 알았다(Joffe, 1996).

8) von Plato, 2010.

9) * 부시 대통령은 베를린장벽이 무너지기 16일 전인 1989.10.24 "나는 통일 독일에 대해 일부 유럽 국가들이 갖고 있는 우려를 갖고 있지 않다"고 함으로써 통일을 지지하는 입장을 분명히 했다.

10) * 이런 생각으로 임함으로써 미국은 서독이 취하는 제반 정책의 방향과 속도에 결정적인 영향을 미칠 수 있었다(Joffe, 1996).

1) 독일 통일의 내부적인 사항은 독일인들 스스로 결정해야 하며, 미국은 서독의 통일 노력을 적극 지지한다

부시 대통령은 베를린장벽이 무너지기 훨씬 전부터 독일 통일에 대해 긍정적인 시각을 피력했다. 미국은 콜 총리가 1989.11.28 '통독에 관한 10단계 방안'을 천명했을 때 바로 다음 날 이를 지지하는 입장을 내놓았다. 영국·프랑스·소련은 콜 총리가 기습적으로 이런 발표를 한 데 대해 불만을 품고 어떻게든 발목을 잡고자 했다.

미국은 콜 총리가 이런 저항을 이기고 통일 노력을 전개할 수 있도록 '자결권' 논리를 띄어주었다.11) 영국·프랑스·소련은 미국이나 서독이 이 원칙을 주장하는 것을 반박할 수 없었다. 서독과 동독 주민들이 이 문제에 대해 어떤 의사를 갖고 있느냐가 가장 존중되어야 한다는 데 그렇지 않다고 반박할 수 없었다.

1990.2.10 모스크바에서 콜·고르바초프 정상회담이 예정되어 있었다. 부시 대통령은 이를 염두에 두고 콜 총리에게 서한을 보냈다.12) 기록으로 남도록 서한 형식을 택한 것이다. 이 서한에서 부시 대통령은 통일된 독일이 NATO에 머물러야 한다는 입장을 분명히 하면서 "우리는 결코 소련이 전승 4국 지위를 이용하여 독일에게 그들이 원하는 방식과 속도를 강요하도록 허용하지 않을 것이다"라고 했다. 중요한 문구였다. 콜 총리는 이토록 강하고 분명한 어조로 표현된 부시 대통령의 지지 약속으로 무장하고 고르바초프 서기장을 만날 수 있었다.

---

11) * 부시 대통령은 콜 총리가 북대서양조약기구·바르샤바조약기구의 어느 쪽에도 가담하지 않는 중립적 지위를 선택하지 않을 것으로 확신해 자결권 논리를 띄어 주었다. 즉, 통일 독일이 NATO 밖에 머물게 되는 가능성이 희박하다고 보았다. 한편 고르바초프는 통일 독일의 중립화를 선호하고 있었다. 콜 총리는 '통일'이라는 용어 대신에 '민족자결권'이라는 용어를 자주 썼다.

12) * 콜은 이 서한을 '서독-미국관계 역사에서 가장 중요한 문서의 하나'라고 불렀다. 그만큼 이 편지가 중요한 역할을 했음을 말해준다. 부시는 서독이 혼자서 소련을 상대하도록 내버려둬서는 안 된다고 생각했다.

고르바초프와의 회담을 통해 콜은 독일 통일 과정과 시기에 대한 독일인들의 자주적 결정을 존중할 것이라는 확인을 받아냈다. 독일 통일의 마지막 장애물을 넘었던 셈이다. 텔칙 보좌관은 이때 "통일의 열쇠는 더 이상 모스크바에 있지 않다. 콜 총리가 그것을 가져왔다. 얼마나 빨리 통일이 이루어질지는 전적으로 우리 손에 달려 있다"고 했다.13)

2) 통일된 독일은 NATO에 잔류해야 한다

이것은 미국에게는 가장 중요한 조건이었다. 이 조건이 충족되지 않으면 통독 문제에 있어 서독을 지원할 수 없었다. 통일독일이 EC와 NATO의 틀을 벗어나지 않도록 하는 것은 21세기를 내다본 전략이었다. 미국이 통독 문제를 장기적·전략적 관점에서 접근했음을 말해준다. 미국은 통일된 독일이 유럽대륙에서 미국의 가장 신뢰할 만한 파트너로 확실하게 자리 잡기를 원했다.

문제는 소련이었다. 소련은 통일독일이 적대동맹인 NATO의 일원으로 계속 남는 것은 받아들일 수 없었다.14) 이때 미국은 다음과 같은 논리로 소련을 설득하는데 성공했다. "통일독일이 중립국이 되면 안보불안으로 1930년대와 마찬가지로 재再무장의 길로 갈 가능성이 있다. 이렇게 되는 것보다 NATO의 제도적 틀 속에 잔류시켜 안보불안을 덜어주면 재무장의 위험이 줄어들고 대외정책 노선에 대한 다자적 통제도 가능하다."15)

---

13) 이동기, 2010.
14) * 고르바초프는 1989.12.2 몰타 정상회담에서 부시에게 "통일독일이 중립국가가 될 것인지, NATO 일원이 될 것인지 등을 논의하는 것은 시기상조다. 통일 과정을 두고 보자. 너무 밀어 붙이지 않는 것이 좋겠다"라고 했다.
15) Zelikow and Rice, 2002.

3) 독일 통일의 대외적인 사항은 동·서독과 전승 4국(2+4)이 참가하는 협의체에서 논의한다

미국은 통독 과정에서 선제적으로 의제를 제시해 관련국들을 리드해나갔다. '2+4회담' 제의가 대표적인 사례다. 국무부 정책기획실이 만들어낸 이 아이디어를 베이커 국무장관이 부시 대통령의 재가를 받아 추진했다.16)

이 프레임워크는 동·서독을 운전석에 앉히고 이해상관국인 영·프·소·미 4국은 뒷좌석에 앉히는 것이었다. 이 틀을 운용하면 소외되거나 불평할 당사자가 없었다. 6개 당사국들이 이 틀 안에서만 움직이도록 할 수 있었다. 특히 이 틀은 영국과 프랑스를 제어하는 데 도움이 되었다. 미국은 이들 6개국 중 하나가 아니었다. 6개국 중에서 중심적인 역할을 하는 나라였다. '2+4' 프레임워크는 통일 수레바퀴가 멈추지 않고 돌아갈 수 있도록 윤활유를 쳐주면서 추동력을 공급하는 역할을 했다.

4) 고르바초프 서기장이 독일문제로 곤경에 빠지지 않도록 한다

부시 대통령은 고르바초프 서기장에 대해 가장 신경을 썼다. 고르바초프가 독일문제로 곤경에 처해 입지가 흔들리는 것을 막고자 했다. 고르바초프가 독일 통일에 대해 "노"라고 하지 않으면 안 되는 상황을 방지하려 했던 것이다.

부시는 절대로 잰 체하지 않았다. 지나칠 정도로 몸을 낮췄다. 부시 대통령은 베를린장벽이 무너진 직후 백악관에서 기자회견을 했다. 당시 세상 사람들은 베를린장벽이 무너진 상황에 흥분하고 있었다. 그런데 부시 대통령의 표정이나 말은 이와는 대조적이었다. 대수롭지 않은 일이 일어난 것처럼 보였다. 이를 지켜보던 사람들이 부시 대통령이 뭔가 집중력을 잃어 이렇게 중요한 사건의 의미를

---

16) * '2+4회담'은 1990.2.11 시작되어 7개월 간 계속되었다.

깨닫지 못하는 것 아닌가 오해했을 정도였다. 그러나 그렇지 않았다. 의도적으로 그런 모습을 보였던 것이다. 베를린장벽 붕괴 사태를 놓고 자못 의기양양한 모습을 보일 경우 고르바초프와 소련의 심기를 불편하게 만들 것이기 때문에 그랬던 것이다. 부시 대통령은 통독과 관련된 문제를 처리하면서 시종 이런 태도를 견지했다.17)

6. 통일 열차의 기관사 콜 총리

스탠리 호프만 교수는 이렇게 말한 적이 있다. "위대한 지도자는 상황이 만들어준 기회를 잘 활용하며, 역사가 진행되는 방향에 영향을 줄 수 있도록 자원을 사용한다." 콜 총리가 그런 지도자였다. 그는 '독일 통일의 아버지' '통일 총리'로 불릴 만했다.

콜은 1982년 52세의 나이에 총리가 되었다. 독일 역사상 가장 젊은 나이에 총리직을 맡았다. 그는 최장수 총리로서의 기록도 세웠다. 16년을 재임해 비스마르크 이후 가장 오랫동안 총리직을 수행한 사람이었다. 결정적인 시기에 콜과 같은 지도자가 있었다는 것은 독일인들에게는 행운이었다. 콜 총리는 통일을 추진하는 과정에서 미국을 '적극적 후원자'로 그리고 소련을 '소극적 반대자'로 만들었다.

1) 기회를 재빠르게 포착했고, 포착한 기회를 놓치지 않았다

"역사의 창窓이 잠깐 열렸을 때 그 틈으로 들어가야 한다. 다시 닫히기 전에." 콜 총리가 한 말이다. 통독 외교를 추진하는 과정에서 그는 이 경구를 한시도 잊지 않았다. 급변하는 동독 내부 정세와 동유럽 정세의 전반적인 흐름을 정확하게 읽었다. 동·서 진영 간 세력균형이 무너진 결정적 순간을 그냥 흘려보내지 않았다.

---

17) * '승리주의'는 외교의 적이다. 부시 대통령은 승리주의를 경계했다.

콜 총리는 통일에 이르는 기간을 최대한 단축시켜야 한다고 생각했다. 1990년이 시작되자마자 관련국들과의 협상에 가속이 붙기 시작했다. 이 판단은 정확했다. 통일 1년 만에 고르바초프가 실각하고 소련이 붕괴되면서 15개 독립국가가 탄생했다. 만약 이때까지 통독 절차가 완료되지 않았더라면 소비에트연방 해체로 인한 상황에서의 통일 작업은 지난한 과정이었을 것이다. 콜 총리는 소비에트연방이 해체되는 것을 보고 가슴을 쓸어내렸다.[18]

1871년 독일 통일을 완성했던 '철혈재상' 비스마르크는 이렇게 말했다. "외교에서 좋은 때와 기회는 한 번 지나가면 영영 돌아오지 않는다." 역사에 정통한 콜 총리는 이 경구에 따라 민첩하게 움직였다. 그리고 결국 만들어냈다.

2) 상황을 주도하며 통일 국면을 리드해 나갔다

콜 총리는 과감했다. 결단이 필요할 때 흔들리거나 머뭇거리지 않았다. 통일을 공식적으로 선언하는 '10단계 방안'을 작성할 때 비밀 유지를 위해 부인에게 타이핑을 맡겼다. 겐셔 외무장관과도 상의하지 않았다. 그토록 중요한 결정을 혼자서 했다.

콜은 행동하는 지도자였다. 비전이 있었고 목표가 분명했다. 정치적인 이해득실보다 비전을 앞세웠다. 그의 비전은 통일된 독일이었다. 그는 통합과 관련된 사안들을 독자적·주도적으로 다루어 나갔다. 선제적으로 대응함으로써 외부 세력들이 간섭할 여지를 주지 않았다. 간섭하더라도 이로 인해 흔들리지 않았다. 독일인들의 의사가 가장 중요하다는 자결권의 원칙이 훼손되지 않도록 했다.

콜 총리가 이렇게 중심을 잡으니 서독과 전승 4국 간, 그리고 전

---

18) * 서독 정부는 1989년 11월 독일문제에 관한 크렘린의 비밀 보고서를 입수함으로써 소련 지도부가 독일통일 문제를 어떻게 인식하고 있는지 알아낼 수 있었다. 콜 총리는 이 보고서를 읽고 통일을 공세적으로 추진할 수 있는 최적의 시기라고 판단했다 한다(이수혁, 2014.4).

승 4국 상호간에 갈등이 조성되는 것을 막을 수 있었다. 논의의 초점이 중구난방이 되지 않았다. 완벽에 가까운 자주외교였다. 동독은 이 과정에서 이렇다 할 역할을 하지 못했다. 역할을 할 수 있는 처지가 못 되었다. 서독이 주도했다.

1989년 10월 말 동독 체제가 무너지면서부터 전개되는 상황은 혼미했다. 이런 상황에 대비한 시나리오가 없었다. 콜은 무엇보다도 동독 내부에서 일어나고 있는 변화를 면밀히 관찰하면서 이를 바탕으로 신속하게 행동했다. 통일이라는 '기회의 창'이 열리고 있다는 느낌을 받았을 때 이 문을 열어 제쳐야 하는 사람은 바로 자신이라고 확신했다.[19]

3) 주요 지도자들의 마음을 샀다

콜 총리는 변화하는 상황에 노련하게 대응했다. 통합을 과감하게 추진했지만 좌충우돌하지 않았다. 분명한 원칙을 정하고 그 원칙에 충실했다. 이 원칙이란 ▶자유민주주의 체제하의 통일 ▶NATO와 대미對美 동맹관계를 강화하는 통일 ▶프랑스 등 이웃나라와 동반자가 되는 통일이었다.

콜은 미국과 소련이 가장 중요하다고 믿었다. 이들 두 핵심 국가에 대해 정면 돌파를 시도했다. 사실 통일 외교의 시작과 끝은 미국이었다.[20] 미국을 잡아야 소련을 움직일 수 있고, 소련을 움직여야 영국·프랑스가 따라올 것이기 때문이다. 그는 인간적으로 가까웠던 부시 대통령의 지원을 믿었다. 자기의 부족한 점을 부시가 채워주도

---

19) 이동기, 2010.

20) * 콜 총리는 1990.7.15 서독·소련 정상회담 결과로 독·소 관계가 발전하고 있을 때 워싱턴에서 독일에 대한 불신이 일지 않았다는 사실이 독일 통일에 매우 중요했다고 술회했다. 서독은 걸프전(1990.8.2 발발) 때 전비戰費 761억 달러의 16%인 120억 달러를 부담했다. 사우디아라비아·쿠웨이트 다음으로 많은 규모였다. 콜 총리가 부시 대통령에게 보답한 셈이었다. 국가 간에도 공짜는 없다. 신세를 졌으면 갚아야 한다.

록 했다. 콜과 부시는 서로 신뢰했다. 이들의 신뢰는 통독과정에서 필수불가결의 역할을 했다.[21]

소련은 마음만 먹으면 언제든지 훼방을 놓거나 제동을 걸 수 있는 위치에 있었다. 그러나 콜 총리는 용의주도한 접근을 통해 소련이 실리를 취할 수 있는 기회를 제공했다. 막강한 경제력이 있어서 가능한 일이었다. 그렇다고 프랑스·영국·폴란드 등 유럽 국가들에 대한 외교를 등한시 하지 않았다. 독일이 유럽통합 과정에 기여할 것임을 약속함으로써 이들의 우려와 의구심을 덜어 주었다. 독일 통일로 야기될 수 있는 군사·안보적 불안정에 대해 덜 걱정을 하도록 만들었다.

통일된 독일이 NATO에 가입한다는 것은 소련으로서는 받아들이기 어려운 일이었다. 그러나 콜 총리는 부시 대통령과 함께 고르바초프 서기장을 설득했다. 콜은 1990년 7월 중순 고르바초프 고향인 코카서스에서 그와의 담판을 통해 NATO 가입에 대한 소련의 동의를 얻어냈다.

콜 총리는 고르바초프 대통령과는 자정을 넘겨가며 라인 강변을 걷기도 했다(1989.6). 흉금을 터놓고 대화를 나눠 고르바초프가 독일 통일에 대해 마음의 문을 여는 결정적인 계기를 만들었다. 콜은 이때 자신의 큰 형이 2차 대전에 참전해 목숨을 잃은 가족사를 들먹이며 독일이 다시는 그런 과거로 돌아가지 않을 것임을 강조했다.[22] 그는 고르바초프·옐친 대통령과 부부동반으로 여름·겨울 휴가를 함께 보낼 정도로 가까운 관계였다.

콜 총리는 자신의 집무실 책상 위에 미테랑 대통령 사진을 놓고 그와 친구임을 과시했다. 2차 세계대전 때 서로 총부리를 겨눈 프랑스인들의 마음을 사기 위한 제스처였다. 콜 총리의 이러한 스킨십

---

21) Zoellick, 2011.
22) * 국가지도자들의 개인적인 관계가 국가 관계에서 중요한 역할을 한다는 사실을 알 수 있다. 때로는 결정적이기도 하다.

외교는 통독 외교를 전개하는 과정에서 그리고 통독 이후에도 독일이 주도적으로 상황을 관리해 나가는데 윤활유 역할을 했다.

7. 통독의 국제정치

1) 독일 통일을 가능하게 만든 요인은 무엇이었나

행운을 포함한 여러 가지 요인들이 작용했을 것이다. 소련에서는 1985년 고르바초프라는 새로운 지도자가 등장해 소련과 중·동부유럽을 변화시켰고, 미국에서는 1981년부터 레이건 대통령이 '힘을 통한 평화'를 추구해 소련의 변화를 유도했다. 소련 위성국의 하나였던 동독도 이런 변화를 거부할 수 없게 되었고, 동독 주민들은 서독 주민들과 같은 자유와 풍요 속에 살고 싶어 했다.

동독 주민들의 대규모 탈출은 동독 정권을 무너트린 직접적인 원인이 되었다. 1989년 5월 시작된 이들의 탈출은 그해 말까지 343,854명에 달했다. 1990년 1월 들어서는 하루에 무려 2000여 명이 서독으로 탈출했다. 동독 정권은 심각한 위기에 빠지지 않을 수 없었다.

독일 통일을 단순화시켜 그 성격을 규정하자면 서독이 동독을 편입한 것이다. 동독이 붕괴되지 않았으면 통일은 불가능했을 것이다. 동독 주민들의 시위로 공산정권이 무너졌기 때문에 통일이 가능해졌다. 전후戰後 아데나워 총리는 1955~69년 기간 중 '힘을 통한 변화 정책'을 추진했고,23) 브란트 총리는 1969~74년 기간 중 '접근을 통한 변화 정책'(동방정책, Ostpolitik)을 추진했다.

그러나 이런 정책들이 통일의 계기를 만들지는 못했다. 결국 국제

---

23) * 아데나워는 이때 이미 서독의 운명과 독일 통일이 미국과의 관계에 달려있다고 판단했다.

정치 상황과 이에 따른 동독의 변화가 결정적인 계기가 되었다. 동독 시민들이 소련의 굴레에서 벗어날 수 있는 절호의 기회가 생겼음을 감지하고 통일unity·자유·민주를 요구했다. 이런 동독인들의 의지는 서독의 경제력·포용력에 의해 화답을 받았다.24) 서독 정부가 오랜 세월 경제력 키우기에 힘쓴 것이 결정적인 역할을 했다.

독일 통일에 관한 한 콜 총리는 단연 가장 중요한 인물이었다. 그가 없었으면 아무리 통독에 유리한 국내외적인 환경이 조성되었다 하더라도 결과를 장담할 수 없었다. 그는 세계사와 국제정세의 흐름을 읽었다. 동독과 동유럽 그리고 소련에서 일어나고 있는 사건들의 의미를 정확히 파악했다. 이에 그치지 않고 미국·소련·영국·프랑스 지도자들이 어떤 동기에서 어떤 행동을 할 것인지도 잘 파악했다. 이를 바탕으로 그 다음 일어날 일을 기다리지 않고 선제적으로 필요한 조치를 취했다. 관련국들보다 한발 앞서 나갔다. 관련국들이 갖고 있던 우려를 적극적이고 효과적인 조치를 통해 완화시켜주었다.25)

독일 통일은 한 나라의 지도자가 국내·국제정치적인 리더십을 어떻게 발휘하느냐에 따라 그 나라의 운명이 달라진 대표적인 사례였다.26)

---

24) * 동독 시민들의 민주혁명·통일 열망이 통독의 핵심적인 원동력이었다. 동독 주민들이 원해 통일이 되었다고 보는 시각에서는 서독이 동독을 흡수해 통일했다는 표현은 맞지 않다. 통독은 동독 주민들의 자유의사에 의해 서독에 편입되는 방식으로 이루어졌고, 따라서 이를 '가입식 통일'로 부르는 것이 정확하다는 것이다.

25) * 부시(아버지 부시) 대통령은 '콜은 20세기 후반부 유럽 역사에서 가장 위대한 지도자였다'고 극찬했다. "베를린장벽을 무너뜨린 것은 동독 주민이었지만 이 장벽을 영구적으로 걷어낸 것은 콜 총리였다"는 말은 콜이 어떤 역할을 했는지를 상징적으로 말해준다.

26) * 비스마르크는 1871년 군사력과 외교력으로 독일을 통일했는데 콜은 경제력과 외교력으로 통일을 만들어냈다. 어떤 경우든 외교력이 없었더라면 불가능한 일이었다. 독일 정치평론가 칼 카이저는 "독일 통일은 국가지도자의 리더십과 외교 프로페셔널리즘이 만들어낸 가장 위대한 승리의 하나"라고 했다(포린어페

2) **고르바초프 소련 공산당 서기장 등장**(1985)**과 그가 추진한 개혁·개방 정책도 독일 통일의 가능성을 열어 준 주요 배경이었다.**

고르바초프가 소련 위성국가들의 내정에 간섭할 수 있다는 소위 '브레즈네프 독트린'을 폐기하지 않았다면 동독 정권이 그렇게 속수무책으로 붕괴되지는 않았을 것이다.

독일 언론인 조셉 조페는 1989년 10월 호네커 서기장이 강압적으로 데모대를 진압하고자 했을 때 고르바초프 서기장이 이를 승낙하지 않은 것은 1870년 나폴레옹3세가 프러시아에 대해 전쟁을 선포한 것과 같은 수준의 역사적 실수였다고 평가했다.[27]

3) **미국의 지원**이 없었더라면 또 어떻게 되었을까. 아마도 결과가 사뭇 달라졌을 것이다. 콜 총리가 아무리 잘 했어도 미국과 같은 나라의 지원이 없었더라면 그렇게 성공적이지 못했을 것이다.

독일에서 수십 년간 머물며 동·서독 통일 과정을 지켜본 박성조 베를린자유대 교수는 "미국의 힘이 없이는 독일 통일이 불가능했을 것"이라고 하면서, "나에게 독일 통일의 요인을 묻는다면 첫째 미국의 지원, 둘째 서독인의 경제력, 셋째 서독인의 단결력이었다고 답할 것이다"라고 말했다.

서독이 통독 전 과정을 통해 미국의 전폭적인 지지를 받을 수 있었던 것은 물론 양국의 이해관계가 일치하는 부분이 있었기 때문이다. 그러나 서독과 미국이 공유할 수 있는 이해의 부분이 크다고 인식한 저변에는 콜 총리와 부시 대통령이 갖고 있던 상호 신뢰가 결정적인 역할을 했다. 중요한 시기에 중요한 역할을 해야 하는 지도자들 간의 관계가 얼마나 중요한지 알 수 있다.

어스, 1991.2.1).
27) Joffe, 1996.

4) 군인이 전쟁터에서 싸울 때 화력이 중요하듯이 **외교에서는 말과 기회가 중요하다.** 국제정치·외교에서 기회 또는 위험이 생겼을 때 국가지도자가 어떻게 대응하느냐가 일의 성패를 좌우한다. 서독이 통일을 추진할 수 있는 상황은 갑자기 도래했다. 그리고 그 이후의 상황은 정신을 차릴 수 없을 정도로 급속히 진행되었다. 콜 총리는 기회의 문이 금방 닫힐 수 있다고 생각하고 베를린장벽이 무너진 18일 만에 루비콘 강을 건넜다. 운명적인 결단이었다. 이런 콜 총리에게 운명의 여신은 미소를 보냈다.

5) **영국 대처 총리와 프랑스 미테랑 대통령의 경우에는 그들이 갖고 있던 역사적 기억이 걸림돌이 되었다.** 그들의 인식과 판단에 부정적인 영향을 주었던 것이다. 특히 대처 총리의 경우 과거사의 굴레에서 벗어나지 못해 영국의 체면을 잃는 외교를 했다.

과거는 현재와 미래를 비춰볼 수 있는 거울임에 틀림없다. 그러나 대처 총리 사례에서 보듯이 '역사적 기억'이 오늘의 사태를 바로 보는데 도움이 되지 않을 수도 있다. '역사의 교훈'이 지니는 부정적 측면이다.

6) 외교는 설득이다. 설득은 말과 논리로만 되는 것이 아니다. 말을 뒷받침해주는 힘이 있어야 한다. **통독과정에서 서독 외교가 통했던 것은 외교를 뒷받침해주는 경제력이 있었기 때문이다.** 경제력이 없었다면 소련을 설득하기가 어려웠을 것이다. 한편, 소련 경제에 문제가 없었더라면 고르바초프는 독일 통일에 대해 다른 태도를 취했을 것이다.

외교는 또한 협조자가 있어야 한다. 혼자 할 수 없다. 아무리 외교에 능하더라도 혼자서는 안 된다. 제휴하고 합동할 수 있어야 한다. 콜 총리는 부시 대통령의 지지와 지원을 받았기 때문에 성공할 수 있었다.

8. 한반도 통일에 주는 시사점

▶ 남·북한 통일에서도 외교가 핵심적인 역할을 할 수밖에 없다.
독일 통일과 마찬가지로 주변국들의 이해관계를 외교로 풀어야 한
다. 뛰어난 외교능력이 요구된다.

▶ 한반도 통일에서도 미국의 강력한 지원과 지지가 필수적일 것
이다. 물론 미국·중국·일본·러시아가 한반도 통일에 반대가 없어
야 하나 어떤 경우든 미국의 지지가 가장 중요하다. 미국의 지지를
얻지 못하면서 여타 국가들의 지지를 받기 어렵다. 콜 총리는
1990.7.15 고르바초프와의 정상회담으로 독·소 관계가 발전하고
있을 때 이를 놓고 미국이 독일을 신뢰해준 것이 결정적으로 중요
했다고 술회했다. 한국의 경우에도 한·미 관계가 흔들림이 없어야
통일 외교를 차질 없이 추진할 수 있을 것이다.

▶ 중국·일본·러시아 등이 한반도 통일로 느끼게 될 우려를 해
소시켜주어야 한다. 서독은 통일 독일에 대해 주변국들이 느낄 수
있는 우려를 덜어 주었다. 오랜 기간에 걸쳐 서독이 유럽에서 안정
과 협력을 촉진하는 역할을 할 수 있는 나라라는 이미지를 심어주
었다.[28] 한국의 경우도 그렇게 할 수 있어야 한다.

▶ 국가지도자의 외교력이 결정적이다. 콜 총리는 주요국 지도자
들과의 만남을 통해 통일 독일이 유럽의 평화와 번영에 기여할 것
이라는 믿음이 강화되도록 했다. 한반도 통일과정에서도 한국 대통

---

28) * 예컨대, 콜 총리는 고르바초프에게 독일이 통일될 경우 구 동독지역에 외국
군이 주둔하는 일이 없을 것이라는 확신을 심어주었다. 한국은 중국에 대해서도
유사한 일을 할 수 있을 것이다.

령이 주도적으로 상황을 리드해 나갈 수 있어야 한다. 이 과정에서 미국 대통령과의 개인적 유대·신뢰 관계는 대단히 중요할 것이다.

▶ 통독 열차가 힘차게 달리도록 해준 힘은 동독 주민들로부터 나왔다. 동독 주민들이 통일에 대한 열의가 없었더라면 결과는 사뭇 다르게 나타났을 것이다. 남북한 통일에서도 북한 주민들의 태도는 결정적으로 중요할 것이다.29)

---

29) * 동독의 마지막 총리를 역임한 데메지에르는 "한반도도 결국 통일이 되느냐 마느냐는 남한이 아닌 북한이 결정하게 될 것"이라고 말했다(조선일보, 2014.2.25).

제10장 부시 대통령의 이라크 침공

　부시(아들 부시) 대통령의 이라크 침공은 실패로 끝났다. 미국은 이 전쟁으로 너무나 많은 것을 잃었다. 부시 대통령은 어떻게 이런 실수를 했는가.

1. '금세기 최대의 실수'였다

　미국은 2003.3.20 이라크를 침공했다. 미군은 이라크에서 완전 철수하기까지(2011.12) 8년 9개월 간 주둔했다. 해외 참전사상 가장 오랜 기간이었다. 동원된 병력 규모도 150만 명을 넘었다. 미국은 이 전쟁에서 4,488명의 생명을 잃었고 3만 여명이 부상을 당했다. 전쟁에 소요된 비용은 무려 2조 달러를 넘었다. 인명과 재정 손실에 더하여 국가적 신뢰와 이미지가 큰 손상을 입었다.[1]

---

1) Bacevich, 2005.
　* 미 브라운대 왓슨국제문제연구소는 이라크전 비용이 참전용사 보상금 4,999억 달러를 제외하고도 1조7000억 달러에 이르는 것으로 추산했다. 하버드대 행정

미국은 냉전종식 이후 유일 초강대국의 지위를 누렸으나 더 이상 그런 나라가 아니었다. 2008년 가을 발생한 금융위기는 미국의 초강대국 지위가 흔들리게 만들었다. 이라크전쟁 실패가 미국의 퇴조를 알리는 전조前兆라는 주장도 나왔다.

이라크전쟁은 중동 정세를 전반적으로 불안정하게 만들었다. 이라크 자체가 불안정해졌고, 이란은 어부지리로 영향력을 확대할 수 있게 되었다. 요슈카 피셔 전 독일 외무장관은 "미국의 결정적인 실수로 중동이 21세기의 발칸이 될 위험에 놓이게 되었다"고 보았다.2)

이라크전쟁은 실패한 전쟁으로 여겨졌다. "무의미했으며, 피를 많이 흘렸고, 엄청난 비용이 들어간 전쟁"(Rosenthal, 2012) 이라는 평가로 부터 '금세기 최대의 실수' '미국 근대역사 최대의 전략적 실수의 하나' '역사상 가장 바보 같은 전쟁' 등의 비판이 끊이지 않았다.3)

부시 대통령은 임기를 마칠 무렵 이 전쟁을 "(자신이 한) 가장 후회스런 결정 중 하나였다"고 솔직하게 시인했다. 미 상원에서 이라크 침공 결의안에 찬성했던 민주당의 존 케리와 힐러리 클린턴은 각각 2004년과 2008년 대선에 도전했으나 실패했다. 이라크전쟁을 용인했던 전력前歷도 이런 결과에 영향을 주었다. 버락 오바마(당시 일리노이주 주상원의원)는 이라크 침공이 준비되고 있던 2002년 말 "이라크 침공은 바보스런 짓이다. 멍청하고 경솔한 전쟁이다"라고 하면서 반대했다. 그는 2008년 대선에서 승리했다.

대학원 빌메스 교수는 총 4조 달러에 달하는 것으로 추산했다. 부시 행정부는 당초 500~600억 달러가 소요될 것으로 예상했었다.

2) 중앙일보, 2013.3.25.

3) * 2013년 1월 YouGov가 실시한 여론조사에 의하면 응답자의 52%가 이라크 침공은 실수였다고 답한 반면 31%는 옳은 일이었다고 답했다. 2009년 7월 여론조사에서는 57%가 이라크 침공은 실수라고 답했다. 제프리 레코드 교수는 미국이 1945년 이래 저지른 3대 전략적 실수를 꼽는다면 2003년 이라크전쟁, 1950년 6·25전쟁 시 유엔군의 38선 이북 진격, 1965년 존슨 행정부의 베트남전 개입을 들어야 할 것이라고 했다.

하스 미 외교협회CFR 회장은 이라크전 10주년 인터뷰에서 "미국인의 피와 재산을 그럴만한 가치가 없는 전쟁에 쏟아 부었다"고 개탄하면서, "부시 대통령이 9·11테러에 대한 충격으로 이성적 판단을 하지 못해 잘못된 선택을 함으로써 잘못된 결과가 초래되었다"고 평가했다.4)

CIA 경력 30년의 리델 브루킹스연구소 연구원(백악관 대테러 자문위원 역임)은 "이라크전쟁이 오바마 대통령을 탄생시켰고, 미국의 대외정책을 바꿔놓았다. 이라크전쟁은 바보 같은 전쟁이었고, 비용이 엄청났으며, 미국이 저지른 가장 큰 실수의 하나였다"고 했다(Spiegel, 2013.3.20). 국제문제 전문가 대너는 "그렇게 기량이 뛰어나고 경험이 풍부하며 머리가 좋은 관리들이 어떻게 그토록 엄청나고 심대하며 무엇보다도 너무나 명백한 실수를 저질렀을까" 묻지 않을 수 없다고 했다.5)

2. 외교를 잘 몰랐던 부시 대통령

부시 대통령은 9·11테러를 계기로 아프가니스탄을 침공(2001.10)한데 이어 이라크를 침공했다. 그는 전임 클린턴 대통령과 달리 일방주의 외교를 선호했다. 취임 직후 기후변화에 관한 1997년 교토의정서에서 탈퇴했고, 국제형사재판소를 창설하는 1998년 로마조약에 서명하지 않았으며, 1972년 소련과 체결했던 탄도탄요격미사일

---

4) CFR, 2013.3.14.
5) * 냉전시대 소련에 대한 봉쇄정책을 제시했던 조지 케난은 이미 2001년 부시 행정부가 이라크를 무력공격해서는 안 된다고 경고한바 있다. 그는 "이런 전쟁은 불필요하고, 심각한 위험을 초래할 것"이라고 경고했다. 월트 교수는 "이라크전쟁에서 진정으로 배워야 할 교훈은 이런 바보 같은 짓을 다시는 반복해서는 안 된다는 것"이라고 일갈했다.

제한ABM 협정도 일방적으로 파기했다.

이와 같이 부시 외교는 독불장군 외교였다. 이라크 침공에 이르는 과정에서 부시는 '미국에 동참하려면 하고 싫으면 말라'라는 식의 독선적인 태도를 보였다. 동맹국들을 미국이 원하는 대로 행동하는 것을 방해하는 존재로 보았다. 동맹국들이 미국이 발휘할 수 있는 힘을 배가시켜줄 수 있다고 생각하지 않았다. 미국 역사에서 보기 드물 정도의 외교 실패를 초래하게 되는 배경의 하나다.[6]

부시 대통령은 외교에 관한 한 문외한門外漢이었다. 아버지 부시와 가장 다른 점이었다. 아버지 부시는 주유엔대사(1971~73), 주중국대사(1974~75), CIA국장(1976~77) 등의 경력을 쌓았고, 레이건 행정부에서 부통령직을 8년이나 역임해(1981~89) 외교에 관한 경험과 식견이 풍부했다. 아들 부시는 달랐다. 텍사스주 주지사를 역임한 것이 공직 경험의 전부였다. 부시가 외교를 얼마나 잘 몰랐는지 보여주는 에피소드를 하나 들어보자. 블레어 전 영국 총리가 그의 회고록(2010)에서 밝힌 것이다.

2001년 7월 이탈리아 제노바에서 열린 G8 정상회의에 EU 이사회 순번 의장국이었던 벨기에의 베르호프스타트 총리도 참석하고 있었다. 정상회의장에서 얼굴이 익숙하지 않은 참석자를 본 부시 대통령이 "저 사람은 누구냐?"고 물었다. 나는 "벨기에 총리다"라고 말했다. 그러자 부시는 "벨기에? 벨기에는 G8 일원이 아닌데?"라고 했다. 나는 "맞다. 벨기에는 G8 일원이 아니지만 EU 의장president of Europe 자격으로 참석하고 있다"고 말했다. 부시는 머리를 절레절레 흔들며, "뭐라고? 당신들은 어떻게 벨기에 사람이 유럽을 다스리게 하는가?"라며 놀랍다는 표정을 지었다.

---

6) * 여론조사기관 퓨리서치에 의하면 2002년과 2005년 사이 미국에 대한 호감도는 캐나다의 경우 72%에서 59%로, 프랑스 63→43, 독일 61→41, 인도네시아 61→38, 요르단 25→21, 폴란드 79→62, 러시아 61→52, 터키 30→23, 영국 75→55%로 떨어졌다(Gordon, 2006).

위싱턴포스트 대기자로 부시 대통령의 정책결정 과정을 상세하게 파헤친 밥 우드워드는 이렇게 썼다.

> 부시는 내게 이렇게 말했다. "나는 배짱과 직감으로 중요한 결정을 내리는 사람이다. 나는 책에 쓰여 있는 것을 참고하지 않는다." 그가 말한 책이란 정책결정의 ABC를 설명해주는 그런 자료를 말한다. … 부시는 또 이렇게 말한 적이 있다. "나는 중요한 결정을 하는 회의에 참석을 하지 않는다. 다른 할 일이 있기 때문이다." … 나는 부시가 성질이 급한 사람이라고 생각한다. 그는 숙제를 하지 않는다. 내가 말하는 숙제란 자료를 읽고 브리핑을 받으며 토론하는 것을 말한다. 대통령은 숙제를 해야 하는 자리다. … 부시는 지적 호기심이 별로 없는 지도자였다.

부시 대통령은 장관이나 참모들이 소관 업무를 알아서 처리하도록 위임하는 스타일이었다. 마찬가지로 주요 사안의 상세를 챙기지 않았다. 국방부와 국무부가 심하게 대립하고 있음에도 관여하지 않았다. 럼스펠드 국방장관이 국무부를 배제하고 주요 사안을 좌지우지 할 수 있었던 배경이다.[7]

3. '공격을 당하기 전에 공격해야 한다'

2001년 발생한 9·11테러로 미국인들이 받은 심리적 충격('9·11 트라우마')은 실로 컸다. 가공할만한 테러에 무방비 상태라는 불안감은 무언가 특단의 대책이 필요하다는 생각을 갖게 만들었다. 언제

---

7) * 흥미 있는 사실은 럼스펠드도 주요 정책이 제대로 추진되도록 만전을 기하는 그런 성격이 아니었다(Dyson, 2009).

어디서 또 어떤 테러가 발생할지 모른다는 불안감으로 자신들의 생명을 위협하는 가장 강력한 적敵은 테러라고 생각하게 되었다.8)

부시 행정부는 2002.9.17 '국가안보전략'을 내놓았다. '부시 독트린'으로 불린 이 전략의 핵심은 '선제공격'preemption이었다.9) 공격을 당하기 전에 공격을 한다는 것이었다. 9·11테러에서와 같이 적(테러리스트)이 일단 공격을 한 다음에는 늦기 때문에 공격을 해올 가능성이 있는 대상에 대해 미리 공격을 해야 한다는 것이었다. 명백하고 실재하는 위협에 대응하는 것은 문제가 되지 않는다. 그런데 부시 독트린의 경우에는 위협이 현실화하기 전에 이를 제거한다는 개념이어서 문제가 있었다.

이 전략은 공격대상과 시점을 결정하는 기준이 없다는 점에서도 문제가 있었다. 미국이 일방적으로 공격 대상과 시점을 결정한다면 이는 기존의 국제법에 어긋난다. 국제법은 공격이 임박한 상황에서 자위권 차원에서 하는 공격만을 합법적인 것으로 인정한다.

또 다른 문제점은 미국이 패권적으로 행동하겠다는 것이었다. 미국에 필적할 만한 나라가 없으므로 미국은 미국이 믿는 가치나 이상을 다른 나라에 강요할 수 있다는 의미였다. 이는 미국의 이익에 부합될 뿐 아니라 지구상 어떤 나라의 이익에도 부합된다고 믿었다. 오만이고 오판이었다.10)

부시 행정부의 이런 태도는 독선과 오만에서 나왔다. 국제법과 유

---

8) * 9·11테러는 미국인들의 대외정책 환경에 대한 인식을 획기적으로 바꾸어 놓았다. "미국 역사가 9·11 이전과 9·11 이후로 나뉘어 씌어져야 한다"는 말이 나왔을 정도였다.

9) * preemption이라는 용어는 부시 행정부의 신 안보전략개념을 나타내는 용어로서 부정확하고 적절치 않았다. '선제공격'의 전제는 긴박한 위협을 전제로 하기 때문이다(Jervis, 2008~09). 이런 이유로 preemption보다 prevention(예방)이 더 정확했다(Haass, 2005).

10) * 클린턴 행정부 국무장관이었던 올브라이트는 미국을 "필수불가결한 나라"라고 불렀다. 국제사회가 미국을 개입시키지 않고 해결 할 수 있는 문제가 없다는 의미였다. 지나친 자만심이 배어 있는 표현이었다.

엔의 권위를 무시하겠다는 것과 다름없었다. 그렇지만 전대미문의 테러를 당한 미국인들 입장에서 이라크가 미국에 대해 9·11 이상의 테러를 감행할 가능성이 있다고 생각하는 것은 무리가 아니었다. 부시 대통령은 "우리가 지금 행동하지 않을 경우 그로 인한 위험은 계속 증대될 것이며, 이에 따른 희생과 비용 또한 어마어마할 것"이라고 말했다. 미국인들의 안전을 책임지는 대통령으로서 이렇게 생각하는 것은 당연했다.

4. 부시 행정부를 장악한 '네오콘'

1992년 대선에서 민주당의 클린턴 후보가 조지 H. W. 부시(아버지 부시)를 누름으로써 오랜만에 민주당 시대가 열렸다. 이로 인해 1991년 걸프 전쟁을 실행했던 네오콘 인사들은 이라크를 손볼 기회를 잃었다. 그러나 이들은 이런 희망을 버리지 않았다. 럼스펠드를 중심으로 1997년 '새로운 미국 시대를 위한 프로젝트'Project for the New American Century를 만들었다. 1998년에는 클린턴 대통령과 의회 지도자들에게 사담 후세인 정권을 전복시킬 것을 촉구하는 서한을 보내기도 했다. 이 편지에 서명했던 18명 중 10명이 부시 행정부가 들어서자 고위 관리로 임명되었다.

럼스펠드는 2000년 대선에서 부시가 대통령으로 확정되고 자신이 국방장관으로 내정되자 "머지않아 미국에 위기가 닥치면 새 대통령은 그것을 이용해 미국이 더 이상 후퇴하지 않을 것임을 세계에 보여주어야 한다"는 의견을 제시했고 부시도 이에 동의했다. 이들 네오콘은 클린턴 행정부 시절 미국의 힘이 쇠퇴한 것으로 국제사회에 비쳐진데 대해 불만이 많았다. 이제 공화당이 정권을 잡았으니 미국이 강한 나라라는 이미지를 과시해야 한다는 의욕에 불탔다.

'네오콘'은 자유민주주의 체제를 전 세계적으로 확산시켜야 한다고 믿는 사람들이었다. 그들은 자유민주주의가 아닌 체제에 대해서는 힘을 동원해서라도 자유민주주의 체제로 바꾸어 놓아야 한다는 신념을 갖고 있었다. 이들 눈에는 기존의 국제법이나 국제기구는 안보와 정의를 추구하기에 정당성도 부족하고 효과적이지도 않았다. 이들은 국제법이나 유엔과 같은 국제기구에 대해 깊은 회의와 불신을 갖고 있었다.

체니 부통령은 네오콘 그룹의 좌장과 같았다. 여기에 럼스펠드 국방장관, 울포비츠 국방부 부장관은 부시 행정부 네오콘을 대표하는 인물들이었다. 이들 중 가장 직접적으로 부시 대통령에게 영향을 준 사람은 울포비츠였다. 그는 세계는 악의 세력이 준동하는 위험한 곳으로 보고 미국은 그러한 세상에서 악을 제거해야 할 사명이 있다고 믿는 사람이었다. 악을 제거하는 일에 있어서는 힘을 가진 나라는 그 힘을 사용해야 하고, 이것은 언제 어디서든 정당화될 수 있다는 것이 그의 신념이었다.

네오콘들은 미국의 행동과 선택은 언제나 옳다고 믿었다. '미국은 특별한 나라'American exceptionalism라는 신화를 신봉했다. 그들의 눈에는 미국이 하는 일에는 오류가 있을 수 없었다. 미국이 추구하는 가치가 곧 전 인류가 추구해야 할 가치였다. 이들은 세상을 선善과 악惡으로 나누고, 선의 편에 서 있는 미국은 악과의 전쟁에서 반드시 이긴다고 믿었다.

※ 부시가 대통령에 당선되지 않았더라면…
  럼스펠드가 국방장관에 임명되지 않았더라면…
  2000.11.7 실시된 미국 대통령 선거 국민투표에서 알 고어 민주당 후보는 약 5100만 표(48.4%)를 얻어 5046만 표(47.9%)를 얻은 공화당의 부시 후보보다 54만여 표를 더 얻었다. 그러나 선거인단 수에서는 271:266으로 부시 후보에게 석패했다. 고어 후보는 플로리다주에

서는 당초 1,784표 차로 패배하였으나 플로리다주 일부 선거구에서 수작업 재검표 결과 격차가 불과 327표 차이로 줄었고, 주 전체 지역에서 재검표를 할 경우 선거인단에서 역전할 가능성도 있었다. 그러나 공화당 성향 판사들이 주도한 연방 대법원이 재검표 중지 판결을 내림으로써 결과는 달라지지 않았다.

부시 대통령 당선인은 당초 국방장관으로 코츠 전 인디애나주 상원의원을 임명할 것으로 알려졌으나 결과는 다르게 나왔다. 럼스펠드가 국방장관에 임명되었다. 럼스펠드는 1970년대 중반 포드 행정부에서 국방장관을 역임한 적이 있었다. 코츠가 국방장관에 임명된다면 부장관으로는 아미티지가 유력했다. 아미티지는 네오콘 계열이 아니었다. 그런데 럼스펠드가 임명되자 아미티지는 국무부 부장관으로 임명되었고, 국방부 부장관에는 네오콘 핵심 멤버인 울포비츠가 임명되었다.

부시가 아닌 고어가 대통령에 당선된 후 9·11사태를 당했을 경우 미국은 이라크를 침공했을까? 럼스펠드와 월포비츠가 각각 국방부 장관과 부장관으로 임명되지 않았을 경우에도 이라크를 침공하게 되었을까?

5. 네오콘은 일찍이 사담 후세인 제거를 원했다

2001.9.11 뉴욕의 세계무역센터와 워싱턴의 국방부 건물에 가해진 테러 이후 부시 행정부의 대외정책은 '이성'이 아닌 '감정'에 의해 영향을 받았다. 지구상에서 하나밖에 없는 초강대국인 미국이 이렇게 당하고만 있을 수 있는가 하는 분위기가 팽배했다. 심하게 훼손된 자존심은 분노로 변했고, 분노는 이성을 마비시켰다.[11]

---

11) Lacy, 2008.

* 심리학자들에 의하면 지도자들은 난관에 부딪치면 점점 더 교만해지고 다른 사람의 말을 잘 듣지 않는다고 한다. 부시 대통령의 경우에도 이라크 침공의 문제

울포비츠 국방부 부장관은 9·11테러 발생 4일 후 캠프 데이비드 별장에서 부시 대통령에게 개별 테러 그룹들을 손보는 데 시간을 허비하지 말고 우선 사담 후세인을 손보아야 한다고 조언했다.12) 이런 연유로 이라크전쟁은 '울포비츠의 전쟁'으로 불리기도 했다.13) 부시 대통령은 9·11테러 2주 후 국가안보회의를 주재한 후 럼스펠드 국방장관을 따로 불러 이라크 침공 계획을 수립하라고 지시했다.14)

울포비츠는 중동지역은 미국이 미국적인 가치를 이식시키기에 비옥한 토양이라고 믿었다. 이스라엘의 경우를 생각했다. 이라크 국민들이 개인적 자유를 갖게 되면 시아파든 수니파든 혹은 쿠르드족이든 그들의 역사적 불만을 넘어 자유롭고 번영하는 이라크를 건설할 수 있을 것이라고 믿었다. 이라크가 이런 변화를 가져오면 다른 중동 국가들도 이라크의 사례를 따를 것으로 예상했다. 도미노현상이 나타날 것으로 봤다. 터무니없는 오판이었다.15)

사실 조지 H. W. 부시(아버지 부시) 대통령도 울포비츠로부터 이런 견해를 들은 바 있지만 중동을 미국이 원하는 모습으로 바꿀 수 있다는 것에 의구심을 가졌고, 합참의장이었던 콜린 파월도 마찬가지였다. 그래서 울포비츠는 부시와 파월이 중동에서 새로운 세계를 건설할 수 있는 완벽한 기회를 놓쳤다고 아쉬워한 적이 있다.16) 이처

점에 대한 국내외의 다양한 견해들을 들으려하지 않았다. 당시 프랑스와 독일은 미국의 이라크 침공을 끝까지 반대했다. 부시 대통령은 후에 이렇게 말했다. "나는 이라크가 대량살상무기를 갖고 있지 않다는 사실을 알았더라도 이라크 침공 계획을 강행했을 것이다"(Betts, 2007~08).

12) * 울포비츠 보고가 있은 2주 후 럼스펠드 국방장관은 이라크 침공 관련 사항을 검토했다. 副장관 정도의 위치에 있는 행정부 인사가 이라크전쟁과 같은 중요한 문제에서 결정적인 역할을 한 경우는 미국 역사에서 없었다 한다(Bacevich, 2005).

13) Milne, 2007.

14) Danner, 2013.

15) * 네오콘의 대부라고 할 수 있는 윌리엄 크리스톨은 2003.5.5자 『위클리스탠더드』에 미국의 이라크 침공은 '중동의 미래를 위한 대전투의 시작'이라고 썼다.

럼 네오콘들은 이라크를 침공할 구실을 찾고 있었는데, 뜻하지 않게 발생한 9·11은 이들에게 놓칠 수 없는 기회가 되었다.17)

미국이 이라크에서 실패한 결정적인 원인은 침공에 따르는 문제점들을 철저하게 검토하지 않은 데 있었다. 문제점들에 대한 철저한 검토 없이 침공 방침을 먼저 결정한 것은 전쟁을 쉽게 끝낼 수 있을 것이라는 판단 때문이었다. 또한 시간을 끌면 침공이 점점 더 어려워질 수 있다고 봤다. 예컨대, 전후 치안과 복구 사업에 엄청난 병력과 예산이 소요될 것이라는 사실이 침공 검토 단계에서 부각되면 침공 당위성을 설득하는데 부정적인 영향을 주기 때문에 네오콘들은 부시 대통령이 서둘러 결정을 내리도록 유도했다.

체니 부통령·럼스펠드 국방장관 등 네오콘들은 이라크 침공을 기정사실화 해놓고 부시 대통령의 결정을 재촉했다. 여기에 큰 문제가 있었다. 이들은 여론 설득을 위해 '전쟁은 간단히 끝날 것'이라고 홍보했다. '식은 죽 먹기' 같은 것으로 묘사했다. 그러다보니 국민들은 이라크 침공이 간단히 마무리될 것으로 착각했다.18)

울포비츠는 자신이 부시 대통령의 이라크 침공에 결정적인 역할을 했다는 주장은 사실이 아니라고 발뺌했다. 그는 영국 『선데이타임스』와 가진 인터뷰에서 "당시 파월 장관이 이라크 침공이 실수라고 생각했으면 왜 부시 대통령을 말리지 않았느냐"고 반문하면서, 일이 잘못되니까 화살을 자기에게 돌리는 것이라고 항변했다.19)

---

16) Milne, 2007.
17) Lebow, 2006.
 * 네오콘에게 빌미를 준 것은 9·11테러만은 아니었다. 사담 후세인도 빌미를 주었다. 후세인은 대량살상무기를 갖고 있는 것처럼 행동했다. 그래야만 사우디아라비아·쿠웨이트·아랍에미리트 등 주변국들이 자기를 얕잡아보지 못할 것으로 생각했다. 또한 그래야 미국이 이라크를 침공하지 못할 것으로 생각했다. 자기 꾀에 자기가 넘어간 것이다(워싱턴포스트, 2003.11.3).
18) Jervis, 2008~9.
19) Harnden, 2013.3.18

6. 대부분의 예상이 빗나갔다

부시 행정부의 이라크 침공 명분은 사담 후세인이 대량살상무기를 보유하고 있어 가만 놔두면 위험하다는 것이었다. 부시 행정부에서 국가안보보좌관과 국무장관을 역임했던 라이스는 2002.9.8 CNN에 출연, "후세인이 핵무기를 갖고 있다는 사실을 알고 있다. 핵무기 보유의 결정적 증거가 버섯구름이 되어서는 안 된다"고 말했다. 후세인이 핵무기를 갖고 있는데 그가 이 핵무기를 사용할 때까지 가만 놔두어서는 안 된다는 말이었다.

후세인을 제거해야 한다고 믿는 사람들은 이라크가 핵무기를 보유하면 이 핵무기를 테러리스트에게 넘겨줄 것이고 그렇게 되면 미국과 서방에서 핵테러가 발생할 것이라고 생각했다. 그런데 막상 미군이 바그다드를 함락한 후 1,200명이나 되는 전문가들이 이라크 전역을 샅샅이 뒤졌지만 대량살상무기를 하나도 발견하지 못했다. 이라크 침공의 정당성이 심히 훼손되었다. 사담 후세인이 알카에다와 연결되어 있다는 주장도 근거가 없는 것으로 판명되었다.

후세인 제거에는 또 다른 명분이 있었다. 그것은 후세인을 제거하고 이라크에 민주주의를 심겠다는 것. 부시 대통령 자신도 사담 후세인을 제거하면 중동의 정치를 바꿀 수 있다고 생각했다. 중동 지역에 평화와 발전의 전기가 마련될 수 있다고 믿었다. 큰 환상이요 착각이었다.

부시 행정부의 판단은 침공 후 전개될 상황에 대한 예측에서도 완전히 빗나갔다. 네오콘들은 침공이 간단히 끝나고 전투가 종료되면 그 이후 상황은 빠르게 안정될 것이라고 판단했다. 심각한 오판이었다. '이라크전 설계자'의 한사람이었던 리처드 펄 국방정책위원장은 2006년 인터뷰에서 "시간을 되돌릴 수 있다면 이라크 침공을 지지하지 않았을 것이다. 이라크 해방을 쉽게 예상했던 게 잘못이었

다"고 실토했다.[20]

미국은 이라크 침공 21일 만에 후세인을 제거했다. 문제는 그 다음이었다. 후세인을 제거하기 전까지 전사한 미군 사망자는 117명에 불과했으나, 그 이후 사망자는 4,000명이 넘었다. 부시 행정부는 테러로 저항하는 세력에 대한 대비가 되어있지 않았다. 또한 이라크 내에서 반미反美 분위기가 형성되어 전후 재건 관리가 어렵게 되는 상황을 과소평가했다. 이라크 내의 종파·인종적 갈등이 더욱 심화되는 상황에 대한 대비가 없었던 것이다. 한마디로 전후 재건 과정에 대한 제대로 된 준비가 없었다. 이것이 문제였다.

7. 뒷전으로 밀려난 파월 국무장관

조지 H. W. 부시(아버지 부시) 행정부에서 합참의장을 역임한 바 있는 파월 국무장관은 이라크 침공에 대해 처음부터 회의적이었다. 공개적으로 밝히지는 않았지만 네오콘과는 분명히 생각이 달랐다.[21] 체니 부통령·럼스펠드 국방장관과 거리가 생길 수밖에 없었다. 이로 인해 국무부는 주요 정책결정 과정에서 배제되었다. 국방부가 이

---

20) * 2001~03 기간 중 국무부 정책실장을 역임한 하스는 그의 저서 『필요에 의한 전쟁, 선택에 의한 전쟁』에서 시니어 부시의 이라크전쟁은 "꼭 해야만 하는 전쟁'이었고 주니어 부시의 이라크 전쟁은 '할 수도 있었고 안 할 수도 있었던 전쟁"이었다고 하면서, 주니어 부시는 꼭 하지 않아도 되는 전쟁을 했다고 주장했다. 하스는 주니어 부시 행정부가 왜 이라크전쟁을 했느냐는 질문에 "나는 이 질문에 대한 답을 모르고 무덤에 가게 될 것이다"라고 했다(Jervis, 2006). 이라크를 침공해야 할 이유가 없었다는 의미였다.

21) * 파월은 국제분쟁에서 가장 먼저 사용되어야 할 것은 '외교'이고 '무력'은 외교 노력이 모두 소진된 다음에 사용되어야 한다고 생각했다. 무력을 사용해야 할 경우에도 압도적인 군사력과 분명한 목표, 국민들의 지지, 동맹국들과 국제사회의 지지가 있을 때에만 사용해야 한다고 믿었다. 럼스펠드는 파월의 이런 생각은 구시대적인 것이라고 확신했다. 그래서 그는 이라크전쟁 과정에서 자신의 이런 생각이 옳다는 것을 증명하려 애썼다. 파월이 밀릴 수밖에 없었다.

라크전 관련사항을 단독으로 처리했다. 문제는 국방부는 이라크 사정과 전후 재건 사업과 관련하여 지식이나 경험이 부족했다. 그런 국방부가 국무부 전문가들의 견해를 무시했다. 이로 인해 미국은 엄청난 대가를 지불하게 된다.

국방부는 국무부에 대해 불만이 많았다. 두 부서 간 협조가 이뤄지지 않았다. 페이스 국방부 차관은 국무부가 전략적인 접근을 하지 못하고 있다고 비난했다. 국무부가 자신들의 견해를 당당하고 분명하게 내세우지도 않으면서 결정이 지연되도록 하거나 심지어 결정된 사항의 이행을 의도적으로 미루고 있다고 보았다.

파월 장관은 이라크 침공은 국제적인 승인을 먼저 얻어야 한다고 생각했다. 체니·럼스펠드·울포비츠는 유엔이 미국의 대외정책 목적을 추구하는데 방해가 된다고 믿었으나, 파월은 이런 생각은 근시안적인 것이라고 보았다. 그러면서 미국에 대한 신뢰를 높이는 것이 단독으로 이라크를 침공하는 것 보다 더 국익에 부합한다고 믿었다.

파월 장관과 아미티지 부장관에 의하면 당시 백악관은 국무부 관리들을 유화주의자들로 보았다. 국무부가 '무력'보다 '외교'를 선호하는 것을 탐탁하지 않게 생각했다.[22] '외교'를 내세우면 마치 미국이 힘이 약해서 그러는 것 같은 인상을 준다고 생각했다. 외교가 설 자리가 없었다.

상황이 이쯤에 이르자 해외공관에 근무하던 중견 외교관 3명이 사표를 내고 국무부를 떠났다. 그들은 주재국에서 본국 정부의 입장을 충실히 전달할 수 있어야 하나 양심적으로 그렇게 할 수 없어 그만둘 수밖에 없다고 했다. 부시 대통령의 이라크 침공은 잘못이라는 항의 표시였다.

---

22) * 역사적으로 보더라도 펜타곤(국방부)과 국무부 간 싸움에서 국무부가 이긴 경우는 매우 드물다. 여론도 흔히 국무부보다 국방부 편을 든다. 이런 현상은 미국인들의 타협보다 힘을 선호하는 성향과 관련이 있다. 미국인들에게 '외교'는 '나약함'과 동의어다(Suri, 2010).

8. 부시 대통령의 '예스우먼'

　미국이 이라크전에서 실패한 원인 중에는 백악관 국가안보회의 NSC가 제대로 역할을 하지 못한 사실을 빼놓을 수 없다. NSC는 국무부·국방부·재무부·합동참모회의·법무부(검찰총장)·CIA 등의 견해나 입장을 총괄·조정하는 역할을 수행한다. 당시 국가안보보좌관으로 NSC 수장이었던 콘돌리자 라이스는 본연의 역할을 제대로 하지 못했다. 대학교수 출신으로 한때 NSC 근무 경력이 있었던 라이스는 국가안보보좌관이 어떤 역할을 해야 하는지 잘 알고 있었다. 대통령에게 제공되어야 할 정보와 질문들이 제때에 공급되도록 하고 주요 정책에 대한 대안을 제시해야 한다는 것이다. 그러나 라이스는 그런 역할을 하지 못했다. '불편한 진실'을 테이블에 올려 토론될 수 있도록 하지 못했다. 그는 부시 대통령의 생각에 맞추는 데 더 신경을 썼다.[23]

　라이스가 국가안보보관이 된 것은 부시가家와의 인연 덕분이었다. 시니어 부시 국가안보보좌관이었던 스코우크로프트가 라이스를 소련 전문가로 NSC에서 일하도록 한데서 인연이 시작되었다. 이때 라이스는 시니어 부시의 눈에 들었다. 이런 인연으로 라이스가 대통령이 되었을 때 라이스는 부시가와 가족처럼 가까운 사이가 되어 있었다.

　주니어 부시가 라이스를 측근으로 둔 배경 중 하나는 라이스가 기분을 잘 맞추는 데 있었다. 부시의 기분을 좋게 하는 방법의 하나는 부시가 하는 말에 맞장구를 치는 것이었다. 라이스는 부시의 귀에 거슬리거나 쓴 소리를 하지 않았다. 대통령의 의중을 간파해 그가 원하는 바에 자신의 생각을 맞추는 스타일이었다. 라이스는 부시가 속마음을 나눌 수 있는 '예스우먼'이었다.[24]

---

23) Jervis, 2008.

라이스를 천거했던 스코우크로프트 전 국가안보보좌관은 이라크 침공이 한창 논란이 되고 있던 2002.8.15 『월스트리트저널』 기고문을 통해 이라크 침공에 신중을 기해야 한다고 주장했다. 스코우크로프트는 자신이 이렇게 주장하는 근거로 두 가지를 들었다. 하나는 이라크 침공은 범세계적 차원에서 대테러 캠페인을 전개하는 데 심각한 장애가 될 수 있다는 것이고, 다른 하나는 사담 후세인이 테러 조직과 연계되어 있다는 증거가 거의 없을 뿐 아니라 그가 9·11테러와 연계되어 있다는 증거는 더더욱 없다는 것이었다. 정확한 지적이었다.

부시 대통령은 이런 기고문이 실린 데 대해 대노하면서 라이스에게 전화를 걸었다. 라이스는 스코우크로프트에게 전화를 걸어 "당신은 대통령 뺨을 때렸다"고 하면서 거칠게 항의했다. 이 에피소드를 통해 알 수 있는 것은 당시 라이스가 부시 대통령에게 이라크 침공에 따르는 문제점들을 낱낱이 지적하지 않았을 것이라는 것이다.[25]

이런 일이 있은 후 한 달여 지난 2002.9.26 『뉴욕타임스』에 이라크 침공에 반대하는 국제정치학자들의 광고가 실렸다. 시카고대학의 미어샤이머·하버드대학의 월트 교수 등 33명의 유력 학자들이 자비 38,000 달러를 들여 실은 광고였다. '이라크 전쟁은 미국 이익에 부합되지 않는다'는 제하의 광고에서 이들은 "미국이 설사 쉽게 이

---

24) Baker, 2008.
   * 라이스는 출세욕이 강했다. 가문의 백업이 없는 유색인으로서 국가안보보좌관 자리까지 오른다는 것은 특별한 노력과 능력 그리고 의지가 없이는 불가능했을 것이다. 부시는 그의 회고록(2010)에서 "백악관 생활을 함께 하고 대선을 함께 치르면서 6년을 지내는 동안 나는 콘디와 매우 가까워져 있었다. 콘디는 내 생각과 기분을 파악할 줄 알았다. 우리는 세계에 대해 같은 비전을 갖고 있었고, 콘디는 나와 의견이 다를 때에도 서슴없이 그것을 내게 밝혔다"라고 썼다 (Bush, 2010).
25) * 스코우크로프트는 부시(시니어) 행정부에서 국가안보보좌관을 역임하면서 구소련이 붕괴하고 냉전의 벽이 허물어지던 상황을 완벽하게 관리한 탁월한 외교안보전략가였다. 그는 부시 가문과 특별한 관계였음에도 아들 부시 대통령의 이라크 침공에 반대했다. 라이스는 이런 점에서 스코우크로프트와 대조적이었다.

긴다 하더라도 그럴싸한 출구전략을 갖고 있지 않다. 이라크 사회가 몹시 분열되어 있어 미국은 이런 사회를 지속가능한 나라로 만드는 데 여러 해 동안 점령 상태에서 치안을 책임져야 할 것이다"라고 지적했다.26) 침공 6개월 전에 이들이 한 예상은 적중했다.

부시 행정부의 네오콘들은 이런 충고에 조금도 귀를 기울이지 않았다. 주무 부서인 국방부는 말할 것도 없고, 정책을 종합적으로 조정해야 하는 NSC도 마찬가지였다. 이런 점에서 라이스 국가안보보좌관은 이라크전 실패에 일정 부분 책임을 면할 수 없다.27)

9. 부시 행정부의 여론 설득 노력

부시 행정부 네오콘들은 2002년 여름 이라크 침공을 결심하고 준비에 들어갔다. 여론 설득 작업도 중요한 준비사항의 하나였다. 여론의 지지를 받는 것은 필수였다. 여론 설득 과정에서 체니 부통령·럼스펠드 국방장관은 사실과 다른 언급을 자주 했다. 부분적인 진실을 전체적인 진실인 것처럼 말했다. 후에 입증되었지만, 다음 사례에서와 같이 왜곡·과장도 심했다.28)

1) '사담 후세인이 오사마 빈 라덴과 연결되어 있다'
부시 대통령은 2002년 9월 이렇게 말했다. "테러와의 전쟁에 관

---

26) Kaplan, 2012.
27) * 럼스펠드 국방장관은 라이스 국가안보보좌관과 그리고 국가안보회의를 대수롭게 여기지 않았다. 일이 있으면 부시 대통령을 직접 상대했다. 체니 부통령도 마찬가지였다.
28) * 이와 같은 현상이 나타나는 배경으로 심리학에서 말하는 '확증편향'을 들 수 있다. 이것은 인간은 자신의 기대·판단과 일치하는 정보를 찾는데 몰입하는 반면 그렇지 않은 정보에 대해서는 그것이 아무리 정확한 것이라 하더라도 무시한다는 것이다.

한한 알카에다와 사담을 구분할 수 없다… 나는 이 둘이 다르다고 생각하지 않는다. 그들은 모두 나쁘고 사악하며 파괴적이다." 럼스펠드 국방장관은 2002.9.27 "사담 후세인이 빈 라덴과 긴밀한 관계를 맺고 있다는 빈틈없는 증거를 갖고 있다"고 말했다. 사실은 그러한 증거가 없었다. 럼스펠드는 2004년 10월에는 "내가 아는 한에 있어 사담 후세인과 빈 라덴을 연결시키는 강력하고 구체적인 증거를 본 일이 없다"고 실토했다.

파월 국무장관도 이라크 침공 전에는 "빈 라덴이 이라크와 협력관계를 갖고 있다. 이라크와 알카에다 테러리스트 조직 간 사악한 연결고리가 있다"고 말했다. 하지만 2004년 1월에는 "나는 이들 간 결정적이며 구체적인 증거를 보지 못했으나, 그러한 연관 가능성이 있다고 생각했고 그럴 가능성을 염두에 두는 것이 분별 있는 일이라고 생각했다"고 털어 놓았다.

이라크 침공 전 중앙정보국CIA이나 국방정보국DIA은 사담 후세인과 빈 라덴이 연관되어 있다는 결정적인 증거를 발견하지 못했다. 9·11사태를 조사한 진상조사위원회도 사담 후세인-빈 라덴 협력관계를 입증하는 증거를 발견하지 못했다.

2) '이라크가 대량살상무기를 보유하고 있다'

2002.9.6 럼스펠드 국방장관과 프랭크스 장군은 부시 대통령에게 이라크 관련 브리핑을 했다. 이때 프랭크스는 "대통령님, 우리는 과거 10년 동안 스커드 미사일 등 대량살상무기를 찾았으나 아직 하나도 발견하지 못했습니다. 그래서 이라크 어느 곳에 특정 무기가 존재하는 것을 안다고 말씀드릴 수가 없습니다"라고 말했다. 정확한 보고였다. 정보기관들도 마찬가지로 이라크가 대량살상무기를 보유하고 있다는 확정적인 증거를 갖고 있지 않았다.

그럼에도 불구하고 체니 부통령은 2002.8.26 "사담 후세인이 대량살상무기를 갖고 있다는 것은 절대적으로 확실하다. 그가 지금 우리의 친구·동맹국 그리고 우리들을 상대로 사용하기 위해 이런 무기들을 축적하고 있다는 사실에 의심의 여지가 없다"고 말했다.

한 달 후 파월 장관도 "후세인이 화학무기를 쌓아 놓고 있다는 데 의심의 여지가 없다"고 했다. 2002년 12월 테닛 CIA 국장은 부시 대통령에게 이라크가 대량살상무기를 갖고 있다는 것은 '너무나 분명한 사실'이라고 보고했다. 2003년 초 영국·독일·프랑스·러시아·중국·호주 등 주요 정보기관들은 사담 후세인이 대량살상무기를 갖고 있다는 결론을 내렸다.29)

파월 장관은 2003.2.5 유엔 안보리에서 "사담 후세인은 생물무기를 갖고 있으며 더 많은 무기들을 생산할 수 있는 능력을 갖고 있다는 사실을 의심할 수 없다"고 말했다. 2003년 3월 럼스펠드 장관은 "미국은 사담 후세인이 대량살상무기를 갖고 있다는 사실을 알고 있다. 대량살상무기가 어디에 있는지 알고 있기 때문에 이렇게 말할 수 있다"라고 했다. 럼스펠드가 "대량살상무기가 어디에 있는지 알고 있기 때문에…"라고 말한 것은 명백한 왜곡이었다.30)

체니 부통령은 2002.9.8에는 "사담이 핵무기 제조 목적으로 우라늄 농축 장비를 사들이고 있다는 사실을 명명백백히 알고 있다"고 말했다. 체니가 말한 것은 이라크가 해외에서 구입한 알루미늄 튜브를 의미했는데, 이 분야에 기술적인 전문성을 갖고 있는 미 에너지부는 이 알루미늄 튜브가 로켓포 제작용이라고 판단했다. 체니 부통령이 자신 있게 우라늄 농축 목적이라고 한 것은 과장이었다.

---

29) * 이즈음 블레어 영국 총리는 "이라크는 45분 만에 핵무기를 조립해낼 수 있다"고 말했다. 1400여 명이나 되는 조사팀Iraq Survey Group이 10억 달러나 되는 경비를 써가며 대량살상무기를 찾았으나 WMD는 어디에도 없었다.

30) * 사담 후세인은 1988.3.16 하랍자 지역의 쿠르드족 민간인에게 화학무기를 사용해 5,000명을 학살한 적이 있다. 사담 후세인은 미국의 군사공격이 가시화되자 WMD를 갖고 있는 것처럼 가장하기도 했다. 침공을 재고하도록 만들려는 술책이었다.

연방 상원 정보위원회는 2004년 7월 이라크전쟁에 관한 보고서를 만장일치로 채택했다. 이 보고서는 미국이 이라크 대량살상무기에 대한 잘못되고 과장된 CIA 정보를 근거로 이라크를 침공했다는 결론을 내렸다. 로버츠 정보위원장은 "CIA의 잘못된 집단사고로 이라크가 민간용은 물론이고 군사적으로도 사용할 수 있는 WMD 물질을 입수했다는 모호한 정보를 결정적인 증거로 해석했는데, 이것은 세계적인 정보 실패였다"라고 규정했다.31)

3) '사담 후세인이 9·11테러와 관련이 있다'

부시 행정부 인사들은 사담 후세인이 9·11테러와 연관되어 있는 것처럼 착각하게 만드는 발언을 자주 했다. 그러나 부시 대통령·체니 부통령·라이스 국가안보보좌관·럼스펠드 국방장관·울포비츠 국방부 부장관 등에게 증거가 있느냐고 하면 모두가 구체적인 증거를 대지 못했다.

럼스펠드 장관은 2002.9.19 "알카에다와 같은 테러리스트 네트워크와 이라크와 같은 테러 국가들 간에 연계가 있다"고 말했다. 부시 대통령은 2003.3.18 의회에 보낸 서한에서 "이라크전쟁은 테러와의 전쟁"이라고 했고, 2003.5.1에는 "이라크 전투는 2001.9.11 시작되었고 지금도 계속되고 있는 테러와의 전쟁에서 거둔 하나의 승리"라고 하면서, "이라크 해방은 대테러 캠페인에서 결정적으로 중요한 진전"이라고 말했다.

---

31) * 울포비츠는 2013년 3월 영국 『선데이타임스』와의 인터뷰에서 "사담이 대량살상무기를 갖고 있다는 결론은 인텔리전스 커뮤니티가 공통적으로 내린 판단이었다"라고 했다. 부시 대통령이 거짓말을 한 것이 아니라는 주장이었다. 울포비츠의 이런 주장은 사실에 가깝다. 거의 모든 나라의 거의 모든 정보기관이 이라크가 대량살상무기를 갖고 있다고 믿었다. 다만 이를 입증할 수 있는 구체적인 증거가 없었을 뿐이었다(Betts, 2007~08).

4) '이라크 침공은 아직 결정되지 않았다'

부시 대통령은 2003.1.20 "시간이 없지만 아직도 전쟁을 회피하는 것이 가능하다"고 하면서, "이라크에 대해 무력을 사용할 것인지는 아직 결정되지 않았다"라고 말했다. 이런 발언이 있은 다음 럼스펠드 장관은 "우리는 사담 후세인을 무장해제 시키기 위해 무력을 사용하지 않아도 되기를 기대한다. 분명히 말하지만, 아무도 전쟁을 원치 않는다"라고 말했다. 이런 발언들은 이라크 침공이 결정되지 않은 것 같은 인상을 주었다. 그러나 이는 사실이 아니었다.

부시 행정부가 이라크와의 전쟁을 결심한 것은 2002년 여름 무렵이었다. 하스 국무부 정책실장은 2002년 7월 초 라이스 국가안보 좌관을 만났을 때 "이미 결정이 내려졌다"는 말을 듣고 이라크 침공이 불가피한 상황임을 알게 되었다고 한다. 2002.7.23 블레어 영국 총리가 한 발언을 보아도 이런 사실이 확인된다. 블레어는 "부시 대통령이 사담을 제거하고자 하기 때문에 군사행동이 불가피한 것으로 보인다"고 언급했다. 부시 대통령은 2003.1.13 파월 국무장관에게 이라크 전쟁을 결심했다고 말했다. 부시가 파월에게 한 말은 그가 1주일 후 한 말과 다르다.32)

이상 살펴본 바와 같이 부시 행정부는 의도적으로 국민들을 속이지는 않았지만 이라크 침공을 정당화하기 위해 사실을 왜곡·과장한 것은 사실이다. 이런 배경에서 미국 언론들은 자기들이 좀 더 철저했더라면 부시 행정부의 이러한 부정직함을 드러낼 수도 있었을 것이라고 후회했다.

이라크의 알루미늄 튜브 구입에 관한 정보는 부시 행정부 고위인사가 『뉴욕타임스』의 주디스 밀러 기자에게 흘린 것이었다. 『뉴욕타임스』는 이를 2002.9.8 1면 특종으로 보도했다. 체니 부통령은 바

---

32) * 부시 대통령은 2003년 1월 그의 고위 참모들에게 "전쟁은 불가피하다"고 말했다.

로 그날 NBC TV '언론과의 만남' 프로그램에 출연, "우라늄 농축을 위한 원심분리기 제작에 사용될 알루미늄 튜브 구입을 막았다"고 말했다. 『워싱턴포스트』 월터 핑쿠스 기자는 자신이 부시 행정부의 주장들에 근거가 부족하다는 인상을 주는 기사들을 작성했으나 편집과정에서 밀리곤 했다고 밝혔다. 대신 1면이나 사설은 전쟁을 부추기는 기사들이 선호되었다고 한다.[33)]

10. 중동에 자유민주주의를 확산시키자!

부시 행정부 국가안보전략은 '정치·경제적 자유와 인간 존엄성 존중을 비롯한 자유주의적 가치들을 전 세계에 확산하는 것은 미국의 근본적인 이익'이라고 규정했다. "민주주의 확산은 이슬람 테러주의를 약화시킬 것이다. 이는 곧 미국의 안보를 증진시키는 일이며, 그래서 미국의 이익에 부합되는 일이다"라고 했다. 이에 따라 부시 행정부는 중동지역에 민주주의를 확산시키는 노력을 전개하게 된다.[34)]

부시 대통령은 샤란스키가 쓴 『민주주의론』에 영향을 받았다. 샤란스키는 구소련의 반체제 인사로 이스라엘에 이민해 살고 있었다. 부시는 샤란스키의 '민주주의 확산론'에 매료되어 2004년 11월 재선 직후 샤란스키를 백악관으로 초청, 한 시간 넘게 대화를 나누기도 했다. 2005.1.20 부시 2기 취임사의 많은 부분이 샤란스키의 『민주주의론』에 기초했고, 부시 대통령은 '폭정을 종식시키고 자유를 확산시키는 외교'를 선언했다.

---

33) CNN, 2012.3.19,
34) * 부시 대통령이 이슬람 세계를 민주주의 체제로 바꿔놓겠다고 결심한 것은 거대한 환상이었다. 현실적으로 불가능한 일이었다(Bacevich, 2008).

샤란스키의 『민주주의론』에는 다음과 같은 부분이 있다. "나는 사람은 누구나 자유롭기를 원한다고 믿는다. 세계 어디서든 자유가 있으면 세상은 더욱 안전해질 것이다. 그리고 나는 미국이 리드하는 민주주의 국가들이 자유를 전 세계적으로 확산시키는 일에서 중요한 역할을 해야 한다고 믿는다." "자유가 있으면 세상은 더욱 안전해진다"는 것은 소위 '민주평화론'democratic peace theory의 주장이다. 민주주의 국가들은 非민주주의 국가들에 비해 무력 충돌을 일으킬 가능성이 낮다는 역사적 경험에 입각하고 있다.

부시 행정부는 후세인 정권이 제거되면 이라크에 민주주의가 가능해질 것으로 예상했다. 중동지역에서 한두 개 나라를 모델로 삼아 민주주의 이식에 성공하면 이 지역의 다른 나라에서도 같은 일이 일어날 것으로 믿었다. 체니 부통령은 2002.8.26 "미국이 사담 후세인 정권을 제거하면 이 지역에서 평화를 사랑하는 국민들이 항구적인 평화를 가져다주는 가치를 증진시킬 수 있게 될 것이다"라고 말한바 있다. 근거 없는 낙관이었다.

부시 행정부가 추진한 이러한 '체제전환 외교'는 여러 가지 부작용을 낳았다. 무엇보다도 미국에 대한 반감을 높였다. 이 정책은 '모든 인간은 우리(미국인)가 원하는 가치·체제 등을 원한다'고 생각한 데 문제가 있었다. 예를 들어, 우리가 원하는 것이 '자유'라고 할 경우 다른 나라 사람들도 미국인들과 같이 자유를 원한다고 생각했다. 큰 착각이었다. 미국이 잘 알지도 못하고 통제할 수도 없는 나라에 민주주의를 이식시키려 한 것은 실수였다.

국제정치학자 미어샤이머는 "네오콘들은 지구상에서 가장 강력한 이념은 민주주의라고 생각했으나 이는 틀린 생각"이라고 단언했다. 네오콘들은 이라크에서 후세인이 제거되고 민주주의가 뿌리를 내리면 도미노 현상에 의해 중동의 다른 국가들도 민주주의를 하게 될 것이며, 이는 테러리즘을 근본적으로 퇴치하는 길이 될 것이라고 믿었다. 미어샤이머는 "지구상에서 가장 강력한 이념은 민주주의가 아니라 민족주의"라고 하면서 민족주의의 핵심은 민족자결이기 때문에 남의 지배나 간섭을 수용하지 않는다는 것이다. 이라크의 경우도 민주주의보다 민족주의가 우선하기 때문에 미군이 이라크에 주둔하면 이들은 현지인들의 저항을 받을 수밖에 없다고 봤다.[35]

베트남전쟁의 경우도 유사하다. 국제정치학자 모겐소는 미국의 베트남전 확대를 적극 반대했다. 이유는 간단했다. 존슨 행정부는 베트남 개입을 확대해야 하는 이유로 베트남전이 민주주의 vs 공산주의 대립이고 여기서 패하면 도미노 현상에 의해 동남아시아의 다른 나라들이 차례로 공산화될 것이라는 이유를 내세웠다. 모겐소는 그렇지 않다고 보았다. 북베트남과 베트콩(남베트남 내 게릴라군)이 남베트남과 싸우는 것은 공산주의를 지키기 위해 싸우는 것이 아니라는 것. 민족주의 이념에서 외세의 간섭이나 지배를 받지 않기 위해 싸우는 것이라고 했다. 모겐소가 정확히 보았고 존슨 행정부는 오인했다.[36]

부시 행정부가 중동국가들을 민주주의와 시장경제로 변모시키겠다고 생각한 것은 오만이었다. 민주주의를 할 수 있는 사회·경제·정치적 기반이 없는 나라에 민주주의를 심으면 이 나무가 잘 자랄 것으로 생각한 것은, 아무리 장기적인 관점에서 보더라도 현실과 동떨어진 것이었다. 네오콘들은 도공이 자기가 원하는 형상으로 질그릇을 빚듯 중동에서 미국이 원하는 대로 민주주의라는 질그릇을 빚을 수 있다고 생각했다. 엄청난 오만이요 오판이었다.[37]

---

35) Mearsheimer, 2005.
36) Mearsheimer, 2005.
  * 『역사의 종말』을 쓴 후쿠야마 교수는 "이라크전쟁을 보면서 내가 느낀 것은 똑똑하고 교육을 잘 받은 사람들이 오히려 잘못된 결정을 한다는 것이었다"라고 말했다(조선일보, 2014.1.4). 베트남전쟁의 경우에도 미국 사회에서 '가장 똑똑하고 우수한 사람들'의 오판이 베트남전 실패 원인의 하나였다.
37) Layne, 2006.

11. 블레어 영국 총리가 반대했더라면…

블레어 총리는 국내정치적으로 부시 대통령의 이라크 침공을 지지하기가 어려운 상황이었다. 노동당내 반발은 말할 것도 없고 국민여론이 비판적이었다. 프랑스와 독일은 끝까지 반대했다. 그럼에도 불구하고 블레어는 미국의 이라크 정책을 전폭적으로 지지했다. '부시의 푸들puddle'이라는 별명까지 얻었다. 이라크전쟁을 '블레어의 전쟁'이라고 부르는 사람도 있었다.

코피 아난 전 유엔 사무총장은 2009.2.24 오슬로평화센터 강연에서 "자신은 블레어 총리가 적극적으로 부시 행정부를 지지하지 않았더라면 이라크 침공이 이뤄지지 않았을 것으로 본다"고 말했다. 영국이 반대했더라면 미국이 이라크를 침공하지 않았을 가능성이 있다는 얘기였다. 블레어는 왜 이라크 전쟁을 지지했나?

2차 세계대전 후 영국은 미국과의 '특수관계'를 중요하게 생각했다. '어떤 경우든 영국은 미국편에 서는 것이 유리했다'는 역사적 경험 그리고 미국과 특수관계를 유지해야 국익을 극대화할 수 있다는 신념 때문이었다. 블레어는 영국이 미국 편에 서야 부시 행정부에 대해 영향력을 행사할 수 있고, 그래야 영국의 이익이 더 도모될 수 있을 것이라고 확신했다. 블레어 총리는 2003년 1월 런던에서 개최된 재외공관장회의에서 이렇게 말했다. 미국이 이라크를 침공하기 두 달 전이다.

우리는 미국과 가장 가까운 동맹관계를 유지해야 한다. 동맹국가로서 우리는 미국이 외교 의제를 계속 확장하도록 영향력을 행사해야 한다. 그 영향력 행사의 대가는 미국이 까다로운 문제를 혼자 해결하지 않도록 하는 것이다. … 미국이 테러문제를 단독으로 해결하도록 해서는 안 된다. 우리가 힘을 보태야 한다. … 따라서 미국이 이 문제를 해결하려고 할 때 우리는 발걸음을 같이 해야 한다. 그리고 그 대가로 이 문제들이 국제공동체에 의해 장기적인 평화와 안전 그리고 정의가 구현될 수 있는 방향으로 사려 깊게 다뤄지도록 해야 한다.

이처럼 블레어 총리는 미국이 대테러 전쟁을 단독으로 수행하도록 해서는 안 된다고 생각했다. 영국이 미국의 대테러 전쟁에 가담하는 것은 영국의 국익을 증진시킬 수 있는 기회가 된다고 판단했다. 적어도 그렇게 되도록 만들어야 한다는 신념을 갖고 있었다. 미국과의 특수관계 맥락에서 이 기회를 잘 활용함으로써 영국의 외교적 위상을 높일 수 있다고 믿었던 것이다. 그래야 영국이 국제사회에서 국력 이상의 영향력을 발휘할 수 있게 된다고 생각했다.

블레어 총리가 이라크전쟁과 관련하여 미국을 지원하면서 프랑스·독일 등과는 다른 입장을 취한 데에는 그가 주창한 '윤리적 대외정책' 신념도 한 몫을 했다. 그는 1999년 4월 코소보 사태와 관련하여 인도주의적으로 심각한 상황이 발생하면 국가주권에 대한 불간섭 원칙을 완화할 필요가 있다고 주장했다. 주권 존중 원칙과 인권 존중의 원칙이 심각하게 충돌할 때 국제사회는 대량학살 등을 막기 위해 특정 국가의 주권을 다소 제한할 수 있어야 한다고 주장했다.

블레어 총리는 자신의 이런 신념을 이라크 사태에 적용했다. 사담 후세인 정권의 비도덕성·비윤리성은 부인할 수 없는 사실이었다. 국민들을 무자비하게 탄압하고 착취하는 압제정권이었으므로 인권을 보호하기 위해서도 군사적 개입을 통해 이라크를 해방시켜야 한다고 믿었다.[38]

---

38) * 블레어 총리도 부시 대통령과 마찬가지로 세상사를 선과 악, 흑과 백으로 양분하는 경향이 있었다(Kramer, 2003).

12. 왜 이라크가 침공대상이 되었나

부시 대통령은 2002년 1월 이란·이라크·북한 세 나라를 '악의 축' 국가로 지목했다. 이 들 세 나라 중에서 이라크가 무력 공격 대상으로 선정되었다. 왜 이라크였나? 데이비드 던 교수는 이렇게 답했다. "이라크로부터의 명백한 위협 때문이 아니었다. 손보기가 가장 쉬운 나라여서 그랬다."39)

대량살상무기에 의한 안보 위협으로 말하자면 북한이나 이란이 이라크보다 더 심각했다. 그런데도 미국은 이라크를 쳤다. 미국은 북한에 대해서는 외교적인 해결을 강조하면서 이라크에 대해서는 무력을 사용했다. 당시 북한의 대량살상무기 프로그램은 이라크보다 훨씬 더 진전되어 있었다. 북한의 고농축우라늄 프로그램을 갖고 있다는 정보가 백악관에 전달된 것은 2001년 11월이었는데, 부시 행정부는 9·11사태 와중이어서 신경을 쓰지 못했다.

부시 행정부가 이라크를 선택한 것은 침공을 해도 부작용이 가장 덜 할 것으로 판단했다. 북한은 이라크와 달랐다. 미국과 북한 사이에는 일종의 '상호 억제' 상태였는데 이라크는 그렇지 못했다. 핵능력을 갖고 있는 북한을 공격했다가는 낭패를 볼 가능성이 농후했다. 위험성과 불확실성이 너무 컸다.40)

다음으로, 부시 행정부는 이라크가 더 급하다고 보았다. 이라크가 WMD를 사용할 가능성이 북한이나 이란보다 더 크다고 본 것이다. 이와 함께 후세인이 이성적으로 판단하는 사람이 아니어서 1990년 8월 쿠웨이트 침공 때처럼 오판할 가능성이 있다고 믿었다. WMD를 실제 사용할 가능성 면에서는 후세인이 김정일 보다 훨씬 크다고 판단한 것이다.

---

39) Dunn, 2006.
40) Kim and Hundt, 2011.

부시 행정부에서 이라크 침공을 주도한 사람들은 사담 후세인을 무너트리면 이란과 북한이 겁을 먹을 것으로 예상했다. 그렇게 되면 이 두 나라의 핵 문제를 풀어나가는데 있어서도 유리할 것으로 보았다. 말하자면, 본때를 보여주면 이들 두 나라에 강력한 압력으로 작용할 수 있다고 생각한 것이다. 미군이 바그다드를 단숨에 함락했을 즈음 이들 사이에 "바그다드 함락은 테헤란과 평양 지도자들에게 강한 인상을 주었음에 틀림없다"는 이야기가 나왔다.41)

13. 중동 전략을 재조정하려 했다

미국은 1970년대 말까지 이란과 사우디아라비아로부터 원유를 안정적으로 공급받고 있었다. 그러나 1979년 이란 혁명으로 이란으로부터의 원유 공급이 끊기자 사우디아라비아에 전적으로 의존하게 되었다. 상대적으로 사우디아라비아의 위상은 높아졌다. 이 때문에 미국은 전략적으로 취약한 입장에 놓이게 되었다.

이라크 침공을 열망한 네오콘들은 중동에서의 불리한 전략 환경을 변화시킬 수 있는 기회를 찾고자 했다. 9·11테러범의 대부분이 사우디아라비아 출신인데서 나타나듯이 이 지역은 이슬람권의 테러 현상과 밀접하게 관련이 되어 있었다. 이슬람에 의한 테러 문제를 다루는데 있어 사우디아라비아는 걸림돌이었다. 뿐만 아니라 미국으로서는 사우디아라비아와의 관계에 금이 가면 대책이 없었다. 이라크가 미국의 우방이 될 수 있다면 이런 전략 환경을 바꿀 수 있게 된다. 다시 말하면, 이라크를 미국의 영향권 아래에 두는 것은 중동 지역에서의 이러한 전략적 핸디캡을 극복할 수 있는 방법의 하나였다.42)

---

41) Record, 2008.

이렇게 되면 이스라엘의 안보도 강화된다. 네오콘들은 이스라엘의 안보를 강화하는 것은 곧 미국의 이익에 부합하는 일이라고 믿었다. 부시(아들 부시) 대통령은 역대 미국 대통령 중에서 가장 친이스라엘 적인 대통령으로 여겨졌다.

14. 북한에도 영향을 미치다

김정일은 이라크 사태를 바라보며 나름대로 생각한 바가 있었을 것이다. 북한이 핵으로 무장하지 않으면 이라크처럼 당하게 될 것이 라고 생각했을 것이며, 다른 한편으로는 미국이 이라크· 아프가니 스탄에서 고전하고 있는 틈을 타 핵·미사일 개발에 박차를 가해야 한다고 생각했을 것이다. 북한은 2006년 10월 1차 핵실험을 실시했 다.[43]

미국의 이라크 침공 시점은 2차 북핵 위기가 발생한 시점과 일치 한다. 미국이 이라크전쟁을 완벽하게 끝낼 수 있었더라면 북한이 느 끼는 두려움은 훨씬 더 컸을 것이다. 그러나 미국이 이라크전쟁의 수렁에서 허덕이는 것을 보고 북한은 안도하면서 핵개발에 매진했 다. 이라크전을 놓고 국무부와 국방부가 갈등하는 상황은 북한 핵 문제를 놓고서도 갈등하는 상황으로 이어졌다.

김정은은 2013.3.31 당 중앙위원회 전원회의에서 "핵무기가 세상 에 출현한 이후 70년간 세계적 규모의 냉전이 지속되고 크고 작은

---

42) Record, 2008.
43) * 이라크전쟁이 발발한 시점에 김정일은 50일 간 잠적했었다. 2003년 3월 베 이징에서 6자회담을 출범시키기 위한 미·북·중 3자회담이 열렸을 때 미국 대 표단은 중국·북한 대표단이 미국의 이라크 침공을 보고 느끼는 '충격과 공포'를 감지할 수 있었다 한다. 북한은 미국이 제의한 6자회담을 거부하고 있었으나 미 국의 이라크 침공 직후 입장을 바꿨다. 『로동신문』은 2012.12.10 '조선 사람들 에게 로켓탄과 핵이 없었다면 미국이 이미 덮치고도 남았을 것'이라고 썼다.

전쟁도 많이 있었지만 핵무기 보유국들만은 군사적 침략을 당하지 않았다"고 말했다. 그러면서 "자위적 국방력을 갖추지 못하고 압력과 회유에 못 이겨 이미 있던 전쟁 억지력마저 포기했다가 침략의 희생물이 되고만 발칸 반도와 중동지역 나라들의 교훈을 절대로 잊지 말아야 한다"고 했다.

15. 미국의 이라크전 실패가 주는 교훈

1) 힘으로 강요할 때에는 오히려 정당성이 더 필요하다

미국은 힘으로 의사를 강요할 수 있었지만 이때 정당성이 뒷받침되지 않았다. 무력 공격을 개시하기 전에 유엔의 명시적 승인을 받지 않아 유엔의 권위를 훼손시켰다. 아난 유엔사무총장은 2002. 9.11 "국가들이 국제평화와 안전에 대한 광범위한 위협을 다루기 위해 힘을 사용하기로 할 때 유엔이 제공할 수 있는 특별한 정당성을 대신할 만한 것은 없다"고 했다. 정곡을 찌르는 말이었다.[44]

부시 행정부는 기존의 조약이나 국제법을 무시했다. 국제사회 규범에 대해 경멸적인 태도를 취했다. 그러니 미국이 행사하는 물리력에 정당성이 실리지 않았다. 국제정치에서 파워는 정당성을 토대로 행사되어야 광범위한 지지를 받을 수 있다. 파워는 법질서 내에서 신중하고 영명하게 행사되어야 영향력이 될 수 있다.[45]

---

44) * 키신저는 2014년 발간한 『세계 질서』 World Order라는 책에서 국제적으로 질서가 유지될 수 있기 위해서는 힘과 정당성이 함께 동원되어야 한다고 하면서, "어떤 세계질서도 그것이 지속가능한 것이 되기기 위해서는 지도자들뿐만 아니라 일반 시민들이 그 질서를 공정한 것으로 받아들일 수 있어야 한다"고 했다.

45) Tucker, 2004.
* 부시 행정부는 이라크를 침공하기 전 유엔 안보리 결의안을 추진하는 과정에서 안보리가 미국의 요구에 응하지 않으면 유엔은 존재가치를 잃게 될 것이라고 했다. 힘으로 모든 것을 해결할 수 있다는 오만한 태도였다.

정당성의 결여는 전후 재건 과정에서도 심각한 어려움을 야기했다. 현지 이라크인들이 미국의 점령·통치에 대항했다. 만약 다수 국가가 참여한 연합군이었다면 점령군이 지니는 권위와 정당성으로 인해 주민들의 반발이 그렇게 강하지 않았을 것이다.

나이 교수는 이런 현상을 소프트파워 이론으로 설명했다. 부시 행정부는 하드파워에 너무 의존했다는 것이다. 테러문제와 같이 국제사회 다수 국가들 간의 협력을 통해 다루어야 하는 범세계적 문제는 소프트파워를 사용하는 것이 효과적인데 미국의 이라크 침공의 경우 정당성이 결여되어 미국이 행사할 수 있는 소프트파워가 제한적이었다는 것이다.[46]

2) 국제사회의 여론을 무시해서는 안 된다

부시 행정부는 국제사회의 여론을 너무 무시했다. '안하무인眼下無人'이었다. 부시 대통령은 테러와의 전쟁에서 미국편에 서지 않는 나라들은 테러에 동조하는 세력과 마찬가지라고까지 했다. 독선이 심해 다른 나라 지도자들의 의견을 듣지 않았다. 세계인들은 미국이 오만하다는 인상을 받았다.[47]

시니어 부시 대통령의 경우는 대조적이었다. 걸프전쟁 때 그는 외교·군사적으로 성취할 수 있는 바가 무엇인지를 정확히 가늠했다. 그리고 이를 달성하기 위해 국내외 지도자들과 긴밀히 상의했다. 국제적인 합의를 도출해 나갔다. 더 나아가 연합군이 승리한 공功을 미국이 아닌 다른 참전국들에게 돌렸다. 미국이 오만하다는 인상을 조금도 주지 않았다.

주니어 부시 대통령은 프랑스·독일·러시아·중국 등의 반대를

---

46) Nye, 2003.
47) * 시사주간 『타임』이 "2003년 세계 평화에 가장 위협이 된 나라가 어느 나라라고 생각하느냐"라고 물은 데 대해 70만 명의 응답자 중 북한 6.7%, 이라크 6.3%, 미국 86.9%로 나타났다(Lebow, 2006에서 재인용).

아랑곳하지 않고 일방적으로 이라크를 침공했다. 그래서 이라크 재건 과정에서 문제가 생기자 이런 나라들의 도움을 받을 수 없었다. 파월 국무장관은 이를 예상하고 이라크 침공 전 유엔 안보리 결의에 의한 침공을 끈질기게 주장했다.

국제여론을 존중하는 것은 그렇게 하는 것이 결국 자신에게 유리하기 때문이다. 국제여론을 존중하는 것은 손해나는 일이 아니다. 자기 입장을 지지해주는 동조자를 더 많이 확보할 수 있게 된다.

3) 힘으로만 밀어붙이지 말고 외교를 병행해야 한다

국제관계에서 어떤 문제에 대한 해결을 시도함에 있어 힘은 필요조건이지 충분조건은 아니다. 미국은 세계 유일의 초강대국이라는 위치에서 힘으로만 밀어붙이려 했다.

미국이 이라크전쟁에서 실패한 원인을 살펴보면 외교의 실패가 있었음을 알 수 있다. 외교를 하지 않았던 것은 아니다. 군사력에만 너무 의존했다는 것이다. 누구도 제어할 수 없는 압도적인 힘을 가진 나라라 할지라도 힘만 갖고 목적을 달성할 수 없다. 힘을 사용하더라도 외교와 함께 사용해야 한다. 부시는 미국 혼자서 할 수 있다고 오판했다.

데이비드 던 교수는 이렇게 말한다. "이라크 침공 이전까지는 (미국의) 정치적 파워의 가능성과 한계를 보여주었다. 이라크 침공·점령 이후에는 군사적 파워의 가능성과 한계를 보여주었다."[48] 프레스먼 교수도 부시 행정부가 이라크에서 실패한 원인 중 하나는 '힘'과 '외교'를 잘 못 배합한데 있었다고 했다. 힘만으로는 한계가 있기 때문에 외교를 가미했어야 했다는 것이다.[49] 크리스토프 『뉴욕타임스』 칼럼니스트도 "미국이 이라크전에서 4조 달러를 지불하고 배운

---

48) Dunn, 2006.
49) Pressman, 2006.

교훈은 미국의 군사력이 아무리 눈부시고 매혹적이더라도 모든 문제의 해결책이 될 수는 없다는 것이다"라고 썼다.50)

　국제정치에서 힘과 외교는 실과 바늘의 관계와 같다. 무력을 사용하는 상황에서도 외교를 등한시해서는 안 된다. 이 둘은 함께 사용되어야 그 효과를 배가할 수 있다.

4) 국가지도자는 신중해야 한다

　부시 행정부가 이라크전쟁에서 실패한 배경에는 오만과 자만심이 있었다. 역사적으로 오만과 자만심이 화禍를 부른 사례가 많다. 부시 행정부는 전쟁을 완벽하게 끝낼 수 있다는 자신감이 넘쳤다. 일거에 해결을 시도하는 방식을 택했다.51) 국가지도자에게 가장 중요한 덕목인 신중함prudence이 있었더라면 완전히 다른 결과를 낳았을 것이다.

　부시가 체니 아닌 파월 같은 사람을 러닝메이트로 선택했을 경우 상황이 달랐을 것이라는 가정도 있다. 체니 부통령만큼 미국을 국내외적으로 곤경에 빠트린 사람은 없었다고 할 정도로 이라크전 실패에서 그의 역할은 두드러졌다. 패튼 옥스퍼드대학 총장은 "부시 대통령은 자기가 쓴 회고록의 제목을 '체니를 선택해 치른 대가'로 붙였어야 한다"고 냉소적으로 말했다. 부시의 실수가 체니로부터 나왔다고 본 것이다.

　부시와 체니 모두 프루던스가 없었다. 'prudence'는 어떤 행동의 결과를 깊이 생각하는 태도다. 부시 행정부는 이라크를 침공한 후 어떤 상황이 전개될지 그리고 그런 상황을 어떻게 다룰지 심사숙고하지 않았다. 테닛 CIA 국장은 "이라크 침공이 어떤 함의를 갖는지 심도 있게 논의된 적이 한 번도 없었다"고 술회했다. 부시 대통령이

---

50) 뉴욕타임스, 2014.6.18.
51) Anthony Lewis, 2003.

이라크 침공을 결정하기 전에 빈틈없이 살펴보지 않았음을 말해준다.52)

5) 정보 실패는 정책 실패의 원인이 된다

이라크전 실패의 가장 큰 원인은 정보 실패였다. 정보 실패의 원인은 정보의 정치화에 있었다. 정보 생산자(정보기관)가 정보 사용자(국가지도자)의 필요에 맞춰 제품을 생산했다는 것이다. 게다가 정보 사용자는 자기의 정치적 목적에 맞춰 정보를 사용했다. 정보의 선별적 사용 현상이다. 네오콘들은 전쟁을 결심하고 이 결심을 합리화하는데 도움이 되는 정보만 부각시켰다.

체니 부통령·럼스펠드 국방장관·울포비츠 국방부 부장관·페이스 국방부 차관 등은 CIA나 국무부 정보조사국이 제공하는 정보를 불신했다. 그들의 주된 정보원은 이라크 망명자들로 구성된 '이라크국민회의'였다.53) 다른 나라 정보기관들은 이들을 신뢰하지 않았다. 이들이 이라크를 떠난 지 너무 오래되었기 때문이다. 이들 망명자들은 네오콘들의 마음에 드는 정보를 제공하고 돈을 받았다.

미 정보기관들은 사담 후세인이 알카에다와 연계되어 있다는 정보를 뒷받침하는 정보 분석 보고서를 낸 적이 없다. 그럼에도 부시 대통령은 2002.11.1 오하이오주 신시내티에서 행한 연설에서 후세인이 알카에다와 연계되어 있다고 했다.54) 파월 국무장관도 2003. 2.5 유엔 안보리에서 이라크 상황을 설명할 때 사담과 알카에다가

---

52) Dobel, 2010.
53) * '이라크국민회의'는 이라크 국민들이 후세인에 대한 증오심으로 단결할 것이라고 했으나 실제로는 수니파와 시아파 간의 대립이 내전 상황으로 이어졌다. 이라크국민회의 의장 찰라비가 제공한 정보들은 신뢰할만한 것이 못되었다. 당시 이라크에는 미 정보기관의 휴민트(humint; 인적정보)가 없었다.
54) * 부시 대통령은 2004년 6월까지도 사담 후세인과 알카에다가 연계되어 있다고 주장했다. 체니 부통령은 언론이 부시 대통령의 이런 주장에 의문을 제기하자 언론이 무책임하다고 비난했다(Lebow, 2006).

협력관계에 있다고 명시적으로 말하지 않았다. 그럴 가능성을 암시하는 정도로 언급 했다.55)

당시 CIA 국장이었던 테닛은 부시 대통령이 싫어할 내용은 보고서에 넣지 않도록 한 것으로 알려졌다.56) 예를 들어, CIA 현장요원이 폭동 발생을 우려했으나 이런 우려를 정세평가 보고서에 넣지 않았다는 것이다. CIA는 럼스펠드 장관의 압력으로 이라크 내 인프라 수준을 과장하기도 했다.

6) '플랜B'가 있어야 한다

플랜B란 본本 계획이 작동하지 않거나 실패할 경우에 대비한 계획을 말한다. 이라크 침공과 같은 중대한 사안에서 플랜B가 없었다. 단시일 내 사담 후세인을 무너뜨리고 이어 민주주의를 심는 일이 순조롭게 진행될 것으로만 예상했다. 1단계 작전은 생각대로 완벽하게 이뤄졌다. 문제는 2단계였다. 상황이 꼬이기 시작했다. 이라크내 각 지역의 사정이 생각했던 바와는 영 다르게 나타났다. 플랜B가 있었더라면 곧 바로 대응할 수 있었는데 그런 계획은 어디에도 없었다. 큰 차질이 생겼다.

사실 국무부는 2002년 4월부터 1년 가까이 전후戰後 계획 보고서를 작성해 재건인도지원국ORHA에 보냈다. 이 계획서에는 ORHA가 필요하면 언제든지 도움을 요청할 수 있도록 국무부 전문가들의 명

---

55) * 파월은 2007년 자신이 유엔에서 행한 연설에 대해 "내가 입수했던 정보는 부정확한 것으로 판명되었다. 이 유엔 연설은 나의 오점으로 남을 것이다"라고 후회했다. 파월은 안보리에서 브리핑할 때 바로 뒤에 조지 테닛 CIA국장이 앉도록 했다. 자신이 말하는 내용이 구체적인 정보에 근거한 것임을 암시하기 위한 연출이었다.

56) * 테닛 국장은 1997년 클린턴 행정부(민주당) 시절 임명되었는데 2001년 공화당의 부시 행정부 들어서도 계속 국장직을 수행했다. 이런 과정에서 부시 대통령의 신임을 얻기 위해 백악관을 의식한 보고서를 올리는 경우가 많았다는 세평을 받았다.

단도 들어 있었다. ORHA 국장은 이 전후계획 작성 책임자를 초빙했으나 럼스펠드 장관은 그를 돌려보냈다. 체니 부통령의 지시가 있었다 한다.57) 럼스펠드와 체니는 전후계획 같은 것은 필요없다고 생각했다.58)

플랜B가 없었던 것은 플랜B 마련을 꺼렸기 때문이다. 플랜B를 마련하면 마치 플랜A에 대한 자신감이 부족한 것처럼 보인다. 플랜B가 있으면 플랜A의 임팩트가 줄어든다. 실패 가능성을 염두에 두는 것은 심리적으로 부정적인 영향을 준다. 플랜A의 성공 가능성을 확신할 때 플랜B를 만들려 하지 않는다. 플랜A를 만드는데 전력투구할 경우 플랜B를 만드는 일은 소홀하게 된다. 부시 행정부가 플랜B를 제대로 만들지 않은 배경에는 이런 요인들이 복합적으로 작용했다.59) 체니 부통령이나 럼스펠드 국방장관은 플랜A가 잘 못 될 수도 있다고 생각하지 않았다.60)

7) 전문가들의 견해를 무시하지 말아야 한다

이라크전과 관련하여 주요 결정을 내릴 때 백악관이나 국방부의 고위관리들은 전문가들의 견해를 듣지 않았다. 국방부의 고위정책결정자들은 국무부 전문가들이 심혈을 기울여 만든 전후 재건계획을 거들떠보지도 않았다. 국무부 관리들은 국방부 인사들에 대해 불만이 많았다. 국방부 관리들은 국방부 관리들대로 국무부 관리들에 대해 불만이 많았다.61)

---

57) Lebow, 2006.
58) * 전후계획이 없었던 가장 큰 이유는 등 전쟁 계획 작성자들이 후세인 정권을 무너트려 민주주의 체제로 바뀌면 이라크 국민들이 스스로 나라를 재건할 것으로 판단했기 때문이었다.
59) Jervis, 2010.
60) Jervis, 2008.
61) * 국무부는 75명의 아랍 전문가로 태스크포스를 만들어 이라크 점령 계획을 작성하려 했으나 럼스펠드 장관의 반대로 중단되었다. 이라크를 민주주의 체제로 전환시킨다는 방침에 충실하지 않았다는 것이 중단 사유였다(Lebow, 2006).

전문가의 견해가 무시된 것은 국무부의 경우만이 아니었다. 럼스펠드 국방장관은 신세키 육군참모총장의 의견도 무시했다. 신세키는 이라크전 개전을 앞두고 (2003년 2월) 상원 군사위원회에 출석해 전쟁 종료 후 이라크의 안정을 위해서는 수 십 만 명의 병력이 필요하다고 주장했다. 럼스펠드 장관은 신세키가 '틀려도 한참 틀렸다'고 하면서 그의 주장을 일축했다. 화가 난 럼스펠드는 4개월 뒤 그를 전역시켰다. 신세키는 퇴임사에서 "우리는 10개 사단 병력을 갖고 12개 사단을 필요로 하는 전략을 짜고 있음을 알아야 한다. 이는 우리 전력이 지탱할 수 있는 임무의 범위를 초과하는 것"이라고 말했다. 신세키의 판단이 옳았음이 입증되었다.62) 부시 대통령은 2007년 초 미군병력의 대규모 증파를 결정했다.

전문가의 견해는 이라크 현장에서도 무시되었다. '연합군 임시행정처'에는 이라크 정치와 사회를 이해하는 데 필요한 언어능력과 전문지식을 갖춘 사람들이 태부족이었다. 몇 안 되는 전문가들조차도 주요 결정에 참여할 수 없었다. 현지 사정을 제대로 모르는 가운데 결정들이 내려졌다.63)

---

62) * 럼스펠드 국방장관은 2006년 11월 결국 장관직에서 물러났다. 해임에 가까웠다. 부시 대통령은 2008년 1월 럼스펠드 후임인 게이츠에게 "국방장관을 몇 년 더 일찍 교체했더라면 좋았을 것"이라고 했다. 이라크 실수를 인정하는 발언이었다.

63) Diamond, 2004.

참고 자료

제1장 이승만 대통령의 한·미 상호방위조약 체결

Barton J. Bernstein, ⟨Panic over a wicked old man⟩, The Nation, 1978.3.11.

박실, 『한국외교비사』, 기린원, 1980.

한표욱, 『한·미 외교 요람기』, 중앙신서, 1984.

양대현, ⟨한국전쟁과 한미동맹 관계⟩, 한국정치학회보 제26집 1호, 1992.

김계동, ⟨강대국 군사개입의 국내정치적 영향: 한국전쟁 시 미국의 이대통령 제거계획⟩, 국제정치논총 제32집 1호, 1992.

박봉식, ⟨四面楚歌속 나라 救한 이승만⟩, 한국논단, 1993. 8월호.

한표욱, ⟨외교관이 본 이승만의 건국외교⟩, 한국논단, 1993. 8월호.

박경서, ⟨한·미관계⟩, 정일영 편, 『한국외교 반세기의 재조명』, 나남, 1993.

홍석률, ⟨이승만 정권의 북진통일론과 냉전외교정책⟩, 한국사연구 제85호, 1994.6.

문창극, 『한·미 갈등의 해부』, 나남, 1994.

유영익, ⟨리승만; 그는 누구인가⟩, 한국논단, 1996. 8월호.

홍용표, ⟨국가안보와 정권안보: 이승만 대통령의 안보정책을 중심으로, 1953~60⟩, 국제정치논총 제36집 3호, 1997.

김충남, 『성공한 대통령 실패한 대통령』, 둥지, 1998.

김일영, ⟨이승만 정부에서의 외교정책과 국내정치⟩, 국제정치논총 제39집 3호, 2000.

차상철, ⟨아이젠하워, 이승만, 그리고 1950년대의 한·미 관계⟩, 미국사연구 제13집, 2001.5.

장준갑, ⟨한국전쟁 직후 미국의 한반도정책(1953~54): 냉전외교의 한계⟩, 미국사연구 제15집, 2002.5.

김창훈, 『한국 외교 어제와 오늘』, 다락원, 2002.

이철순, ⟨한국전쟁 이전 미국의 한국의 가치에 대한 평가⟩, 국제정치논총 제43집 1호, 2003.

김선숙, ⟨6·25 휴전협상과정에 있어 이승만의 협상전술: 포로교환문제를 중심으로⟩, 국제정치연구 제7집 1호, 2004.

신욱희, ⟨이승만의 역할인식과 1950년대 후반의 한·미 관계⟩, 한국정치외교사논총 제26집 1호, 2004.

김영주, 『외교의 경험과 단상』, 인사동문화, 2004.

이혜정, ⟨한미동맹 기원의 재조명: 한·미 상호방위조약의 발효는 왜 연기되었는가?⟩, 한국정치외교사논총 제26집 1호, 2004.

김영호, <한국 외교 100년 전쟁>, 주간조선 2004.2.5.

차상철, <외교가로서의 이승만>, 연세대학교 현대과학연구소 제6차
　　　국제학술회의 논문집, 2004.11.

김한교, <이승만 대통령의 정치사상>, 한국논단, 2005. 1월호.

유영익, <한미동맹 성립의 역사적 의의>, 한국사 시민강좌 제36호, 2005.2.

오제연, <평화선과 한일협정>, 역사문제연구 제14호, 2005.

김일영, <이승만 정부의 외교정책에 대한 재평가>, 한국동북아논총 제37집,
　　　2005.

정병준, 『우남 이승만 연구』, 역사비평사, 2005.

Robert L. Hays, <A Case Study: Diplomatic Communication During the
　　　Prisoner of War Crisis in South Korea in 1953>, ISA Annual
　　　　　Convention, 2005.

우철구 등, 『청소년을 위한 우리 역사 바로 보기』, 성신여자대학교 출판부
　　　2006.

유영익, <이승만 대통령의 업적 ① ② ③ ④ ⑤>, 한국논단, 2006. 8월, 9월,
　　　11월, 12월호, 2007. 1월호.

이완범, <1950년대 이승만 대통령과 미국의 관계에 관한 연구>, 정신문화연구
　　　제30권 제2호, 2007. 여름.

홍용표, <현실주의 시각에서 본 이승만의 반공노선>, 세계정치8 제28집 2호,
　　　2007. 가을·겨울.

이완범, <한국 정권교체의 국제정치:1950년대 전반기 미국의 이승만 제거
　　　계획, 후반기 미국의 이승만 후계 체제 모색과 1960년 4월 이승만
　　　퇴진>, 세계 정치8 제28집 2호, 2007. 가을·겨울.

이완범, <1950년대 이승만 대통령과 미국의 관계에 관한 연구>, 정신문화연구
　　　제30권 제2호, 2007.

이주천, <건국초기 미국의 대한정책과 이승만의 대응책(1948~1950)>,
　　　서양사학연구 제19집, 2008.

박명림, <이승만의 한국문제·동아시아·국제관계 인식과 구상>, 역사비평
　　　통권83호, 2008.5.

조갑제, <이승만의 '미국 다루기'>, 월간조선, 2008. 10월호.

배진영, <이승만 연구 붐>, 월간조선, 2008. 10월호.

이한우, 『우남 이승만, 대한민국을 세우다』, 해냄, 2008.

차상철, <이승만의 미국인식: 형성과 전개>, 한국인물사연구 제9호, 2008.

박명림, <이승만의 한국 문제·동아시아·국제관계 인식과 구상>, 역사비평
　　　통권83호, 2008.5.

김명섭·김석원, <독립의 지정학: 대한제국(1897~1910) 시기 이승만의
　　　지정학적 인식과 개신교>, 한국정치학회보 제42집 제4호, 2008.12.

김보영, <한국전쟁 시기 이승만의 반공포로석방과 한·미 교섭>, 이화사학연구

제38집, 2009.

박명림, <순응과 도전, 적응과 저항>, 역사비평 통권86호, 2009.2.

김명섭·김석원, <김구와 이승만의 지정인식>, 한국정치학회보 제43집 제3호, 2009.

차상철, <이승만과 미국 그리고 대한민국 정부수립>, 미국사연구 제29집, 2009.

박영준, <이승만의 국제질서인식과 일본관>, 한국정치외교사논총 제31집 1호, 2009.

조갑제, 『공산주의를 허문 8人의 결단』, 조갑제닷컴, 2009.12.

홍용표, <이승만 정부의 한미동맹 정책과 한·미 상호방위조약>, 함택영·남궁곤 편, 『한국 외교정책: 역사와 쟁점』, 사회평론, 2010.

Gi-Wook Shin, <One Alliance, Two Lenses: U.S.-Korea Relations in a New Era>, Stanford University Press, 2010

박 실, 『벼랑 끝 외교의 승리: 이승만 외교의 힘』, 청미디어, 2010.

역사비평 편집위원회, 『갈등하는 동맹, 한·미 관계 60년』, 역사비평사, 2010.

Yong-Pyo Hong, <The Evolution of Syngman Rhee's Anti-Communist Policy and the Cold War in the Korean Peninsula>, 통일연구 제14권 제1호, 2010.

신욱회, 『순응과 저항을 넘어서: 이승만과 박정희의 대미對美정책』, 서울대학교출판문화원, 2010.

차상철, <6·25전쟁과 한미동맹의 성립>, 김영호·강규형 외, 『6·25전쟁의 재인식』, 기파랑, 2010.

Robert Dallek, *The Lost Peace; Leadership in a Time of Horror and Hope 1945~1953*, Harper, 2010.

이주영, 『이승만과 그의 시대』, 기파랑, 2011.

장훈각, <이승만 대통령과 한미동맹: 동맹의 형성요인에 관한 연구>, 사회과학논집 제42집 1호, 2011, 봄.

Lee Sang-Hoon, <Syngman Rhee's Vision and Reality: The Establishment of the Nation and Thereafter>, *The Review of Korean Studies*, Vol.14 No.3, 2011.9.

조성훈, <한국전쟁 후 '중국군 위협'에 대한 한·미의 대응>, 한국정치외교사논총 제32집 2호, 2011.

이춘근, <강화되는 한미동맹>, 국민일보, 2012.6.18.

유영옥, <이승만의 업적에 대한 기호학적 해석: 긍정적 평가를 중심으로>, 한국동북아논총 제63호, 2012.

최형두, 『아메리카 트라우마』, 위즈덤하우스, 2012.

이철순, <이승만의 대미외교를 통한 국가생존 전략>, 한국정치연구 제21집 제3호, 2012.9.

이성훈, 『한국 안보외교정책의 이론과 현실』, 오름, 2012.

이춘근, 『미국에 당당했던 대한민국의 대통령들』, 글마당, 2012.

김명섭·김주희, <20세기 초 동북아 반일 민족지도자의 반공>,
　　　　한국정치외교사논총 제34집 2호, 2013.2.

김보영, <위기의 한반도, 평화의 길을 묻다- 정전협정의 쟁점과 그 유산>,
　　　　역사비평 통권104호, 2013.8.

김영호, <대한민국의 건국외교>, 한국정치외교사논총 제35집 2호, 2014.2.

정승현·강정인, <이승만의 초기 사상에 나타난 서구중심주의>, 정치사상연구
　　　　제20집 2호, 2014 가을.

제2장 박정희 대통령의 베트남 파병

박준영, <越南參戰과 韓國>, 국제정치논총 제26집, 198.6.

이기종, <韓國軍 베트남參戰의 決定要因과 對外關係의 變化>, 국제정치논총
　　　　제31집, 1991.

구영록, <國家利益과 韓國의 對外政策>, 국제정치논총 제31집, 1991.

이동원, 『대통령을 그리며』, 고려원, 1992.

홍규덕, <派兵外交와 安保신드롬>, 국제정치논총 제32집 2호, 1992.

류윤식, <'60年代 越南派兵決定의 環境的 要求와 支持>, 國防硏究, 제36권
　　　　제1호, 1993,

＿＿＿, <第3共和國 政治體制와 越南派兵>, 國防硏究, 제36권 제2호, 1993.

박경서, <한·미관계>, 정일영 편, 『한국외교 반세기의 재조명』, 나남, 1993.

구영록, 『韓國의 國家利益』, 法文社, 1995.

박경석, <越南戰 韓國軍 參戰의 再評價>, 군사논단, 제14호 및 제15호, 1998,
　　　　봄·여름.

＿＿＿, <Frontline Diplomacy: The U.S. Foreign Affairs Oral History
　　　　Collection>, Association for Diplomatic Studies and Training,
　　　　2000.

박홍영, <한국군 베트남 파병(1961~1966)의 재검토: 릿세의 '행위의 논리'
　　　　적용 가능성>, 국제정치논총 제40집 4호, 2000.

이동원, 『행동하는 자에게 불가능한 꿈은 없다』, 중앙M&B, 2001.

최동주, <베트남 파병이 한국경제의 성장과정에 미친 영향>, 동남아시아연구
　　　　제11권, 2001.

김창훈, 『한국 외교 어제와 오늘』, 다락원, 2002.

김영주, 『外交의 經驗과 斷想』, 인사동문화, 2004.

전재성, <1965년 한일국교정상화와 베트남 파병을 둘러싼 미국의 대한對韓
　　　　외교정책>,한국정치외교사논총 제26집 1호, 2004.

김관옥, <한국파병외교에 대한 양면게임 이론적 분석: 베트남파병과 이라크파병 사례비교>, 대한정치학회보 13집 1호, 2005.

조진구, <미국의 베트남 개입 확대와 한국군의 베트남 파병(1963~1965)>, 국방정책연구, 2006 봄.

우철구 등, 『청소년을 위한 우리 역사 바로 보기』, 성신여자대학교 출판부 2006.

이한우, <한국이 보는 베트남 전쟁: 쟁점과 논의>, 東亞研究 제51집, 2006.8.

박태균, <우방과 제국: 한·미 관계의 두 신화>, 창작과 비평사, 2006.

_____, <베트남 파병을 둘러싼 한·미 협상 과정>, 역사비평 통권74호, 2006, 봄.

김충남, 『대통령과 국가경영-이승만에서 김대중까지-』, 서울대학교출판부, 2006.

이철순, <비정상적 한·미 관계를 어떻게 극복할 것인가>, 역사비평 통권78호, 2007, 봄.

박태균, <한국군의 베트남전 참전>, 역사비평 통권80호, 2007, 가을.

Greg Grandin, <Sucking up to P>, *London Review of Books*, Vol.29, No.23, 2007.11.29.

장준갑, <존슨 행정부 초기의 한·미 관계(1964~66): 베트남 파병 협상을 중심으로>, 역사와 담론 제52호, 2009.4.

홍석률, <위험한 밀월: 박정희, 존슨 행정부기 한·미 관계와 베트남전쟁>, 역사비평 통권88호, 2009 가을.

최동주, <박정희 정부의 한·일국교정상화와 베트남 파병>, 함택영·남궁곤 편, 『한국 외교정책: 역사와 쟁점』, 사회평론, 2010.

김일영, 『건국과 부국: 이승만·박정희 시대의 재조명』, 기파랑, 2010.

신욱희, 『순응과 저항을 넘어서』, 서울대학교출판문화원, 2010.

역사비평편집위원회, 『갈등하는 동맹, 한·미 관계 60년』, 역사비평사, 2010.

중앙SUNDAY, <"박 대통령, 경제 살려 차관 갚겠다며 눈물로 지원 호소">, 2010.6.27.

신욱희, <데탕트와 박정희의 전략적 대응: 박정희는 공격적 현실주의자인가>, 세계정치 14, 2011.

조재호, <베트남 파병과 한국경제 성장>, 사회과학연구 제50권 1호, 2011.

이춘근, 『미국에 당당했던 대한민국의 대통령들』, 글마당, 2012.

윤충로, <베트남전쟁 시기 한국의 전쟁 동원과 일상>, 사회와 역사 제95집, 2012.9.

_____, <20세기 한국의 대베트남 관계와 인식: 1945년 해방 이후를 중심으로>, 사회와 역사 제97집, 2013.3.

Glen Baek, <Park Chung-hee's Vietnam Odyssey: A Study in Management of the U.S.-ROK Alliance>, *The Korean Journal of*

Defense Analysis, Vol.25, No.2, 2013.6.

박태균, <진짜 배후는 주한미군・한국군 동시 감축 계획이었나>, 한겨레, 2014. 1.11.

곽태양, <한국의 베트남전쟁 참전 재평가>, 역사비평 통권107호, 2014.5.

박민형, <파병 50주년 시점에서 재평가한 베트남전쟁의 현대 전략적 함의>, 국방정책연구 103권, 2014.

나정원・김용빈, <대한민국 민주주의와 베트남 전쟁>, 사회과학연구 제53집 1호, 2014.

제3장 노태우 대통령의 북방정책

허만, <北方外交에 관한 研究>, 국제정치논총 제26집 1호, 1986.

B.C. Koh, <Seoul's Northern Policy and Korean Security>, *The Korean Journal of Defense Analysis*, Vol.1, No.1, 1989, 여름.

정용길, <서독의 동방정책과 한국의 북방정책>, 국제정치논총 제29집 2호, 1990.

박영호, <북방정책과 북한의 대외관계>, 국제정치논총 제29집 2호, 1990.

김세균, <북방정책과 통일정책>, 국제정치논총 제29집 2호, 1990.

김달중, <북방정책의 개념, 목표 및 배경>, 국제정치논총 제29집 2호, 1990.

구영록, <國家利益과 韓國의 對外政策>, 국제정치논총 제31집, 1991.

이혁섭, <한국 북방외교정책의 평가>, 국제정치논총 제30집 2호, 1991.

이정민, <한국외교정책의 방향과 제도적 접근의 문제>, 정일영 편, 『한국외교 반세기의 재조명』, 나남, 1993.

김상규, <韓美關係에 있어서의 韓國의 北方政策>, 中蘇研究 통권 58호, 1993 여름

노진환, 『외교가의 사람들>, 서울미디어, 1993.

서진영, <탈냉전시대 북한의 신안보정책>, 전략논총 제1집, 1993.11.

Xiaoxiong Yi, <China's Korean Policy: From 'One Korea' to 'Two Koreas', *Asian Affairs: An American Review*, Vol.22, Issue 2, 1995.

신동아, <고르바초프와의 인터뷰>, 1995. 3월호.

구영록, 『한국의 국가이익』, 법문사, 1995.

William Clark, Jr. 회고(1994.1.11자), <Frontline Diplomacy: The U.S. Foreign Affairs Oral History Collection>, Association for Diplomatic Studies and Training, 2000.

김성철, <외교정책의 환경・제도・효과의 역동성: 북방정책 사례 분석>, 국제정치논총 제40집3호, 2000.

Don Oberdorfer, *The Two Koreas*, Basic Books, 2001.

이동원, 『행동하는 자에게 불가능한 꿈은 없다』, 중앙M&B, 2001.

전재성, <노태우 행정부의 북방정책 결정요인과 변화과정 분석>, 세계정치
    제24권 1호, 2002.

신범식, <북방정책과 한국-소련/러시아 관계>, 세계정치 24집 1호, 2002.

이상옥, 『전환기의 한국외교: 이상옥 전 외무장관 외교회고록』, 삶과꿈, 2002.

최병구, 『한국외교의 도약: 소련·동구권 국가와의 수교>, 외교안보연구원,
    2003.

전재성, <관여(engagement)정책의 국제정치이론적 기반과 한국의 대북 정책>,
    국제정치논총 제43집 1호, 2003.4.

이정진, <대북정책 결정과정에 나타난 대통령과 여론의 영향력 변화>,
    국제정치논총 제43집 1호, 2003.4.

첸치천, 『外交十記: 열 가지 외교 이야기』, 랜덤하우스중앙, 2004.

조동준, <외교정책결정자 심리분석의 유용성 검토: 1990년대 북핵 위기를
    둘러싼 한·미 관계를 중심으로>, 한국정치외교사논총 제26집 1호,
    2004.

김영주, 『外交의 經驗과 斷想>, 인사동문화, 2004.

조동준, <'자주'의 자가당착: 한반도 국제관계에서 나타난 안보모순과
    동맹모순>, 국제정치논총 제44집 3호, 2004.

이상현·조윤영, <미국의 세계전략과 주한미군: 80년대 말 철군 논의와 한반도
    안보의 연계성에 관한 고찰>, 한국정치외교사논총 제26집 1호, 2004.8.

Yong-Jick Kim, <The Nordpolitik as President Rho Tae Woo's New
    Foreign Policy, 1988-1992>, 세계지역연구논총 제23집 1호, 2005.

박철언, 『바른 역사를 위한 증언』, 랜덤하우스코리아, 2005.

조갑제 해설, 『盧泰愚 육성 회고록』, 조갑제닷컴, 2007.

신욱희, <압박과 배제의 정치: 북방정책과 북핵 1차 위기>, 한국정치외교사논총
    제29집 1호, 2007.

박명림, <민주화 이후 국제관계와 세계인식>, 역사비평 통권80호, 2007, 가을.

Korea Economic Institute of America, <Ambassadors' Memoir>, 2009.

조갑제, 『공산주의를 허문 8人의 決斷』, 조갑제닷컴, 2009.

외교통상부, 『한국외교60년; 1948~2008』, 2009.

장달중, <한반도의 냉전 엔드게임(Endgame)과 북미대립>, 한국과 국제정치
    제25권 제2호, 2009.

이성훈, <한국 안보외교정책의 기동성에 관한 연구>, 국방연구 제52권 제3호,
    2009.12.

국사편찬위원회, <고위관료들, '북핵 위기'를 말하다>, 구술자료선집 7,
    2009.12. 30.

박승준, 『한국과 중국 100년: 격동의 외교 비록』, 기파랑, 2010.

유호근, <한국 스포츠 외교의 역사적 전개과정>, 글로벌정치연구 제3권 2호,

2010.

전재성, <노태우 정부의 북방정책과 공산권 수교>, 함택영·남궁곤 편, 『한국 외교정책: 역사와 쟁점』, 사회평론, 2010.

내일신문, <"북한, 딜레마에 갇혀 있다">, 2010.9.30.

Jangho Kim, <Ostpolitik Revisited: The Lessons and the Remaining Consequences of Nordpolitik>, *International Area Review*, Vol.13, No.3, 2010, 가을.

중앙SUNDAY, <20년 전 한국 외교의 대담한 선택 上, 下>, 2010.11.21~22, 11.28~29.

하상식, <중국의 대한반도 전략적 이해관계>, 전략연구 통권 제51호, 2011.3.

김주삼, <한·중수교 18주년 평가와 '전략적 협력동반자 관계' 분석>, 국제문제연구 제11권 제1호, 2011, 봄.

연합뉴스, <외교열전: "한중수교 때 김일성 '자주노선' 선언">, 2011.6.20.

중앙일보, <덩샤오핑 '남조선영도소조' 정체는?>, 2011.8.23.

장훈각, <노태우 정부의 북방정책과 남북관계: 북핵 위기를 중심으로>, 동서연구 제23권 2호, 2011.

노태우, <노태우 회고록(하)-전환기의 大戰略>, 조선뉴스프레스, 2011.

정재호, 『중국의 부상과 한반도의 미래』, 서울대학교출판문화원, 2011.

박승준, <한·중 수교 19년의 의의와 평가>, 코리아정책연구원 국제학술회의 발표 논문, 2011.8.24.

김연철, <노태우 정부의 북방정책과 남북기본합의서>, 역사비평 통권97호, 2011, 겨울.

이정철, <김일성의 남방정책과 남북기본합의서>, 역사비평 통권97호, 2011, 겨울.

지해범, <한·중FTA의 '떡과 김칫국'>, 조선일보, 2012.1.25.

김기수, 『21세기 대한민국 대외전략: 낭만적 평화란 없다』, (주)살림출판사, 2012.

백학순, <노태우 정부와 김영삼 정부의 대북정책 비교>, 세종정책연구 2012~6, 2012.2.

이근, <북한의 남방정책, 한국의 북방정책>, 한국일보, 2012.3.8.

김대규, <노태우 정부의 북방정책이 한반도 비핵화에 끼친 영향에 관한 연구>, 통일전략 제12권 제2호, 2012.4.

이정철, <탈냉전기 노태우 정부의 대북정책>, 정신문화연구 제35권 제2호, 2012.6.

조경근, <김영삼 정부의 대북 정책: 내용과 평가>, 통일전략 제12권 제3호, 2012.7.

김영호, <대한민국과 국제정치>, 성신여자대학교 출판부, 2012.

문화일보, <파워인터뷰: 20년 전 한·중수교 실무 주역 권병현 前 주중대사>,

2012.8.17.

강원택 편, 『노태우 시대의 재인식』, 나남, 2012.

이성훈, <한국 안보외교정책의 이론과 현실>, 오름, 2012.

김하중, <김하중의 중국이야기1, 2>, 비전과 리더십, 2013.

동아일보, 조선일보, 서울신문, <덩샤오핑, "동맹은 깨질수 있어">, <1991년 김일성 만난 덩샤오핑 "동맹이란 믿을 게 못돼">, <덩샤오핑, 김일성 만나 "부서지지 않는 동맹 없어">, 2013.5.10.

동아일보, <김종휘 전 외교안보수석 "6共때 北도발 중단은 북방외교 효과…>, 2013.9.13.

문성묵, <북한 핵 문제 관련 한국의 정책대안>, 전략연구 통권 제62호, 2014.3.

뉴시스, <'북방외교 주역' 최호중 전 장관 별세… 외교부葬>, 2015.2.19.

이명박, <대통령의 시간>, 알에이치코리아, 2015.

한기홍, <노태우 때처럼>, 동아일보, 2015.3.7.

제4장 김대중·노무현 대통령의 햇볕정책

Robert Keohane, <Reciprocity in international relations>, International Organization, Vol.40, No.1, 1986.

박건영, <대북정책의 새로운 접근>, 국제정치논총 제38집 2호, 1998.

Ralph A. Cossa, <Managing Relations with North Korea>, The Korean Journal of National Unification, Vol.7, 1998.

김진영, <김대중 정부의 대북 정책: 정경 분리 원칙과 상호주의 원칙을 중심으로>, 국제정치연구 제1권, 1998.

한승주, <햇볕론의 허와 실>, 중앙일보, 1998.7.6.

김도태, <햇볕정책의 합리성 평가 및 보완 대책>, 전남대학교 사회과학연구 국제학술회의논문집, 1998.11.25.

Young Whan Kihl, <Seoul's Engagement Policy and US-DPRK Relations>, The Korean Journal of Defense Analysis, Vol.10, No.1, 1998, 여름.

김명섭, <북한에 대한 오리엔탈리즘과 '햇볕' 정책>, 당대비평 통권5호, 1998, 가을·겨울.

김우상, <햇볕정책의 성공적 이행을 위한 국내적·국제체제적 요소>, 통일연구 제3권 제2호, 1999,

민병학, <햇볕론 이후 남북한 관계의 전망>, 사회과학연구 제15권 2호, 1999,

이종석, <대북포용정책의 평가와 전망>, 사회과학논집 제30권, 1999,

김영수, <햇볕정책과 북한의 정치적 변화>, 통일연구 제3권 제2호, 1999,

최완규, <대북 포용정책에 대한 북한의 인식과 대응>, 한국민족문화 14권,

1999,

김영재·이승현, <남북한 신정부의 대북·대남 정책>, 국제정치논총 제39집 1호, 1999,

Chung-in Moon, David Seinberg edited, <Kim Dae-jung Government and Sunshine Policy>, Yonsei University Press, 1999.9.

이정복, <대북 햇볕정책의 문제점과 극복 방향>, 한국정치연구 8·9권, 1999

최용섭, <북한의 도발행위와 대북포용정책: 동해 잠수정 침투사건과 서해안 영해 침범 사건을 중심으로>, 국제정치논총 제39집 2호, 1999.

조민, <한국사회 냉전문화 극복방안 연구>, 통일연구원 연구총서, 1999.12.

유지훈, <서독의 햇볕정책에 대한 동독의 반응>, 사회과학연구 제16권 2호, 2000.

전재성, <유화 혹은 포용: 히틀러에 대한 유화정책이 대북정책에 주는 시사점>, 국가전략 제6권 2호, 2000.

김성주, <김대중 정부의 대북 포용정책의 현황과 과제>, 사회과학 제38권 제2호, 2000.

이항동, <대북포용정책에 대한 북한의 반응: 1997-1999, 로동신문 논평을 중심으로>, 한국정치학회보 제34집 1호, 2000.

이창헌, <김대중 정부의 대북 포용정책과 남북한관계>, 동북아연구 제13권, 2000.

고유환, <김대중 정부의 대북포용정책과 북한의 반응>, 아시아태평양지역연구 제2권 2호, 2000.

김성주, <김대중 정부의 대북 포용정책: 현황과 과제>, 국제정치논총 제39집 3호, 2000.

손무정, <햇볕정책, 무엇이 문제인가?>, 국제정치연구 제4집 2호, 2001.

정우곤, <햇볕정책의 성찰적 접근>, 시민정치학회보 제5권, 2002.

김용호, <대북정책과 국제관계이론: 4자회담과 햇볕정책을 중심으로 한 비판적 고찰>, 한국정치학회보 36집 3호, 2002.

김재한, <김대중 정부 대북정책의 평가-의도와 능력>, 통일전략 제2권 제2호, 2002.2.

김근식, <김대중 정부의 햇볕정책: 회고와 전망>, 한국과 국제정치 제18권 2호, 2002.3

Robert D. Kaplan, *Warrior Politics*, Random House, 2002.

유영옥, <대북 포용정책의 특성과 공과 분석>, 한국동북아논총 7권 1호, 2002.

김창희, <김대중 정부 대북정책의 현황과 과제>, 통일전략 2권 1호, 2002.

김도태, <기능주의 이론을 통한 대북포용정책 실천성 평가와 남북한 관계 전망>, 사회과학연구 제19권 1호, 2002.

노정호·김용호, <대북화해협력정책과 북한의 변화에 대한 실증적 분석>, 한국과 국제정치 제18권 3호, 2002

Sangtae Kim, <Initiatives toward Reunification of the two Koreas: An Assessment of Sunshine Policy>, 사회과학연구 제11권, 2002.

김태현, <상호주의와 국제협력: 한반도 핵 문제의 경우>, 국가전략 제8권 3호, 2002.

Haksoon Paik, <Assessment on the Sunshine Policy: A Korean Perspective>, *Asian Perspective*, Vol.26, No.3, 2002.

Yong-Sup Han, <The Sunshine Policy and Security on the Korean Peninsula: A Critical Assessment and Prospects>, *Asian Perspective*, Vol.26, No.3, 2002.

Victor Cha, <What the Bush Administration Really Thinks of the Sunshine Policy>, The Korean Peninsula in Transition, 경남대학교 극동문제연구소, 2002.

강성학, <9·11테러와 김정일 정권의 생존 전망>, 국제관계연구 제6권 1호, 2002.

최용섭, <김대중정부의 대북햇별(화해협력)정책에 대한 평가>, 전남대학교 세계한상문화연구단 국내학술회의 37, 2002.12.

최완규, <햇별정책의 국내정치적 제약요인 분석>, 동북아연구 제8권, 2003.

김영호, <대북포용정책의 평가: 성과와 한계>, 국제정치연구 제6집 1호, 2003.

윤태영, <노무현 정부의 대북한 평화번영정책: 정책과제와 추진전략>, 세계지역연구논총 제20권, 2003.

전재성, <관여(engagement)정책의 국제정치이론적 기반과 한국의 대북 정책>, 국제정치논총 제43집 1호, 2003.

Walter C. Clemens, Jr., <Peace in Korea?: Lessons from Cold War Détentes>, a Conference Paper, American Political Science Association's Annual Meeting, 2003.

구갑우, <북한 인식의 정치적 회로>, 정치비평, 2003 상반기.

김성윤, <미국의 한반도 정책과 남북관계에 관한 연구>, 정책과학연구 제13집 1호, 2003.

김용복, <김대중정부의 대북정책과 남북관계: 쟁점과 평가>, 동북아연구 8권, 2003.

김연철, <김대중정부의 대북정책 평가와 남북관계의 전망>, 동북아연구 제16권, 2003.

Jeong-yong Kim, <The Impact of President Kim Dae-jung's Beliefs on North Korea Policy>, *Korea Observer*, Vol.34, No.2, 2003 여름.

박보균, <'민족'을 왜 오염시키나>, 중앙일보, 2003.8.14.

김경원, <'햇별'보다 '햇빛'이 중요하다>, 중앙일보, 2003.9.1.

신진, <김대중 정부의 햇별정책과 구조적 한계>, 국제정치논총 제43집 1호, 2003.

Alexander L. George, 〈The Need for Influence Theory and Actor-Specific Behavioral Models of Adversaries〉, *Comparative Strategy*, Vol.22, 2003.

Youngho Kim, 〈The Sunshine Policy and Its Aftermath〉, *Korea Observer*, Vol.34, No.4, 2003.

김종갑, 〈햇볕정책의 정치적 의미와 남남갈등의 극복방안〉, 통일정책연구 제12권 2호, 2003

강성학, 『새우와 고래싸움-한민족과 국제정치』, 박영사, 2004.

Yan Xuetong, 〈Defining Peace: Peace vs. Security〉, *Korean Journal of Defense Analysis*, Vol.19, No.1, 2004, 봄.

Choong Nam Kim, 〈The Sunshine Policy and Its Impact on South Korea's Relations with Major Powers〉, *Korea Observer*, Vol.35, No.4, 2004.

강원식, 〈남남갈등의 스펙트럼과 논점들: 현실론적 고찰〉, 통일정책연구 제13권 2호, 2004.

권용립, 〈'이중트랙' 외교의 함정〉, 한겨레, 2005.9.27.

Chae-Han Kim, 〈Reciprocity in Asymmetry: When Does Reciprocity Work?〉, *International Interactions*, Vol.31, 2005.

김학노, 〈평화통합전략으로서의 햇볕정책〉, 한국정치학회보 제39집 제5호, 2005.12.

고유환, 〈햇볕정책 이후 한반도평화의 향방과 2007년의 전환〉, 노동사회 108권, 2006.3.

김충남, 〈대통령과 국가경영-이승만에서 김대중까지-〉, 서울대학교출판부, 2006.

윤영관, 〈세계관이 바뀌어야 미래가 열린다〉, 미래전략연구원, 2006.7.24.

이만우, 〈대북 포용정책의 한계점과 재검토 필요성〉, 통일연구 제10권 제1호, 2006.

복거일, 〈외교통상부와 통일부 통합하라〉, 세계일보, 2006.7.31.

Byung Chul Koh, 〈Continuity and Change in North Korea: an Assessment of Seoul's Policy toward the North〉, 통일연구 제10권 제1호, 2006.

이춘근, 〈햇볕정책의 파탄 원인〉, 월간조선 웹사이트 전문가 칼럼, 2006.8.1.

_____, 〈햇볕정책은 완전 실패했으니 새로운 대북정책 수립하라〉, 한국논단, 2006.9.

노영찬, 〈대북 포용정책이 초래한 北 핵실험〉, 문화일보, 2006.10.19.

김태효, 〈한국 외교정책 연구: 회고, 동향, 그리고 제언〉, 국제정치논총 제46집, 2007.

권용립, 〈대북정책은 '외교'다〉, 중앙일보, 2007.2.22.

Young-Chul Cho, 〈International Environments, State Identity, and South

Korea's National Security: Focusing on the Sunshine Policy(1998~2003)>, a paper prepared for presentation at the 48th ISA Annual Convention, 2007.2.28~3.3.

이춘근, 『현실주의 국제정치학』, 나남출판, 2007.

이경호, <김대중 정부 시기 대북정책과 국가자율성에 관한 연구: 비판적 성찰과 대안의 모색>, 국제정치논총 제47집 1호, 2007.

박형중, <한미동맹 그리고 북한과 동북아>, 통일연구원, 2007.

권용립, <대북정책은 '외교'다>, 중앙일보, 2007.2.22.

Paul Gordon Lauren, Gordon A. Craig, Alexander L. George, <Force And Statecraft>, Oxford University Press, 2007.

윤태룡, <제주도의 대북지원사업: 회의론 및 남북화해전략상의 의미 분석>, 제주평화연구원(JPI) Working Papers 07-04호, 2007.5.

Charles Jack Pritchard, <Failed Diplomacy : The Tragic Story of How North Korea Got the Bomb>, *Brookings Institution Press*, 2007.

박철희, <유연한 외교는 왜 힘이 셀까>, 동아일보, 2008.1.17.

Seung-Ho Joo and Euikon Kim, <The Sunshine Policy and the U.S.-ROK Relations>, a paper prepared for presentation at the 49th Convention of the International Studies Association, 2008.3.26~29.

정경환, <노무현 정권 대북정책의 문제점과 개선방향>, 통일전략 제8권 제1호, 2008.4.

한국통일전략학회 편, 『노무현 정권 대북정책의 평가』>, 도서출판 이경, 2008.

Marc Bogelaar, <South Korea: A 2×2 Engagement Approach> in <Ending the North Korean Nuclear Crisis: Six Parties, Six Perspectives>, Netherlands Institute of International Relations 'Clingendael', 2008.

최진욱, <이명박 정부의 대북정책과 북한의 반응: 새로운 대북정책을 위한 제언>,통일정책연구 제17권 1호, 2008.

정영태, <신정부의 대북정책 과제와 전망>, 전략연구 제15권 제1호, 2008.

임동원, 『임동원 회고록, 피스 메이커: 남북관계와 북핵문제 20년』, 중앙books, 2008.

월간조선, <김대중 전 대통령 인터뷰>, 2008. 10월호.

성경륭, <김대중-노무현 정부와 이명박 정부의 대북정책 추진 전략 비교: 한반도 평화와 공동번영 정책의 전략, 성과, 미래과제>, 한국동북아논총 제48권, 2008.

복거일, <유화정책의 수정은 언제나 어렵다>, 헤럴드 경제, 2008.12.1.

윤평중, <'북한문제'에 왕도 없다>, 동아일보, 2008.12.3.

박찬봉, <7·7선언체제의 평가와 대안체제의 모색: 기능주의에서 제도주의로>,

한국정치학회보 제42집 제4호, 2008.12.

권순택, <햇볕정책의 말로>, 동아일보, 2008.12.4.

빅터 차, <개성공단 폐쇄와 햇볕정책의 파산>, 조선일보, 2008.12.12.

Sukhee Han, <From engagement to hedging: South Korea's new China policy>, *The Korean Journal of Defense Analysis*, Vol.20, No.4, 2008.12

백학순, <김대중정부와 노무현정부의 대북정책 비교>, 세종정책연구, 2009년 제5권 1호.

자오후지, <'힘(力)'의 정치, '정(情)'의 정치>, 내일신문, 2009.4.29.

조선일보, <대북지원 10년간 현금만 29억 달러>, 2009.6.3.

김인규, <DJ는 김정일의 '매 맞는 아내'다>, 조선일보, 2009.6.23.

Donald Kirk, <Kim Dae-jung fought for an elusive dream>, Asia Times Online, 2009.8.20.

복거일, <MB 북한정책 원칙 고수하길>, 중앙일보, 2009.9.3.

Donald Kirk, *Korea Betrayed: Kim Dae Jung and Sunshine*, Palgrave Macmillan, 2009.

하상식, <대북포용정책 10년의 성과와 한계>, 국제관계연구 제14권 2호, 2009.

박건영·정욱식, <김대중-부시 정부 시기 한·미 관계, 대북정책을 중심으로>, 역사비평 통권86호, 2009.2.

김상태, <입체정치학적 관점에서 본 한국의 안보위기>, 사회과학연구 제20권 3호, 2009.

박휘락, <남북관계의 제로섭적 본질 회귀와 한국의 정책방향 분석: 게임이론과 합리적 모형의 적용>, 국제관계연구 제14권 1호, 2009.

김양규, <유화정책의 개념과 전략적 운용>, 세계정치 제30집 1호, 2009 봄·여름

이근, <남북관계와 미국의 동북아정책>, 역사비평 통권88호, 2009.8

김연철, <민주정부 10년의 대북 화해 협력 정책>, 내일을 여는 역사 제37호, 2009.12.

유호열, <햇볕정책 평가와 향후 대북·통일정책의 방향>, 한국행정학회 학술대회, 2009.

김준형, <이명박 정부의 대북정책, 그 이(理)와 실(實)>, 정치정보연구, 2009.

김학노, <김대중 정부의 햇볕정책과 6·15남북정상회담>, 함택영·남궁곤 편, <한국 외교정책: 역사와 쟁점>, 사회평론, 2010.

강성학, 『무지개와 부엉이』, 박영사, 2010.

김진웅, <역사적 관점에서 본 한국인의 대미인식의 원천>, 역사교육총서 제44집, 2010.2.

손광주, <천안함 사건으로 본 북한의 숨은 의도>, 데일리NK, 2010.4.27.

정석구, <이명박의 '천안함 도박'>, 한겨레, 2010.5.25.

Michael Gerson, <The best weapon against North Korea's lies: information>, *Washington Post*, 2010.6.16.

염돈재, <독일통일의 과정과 교훈>, 평화문제연구소, 2010.

Seoung-Ho Joo and Euikon Kim, <An Alternative to 'Sunshine' or Cold War: GRIT as a pragmatic, long-term strategy to resolve the Korean question>, 한국국제정치학회 2010 DMZ Peace Congress, 2010.8.

동아일보, <서독의 통일정책이 남한에 주는 교훈>, 2010.9.25.

조선일보, <민주당 안에서 나온 '햇볕 수정론'>, 2010.11.26.

Jong-Yun Bae, <South Korean Strategic Thinking toward North Korea: The Evolution of the Engagement Policy and Its Impact upon U.S.-ROK Relations>, Asian Survey, Vol.50, No.2, 2010.

전성훈, <평화라는 미명아래 북한에 끌려 다녀선 안 돼>, 한겨레, 2010.12.6.

권순택, <DJ와 노무현이 살아 있다면>, 동아일보, 2010.12.7.

김환영, <'아낌없이 뺏는 나무'>, 중앙일보, 2010.12.7.

문창극, <햇볕정책 실패를 선언하라>, 중앙일보, 2010.12.28.

Robert Jervis, <Why Intelligence and Policymakers Clash>, *Political Science Quarterly*, Vol.125, No.2, 2010.

탄홍메이, <한국 정부의 대북정책에 대한 검토적 연구: 김대중, 노무현, 이명박 정부의 비교>, 글로벌정치연구 제3권 1호, 2010.

강성학, 『무지개와 부엉이』, 박영사, 2010.

프레시안, <최장집 인터뷰>, 2011.1.1.

황지환, <남북관계의 국제정치>, 제주평화연구원(JPI) 정책포럼, 2011.1.

송대성, <이스라엘 국가안보: 지혜, 경험 그리고 교훈>, 2011한국국가정보학회학술회의, 2011.5.

정경환, <김대중 정권 대북정책의 비판적 고찰>, 통일전략 제11권 제2호, 2011.7.

정준표, <억지를 수반한 유화정책의 게임이론적 모델: 대북정책에의 함의>, 국제정치연구 14권 2호, 2011.

오병상, <가까이해야 할 나라, 러시아>, 중앙일보, 2011.8.4.

한승주, <대북 지원의 대상은 북한 주민이다>, 조선일보, 2011.8.30.

라종일, <통일은 정치에 앞선 인간적 과제다>, 중앙일보, 2011.9.17.

Taekyoon Kim, <Appeasement for Peace?>, 평화연구 19권 2호, 2011.10.

박용수, <김대중 정부의 자유주의적 대북·대외전략의 현실주의적 측면>, 사회과학논집 제42집 2호, 2011, 가을.

이수혁, <북한은 현실이다>, 21세기북스, 2011.

배종윤·명세진, <탈냉전 이후 한반도 문제에 대한 한국 대외정책의 '주도적 위상'과 그 가능성>, 한국과 국제정치 제27권 제4호, 2011 겨울.

416

홍영식, <군부에 둘러싸인 김정은>, 한국경제, 2011.12.30.

PRESSian, <김근식 교수 인터뷰>, 2011.12.30.

황지환, <북한문제 인식의 문제점과 새로운 접근의 필요성>, 통일과 평화 3집 2호, 2011.

김우상, 『신한국책략Ⅲ』, 세창출판사, 2012.

동아일보, <허문명 기자의 사람이야기: "DJ, 노벨상 타려 김정일에 15억 달러 주곤 2억 달러만 줬다고…">, 2012.2.13.

문순보, <북에 준 식량차관 꼭 돌려받아야>, 세계일보, 2012.3.17.

Doug Bandow, <Korea's 'Cute Leader' Makes a Deal>, The National Interest, 2012.3.20.

김재한, <백 투 더 퓨처- 대북포용정책이 없었더라면 북한정권 내구력은?>, 통일전략 제12권 2호, 2012.

Economist, <Never again? North Korea's gulag; The gross abuses of human rights in North Korea shame the whole world>, 2012.4.21.

이병호, <김정은 체제의 공식화와 남북관계>, 월간조선, 2012. 5월호.

김학성, <대북·통일정책의 변증법적 대안모색: '통일대비'와 '분단관리'의 대립을 넘어서>, 정치·정보연구 제15권 1호, 2012.

Victor Cha, <The Impossible State: North Korea, Past and Future>, Ecco, 2012.

조갑제, <"이대통령, 북한문제의 최종해결책은 통일뿐이라고 확신">, 2012.5.6.

추창근, <끝나지 않은 전쟁>, 한국경제, 2012.6.7.

정천구, <한국의 안보딜레마와 한미동맹의 가치>, 통일전략 제12권 제3호, 2012.7.

구본학, <평화는 외친다고 오는 게 아니다>, 문화일보, 2012.7.6.

Hyun-key Kim Hogarth, <South Korea's Sunshine Policy, Reciprocity and Nationhood>, *Perspectives on Global Development and Technology*, Vol. 11, 2012.

송대성, <'햇볕回歸'는 안보 포퓰리즘이다>, 문화일보, 2012.7.13.

허인혜, <한국 대북정책의 민주적 거버넌스 모색: 노무현 정부와 이명박 정부의 사례를 중심으로>, 국제정치논총 제52집 2호, 2012.

김영호, <대한민국과 국제정치>, 성신여자대학교 출판부, 2012.

손기웅, <힘을 지렛대로 남북관계 풀자>, 국민일보, 2012.8.2.

정영철, <김정일 시대의 대남인식과 대남정책>, 현대정치연구 제5권 2호, 2012.

배인준, <文 후보의 북한觀 노무현과 다른가>, 동아일보, 2012.10.17.

Erik Beukel, <The Last Living Fossil of the Cold War>, DIIS Report 2012:10, 2012.

김희상, <실패한 햇볕정책의 'U턴'>, 문화일보, 2012.10.18.

Jay P. Lefkowitz, 〈Escaping from the North Korean Stalemate〉, Commentary, 2012.12.

월간조선, 〈마이클 그린 인터뷰: "대한민국 차기 대통령, 북한을 다룰 때 레이건의 조언을 경청해야"〉, 2012. 12월호.

조동호, 〈대북 정책에서 놓치지 말아야 할 7개의 '…하자'〉, 조선일보, 2012.12.17.

허남성, 〈김정은 1년… 朝貢평화는 반역이다〉, 문화일보, 2012.12.17.

Chung-in Moon, 〈The Sunshine Policy: In Defense of Engagement as a Path to Peace in Korea〉, Yonsei University Press, 2012.

문화일보, 〈"美에 '안보보험' 中엔 '경제보험'… 투 트랙 외교 펼쳐야"〉, 2013.1.4.

조갑제, 〈필독을 권함! NLL 대화록보다 더 충격적인 노무현 강연 원고!〉, http://www.chogabje.com, 2013.1.5.

중앙일보, 〈中 칭화대 부소장 "北이 도발하지 않을 경우…"〉, 2013.1.10.

이성로, 〈공공정책으로서 햇볕정책에 대한 평가〉, 동향과 전망 87호, 2013.2.

조민, 〈국가비전과 통일정책〉, 저스티스 통권 제134호, 2013.2.

김기호, 〈'우리 민족끼리'의 함정〉, 조선일보, 2013.3.2.

송대성, 〈北실체 誤認과 대북정책 실패〉, 문화일보, 2013.3.26.

김형기, 〈남북관계와 대북정책의 변화: 대결과 협력은 선택인가?〉, KDI북한경제리뷰 15-4, 2013.4.

이준희, 〈일방적 게임, 더는 안 된다〉, 한국일보, 2013.6.12.

Gordon G. Chang, 〈The Kim Regime's 'Peace' Routine〉, World Affairs Journal, 2013.6.13.

김정현, 〈햇볕정책? 그 턱없는 발상〉, 파이낸셜뉴스, 2013.6.25.

이성우, 〈한반도 신뢰프로세스의 본질, 현상, 그리고 전망: 게임이론을 통해본 북한 핵 문제〉, 국제지역연구 제17권 제2호, 2013.7.30.

Nicholas J. Wheeler, 〈Investigating diplomatic transformations〉, International Affairs, Vol.89, Issue 2, 2013.

조남규, 〈북 입장에서 역지사지했던 노무현〉, 세계일보, 2013.8.7.

Young-Geun Kim, 〈Reciprocity in South Korean Security Policy Vis-à-vis North Korea and the United States〉, Asian Perspective, Vol.37, 2013.

김태현, 〈신뢰의 핵심은 '예측 가능성'이다〉, 동아일보, 2013.8.8.

신종대, 〈김대중·노무현 정부의 대북정책과 국내정치: 문제는 '밖'이 아니라 '안'이다〉, 한국과 국제정치 제29권 제2호, 2013 여름.

홍성기, 〈DJ '햇볕정책'과 朴 '신뢰프로세스'의 공통점〉, DailyNK, 2013.8.27.

장롄구이, 〈원칙과 룰을 고수해야 남북관계 발전〉, 내일신문, 2013.9.26.

중앙일보, 〈북 병력 70만 명 전진배치… 3~5일 내 부산 점령 전략〉,

2013.11.14.

우승지, <북한은 현상유지 국가인가?: 김일성 시기 북한의 국가성향 고찰>,
국제정치논총 제53집 4호, 2013.12.

최영진, 『新조선책략』, 김영사, 2013.12.

이창헌, <이명박 정부시대의 남북관계: 분석과 평가>, 정치정보연구 제16권
2호, 2013.12.31.

박근혜, <새로운 남북관계를 위한 여정>, 프로젝트 신디케이트, 중앙일보 전재,
2013.12.31.

정충신, <안타까운 新햇볕정책>, 문화일보, 2014.1.21.

안드레이 란코프, <김정은 체제 개혁 전망과 한국의 대북정책>, 외교, 제108호,
2014.1.

함재봉, <'하나의 한국 정책' 복원할 때>, Premium Chosun, 2014.1.23.

한겨레, <"평화 없는 통일은 대박일 수 없다… 교류협력부터 하라">,
2014.2.17.

정규재, <이런 정치로는 통일 못한다>, 정규재TV, 2014.4.1.

이애란, <일부 북한 전문가는 김정은의 변호인인가>, 조선일보, 2014.4.5.

염돈재, <독일 통일 교훈 올바로 이해한 드레스덴 연설>, 조선일보, 2014.4.5.

김학성・장인숙, <한반도 신뢰프로세스에 대한 상호이해적 접근: 이론적 검토와
실천방향 모색>, 정치・정보연구 제17권 1호, 2014.6.30.

주미영, <글로벌 신뢰 구축을 위한 외교정책 모색: 신뢰 유형을 중심으로>,
정치・정보연구 제17권 1호, 2014.6.30.

김상태, <북한의 적극공세에 대한 한국의 외교안보의 대응방안>,
한국동북아논총 제71권, 2014.

정규재, <北 경제 그나마 좋아진 까닭은…>, 한국경제, 2014.12.16.

문화일보, <파워인터뷰: 브라이언 마이어스 교수>, 2014.12.19.

유호열, <북한은 왜 공짜로 달라고만 할까>, 국민일보, 2015.2.2.

제5장 김영삼・김대중・노무현 정부와 북한 핵 문제

Nicholas Eberstadt, <Can The Two Koreas Be One?>, *Foreign Affairs*,
Vol.71, No.5, 1992 겨울.

서진영, <탈냉전시대 북한의 신안보정책>, 전략논총 제1집, 1993.11.

Leon Sigal, <Disarming Strangers: Nuclear Diplomacy with North Korea>,
1998.

Roland Bleiker, <A rogue is a rogue is a rogue: US foreign policy and
the Korean nuclear crisis>, *International Affairs*, Vol.79, 2003.

Joel Wit et al., <Going Critical: The First North Korean Nuclear Crisis>,
2004.

Nicholas Everstadt, <The North Korean Nuclear Drama: Another "Twenty Years' Crisis?">, *East Asia*, Vol.21, No.2, 2004 여름.

조선일보, <정 통일, "6자회담 타결은 한국외교의 승리">, 2005.9.20.

Christoph Bluth, <Between a Rock and an Incomprehensible Place: The United States and the Second North Korean Nuclear Crisis>, *The Korean Journal of Defense Analysis*, Vol.17, No.2, 2005, 가을.

Andrew Scobell and Michael R. Chambers, <The Fallout of a Nuclear North Korea>, *Current History*, 2005, 여름.

국기연, <페리의 충고>, 세계일보, 2005.9.24.

Juergen Kleiner, <The Bush Administration and the Nuclear Challenges by North Korea>, Diplocy and Statecraft, Vol.16, 2005.

신상진, <중국의 북핵 6자회담 전략: 중재역할을 통한 영향력 강화>, 국가전략 제11권 2호, 2005.

Bon-Hak Koo, <The Six-Party Talks: A Critical Assessment and Implications for South Korea's Policy toward North Korea>, *Korean Journal of Defense Analysis*, Vol.18 No.1, 2006, 봄.

James R. Holmes, <Lessons of the Korean War for the "Six-Party Talks">, *World Affairs*, Vol.169 No.1, 2006, 여름.

Graham Allison, <North Korean Nuclear Challenge: Bush Administration Failure; China's Opportunity>, *The Korean Journal of Defense Analysis*, Vol.18, No.3, 2006, 가을.

Economist, <The nightmare comes to pass>, 2006.10.12.

Stephen Blank, <The End of the Six-Party Talks?>, *Strategic Insights*, Vol.4, Issue1, 2007.

Charles Jack Pritchard, <Failed Diplomacy: The Tragic Story of How North Korea Got the Bomb>, Brookings Institution Press, 2007.

홍성후, <마키아벨리 통치술로 본 북한의 핵개발정책 분석>, 한국동북아논총 제46집, 2008.

조성렬, <낙관했던 북핵에 발목 잡혀 '우선순위 함정' 빠지다>, 신동아, 2008. 2월호.

이수혁, <전환적 사건: 북핵 문제 정밀 분석>, 중앙books, 2008.

임동원, <임동원 회고록, 피스 메이커: 남북관계와 북핵문제 20년>, 중앙books, 2008.

Newsweek(한국어판), <북한 협상술의 '10대 원칙' North Korea's Negotiating Strategy>, 2008.8.5.

이명수, <북핵문제와 우리 정부의 대응>, 한국동북아논총 48권, 2008.

안드레이 란코프, <UN보다 나은 6자회담>, 조선일보, 2008.10.11.

Edited by Koen De Ceuster and Jan Melissen, <Ending the North Korean

Nuclear Crisis: Six Parties, Six Perspectives>, Netherlands
Institute of International Relations 'Clingendael', 2008.11.

Cheng (Jason) Qian and Xiaohui (Anne) Wu, <The Art of China's
Mediation during the Nuclear Crisis on the Korean Peninsula>,
Asian Affairs, No.29, 2008/2009 겨울.

동아일보, <"북 핵무기 포기 의사 전혀 없어">, 2009.1.15.

Curtis H. Martin, <The Clinton and Bush policies toward North Korea>,
A paper presented at the annual meeting of the International
Studies Association, 2009.2.15~18.

박선원, <미래지향적 동맹을 향한 긴장과 협력>, 역사비평 통권86호, 2009.2.

Shi Yinhong, <China and the North Korean nuclear issue: competing
interests and persistent policy dilemmas>, *The Journal of Korean
Defense Analysis*, Vol.21, No.1, 2009.3.

박승준, <우리도 6자회담 거부하자>, 2009.4.22.

Dan Blumenthal and Robert Kagan, <What to Do About North Korea>,
Washington Post, 2009.5.26.

장성민, <김정일은 외교의 천재인가② 전쟁 치르듯 하는 戰時외교>, 중앙일보,
2009.5.30.

이명수, <북한의 핵카드 정책과 북미관계의 변화: 클린턴, 부시, 오바마의
대북정책의 연계와 단절을 중심으로>, 한국동북아논총 제52집, 2009.

Virginie Grzelczyk, <Six-Party Talks and Negotiations Strategy: When
Do We Get There>, *International Negotiation*, Vol.14, 2009.

장달중, <한반도의 냉전 엔드게임(Endgame)과 북미대립>, 한국과 국제정치
제25권 제2호, 2009.

Barbara Demick, <China debates its bond with North Korea>, *Los
Angeles Times*, 2009.5.27.

Anne Applebaum, <Shadow Boxing in Pyongyang>, *Washington Post*,
2009.6.2.

Henry A. Kissinger, <Reining In Pyongyang>, *Washington Post*, 2009.6.8.

제임스 라이언스, <北 이용하는 中의 표리부동>, 세계일보, 2009.7.14.

정경환, <북한의 협상전략의 기본성격과 우리의 대응전략>, 통일전략 제9권
제2호, 2009.8.

Yong-Ho Kim, <North Korean International Negotiating Style and the
Future of the Inter-Korean Government Negotiations>,
국제문제연구 제9권 제3호, 2009, 가을.

국사편찬위원회, <고위관료들, 북핵 위기를 말하다>, 국사편찬위원회, 2009.

이근, <남북관계와 미국의 동북아정책>, 역사비평 통권88호, 2009.8.

Andrei Lankov, <Why the United States will have to accept a nuclear

North Korea>, *The Korean Journal of Defense Analysis*, Vol.21, No.3, 2009.9.

Yong-Ho Kim, <North Korean International Negotiating Style and the Future of the Inter-Korean Government Negotiations>, 국제문제연구 제9권 제3호, 2009, 가을.

박승준, <중국, 북한을 어쩌나>, 월간조선, 2009. 9월호.

이우탁, 『오바마와 김정일의 생존게임: 북핵 6자회담 현장의 기록』, 창해, 2009.

홍성후, <북한의 2차 핵실험과 핵개발 의도>, 한국동북아논총 제55집, 2010.

Jong-Yun Bae, <South Korean Strategic Thinking toward North Korea: The Evolution of the Engagement Policy and Its Impact upon U.S.-ROK Relations>, *Asian Survey*, Vol.50, No.5, 2010.

Denny Roy, <Parsing Pyongyang's Strategy>, Survival, 2010.3.

Matthias Maass, <North Korea as a "Quasi-Nuclear Weapons State">, *Korea Observer*, Vol.41, No.1, 2010 봄

이용준, 『게임의 종말』, 한울아카데미, 2010.

George W. Bush, *Decision Points*, Crown Publishers, 2010.11.

Andrew Jacobs and David E. Sanger, <China Returns U.S. Criticism Over Sinking of Korean Ship>, *New York Times*, 2010.6.29.

김대중, <김대중 자서전 2>, 삼인출판사, 2010.7,

Christoph Bluth, <North Korea: How Will It End?>, *Current History*, No.109, 2010.9.

Taehyun Kim, <Gathering Storm or Silver Lining Out of the Clouds? The North Korean Nuclear Issue and the Case for Coercive Diplomacy>, *Korea Observer*, Vol.41, No.3, 2010, 가을.

장롄구이, <북핵 6자회담 성패의 딜레마>, 내일신문, 2010.9.15.

박보균, <동북아의 대란대치>, 중앙선데이, 2010.11.7.

Todd Crowell, <It Might Take Nukes to Disarm North Korea>, realclearworld.com, 2010.11.30

세계일보, <"거짓말하는 北과 6자회담할 가치 없어">, 2011.1.29

Mike Green, <Is Obama about to go wobbly on North Korea?>, *Foreign Policy*, 2011.2.1.

Stephen Blank, <A Way Out of the Six-Party Impasse?>, *PacNet*, No.8, 2011.2.3.

이용식, <6자회담은 죽었다>, 문화일보, 2011.3.9.

중앙일보, <6자회담서 북핵 해결 가능성은 제로>, 2011.4.30.

전병곤, <중국의 북핵 해결 전략과 대북 영향력 평가>, 국방연구 제54권 제1호, 2011.4.

송대성, <이스라엘 국가안보: 지혜, 경험 그리고 교훈>,
   2011한국국가정보학회학술회의, 2011.5.

김명섭, <북핵 문제와 동북아 6자회담의 지정학: 역사적 성찰과 전망>, 한국과
   국제정치 제27권 제1호, 2011, 봄.

김흥규, <21세기 변화 중의 미중관계와 북핵 문제>, 한국과 국제정치 제27권
   제1호, 2011, 봄.

김근식, <북한의 핵협상: 주장, 행동, 패턴>, 한국과 국제정치 제27권 제1호,
   2011, 봄.

Feng Zhu, <Flawed Mediation and a Compelling Missions: Chinese
   Diplomacy in the Six-Party Talks to Denuclearise North Korea>,
   East Asia, Vol.28, 2011

전봉근, <북핵 협상 20년의 평가와 교훈>, 한국과 국제정치 제27권 제1호,
   2011, 봄.

Stephen Blank, <Rethinking the Six-Party Process on Korea>,
   International Journal of Korean Unification Studies, Vol.20, No.1,
   2011.

조경근, <북한의 핵 위기 대응 전략의 특성: 1990-1994 핵 일정 분석>,
   통일전략 제11권 제1호, 2011.4.

Wall Street Journal, <Is it Time to Give Up On the Six-Party Talks?>,
   2011.6.14.

추창근, <6자회담 다시 열려본들>, 한국경제, 2011.7.27.

John J. Mearsheimer, *Why Leaders Lie: The Truth about Lying in
   International Politics*, Oxford, 2011.

차재훈, <북핵 협상 20년: 연구 쟁점과 과제>, 국제정치논총 제51집 3호,
   2011.

Gilbert Rozman, <Chinese National Identity and Its Implications for
   International Relations in East Asia>, *Asia-Pacific Review*, Vol.18,
   No.1, 2011.

이수혁, 『북한은 현실이다』, 21세기북스, 2011.

Zhe Feng, <Flawed Mediation and a Compelling Mission: Chinese
   Diplomacy in the Six-Party Talks to Denuclearise North Korea>,
   International Quarterly, Vol.28, No.3, 2011.9.

송대성, <희한한 6자회담과 북핵 폐기>, 세종논평, 2011.10.4.

Jaechun Kim and David Hundt, <US Policy Toward Rogue States:
   Comparing the Bush Administration's Policy Toward Iraq and
   North Korea>, *Asian Perspective*, No.35, 2011.

중앙SUNDAY, <"돌이켜보니 북한은 애초부터 핵 포기 생각 없었다">,
   2011.11.27.

Sunny Lee, <Chinese Perspective on North Korea and Korean Unification>, *Academic Paper Series*, Korea Economic Institute, 2012.1.24.

한겨레, <중국이 강조한 비핵화 6자회담 수명 다해 성과 어려울 것>, 2012.2.20.

Andrei Lankov, <Let North Korea Keep Its Nukes>, *Foreign Policy*, 2012.3.7.

Washington Post, <The U.S. falls again for North Korea's tricks (editorial)>, 2012.3.13.

정성윤, <북한 화전양면전략의 특징과 전망>, 전략연구 통권 제54호, 2012.3.

George Friedman, <United States in Korea: A Strategy of Inertia>, real-clearworld.com, 2012.3.27.

마이클 그린, <중국이 행동에 나서도록 하려면>, 중앙일보, 2012.4.7.

Chung-in Moon, <The Sunshine Policy: In Defense of Engagement as a Path to Peace in Korea>, Yonsei University Press, 2012.

천영식, <힐 vs 김계관, 데이비스 vs 리용호>, 문화일보, 2012.5.4.

이재석, <북한의 협상전략과 바람직한 대북정책>, 정책과학연구 제21권 2호, 2012.

동아일보, <"北과 협상으로 비핵화 이루기는 불가능">, 2012.5.17.

Parris H. Chang, <U.S., China's Clashing Korea Dreams>, *The Diplomat*, 2012.5.24

양길현, <오바마-이명박 정부의 북핵 정책에 대한 비판적 평가: 반주변의 시각>, 국제정치논총 제52권 5호, 2012.6.

최형두, 『아메리카 트라우마』, 위즈덤하우스, 2006.

김영호, 『대한민국과 국제정치』, 성신여자대학교 출판부, 2012.

주펑, <북한의 조급증>, 동아일보, 2012.8.14.

문병철, <제2차 북핵 위기와 미국 패권의 능력 그리고 한계>, 한국과 국제정치 제28권 제2호, 2012.

김영호, 『대한민국과 국제정치』, 성신여자대학교 출판부, 2012.

장렌구이, <북한 핵 문제는 어찌할 것인가?>, 내일신문, 2012.8.16.

_____, <북한 핵활동에 대한 국제적 건망증>, 내일신문, 2012.9.27.

Matthias Maass, <North Korea's Instrumentalization of Diplomacy: Passing Through the "Danger Zone" of its Nuclear Weapons Program>, *The Korean Journal of Defense Analysis*, Vol.24, No.3, 2012.9.

손용우, <신현실주의 관점에서 본 북한의 핵정책 고찰(1945~2009)>, 국제정치논총 제52집 3호, 2012.9.

홍현익, <차기 정부의 북핵정책>, 서울경제, 2012.11.20.

한국일보, <"中 새 지도부, 북핵보다 한반도 안정 중시">, 2012.11.21.

문흥호, <시진핑 시대의 北ㆍ中 관계>, 국민일보, 2012.11.27.

Doug Bandow, <The "New" North Korea: Prisons With Designer Hand-Cuffs>, *Forbes*, 2012.11.26.

기자 조갑제의 세계, <必讀을 권함! NLL 대화록보다 더 충격적인 노무현 강연 원고!>, 2013.1.5.

Doug Bandow, <Tough lessons in dealing with North Korea>, *Korea Times*, 2013.1.7.

연합뉴스, <외교열전: "北 오래 못간다 보고 접근".. 1차 북핵 위기 대응>, 2013.1.14.

김하중, 『김하중의 중국이야기-2』, 비전과 리더십, 2013.

Joshua Stanton, Sung-Yoon Lee, <Don't Engage Kim Jong Un- Bankrupt Him>, *Foreign Policy*, 2013.1.9.

오경섭, <북한의 3차 핵실험과 차기정부의 대응>, 세종논평 No. 263, 2013.1.29.

추창근, <非核化, 처음부터 속임수였다>, 한국경제, 2013.1.31.

문순보, <6자회담의 성과와 한계, 그리고 전망>, 세종정책연구 2013-7, 2013.2.15.

다릴 G. 프레스, <북한 핵무기에 어떻게 대응할 것인가>, 전략연구 통권 제58호, 2013.6.

국가정보원, <2007 남북정상회담 회의록>, 2013.6.24.

조선일보, <"核 없는 북한은 다이아몬드 없는 콩고… 北, 첫 6자회담부터 비핵화 의도 없었다">, 2013.7.15.

이성우, <한반도 신뢰프로세스의 본질, 현상, 그리고 전망: 게임이론을 통해본 북한 핵 문제>, 국제지역연구 제17권 제2호, 2013.7.30.

박인휘, <북핵 20년과 한미동맹: '주어진' 분단 vs '선택적' 분단>, 국제정치논총 제53집 3호, 2013.9.

미치시타 나루시게 지음, 이원경 옮김, <북한의 벼랑 끝 외교사>, 한울 아카데미, 2013.

박용수, <제2차 북핵 위기 전개과정과 노무현 대통령의 리더십>, 아세아연구 제56권 3호, 2013.9.

Cheng Xiaohe, <Chinese Strategic Thinking Regarding North Korea>, *Asan Forum*, 2013.10.7.

장렌구이, <북한이 핵을 포기할 가능성은?>, 내일신문, 2013.11.7.

박보균, <추월 중… 한미동맹>, 중앙일보, 2013.11.22.

신동아, <천영우 전 청와대 외교안보수석 인터뷰>, 2013. 12월호.

Robert Kaplan, <Why North Korea Needs Nukes>, Real Clear World, 2013. 12.5.

신동아, <송민순 전 외교통상부 장관 인터뷰>, 2014. 1월호.
한겨레, <로버트 칼린 인터뷰>, 2014.1.20.
조갑제닷컴, <김희상, "북핵은 한반도 자유와 평화의 종말">, 2014.2.7.
조갑제, <기정사실이 되고 만 北의 核미사일 실전 배치>, 월간조선, 2014.
    3월호.
이종석, <칼날위의 평화: 노무현 시대 통일외교안보 비망록>, 개마고원, 2014.
이성현, <북핵의 '중국책임론'과 미국의 외교전략>, 성균차이나브리프 2권 3호,
    2014.
문성묵, <북한 핵 문제 관련 한국의 정책대안>, 전략연구 통권 제62호,
    2014.3.
조성복, <현실주의 시각에서 본 미 동북아정책의 딜레마: 북핵 해결과 중국
    견제>국제정치논총 제54집 2호, 2014.
염돈재, <北 위협에 을지훈련 흔들리지 말아야>, 문화일보, 2014.8.19.
조성렬, <북핵 문제 외교적 해법의 실패 원인과 시사점>, 국제관계연구 제19권
    제2호, 2014.
마이클 그린, <북한은 또 핵실험을 강행할 것인가>, 중앙일보, 2014.11.26.
구갑우, <제2차 북-미 핵갈등의 담론적 기원>, 한국과 국제정치 제30권 제4호,
    2014.12.
세계일보, <"대통령·정보기관 수장은 수시로 얼굴 보고 대화해야"> <北
    EMP탄 대비 안 하면 후회">, 2015.3.2.
김태우, <핵 강국 북한의 '슈퍼 갑질' 어떻게 감당하나>, 조선일보, 2015.3.4.
Robert E. Kelly, <Will South Korea Have to Bomb the North,
    Eventually?>, *The Diplomat*, 2015.3.6.
이춘근, <북한이 '핵무기 체계' 완성하는 날 어떤 일이 벌어지나?>, 주간조선,
    2015.3.1.8

제6장 케네디 대통령과 쿠바 미사일 위기

TIME, <Bay of Pigs Revisited: Lessons from a Failure>, 1965.7.30.
Theodore C. Sorensen, *Kennedy*, Harper & Row, Publishers, 1965.
Hans J. Morgenthau, <Monuments to Kennedy>, *New York Review of
    Books*, 1966.1.6.
Ronald Steel, <Cooling It>, *New York Review of Books*, 1972.10.19.
Essay, <The Lessons of the Cuban Missile Crisis>, *TIME*, 1982.9.27.
Richard Ned Lebow, <The Cuban Missile Crisis: Reading the Lessons
    Correctly>, *Political Science Quarterly*, Vol.98, No.3, 1983, 가을.
Richard E. Neustadt and Ernst R. May, *Thinking in Time*, The Free
    Press, 1986.

James G. Blight, Joseph S. Nye, Jr., David A. Welch, <The Cuban Missile Crises Revisited>, *Foreign Affairs*, Vol.66, Issue1, 1987, 가을.

Michael R. Beschloss, *The Crisis Years: Kennedy and Khrushchev 1960~1963*, Edward Burlingame Books, 1991.

George W. Ball, <JFK's Big Moment>, *New York Review of Books*, 1992.2.13.

Cold War International History Project, <The Havana Conference On the Cuban Missile Crisis>, *Bulletin,* No.1, 1992, 봄.

Burton I. Kaufman, <John F. Kennedy as World Leader: A Perspective on the Literature>, *Diplomatic History*, Vol.17, Issue 3, 1993, 여름.

Frank Costigliola, <Kennedy, the European Allies and the Failure to Consult>, *Political Science Quarterly*, Vol.110. No.1, 1995

Ernest R. May & Philip D. Zelikow edited, *The Kennedy Tapes: Inside the White House during the Cuban Missile Crisis*, Belknap Press of Harvard University Press, 1997.

David Mayers, <JFK's Ambassadors and the Cold War>, *Diplomacy & Statecraft*, Vol.11, No.3, 2000.1.1

Doug Gavel, <Frantic days, sleepless nights>, *Harvard University Gazette*, 2001.3.1.

Arms Control Today, <The Cuban Missile Crisis>, 2002.11.

Lawrence Freedman, <Kennedy, Bush and Crisis Management>, *Cold War History*, Vol.2, No.3, 2002.4.

MacGregor Duncan, <Munich: Reassessing the Diplomatic Value of Appeasement>, Woodrow Wilson School Case 2/02, *Case Studies in International Diplomacy*, Princeton University, 2002.

Mark J. White, <New Scholarship on the Cuban Missile Crisis>, *Diplomatic History*, Vol.26, No.1, 2002 겨울.

Robert Dallek, *An Unfinished Life: John F. Kennedy 1917~1963*, Back Bay Books, 2003.

Robert Dallek, <The Bay of Pigs>, *The Times*, 2003.8.26.

Robert Dallek, <JFK v The Dogs of War as the world held its breath>, *The Times*, 2003.8.27.

The Times, <Bush should take a history lesson from JFK>, 2003.9.14.

Theodore C. Sorensen, <What Bush Could Learn From JFK>, *The American Prospect*, 2003.11.1.

Ken Gewertz, <When the fog clears>, *Harvard University Gazette*, 2004.3.11.

Richard Holbrooke, <Superpower Nuclear Confrontation>, *New York Times*, 2004.10.15.

John A. Barnes, *John F. Kennedy on Leadership*, AMACOM, 2005.

John D. Fair, <The Intellectual JFK: Lessons in Statesmanship from British History>, *Diplomatic History*, Vol.30, No.1, 2006.1.

Theodore C. Sorensen and Adam Frankel, <Another Missile Crisis?>, *The American Prospect*, 2006.5.31.

Stephen Benedict Dyson and Thomas Preston, <Individual Characteristics of Political Leaders and the Use of Analogy in Foreign Policy Decision Making>, *Political Psychology*, Vol.27, No.2, 2006.

Graham Allison, <Lessons from JFK on power, diplomacy>, *Boston Globe*, 2007.3.2.

David Talbot, <Warrior For Peace>, *TIME*, 2007.6.19.

최병구, 『외교 이야기: 외교의 실제』, 평민사, 2007.

조동준, <교범이 된 거짓말: 쿠바 미사일 위기와 1차 북핵 위기에서 Trollope 기법>, 국제정치논총 제47집 4호, 2007.

Yeong-il Ha, <The Dramatic Climbdown: A Critical Analysis of the Cuban Missile Crisis in 1962>, 사회과학연구 제18권, 2007 여름.

Mark White, <Robert Kennedy and the Cuban Missile Crisis>, *American Diplomacy*, 2007.9.

Thomas J. Craughwell, *Failures of the Presidents*, Fair Winds Press, 2008.

The Barnes & Nobel Interview, <Theodore Sorensen: Counselor>, 2008.5.12.

Carnegie Council, <Counselor: A Life at the Edge of History>, 2008.5.21.

Richard Holbrooke, <Real W.M.D.'s>, *New York Times*, 2008.6.22.

Michael Dobbs, <Why We Should Still Study the Cuban Missile Crisis>, United States Institute of Peace, 2008.8.

Michael Dobbs, *One Minute to Midnight: Kennedy, Khrushchev, and Castro on the Brink of Nuclear War*, Alfred Knopf, 2008.

Ted Sorensen, *Counselor: A Life at the Edge of History*, HarperCollins-Publishers, 2008.

Council on Foreign Relations, <The Book "Counselor">, 2008.9.17.

David Speedie, <Interviews Ted Sorensen>, *Carnegie Council*, 2008.10.30.

Jonathan Renshon and Stanley A. Renshon, <The Theory and Practice of Foreign Policy Decision Making>, *Political Psychology*, Vol.29, No.4, 2008.

Thomas J. Craughwell and M. William Phelps, *Failures of the Presidents: From the Whiskey Rebellion and War of 1812 to the Bay of Pigs and War in Iraq*, Fair Winds Press, 2008.

이해완, 〈한반도 위기상황과 쿠바 미사일 위기의 교훈〉, KPI칼럼, 2009.3.19.

Peter Scoblic, 〈Missile Man〉, *The New Republic*, 2009.12.5.

Robert Dallek, 〈U.S. history is littered with war blunders〉, *USA Today*, 2009.12.9.

Fredrik Stanton, *Great Negotiations*, Westholme, 2010.

장준갑, 〈케네디와 흐루시초프: 위기극복의 지도력〉, 서양사학연구 제22집, 2010.6.

Robert Dallek, 〈The Tyranny of Metaphor〉, *Foreign Policy*, 2010.11.

안병진, 〈쿠바 미사일 위기와 베를린 가설: 케네디의 개념틀에 대한 비판적 고찰을 중심으로〉, 동향과 전망 제81호, 2011, 봄.

John J. Mearsheimer, *Why Leaders Lie: The Truth about Lying in International Politics*, Oxford, 2011.

김태현, 〈억지의 실패와 강압외교: 쿠바의 미사일과 북한의 핵〉, 국제정치논총 제52집 1호, 2012.

Graham Allison, 〈Will Iran be Obama's Cuban Missile Crisis?〉, *Washington Post*, 2012.3.9.

Kingston Reif, 〈13 days and what was learned〉, *Bulletin of the Atomic Scientists*, 2012.6.22.

Graham Allison, 〈The Cuban Missile Crisis at 50: Lessons for U.S. Foreign Policy Today〉, *Foreign Affairs*, Vol.91, Issue 4, 2012.7~8.

Andrei Kikoshin, 〈Reflections on the Cuban Missile Crisis in the Context of Strategic Stability〉, Discussion Paper #2012~12, Belfer Center for Science and International Affairs, Harvard Kennedy School, 2012.9.

James G. Blight and Janet M. Lang, *The Armageddon Letters: Kennedy/Khrushchev/Castro in the Cuban Missile Crisis*, Rowman & Littlefield Publishers, 2012.

Joseph S. Nye, 〈The Cuban Missile Crisis at 50〉, *Project Syndicate*, 2012.10.8.

Fred Kaplan, 〈What the Cuban Missile Crisis Should Teach Us〉, *Slate*, 2012.10.10.

Amy B. Zegart, 〈The Cuban Missile Crisis as Intelligence Failure〉, *Policy Review*, 2012.10~11.

Leslie H. Gelb, 〈The Myth That Screwed Up 50 Years of U.S. Foreign

Policy>, *Foreign Policy*, 2012.11.

장준갑, <John F. Kennedy의 냉전: 새로운 외교의 시도>, 미국사연구 제35집, 2012.5.

Kennedy Presidential Library, <Cuban Missile Crisis, A 50th Anniversary Retrospective>, C-SPAN, 2012.10.14.

Scott Shane, <General's 1962 Memo Addresses Nuclear Combat on Cuba>, *New York Times*, 2012.10.15.

Michael Dobbs, <The Price of a 50-Year Myth>, *New York Times*, 2012.10.15.

William McDonald, <In a Time of Hidden Crisis, President Visits Main Street>, *New York Times*, 2012.10.16.

James G. Blight and Janet M. Lang, <How Castro Held the World Hostage>, *New York Times*, 2012.10.25.

Graham Allison, <Allison Replies: Cuban Missile Crisis 1962>, *Foreign Affairs*, Vol.91, Issue 6, 2012.10~1.1

Jeffrey D. Sachs, *To Move the World: JFK's Quest for Peace*, Random House, 2013.

Evans Thomas, <Book Review: 'Camelot's Court: Inside the Kennedy White House'>, *Washington Post*, 2013.10.26

Joseph S. Nye, <JFK Reconsidered>, *Project Syndicate*, 2013.10.31.

제7장 닉슨 대통령과 미·중 화해

TIME, <Richard Nixon's Long March to Shanghai>, 1972.3.6.

Henry Kissinger, *White House Years*, Little Brown, 1979.

Marshall Green, John H. Holdridge, William Stokes, *War and Peace with China*, DACOR Press, 1994.

Henry Kissinger, *Diplomacy*, Simon & Schuster, 1994.

John H. Holdridge, *Crossing the Divide: An Insider's Account of Normalization of U.S.-China Relations*, Rowman & Littlefield Publishers, 1997.

Nancy Bernkopf Tucker edited, *China Confidential: american diplomats and sino-american relations, 1945~1996*, Columbia University Press, 2001.

홍석률, <1970년대 전반 동북아 데탕트와 한국 통일문제: 미·중 간의 한국문제에 대한 비밀협상을 중심으로>, 역사와 현실 제42권, 2001.12.

Walter C. Clemens, Jr., <Peace in Korea?: Lessons from Cold War Detentes>, *a Conference Paper*, American Political Science

Association's Annual Meeting, 2003.

Chen Youwei, <China's Foreign Policy Making as Seen Through Tiananmen>, *Journal of China*, Vol.12, Issue37, 2003.11.

Jussi M. Hanhimäki, <"Dr. Kissinger" or "Mr. Henry?" Kissingerology, Thirty Years and Counting>, *Diplomatic History*, Vol.27, Issue5, 2003.11.

K.A. Hamilton, <A 'Week that Changed the World': Britain and Nixon's China Visit of 21-28 February 1972>, *Diplomacy & Statecraft*, Vol.15, 2004.

우승지, <남북화해와 한미동맹 관계의 이해, 1969-1973>, 한국정치외교사논총 제26집 1호, 2004.8.

Nancy Bernkopf Tucker, <Taiwan Expendable? Nixon and Kissinger Go to China>, *Journal of American History*, 2005.6

Evelyn Goh, <Nixon, Kissinger, and the "Soviet Card" in the U.S. Opening to China, 1971~1974>, *Diplomatic History*, Vol.29, Issue3, 2005.6.

Nicholas Khoo, <Realism Redux: Investigating the Causes and Effects oh Sino-US Rapprochement>, *Cold War History*, Vol.5, No.4, 2005.11.

Carnegie Council, <Nixon and Mao: The Week that Changed the World>, 2007.2.21.

Roderick MacFarquhar, <Mission to Mao>, *New York Review of Books*, Vol.54, No.11, 2007.6.28.

Sang-yoon Ma, <Alliance for Self-reliance: R.O.K.-U.S. Security Relations, 1968~71>, 미국학논집 제39집 1호, 2007.

Robert Dallek, *Nixon and Kissinger*, HarperCollins, 2007.

Margaret MacMillan, *Nixon and Mao: The Week That Changed the World*, Random House, 2007.

Geoffrey Warner, <Nixon, Kissinger and the rapprochement with China, 1969~1972>, *International Affairs*, 83:4, 2007.

Greg Grandin, <Sucking up to P>, *London Review of Books,* Vol.29 No.23, 2007.11.29.

Andy Jones, <China and the United States: an Analysis of the Diplomacy Implemented by Richard Nixon and George W. Bush>, http://www.e-ir.info, 2008.7.7.

장준갑, <닉슨의 외교정책 읽기: 탈냉전적 국제주의>, 미국사연구 제28집, 2008.

문순보, <닉슨 행정부 시기의 데탕트와 한·미 관계>, 국제관계연구 제13권 제2호, 2008.

장준갑, <닉슨 행정부의 아시아 데탕트와 한·미 관계>, 역사와 경계 70, 2009.

Dan Caldwell, <The Legitimation of the Nixon-Kissinger Grand Design and Grand Strategy>, *Diplomatic History*, Vol.33, Issue4, 2009.9.

Enrico Fardella, <The Sino-American Normalization: A Reassessment>, *Diplomatic History*, Vol.33, Issue4, 2009.9.

Nicholas Platt, *China Boys: How U.S. Relations with the PRC Began and Grew*, An ADST-DACOR Diplomats and Diplomacy Book, 2009.

Yukinori Komine, <The "Japan Card" in the United States Rapprochement with China, 1969~1972>, Diplomacy & Statecraft, Vol.20, 2009.

박승준, 『한국과 중국 100년』, 기파랑, 2010.

Kuisong Yang and Yafeng Xia, <Vacillating between Revolution and Detente:

Mao's Changing Psyche and Policy toward the United States, 1969~1976>, *Diplomatic History*, Vol.34, No.2, 2010.4.

홍석률, <1970년대 초 남북대화의 종합적 분석- 남북관계와 미중관계, 남북한 내부 정치의 교차점에서>, 이화사학연구 제40집, 2010.

Henry Kissinger, *On China*, Penguin Press, 2011.

Michelle Murray Yang, <President Nixon's Speeches And Toasts During His 1972 Trip to China: A Study in Diplomatic Rhetoric>, *Rhetoric & Public Affairs*, Vol.14, No.1, 2011.

김명호, <사진과 함께하는 김명호의 중국 근현대>, 중앙SUNDAY, 2011.5.22, 5.29, 6.5, 6.12, 6.19, 6.26.

Li Xing, <Unraveling mysteries behind Nixon's 1972 China visit>, *China Daily*, 2011.6.24.

William H. Luers and Thomas R. Pickering, <Envisioning a Deal With Iran>, *New York Times*, 2012.2.2.

Richard Solomon, <Managing US-China ties>, *China Daily*, 2012.2.7.

Winston Lord and Leslie H. Gelb, <Nixon's China Opening, 40 Years Later>, *The Daily Beast*, 2012.2.20.

Minxin Pei, <Why U.S., China Destined to Clash>, *The Diplomat*, 2012.2.28.

Hillary Clinton, <Remembering the Nixon Trip and U.S.-China Relations Today>, Remarks at a U.S. Institute for Peace and Nixon Foundation Conference, 2012.3.7.

씨아야펑, <중국의 엘리트 정치와 중미 관계 회복, 1969년 1월~1972년 2월>, 新亞細亞 19권 1호, 2012.

마상윤, <데탕트의 위험과 기회: 1970년대 초 박정희와 김대중의 안보인식과 논리>, 세계정치 14, 2012.

김영호, 『대한민국과 국제정치』, 성신여자대학교출판부, 2012.

홍석률, 『분단의 히스테리』, 창비, 2012.

김정배, <중미화해, 한반도정치, 그리고 냉전체제>, 미국사연구 제36집, 2012.1.1

홍석률, <유신체제와 한·미 관계>, 역사와 현실 88, 2013.6.

김정배, <미국, 유신, 그리고 냉전체제>, 미국사연구 제38집, 2013.11.

이동률, <중국의 1972년 대미 데탕트: 배경, 전략, 역사적 함의>, 국가전략 제20권 3호, 2014.

마상윤, <적에서 암묵적 동맹으로: 데탕트 초기 미국의 중국접근>, 한국정치연구 제23집 제2호, 2014.

<미중관계와 한반도: 1970년대 이후의 역사적 흐름>, 역사비평 통권109호, 2014.11.

Tom Switzer, <Lee's Advice to Nixon, 1967: End China's Isolation>, *The American Interest*, 2015.3.31.

제8장 레이건 대통령의 냉전 종식 외교

Stanley Hoffmann, <The Vicar's Revenge>, *New York Times Book Review*, Vol.31, No.9, 1984.5.31.

Robert G. Kaiser, <Your Host of Hosts>, *New York Times Book Review*, Vol.31, No.11, 1984.6.28.

Michael Mandelbaum and Strobe Talbott, <Reykjavik and Beyond>, *Foreign Affairs*, Vol.65, Issue2, 1986/1987.

Phil Williams, <The limits of American power: from Nixon to Reagan>, *International Affairs*, 1987.

Nicholas Lemann, <The Best Years of Their Lives>, *New York Times Book Review*, Vol.35, No.11, 1988.6.30.

Robert W. Tucker, <Reagan's Foreign Policy>, *Foreign Affairs*, Vol.68, Issue1, 1988/1989.

Vaclav Havel, <Words on Words>, *New York Times Book Review*, Vol.36, No.21, 1990.1.18.

Norman A. Graebner, <Ronald Reagan and the Russians>, *Perspective on Political Science*, Vol.19, Issue2, 1990, 봄.

Fareed Zakaria, <The Reagan Strategy of Containment>, *Political Science Quarterly*, Vol.105, No.3, 1990.

Don Oberdorfer, *The Turn: From the Cold War to a New Era*, Poseidon,

1991.

Garry Wills, <The Man Who Wasn't There>, *New York Times Book Review* Vol.38, No.11, 1991.6.13.

D. Deudney and G. J.Ikenberry, <Who won the Cold War?>, *Foreign Policy, Issue* 87, 1992 여름.

Edwin Meese III, <The man who won the Cold War>, *Policy Review*, Issue 61, 1992, 여름.

Geroge Shultz, *Turmoil and Triumph*, MacMillan, 1993.

Richard Ned Lebow and Janice Gross Stein, <Reagan and the Russians>, *The Atlantic Monthly*, Vol.273, Issue 2, 1994.2.

Alan Tonelson, <How We Won the Cold War>, *New York Times Book Review*, Vol.41, No.12, 1994.7.10.

Bruce D. Berkowitz, <Who won the Cold-War and why it matters>, *Orbis*, Vol.40, Issue1, 1996, 겨울/

Beth A. Fischer, <Toeing the Hardline? The Reagan Administration and the Ending of the Cold War>, *Political Science Quarterly*, Vol.112, No.3, 1997.

Joan Didion, <The Lion King>, *New York Review of Books*, Vol. 44, No.20, 1997.12.18.

Don Oberdorfer, *From the Cold War to a New Era*, John Hopkins University Press, 1998.

Joan Didion, <'The Day Was Hot and Still…'>, *New York Review of Books*, Vol 46, No.17, 1999.11.4.

Lars-Erik Nelson, <Fantasia>, *New York Review of Books,* Vol 47, No.8, 2000.5.11.

Jack F. Matlock Jr., *Reagan and Gorbachev: How the Cold War Ended*, Random House, 2004.

Josef Joffe, <The "Amazing and Mysterious" Life of Ronald Reagan>, *The National Interest*, 2004, 가을,

Robert Cottrell, <An Icelandic Saga>, *New York Review of Books,* Vol.51, No.17, 2004.11.4.

Alan P. Dobson, <The Reagan Adminstration, Economic Warfare and Starting to Close Down the Cold War>, *Diplomatic History*, Vol.29, No.3, 2005.6.

Elizabeth G. Matthews, <Negotiating Behavior at Reykjavik: Reagan, Gorbachev and the Elimination of Nuclear Weapons>, a paper presented at the Annual Meeting of the American Political Science Association, 2005.9.1~4.

Jack Matlock Jr., *Reagan and Gorbachev*, Random House, 2005

최병구, 『레이건의 리더십』, 김&정, 2007.

James Graham Wilson, 〈How Grand was Reagan's Strategy, 1976~1984?〉, *Diplomacy and Statecraft*, Vol.18, 2007.

Archie Brown, 〈Perestroika and the End of the Cold War〉, *Cold War History*, Vol.7, No.1, 2007.2.

Russell Baker, 〈Reconstructing Ronald Reagan〉, *New York Review of Books*, Vol.54, No.3, 2007.3.1.

Wayne Howell, 〈Reagan and Reykjavik: Arms Control, SDI, and the Argument from Human Rights〉, *Rhetoric & Public Affairs*, Vol.11, No.3, 2008.

Peter J. Westwick, 〈"Space-Strike Weapons" and the Soviet Response to SDI〉, *Diplomatic History*, Vol.32, No.5, 2008.11.

Arnav Manchanda, 〈When truth is stranger than fiction: the Able Archer incident〉, *Cold War History*, Vol.9, No.1, 2009.2.

Rudy Giuliani, 〈Ronald Reagan's unyielding style won the Cold War〉, *NYDailyNews.com*, 2009.11.9.

Gordon S. Barrass, *The Great Cold War*, Stanford Security Studies, 2009.

James Mann, *The Rebellion of Ronald Reagan: A History of the End of the Cold War*, Viking Press, 2009.

조갑제, 〈공산주의를 허문 8人의 결단〉, 조갑제닷컴, 2009.12.

Archie Brown, 〈When Gorbachev took charge〉, *International Herald Tribune*, 2010.3.11.

Michael Schaller, 〈The Ongoing Mystery of Ronald Reagan〉, *Diplomatic History*, Vol.34, No.2, 2010.4.

Richard V. Allen, 〈Reagan's secure line〉, *International Herald Tribune*, 2010.6.7.

Peter Beinart, 〈Think Again: Ronald Reagan〉, *Foreign Policy*, Issue 180, 2010.7~8.

Fredrik Stanton, *Great Negotiations*, Westholme Publishing, 2010.

David Davis, 〈Reagan's Clarity, 30 Years Later〉, *Wall Street Journal*, 2011.1.20.

Andrew Roberts, 〈Reagan's Moral Courage〉, *Imprimis*, Vol.40, No.11, 2011.11.

Jonathan M. DiCicco, 〈Fear, Loathing, and Cracks in Reagan's Mirror Images: Able Archer 83 and an American First Step toward Rapprochement in the Cold War〉, *Foreign Policy Analysis*, Vol.7,

2011.

Paul F. Walker and Jonathan R. Hunt, <The legacy of Reykjavik and the future of nuclear disarment>, *Bulletin of the Atomic Scientists*, Vol.67. No.6, 2011.

Mikhail Gorbachev, <Is the World Really Safer Without Soviet Union?>, *The Nation*, 2011.12.21.

Leslie H. Gelb, <The Forgotten Cold War: 20 Years Later, Myths About U.S. Victory Persist>, *The Daily Beast*, 2011.12.23.

George P. Shultz, <Cold War Lessons: The Reagan Administration's Strategy of Diplomacy backed by Strength holds Lessons for Today>, *Foreign Service Journal*, 2011.12.

Washington Post, <Reagan's Westminster speech is still a reminder of the power of words>, 2012.6.8.

장준갑 · 김건, <1980년대 초반(1980-1981) 한 · 미 관계 읽기>, 미국사연구 제38집, 2013.11.

제9장 콜 총리의 독일 통일 외교

Stanley Hoffmann, <The Case for Leadership>, *Foreign Policy*, 1990 겨울.

김상규, <統獨에의 접근과정과 이의 외교사적 의미>, 국제정치논총 제30집 1호, 1990.

W. R. Smyser, <U.S.S.R.-Germany: A Link Restored>, *Foreign Policy*, 1991 가을.

Eckari Arnold, <German foreign policy and unification>, *International Affairs*, Vol.67, No.3, 1991.

신동원, <현장에서 본 독일통일: 그 문제점과 교훈>, 저스티스 제26집 2호, 1993.12.

Gordon A. Craig, <Did Ostpolitik Work?>, *Foreign Affairs*, Vol.73, No.1, 1994.1-2.

Josef Joffe, <Putting Germany Back Together>, Foreign Affairs, Vol.75, No.1, 1996.1-2.

Michael M. Boll, <Superpower Diplomacy and German Unification: The Insiders' Views>, *Parameters*, 1996/97 겨울.

Robert Gerald Liningston, <Life after Kohl?>, *Foreign Affairs*, Vol.76, No.6, 1997.11-12.

Christopher Mallaby, *British Diplomatic Oral History*, 1997.12.1.

George Bush and Brent Scowcroft, <A World Transformed>, Alfred A.

Knopf, 1998.

Roger Cohen, <Kohl and His Story: New Chapter, or History?>, *New York Times*, 1998.9.27.

Andrew Nagorski, <Behind the Wall's Fall>, *Newsweek*, 1999.11.8.

Helga Haftendorn, <The Politics of German Unification: "History Will Punish Those Who Arrive Too Late>, *International Studies Association*, 2000.

Hanns JÜrgen KÜsters, <The Kohl-Gorbachev Meetings in Moscow and in the Caucasus, 1990>, *Cold War History*, Vol.2, No.2, 2002.1.

유지훈, <서독의 햇볕정책에 대한 동독의 반응>, 사회과학연구 16권 2호, 2000.2.

Philip Zelikow and Condoleezza Rice, *Germany Unified and Europe Transformed: A Study in Statecraft*, Harvard University Press, 2002.

Michael Mertes, <Helmut Kohl's Legacy for Germany>, *The Washington Quarterly*, 2002 가을.

Michael Cox and Steven Hurst, <'His Finest Hour?' George Bush and the Diplomacy of German Unification>, *Diplomacy & Statecraft*, Vol.13, No.4, 2002.12.

Chen You-Wei, The Inside Stories of China-US Diplomacy after Tiananmen, 2002.

여인곤, <독일통일의 적극적 외교정책과 한반도>, 통일연구총서 02-36, 2002.12.

유지훈, <독일통일을 위한 국제협상의 과정>, 사회과학연구 21권 통권호, 2004.12.

Robert M. Berdahl, <German Reunification in Historical Perspective>, *Journal of International Law*, Vol.23, Issue 2, 2005.

Pyeongeok An, <Obstructive All the Way? British Policy towards German Unification 1989-90>, *German Politics*, Vol.15, No.1, 2006.3.

이수혁, 『통일독일과의 대화』, 랜덤하우스중앙, 2006.

Kai Diekmann, <An Act of Friendship: How George Bush Sr. and Helmut Kohl managed to reunite Germany>, *The Atlantic Times*, 2006.10.

라이너 에펠만, <독일통일의 외교 및 안보·정치적 전제조건들>, 통일연구 제11권 제1호, 2007

라이너 에펠만, <"적극적 외교 통해 유럽의 전후역사 일단락했다">, 통일한국, 2007.7.

Frederic Bozo, <Mitterrand's France, the End of the Cold War, and German Unification: A Reappraisal>, *Cold War History*, Vol.7,

No.4, 2007.11.

정용길, <통일 전후의 동·서독 및 주변국 관계가 한반도 통일에 주는
시사점>, 한·독사회과학논총 제17권 제2호, 2007 가을.

Christopher Maynard, *Out of Shadow: George H. W. Bush and the End of
the Cold War*, Texas A&M University Press, 2008.

김성윤, <독일 지도자의 리더십과 통일한국의 교훈>, 정책과학연구 제18집
2호, 2008.

이동기, <보수주의자들의 '실용주의'적 통일정책>, 역사비평 통권83호, 2008.8.

The Charlie Rose Show, *Gorbachev, Shultz Reflect on Berlin Wall's Fall
20 Years Later*, 2009.4.22.

James Blitz, <Mitterrand feared emergence of 'Bad' Germans>, FT.com,
2009.9.9.

James Blitz, <Thatcher clashed with Hurd on Germany>, FT.com,
2009.9.10.

Michael Binyon, <What Thatcher and Gorbachev really thought when the
Berlin Wall came down>, <Thatcher told Gorbachev Britain did
not want German reunification>, *TIMESONLINE*, 2009.9.11,

Philip Stephens, <A misreading of the past holds a lesson for the
future>, *Financial Times*, 2009.9.11.

Andrew Roberts, <Was Margaret Thatcher right to fear a united
Germany?>, Telegraph.co.uk, 2009.9.13.

SpiegelONLINE, <German Reunification>, 2009.9.14.

SpiegelONLINE, <James Baker on the Fall of the Wall>, 2009.9.23.

통일한국, <'힘의 우위정책', 독일통일 최고 공로자>, 2010.10.

Katrina Vanden Heuvel & Stephen F. Cohen, <Gorbachev on 1989>, *The
Nation*, 2009.10.28.

Robert B. Zoellick, <Guiding Germany's Unification>, *New York Times*,
2009.11.7.

Joe Barnes, <The art of diplomacy, 20 years after Brelin Wall fell>,
Houston Chronicle. 2009.11.9.

김영희, <독일통일이 한국에 주는 교훈>, 제주평화연구원(JPI) 정책포럼,
2009.12.

Mary Elise Sarotte, <Not One Inch Eastward? Bush, Baker, Kohl,
Genscher, Gorbachev, and the Origin of Russian Resentment
toward NATO Enlargement in February 1990>, *Diplomatic
History*, Vol.34, No.1, 2010.1.

Henry A. Kissinger, <Commemorating Helmut Kohl's 80th Birthday>,
http://www.henryakissinger.com/articles/Kohl-picture-essay.html,

2010.1.19.

염돈재, 『독일통일의 과정과 교훈』, 평화문제연구소, 2010.

황병덕, <독일통일 20주년 조망: 독일통일이 한반도통일에 주는 시사점>, 통일정세분석, 2010-05, 2010.9.

Alexander von Plato, <독일 통일- 유럽을 둘러싼 국제적 권력게임>, 한국독일사학회 학술발표대회 논문집, 2010.9.

SpiegelONLINE, <Condoleezza Rice on German Reunification>, 2010.9.29.

Thomas Steinmetz, <Unlikely Diplomatic Triumph of German Unification>, eTurboNews, 2010.10.3.

이동기, <'더 나은 통일안'은 없었는가?: 1989/90년 헬무트 콜, 국가연합 그리고 독일 통일>, 독일연구 제20호, 2010.12.

염돈재, <전 국정원 해외담당 차장이 분석한 독일 통일의 진실>, 신동아, 2011. 2월호.

양창석, <브란덴부르크 비망록: 독일통일 주역들의 증언>, (주)늘품플러스, 2011.

Robert B. Zoellick, <Remarks at Laudation for Dr. Helmut Kohl On Receiving the 2011 Henry A. Kissinger Prize>, prepared for Delivery, 2011.5.16.

양창석, <독일 통일 교훈과 한반도 평화통일 비전>, 제주평화연구원(JPI) 정책포럼, 2011.6.

유진숙, <독일 통일의 국내정치적 결정요인 분석: 수상 리더십과 정당 정치적 요인>, 한국정치학회보 제45집 제4호, 2011.

한관수, <독일의 전승 4개국에 대한 통일외교 재조명>, 통일전략 제11권 제3호, 2011

이수혁, 『북한은 현실이다』, 21세기북스, 2011.

Kristina Spohr, <Precluded or Precedent-Setting? The "NATO Enlargement Question" in the Triangular Bonn-Washington-Moscow Diplomacy of 1990~ 1991>, *Journal of Cold War Studies*, Vol.14, No.4, 2012 가을.

사공일, <통독의 교훈을 생각할 때다>, 중앙일보, 2013.2.18.

동아일보, <통일 화두 박 대통령, 최대 고민은 '주변국 협조'>, 2014.1.8.

조선일보, <마지막 東獨 총리 "통일 못했다면 지금처럼 강한 독일 안됐을 것>, 2014.2.25.

이수혁, <독일 통일에서 배운다>, 외교 제109호, 2014.4.

신성원, <독일 통일에 영향을 미친 요인과 한반도 통일 외교>, 국립외교원 외교안보연구소, 주요국제문제분석 No.2014~15, 2014.4.25.

Detlef Garz, <'I am wondering that all of us went along' A Case Study on German Unification>, International Journal of Korean

Unification Studies, Vol.23 No.1, 2014.

Klaus-Dietmar Henke, <The German Reunificaton: An Analysis a Quarter Century After 1989/90>, *International Journal of Korean Unification Studies*, Vol.23 No.1, 2014.

제10장 부시 대통령의 이라크 침공

Brent Scowcroft, <Don't Attack Saddam>, *Wall Street Journal*, 2002.8.15.

Anthony Lewis, <On the West Wing>, *New York Review of Books*, Vol.50, No.2, 2003.2.13.

John J. Mearsheimer and Stephen M. Walt, <An Unnecessary War>, *Foreign Policy*, 2003.1~2.

James P. Rubin, <Stumbling Into War>, *Foreign Affairs*, Vol.82, No.5, 2003.9~10.

Joseph S. Nye, <U.S. Power and Strategy After Iraq>, *Foreign Affairs*, Vol.82, No.4, 2003.7~8.

Steven Philip Kramer, <Blair's Britain After Iraq>, *Foreign Affairs*, Vol.82, No.4, 2003.7~8.

안병진, <미국의 이라크 침공의 논리: 힘과 공포의 정치학>, 한국정치연구 제12집 제2호, 2003.

김정배, <부시 행정부의 대외정책: 지구위에 '언덕 위의 도시' 건설>, 미국사연구 제18집, 2003.

Slavoj Zizek, <Iraq's False Promises>, *Foreign Policy*, 2004.1.1.

Kenneth M. Pollack, <Spies, Lies, and Weapons: What Went Wrong>, *The Atlantic Monthly*, 2004.2.

장경룡, <미국의 이라크 공격 원인: 전망이론에 의한 설명>, 정치·정보연구 제7권 1호, 2004.6.

김영호, <부시독트린의 의미와 한계>, 한국정치외교사논총 제26집 1호, 2004.8.

Arthur Schlesinger, Jr., <The Making of a Mess>, *New York Review of Books*, Vol.51, No.14, 2004.9.23.

Brian Urquhart, <A Cautionary Tale>, *New York Review of Books*, Vol.51, No.10, 2004.6.10.

Thierry Balzacq and Robert Jervis, <Logics of mind and international system: a journey with Robert Jervis>, *Review of International Studies*, Vol.30, 2004.

김영호, <부시독트린의 의미와 한계>, 한국정치외교사논총 제26집 1호,2004.

Galia Press-Barnathan, <The War against Iraq and International Order:

From Bull to Bush>, *International Studies Review*, Vol.6, 2004.

이재봉, <이라크 전쟁과 한반도 평화>, 한국동북아논총 제31집, 2004.

Larry Diamond, <What Went Wrong in Iraq>, Foreign Affairs, Vol.83, No.5, 2004.9~10.

Robert J. Pauly, Jr., <Personal Diplomacy and U.S. Policy Toward Iraq>, *International Studies Association Annual Meeting*, Montreal, 2004.

Robert W. Tucker and David C. Hendrickson, <The Sources of American Legitimacy>, *Foreign Affairs*, Vol.83, No.6, 2004.11~12.

유정환, <미국의 일방주의 대외정책과 그 한계: 레이건 행정부에서 부시 행정부까지>, 한국동북아논총 제34집, 2005.

Stephen Benedict Dyson, <Personality and Foreign Policy: Tony Blair's Iraq Decisions>, a paper prepared for presentation at the Annual Meetings of the Midwest Political Science Association, Chicago, 2005.4.7~10.

John J. Mearsheimer, <Hans Morgenthau and the Iraq War: realism versus neo-conservatism>, *Open Democracy New Analysis*, 2005.5.18.

Andrew J. Bacevich, <Trigger Man>, American Conservative, 2005.6.6

이진수, <미국의 대이라크 전쟁 수행에 관한 연구: 정치적 목적과 군사전략을 중심으로>, 평화연구 제13권 1호, 2005 봄.

Richard Haass, <The Opportunity>, PublicAffairs, 2005

Col. Lawrence Wilkerson, <Weighing the Uniqueness of the Bush Administration's National Security Decision-Making Process>, New American Foundation, 2005.10.19.

Robert Jervis, <Reports, Politics, and Intelligence Failures: The Case of Iraq>, *Journal of Strategic Studies*, Vol.29, No.1, 2006.2.

김동춘, <미국 '네오콘'의 세계전략>, 아세아문화연구 제10집, 2006.

Stanley Hoffmann, <The Foreign Policy the US Needs>, *New York Review of Books*, Vol.53, No.13, 2006.8.10.

Richard K. Betts, <How superpowers become impotent>, *Los Angeles Times*, 2006.8.14.

Christopher Layne, <America cannot rely on power alone>, Financial Times, 2006.8.24.

Jeremy Pressman, <Is Balancing the Wrong Question? Power and Influence in International Politics>, A paper prepared for presentation at the annual convention of the American Political Science Association, Philadelphia, 2006. 9.3.

Marc J.O'Reilly, <Like Father, Like Son? A Comparison of the Foreign

Policies of George H.W. Bush and George W. Bush>, a paper
prepared for delivery at the annual conference of the
International Studies Association, San Diego, 2006.3.22~25.

David Hastings Dunn, <A Doctrine Worthy of the Name?: George W.
Bush and the Limits of Preemption, Pre-eminence, and
Unilateralism>, *Diplomacy and Statecraft*, Vol.17, 2006.

Paul R. Pillar, <Intelligence, Policy, and the War in Iraq>, Foreign Affairs
Vol.85, No.2, 2006.3~4

Robert Jervis, <Understanding Beliefs>, Political Psychology, Vol.27,
No.5, 2006

Philip H. Gordon, <The End of the Bush Revolution>, *Foreign Affairs*,
Vol.85, No.4, 2006.7~8.

David Lebow and Richard Ned Lebow, <Changing Narratives of
Self-interest and American Foreign Policy>, a conference paper
for American Political Science Association 2006 Annual Meeting,
2006.8.

Mark Danner, <Iraq: The War of the Imagination>, *New York Review of
Books*, Vol.53, No.20, 2006.11.16.

최진우, <영국과 이라크 전쟁: 영미 특수 관계와 블레어 수상의 리더십>,
세계지역연구논총 24집 3호, 2006.

Henry R. Nau, <Why We Fight Over Foreign Policy>, *Policy Review*,
Vol.142, 2007.4~5.

Thomas Powers, <What Tenet Knew>, *New York Review of Books*,
Vol.54, No.12, 2007.7.19.

William Pfaff, <Manifest Destiny: A New Direction for America>, *New
York Review of Books*, Vol.54, No.2, 2007.2.15.

David Milne, <Intellectualism in US diplomacy>, *International Journal*,
2007 여름.

Richard K. Betts, <Two Faces of Intelligence Failure: September 11 and
Iraq's Missing WMD>, *Political Science Quarterly*, Vol.122, No.4,
2007~08.

Richard H. Immerman, <Intelligence and Strategy: Historicizing
Psychology, Policy, and Politics>, *Diplomatic History*, Vol.32,
No.1, 2008.1.

Russell Baker, <Condi and the Boys>, *New York Review of Books*,
Vol.55, No.5, 2008.4.3.

Robert Jervis, <Bridges, Barriers, and Gaps: Research and Policy>,
Political Psychology, Vol.29, No.4, 2008.

442

Elizabeth Horan, <The Use of False Analogies by Decision Makers: Miscalculation as a Cause of War>, a conference paper, Midwestern Political Science Association, 2008.

Jeffrey Record, <Why the Bush Administration Invaded Iraq: Making Strategy after 9/11>, *Strategic Studies Quarterly*, 2008, 여름.

John M. Schuessler, <Deception and the Iraq War>, a paper prepared for delivery at the 2008 Annual Meeting of the American Political Science Association, 2008.8.28~31.

Byron W. Daynes, Glen Sussman, <The Imperial Presidency Revisited: Lessons from the Administration of George W. Bush>, a paper prepared for delivery at the 2008 Annual Meeting of the American Political Science Association, 2008.8.28~31.

Mark J. Lacy, <A History of Violence: Mearsheimer and Walt's Writings from 'An Unnecessary War' to the 'Israel Lobby' Controversy>, *Geopolitics*, 13, 2008.

Andrew J. Bacevich, <Review Essay: John J, Mearsheimer and Stephen M. Walt, The Israel Lobby and U.S. Foreign Policy>, *Diplomacy & Statecraft*, 19, 2008.

Joshua Muravchik and Stephen M. Walt, <The Neocons vs. The Realists>, The National Interest Online, 2008.9.1.

Robert Jervis, <War, Intelligence, and Honesty: A Review Essay>, *Political Science Quarterly*, Vol.123, No.4, 2008~09.

Mackubin Thomas Owens, <The Bush Doctrine: The Foreign Policy of Republic Empire>, *Orbis*, 2009, 겨울.

Jeremy Pressman, <Power without Influence: The Bush Administration's Foreign Policy Failure in the Middle East>, *International Security*, Vol.33, No.4, 2009 봄.

Stephen Benedict Dyson, <"Stuff Happens": Donald Rumsfeld and the Iraq War>, *Foreign Policy Analysis*, Vol.5, 2009.

이종철, <민주주의 확산과 전후 재건의 한계와 교훈: 미국의 이라크 전쟁 수행을 중심으로>, 국방연구 제 52권 제3호, 2009.12.

Bartholomew H. Sparrow, <The Realism's Practitioner: Brent Scowcroft and the Making of the New World Order, 1989~1993>, *Diplomatic History*, Vol.34, No.1, 2010.1.

J.Patrick Dobel, <Prudence and Presidential Ethics: The Decisions on Iraq of the Two Presidents Bush>, *Presidential Studies Quarterly* 40, No.1, 2010.3.

토머스 크라우프웰·윌리엄 펠프스 지음, 채은진 옮김, 『대통령의 오판』,

말·글빛냄, 2010.

Jeffrey A. Enger, <A Better World...but Don't Get Carried Away: The Foreign Policy of George H. W. Bush Twenty Years On>, *Diplomatic History*, Vol.34, No.1, 2010.1.

Geroge W. Bush, <Decision Points>, Broadway, 2010

Jeremy Suri, <Orphaned Diplomats: The American Struggle to Match Diplomacy with Power> in <The Prudent Use of Power in American National Security Strategy> edited by Stephen Van Evera and Sidharth Shah, The Tobin Project, Inc, 2010.

Derek Leebaert, *Magic and Mayhem*, Simon & Schuster, 2010.

Robert Jervis, <Why Intelligence and Policymakers Clash>, *Political Science Quarterly*, Vol.125, No.2, 2010.

이근욱, <이라크 전쟁과 정보의 실패>, 국제문제연구 제11권 제2호, 2011, 여름.

Donald Rumsfeld, *Known and Unknown: A Memoir*, Sentinel, 2011.

Joseph S. Nye, Jr., *The Future of Power*, PublicAffairs, 2011.

Dick Cheney, <In My Time: A Personal and Political Memoir>, *Threshold Editions*, 2011.

John J. Mearsheimer, W*hy leaders lie: the truth about lying in international politics*, Oxford University Press, 2011.

Jaechun Kim and David Hundt, <US Policy Toward Rogue States: Comparing the Bush Administration's Policy Toward Iraq and North Korea>, *Asian Perspective* 35, 2011.

이근욱, 『이라크전쟁』, 한울아카데미, 2011.11.

이동선, <이라크 및 아프가니스탄 전쟁의 장기화: 이론적 원인 분석>, 국제문제연구, 2011 겨울.

Robert D. Kaplan, <Why John J. Mearsheimer Is Right about some things>, *Atlantic Monthly*, Vol.309, Issue 1, 2012.1~2.

Joseph S. Nye, <What's Wrong with Transformational Leadership>, *Project Syndicate*, 2012.3.8.

Stephen M. Walt, <Top 10 Lessons of the Iraq War>, *Foreign Policy*, 2012.3.20.

이혜정, <미국의 이라크 전쟁(2003-2011): 세 가지 시각>, 국제정치논총 제52집 1호, 2012.

Andrew Rosenthal, <Mitt Romney, Dick Cheney, Condi Rice and Other Scary Stories>, Taking Note- the Editorial Page Editor's Blog, *New York Times*, 2012.7.13.

김형준, <국회의사당의 개그콘서트>, 동아일보, 2012.7.20.

Stephen L. Carter, *Why the Intelligence Failed in Iraq*, Bloomberg, 2013.2.3.

Joseph S. Nye, <History Will Judge Bush on Iraq War>, *China Daily*, 2013.3.13.

Council on Foreign Relations, <The Iraq Invasion Ten Years Later: A Wrong War>, 2013.3.14.

Doyle McManus, Iraq war: Lessons learned?>, *Los Angeles Times*, 2013.3.17.

Toby Harnden, <10 Years On, Paul Wolfowitz Admits U.S. Bungled in Iraq>, *Realclearpolitics*, 2013.3.18.

Paul Waldman, <Duped on Iraq War, has press learned?>, CNN, 2013.3.19

The New York Times, <Ten Years After(editorial)>, 2013.3.19.

Sebastian Fischer, <10 Lessons from America's 'Dumb War'>, SpiegelONLINE, 2013.3.20.

Robert Robb, <The Real Iraq War Lesson>, *Realclearpolitics*, 2013.3.20

David Ignatius, <The painful lessons of Iraq)>, *Washington Post*, 2013.3.21

Michael J. Green, <Iraq War and Korea: 10 years later>, *Korea JoongAng Daily*, 2013.3.25.

오스카 피셔, <미국이 중동에서 잃어버린 10년>, 중앙일보, 2013.3.25.

동아일보, <김정은 "핵포기 중동국가, 침략 희생물 돼">, 2013.4.3.

Louise Fawcett, <The Iraq War ten years on>, *International Affairs*, Vol89, Issue 2, 2013.

Mark Danner, <Rumsfeld's War and Its Consequences Now>, *New York Review of Books*, 2013.12.19.

_____, <Donald Rumsfeld Revealed>, 2014.1.9.

_____, <Rumsfeld: Why We Live in His Ruins>, 2014.2.6.

_____, <In the Darkness of Dick Cheney>, 2014.2.14.

Errol Morris, <The Certainty of Donald Rumsfeld>, *New York Times*, 2014.3.25, 3,26, 3.27, 3.28.

외교의 세계

2016년 5월 30일 초판 1쇄 발행

지은이 최병구
만든곳 평민사
펴낸이 이정옥
　　　　주소 : 서울 은평구 수색로 340 [202호]
　　　　전화 : 02) 375-8571
　　　　팩스 : 02) 375-8573
　　　　평민사의 모든 자료를 한눈에
　　　　http://blog.naver.com/pyung1976
　　　　이메일 : pyung1976@naver.com

등록번호 제251-2015-000102호
정　　가 24,000원